*Una Passeggiata con Tommaso*
토미즘의 이모저모 엿보기

*Una Passeggiata con Tommaso*
Korean Copyright © Saint Thomas Institute in Korea

*Una Passeggiata con Tommaso*
# 토미즘의 이모저모 엿보기

교회인가 2025년 7월 31일(원주교구)
제1판 제1쇄 펴낸날 2025년 8월 5일

**지은이** | 이재룡
**펴낸이** | 이재룡
**펴낸곳** | 한국성토마스연구소

**우편주소** | 25244 강원도 횡성군 우천면 경강로산전7길 28-53
**전화번호** | 033) 344-1238
**전자우편** | stik2019@naver.com
**홈페이지** | http://www.stik.or.kr
**출판등록** | 제2018-000003호 2018년 6월 19일
**인쇄제작** | 오엘북스

ⓒ 한국성토마스연구소

**보급** | 한국출판협동조합_가톨릭출판사, 교보문고, 알라딘, 예스24

값 24,000원

ISBN 979-11-990519-7-3 03160

이 책은 저작권법에 따라 보호를 받는 저작물이므로 무단전재와 복제를 금지하며, 이 책의 내용 전부 또는 일부를 이용하려면 반드시 저작권자인 한국성토마스연구소의 서면 동의를 받아야 합니다.

토미즘소책 09

# 토미즘의 이모저모 엿보기

이재룡 지음

한국성토마스연구소

| 일러두기 |
- 이 책은 일반 단행본, 잡지, 학회지 등에 게재되었던 글을 묶은 것이므로 출간 시기와 시대상황, 그리고 각 출판사의 표기법 등은 크게 문제가 되지 않으면 원래의 내용을 살려두었다.
- 각 원고의 발표시기가 다르므로 책명과 용어, 인명 등의 원문은 가능하면 반복되지 않도록 삭제했지만, 글을 이해하는 데 도움이 된다고 판단했을 때는 그대로 두었다.

| 차 례 |

머리말 … 8

## 제1부 역자후기 훑어보기

01. 성 토마스 아퀴나스의 신학대전 요약　　　　　　　15
02. 자연의 원리들　　　　　　　　　　　　　　　　　19
03. 세상 영원성론　　　　　　　　　　　　　　　　　21
04. 토미스트 실재론과 인식비판　　　　　　　　　　　25
05. 성 토마스의 지혜와 사랑　　　　　　　　　　　　35
06. 토마스 아퀴나스의 인식론　　　　　　　　　　　　41
07. 토마스 아퀴나스 수사: 생애, 작품, 사상　　　　　　47
08. 포르피리우스의 이사고게와 보에티우스의 두 번째 주해　51
09. 아퀴나스의 심리철학　　　　　　　　　　　　　　55
10. 토마스 아퀴나스와 급진적 아리스토텔레스주의　　　57
11. 성 보나벤투라　　　　　　　　　　　　　　　　　63
12. 인식론의 역사　　　　　　　　　　　　　　　　　69
13. 성 토마스의 철학적 인간학　　　　　　　　　　　73
14. 신학자 토마스 아퀴나스　　　　　　　　　　　　81
15. 전환기의 새로운 문화 모색　　　　　　　　　　　87
16. 자유인　　　　　　　　　　　　　　　　　　　　91
17. 신학사 2: 스콜라학 시대　　　　　　　　　　　　95
18. 성 토마스 개념사전　　　　　　　　　　　　　　99
19. 존재 해석　　　　　　　　　　　　　　　　　　111

| | |
|---|---|
| 20. 스콜라철학에서의 개체화 | 115 |
| 21. 철학 여행 | 119 |
| 22. 13세기 영혼 논쟁 | 129 |
| 23. 안락의자용 토마스 아퀴나스 | 135 |
| 24. 아퀴나스의 윤리학 | 137 |
| 25. 정념과 덕 | 145 |
| 26. 성 토마스의 침묵 | 149 |
| 27. 성 토마스의 윤리철학 | 157 |
| 28. 성 토마스와 신학 | 165 |
| 29. 아퀴나스의 신학대전 | 171 |

## 제2부 '신학대전'의 몇몇 윤리신학 관련 주제 맛보기

| | |
|---|---|
| 01. 성 토마스의 '도덕성의 원리' 입문 | 183 |
| 02. 성 토마스의 '쾌락론' 입문 | 199 |
| 03. 성 토마스의 '습성론' 입문 | 213 |
| 04. 성 토마스의 '덕론' 입문 | 221 |
| 05. 성 토마스의 '새 법 논고' 입문 | 237 |
| 06. 성 토마스의 '은총론' 입문 | 245 |
| 07. 성 토마스의 '희망론' 입문 | 257 |
| 08. 성 토마스의 '정의론' 입문 | 269 |
| 09. 성 토마스의 '절제론' 입문 | 281 |

## 제3부 서평, 추천사, 논평 훑어보기

01. 서평_ 둔스 스코투스의 철학 사상     297
02. 서평_ 유와 본질에 대하여     303
03. 서평_ 존재란 무엇인가     307
04. 서평_ 중세철학 이야기     315
05. 서평_ 천사론     325
06. 서평_ 인간: 철학적 인간학 입문     333
07. 서평_ 철학과 신의 존재     345
08. 추천사_ 덕행 교리서     353
09. 추천사_ 그리스도론     363
10. 추천사_ 토마스 아퀴나스의 가톨릭 교리서     369
11. 머리말_ 십자가의 길     373
12. 머리말_ 3·1운동과 한국천주교회: 교회의 응답과 진단을 엄숙한 성찰로     377
13. 머리말_ 라-한사전     379
14. 논평_ 대신학교에서의 사제양성의 쇄신(박일 신부)     393
15. 논평_ 사회정의와 공동선: 교회회칙(김어상 교수)     401
16. 논평_ 철학적 신 인식 가능성과 한계(권기철 신부)     409
17. 논평_ 존재의 순수성과 가치 문제: 토미즘 도덕철학의 형이상학적 정초(이명곤 박사)     417
18. 논평_ 한국 가톨릭대학교 신학교육의 반성과 전망(심상태 몬시놀)     427

| 머리말 |

1. 먼저, 지난 얘기를 하고 싶다. 2023년에는 후배와 제자들로부터 과분한 고희(古稀) 선물을 받았다. 연초에, 평생 처음으로 한나절 꽉 차게 고희기념 대담이라는 것을 했고, 가을에는 모교인 가톨릭대학교 신학대학에서 〈이재룡 신부 고희기념 2023년 한국중세철학회 가을학술대회: '진리에 이르는 길을 찾아서'〉라는 제목의 학술대회가 개최되었다. 제1부에서는 이제껏 내가 발표한 논문들과 단행본들 전체를 평가하는 가톨릭대학 박승찬 교수의 논문을 비롯해서 연세대학 이재경 교수와 가톨릭대학 정현석 교수의 공동 발제문과 백석대학 이경재 교수의 발제문이 발표되었고, 이어진 제2부에서는 서울대학 강상진 교수의 사회로 서병창 박사, 이상섭 교수, 손은실 교수, 이진남 교수, 김율 교수, 고(故) 김형수 신부 등 탁월한 토미스트들이 총출동하여 패널토론을 벌였다. 분에 넘치는 호사이고 과찬 일색이어서 부끄러웠지만, 내 평생 최고의 선물이었다.

그리고 가톨릭대학교 출판부에서는 이 내용들을 제1부「이재룡 신부와 가톨릭 철학」이라는 제목 아래 담고, 제2부「토미즘」에는 동료와 제자 토미스트들의 논문 11편과, 제3부「신앙과 이성」에서는 대선배 정달용 신부님과 조광 교수님의 옥고를 포함하여 선후배나 제자 철학자와 신학자들의 논문 16편을 한데 묶고, 책머리에는 존경하는 은사이신 심상태 몬시뇰의 격려사와, 손희송 총대리 주교님을 비롯해서 정종휴 대사, 박동균 신부, 원종철 총장신부, 이경상 신부의 축사들을 배치하고, 후배 이윤하 신부의 멋진 제자(題字)로 화룡점정하여 『진리에 이르는 길을 찾아서: 이재룡 신부 고희기념 논문집』(1,088쪽)을 출간해주었다. 이 자리를 빌려 천학비재(淺學非才)하고 허물 많은 저를 위해 귀한 시간 아끼지 않으시고 정성을 모아 주신 모든 분께 말로 다 표현할 수 없는 감사의 마음을 전한다.

2. 지난 사제 생활 43년에서 첫 11년간은 혜화동, 이문동, 잠실, 동두천 등지에서의 보좌신부 생활과 로마 유학 생활로 채워져 있다.

1993년 여름 귀국하자마자 모교인 가톨릭대학교 신학과에서 철학 과목들을 가르치기 시작했고, 1996년에는 역곡에 통합가톨릭대학교 철학과가 신설되면서 그곳으로 건너가 5년간 철학과와 인간학교육원에서 가르치다가 혜화동 신학과로 되돌아왔다. 그러는 사이에 1999년 얼떨결에 가톨릭계 최초의 학회인 '한국가톨릭철학회'를 창설했으며, 2000년 '인간학연구소', 2003년 '한국중세철학회', 2007년 '신학과사상학회'의 설립에도 깊이 관여하였다.

2009년부터 2016년까지 7년 반 동안은 오류동성당과 혜화동성당에서 사목자로서 봉사했지만, 오류동 시절에는 신학대학의 철학 강의도 병행해야 했다. 그리고 2016년 가을 한국성토마스연구소를 설립하고 얼마간의 준비과정을 거쳐, 성 토마스의 방대한 걸작 『신학대전』(*Summa Theologiae*)의 대역본 완간 13년 프로젝트(2019-2031)를 추진하여, 2025년 말 현재, 프로젝트의 딱 절반 지점에 와있다.

3. 교수 생활을 시작한 지 32년이 지나는 동안, 매년 겨우 한 편 정도씩의 연구논문과 도합 너댓 권의 공동저서를 제외하고는 주로 번역작업을 해왔다. 모두 합쳐 50여 권의 크고 작은 단행본과 학술지나 단행본의 부록으로 발표한 30편 정도의 논문들이다. 나보다 훨

씬 훌륭한 선진 서구의 선배 학자들의 깨달음과 통찰을 동료와 후학들에게 나누는 것이, 학술적 기반이 부실한 우리나라 인문학의 학문적 근육을 키우는 데 도움이 되리라는 나름의 판단에서였다.

이 책에는 로마에서 공부를 마치고 귀국하자마자 모교의 강단에 서기 시작한 1993년 2학기부터 30년 넘게 지나오며 발표했던 글들 가운데에서 학술논문을 제외한 나머지 다양한 글들이 담겨 있다.

제1부에는 그간 번역한 크고 작은 50여 권의 번역서들 가운데 '역자후기'를 붙일 수 있었던 29편을 모았다. 늘 바쁜 와중에 힘겨운 작업을 겨우겨우 마무리하면서, 할 수만 있다면, 가볍게라도 책과 저자를 소개하고 특별한 사연이나 어려움이 있었던 점을 소개하는 기회를 가지려고 노력하였다. 겨를이 없어 '역자후기'를 쓰지 못한 경우도 적지 않았다. 힘겹게 번역서 한 권을 겨우 탈고하여 출판사 편집실로 보내기 직전이나, 혹은 일단 탈고본을 보내놓고 교정본이 오기까지의 한정된 시간 동안의 짧은 숨결들이다. 마치 명산 등정의 고된 도전 끝에 정상에 서서 느끼는 감회와 같은 것이라고나 할까? 이런 짧은 숨결들을 모아 파노라마처럼 훑어보는 것도 그리 쓸모없는 일만은 아닐 수도 있겠다는 생각이 들어, 부끄럽지만 용기를 내게 되었다.

제2부에는 성 토마스의 방대한 걸작 『신학대전』에서 윤리신학을 다루는 제2부 가운데 도덕성의 원리, 쾌락, 습성, 덕, 새 법(또는 복음적 법), 은총, 희망, 정의, 절제 등의 논고(論考, tractatus)에 달았던 '입문'들이 담겨 있다. 총 72권의 분책 분량 가운데 아홉 개라니, 작은 일부에 지나지 않지만 적어도 맛보기 역할은 할 수 있을 것이다.

그리고 제3부에는 학술지에 실었던 '서평'들과 학술대회에서 동료 학자들의 발제문에 대한 약정토론용으로 제출되었던 '논평'들, 그리고 몇몇 단행본에 대한 '추천사'들과 몇몇 편저의 '머리말' 등이 실렸다. 참으로 잡다하지만, 학술대회와 관련된 활동들의 이모저모를 엿볼 수 있을 것이다.

4. 이 책은 스승 또는 선배들이 인생길을 앞서 걸으며 역시 자기 선배들의 도움을 받아 깨우쳤던 크고 작은 진리의 편린들을 담고 있는 다양한 번역서 뒤에 사족(蛇足)처럼 달았던 짧은 글들과 성 토마스 윤리학의 몇몇 주제에 대한 입문들과 학술대회의 편린들을 모은 것이다. 중세 스콜라학자들의 유명한 표현을 빌려 말하자면, '한 난쟁이가 거장(巨匠)인 위대한 스승들의 목말을 타고'(nanus insidens gigantium humeris) 진리를 찾아 헤맨 지난 32년 동안의 옅은 발자국이다. 그야말로 주마간산 격이고, 당시마다의 사정이 제각각이라, 보폭이 일정하지도 않고, 글의 길이가 원저(原著)의 가치에 비례하는 것도 아니다. 이런 종류의 잡동사니 같은 책이 단행본으로 나와도 되는 것일까 하는 의구심이 머릿속을 떠나지 않고 맴돈다.

 전반적으로 뱀이 지나간 자리처럼 흐릿한 흔적들이다. 장점보다는 단점이 훨씬 더 많은 이런 어렴풋한 사족에서도 굳이 장점을 찾자면, '가벼움' 또는 부담스럽지 않은 '가뿐함'이 아닐까 싶다. 그래서 가볍게 훑어보시라는 뜻으로, ['부제'(副題)도 아니면서 객기처럼 판권면에 표기한] 이 책의 알파벳 표기로 'Una Passeggiata con Tommaso'(토마스와 함께 나가는 [짧은 저녁] 산책)라는 글귀를 선택했다.

 오래 묵은 몇몇 글들은 파일을 찾을 수가 없어 도움을 받아야 했다. 바쁜 중에도 최우석 루카 형제와 김정이 아네스 자매가 고맙게도 다시 타이핑을 해주었고, 오엘북스 편집실에서는 서로 다른 원고들의 형식과 틀을 말끔히 잡아주었다. 무엇보다 짧지 않은 긴 여정을 동반하며 물심양면으로 도와주신 '진리의 협력자들'을 비롯한 모든 분의 한결같은 지지와 기도에 감사드린다.

# 제1부
## 역자후기 훑어보기

# 01. 성 토마스 아퀴나스의 신학대전 요약

G. 사쏘 · R. 꼬지 편, 『성 토마스 아퀴나스의 신학대전 요약』, 이재룡 · 이동익 · 조규만 옮김,
가톨릭대학교출판부, 1993, 648쪽.

최근 이탈리아 도미니코 수도회에서는 근 30년에 걸쳐서(1949-75) 35권으로 된 『신학대전』(*Summa Theologiae*)의 라틴어-이탈리아 대역판을 편찬했다.[1] 그리고 1989년 본 역서 『요약』(*Compendio della Somma Teologica di San Tommaso d'Aquino*)을 출판하면서 이 『요약』을 『신학대전』의 '제36권'으로, 즉 '한눈에 빨리 참조해 보기 위한 참고서'로 추천하고 있다.

따라서 본 역서는 감히 성 토마스의 원전 『신학대전』을 대체할 생각이 추호도 없다. 아니 설사 그러고 싶어도 어림없는 일이다. 분량

---

1. 참고로 몇몇 중요 '대역판' 내지는 '번역판' 현황을 살펴보면 다음과 같다.
    1) 비판본으로 정평 있는 '총서': Omnia Opera, 30 voll., Torino-Roma, Marietti 1946-1973.
    2) 최근에 나온 초대형판: *S. Thomae Opera*(ed. R. Busa, SJ), 7 voll., Stuttgart, Frommann-Holzboog 1980.
    3) 라틴어-이태리어 『신학대전』: *La Somma Teologica*, 35 voll., Firenze, Salani 1949-1975.
    4) 라틴어-스페인어 『신학대전』: *Suma Teológica*, 16 voll., Madrid, Biblioteca de Autores Cristianos 1947-1960.
    5) 라틴어-영어 『신학대전』: *Summa Theologiae*, 61 vols., London-New York, McGraw-Hill 1964-1981.
    6) 라틴어-불어 『신학대전』: *Somme Théologique*, Paris, Desclée 1926ss.
    7) 독일-라틴어 『신학대전』: *Die Deutsche-lateinische Ausgabe der Summa Theologica*, Salzburg-Heidelberg 1934ss.
    8) 일본어 역판 『신학대전』: 『神學大全』, 8 vols., 東京, 創文社, 1960-1967(未完).

으로 치더라도 『신학대전』의 이십 분의 일 또는 삼십 분의 일도 채 되지 않는다. 상상해 보라. 한 페이지를 겨우 한 줄씩으로 요약했을 때, 그 요약된 내용이 어찌 감히 원전과 경합할 수 있겠는가? 그것은 말하자면 '뼈다귀만 남은 물고기'에 비유될 수 있을 것이다. 그렇다. 원전의 웅장함, 엄밀 논지, 논거, 풍요로움, 설득력 등은 다 생략되고 오직 '뼈대'만 추려져 있다. 편찬자의 본래 의도는 바로 '기본 골격'만이라도 '한눈에' 볼 수 있게 하자는 것이다. 그래서 『신학대전』을 대체하는 것이 아니라 오히려 '길잡이'와 '안내자'가 되자는 것이다.

교황 레오 13세의 회칙 『영원하신 아버지』(Aeterni Patris, 1879) 이래 현 교황 요한 바오로 2세에 이르기까지 역대 교황들이 한결같이 성 토마스의 사상, 특히 그 집대성이자 불후의 명작인 『신학대전』의 중요성을 역설하며, 모든 가톨릭계 학교, 신학교, 대학교에서 성 토마스의 근본 사상에 대해 충분히 가르쳐야 한다고 강조했지만, 우리나라의 경우 '총서'는커녕 『신학대전』조차도 번역되지 못한 처지다. 참으로 유감스러운 일이다. 일본어 번역판이 1960-67년 도쿄(東京)에서 나온 사실을 생각할 때 더욱 부끄러운 일이 아닐 수 없다.[2] 그간 우리말로 된 일부 단편적인 번역이 네 권 나와 있다.[3] 『신학대전』을 맛볼 수 있게 해주는 값진 노력들이다. 그러나 611문이나 되는 방대한 전체 중에서 겨우 40문 정도다 보니 그야말로 너무 미미한 것이다.

---

2. 일본어 번역판이 완간된 적은 없다. 이 사실을 친절하고 자상하게 서신을 통해 일깨워준 전남대학교 정종휴 교수님께 깊이 감사드린다. 일본의 몇몇 다른 출판사들에서도 『신학대전』의 일부 내용들이 단편적으로 번역되기는 하였으나, 『신학대전』 전체를 36권으로 나누어 본격적인 번역 사업을 추진하고 있는 도쿄의 창문사(創文社)에서는 1960년부터 작업에 들어가 1967년까지 제1부를 8권으로 분책 출간하였으나, 그 이후부터는 용어 문제 때문인지 난항을 거듭해, 현재 확인할 수 있는 한, 겨우 8권(제2부 11, 13, 14, 15, 16, 18, 19, 22)을 더 추가했을 뿐이다. 그러므로 일본어판 번역 작업은 어림잡아 절반 분량쯤에 머물고 있는 실정이다.
3. 이 책의 615쪽을 참조하라.

우리 역자들은 로마에서 오랫동안 동고동락하며 서로 의지와 격려가 되곤 했는데 우리 앞날의 과제에 대해서도 자주 많은 의견을 주고받았다. 『신학대전』은 그 중요성과 깊이, 그리고 엄청난 분량 때문에도, 우리 같은 부족한 사람들이 어찌 엄두를 낼 수 있겠는가 하면서도 다만 작은 디딤돌이나마 되어 보자고, 이 『요약』의 번역에 힘을 모으기로 합의하였다. 번역은 전공별로 나누어 다음과 같이 담당하기로 했다: 제1부(신-창조-인간)[이재룡: 철학], 제2부 제1편(윤리 원론)[이재룡 번역, 이동익 검토], 제2부 제2편(윤리신학)[이동익: 윤리신학], 제3부(예수 그리스도와 성사)[조규만: 교의신학], 보충부(성사와 종말)[조규만].

그리고 상당한 분량임을 느끼면서도 『신학대전』 연구와 이해에 도움이 되리라 판단되어, 도미니코회 소속 마리 도미니크 슈뉘(Marie-Dominique Chenu, OP) 신부의 『성 토마스 연구 입문』(1950) 중에서 『신학대전』에 대한 입문적 개설 부분을 선택 번역하여 『요약』의 부록으로 실었다. 또한 이해에 도움이 되리라고 생각되는 곳에는 약간의 역주(譯註)를 덧붙였다.

우리 자신의 역부족을 잘 알면서도 감히 이 『요약』을 번역하게 된 동기가 있다면, 무엇보다도 관심 있는 이들에게 성 토마스 아퀴나스의 『신학대전』의 본질적 내용을 (비록 초라한 '요약'의 형태이기는 하지만) 어떻게든 '접근 가능한 것'으로 만들어보자는 것이었다. 더 나아가 감히 소망컨대, 언젠가는 꼭 우리 한국 가톨릭교회가 이루어내야 할 『신학대전』 편찬 사업을 위한 한 작은 '자극', '길잡이' 또는 '디딤돌'이 될 수 있었으면 하는 것이다.

독자는 이 작은 책을 통해서 성 토마스의 웅장한 사상을 그 '그림자'나마 맛볼 수 있을 것이다. 부족한 번역을 통해서나마 한 번이라도 더 『신학대전』을 찾아보는 이들이 생겨난다면 역자들로서는 그 이상 기쁜 일이 없을 것이다. 끝으로 잘못된 번역에 대해서는 질책을 아끼지 말 것을 당부하면서, 진정 성 토마스 사상의 골자를 한 손에 들고 우리말로 읽을 수 있게 된 것을 독자들과 함께 경축하고 싶다.

- 재판(再版)에 부쳐 -

1년여 만에 절판이 되어 재판을 서둘렀다. 졸역임에도 불구하고 원전인『신학대전』자체가 지니고 있는 가치와 비중 때문에 학계와 언론계로부터 많은 격려를 받았다. 특히 전남대학교의 정종휴 교수는 서신을 통해 친절하게『신학대전』의 일본어 번역 현황에 대한 지적을 해주었다. 지면을 통해 깊이 감사드린다.

이번 재판에서는, 본문에 대해서는 초판의 판형과 면수를 그대로 유지하려고 애썼으나, 초판에 들어 있던 상당수의 오탈자들을 바로잡고 몇몇 애매한 부분이나 오식(誤識)들을 지면이 허락하는 범위 내에서 고쳤다. 그리고 첨부되어 있는 슈뉘 신부의 글 말미에 붙어 있는 '참고문헌'을 얼마간 보충했으며, 초판에서는 미처 달지 못했던 '색인'을 새로이 첨부했다.

그동안 꾸준히『신학대전』원본 번역 작업을 해오고 있는 정의채 신부의 작업도 상당한 진전을 보여 제1부 제40문 정도까지 진행되고 있는 것으로 알고 있다. 그리고 최근 대구가톨릭대학 부설 '한국 중세철학연구소'의 신창석 교수는 성 토마스의 초기 대작인『대이교도대전』(*Summa contra Gentiles*)의 번역 작업에 착수했다. 적어도 2000년대가 시작되기 전까지는 성 토마스의 이 두 걸작을 우리말로 읽을 수 있게 되었으면 좋겠다. (1995년 1월 28일, 성 토마스 아퀴나스 축일에)

## 02. 자연의 원리들

토마스 아퀴나스, 「자연의 원리들」, 졸역, 『가톨릭 신학과 사상』 10(1993), 230-274쪽.

이 글은 아마도 성 토마스의 최초의 철학 개진서인 *De principiis naturae ad Fratrem Sylvestrum*의 완역(完譯)이다. 집필 연도를 명확히 규정하는 것은 불가능하지만, 성 토마스가 신학교수가 되기 이전에(infra magisterium) 아직 명제집 강사(baccalarius Sententiarum)이던 1252년부터 1256년 사이에 형제들의 학업을 도우려는 목적으로 집필된 것이 분명한 순수 철학적인 논술이다.

  이 논술은 아리스토텔레스의 『자연학』 제1권과 제2권 및 『형이상학』 제5권을 기초로 삼아 물리적 사물들을 내밀하게 구성하고 있는 질료, 형상, 결핍의 개념들을 철저히 분석함으로써 자연철학의 골격을 개괄하고자 한다. 따라서 성 토마스의 또 하나의 초창기 논술인 『존재자와 본질』(*De ente et essentia*)에서 형이상학의 기본 개념들이 압축적으로 분석되고 있다면, 이 글에서는 자연철학의 골격을 이루는 기본 개념들이 요약적으로 분석되고 있다. 특히 질료 개념에 대한 분석을 통하여 실체적 존재를 위한 순수 잠재력인 제1질료를 규정하는 데까지 이르는 젊은 성 토마스의 철학적 통찰력이 놀랄 만큼 엄밀하다.

  질료, 결핍, 형상은 개별 물체들의 구조와 실체적 생성의 원리들이고, 실체와 우유는 개별 물체들의 구조와 우유적 생성의 원리들이다. 그러나 생성이 가능하기 위해서는 내밀한 원리들인 질료와 형상만으로는 부족하고, 능동인과 목적인이라는 다른 두 가지 외부적 원리들이 요구된다. 이 네 가지 원인은 서로 영향을 미치는 의존 관계를 맺고 있는데, 그중에서 목적인은, 비록 맨 마지막에 실현되는 원인임에도 불구하고 자연의 생성 전체를 결정적으로 해명하는 제1원리로서 원인들 중의 원인이다.

마지막 부분에 가서 성 토마스는 개념들의 빈술 방식을 간략히 분석하여 일의성(一義性), 다의성(多義性), 유비성(類比性)의 차이를 밝히고, 형이상학의 기초를 이루는 존재(存在, esse) 개념이 유비적인 개념임을 명시하고 있다.

자연철학과 형이상학의 기초를 놓고 있는 이 『자연의 원리들』과 『존재자와 본질』은 비단 학문의 길에 들어선 젊은이들을 돕기 위한 입문서 또는 안내서일 뿐만 아니라 성 토마스 자신의 앞으로의 학문 발전 전체를 위한 기본 토대와 골격이 되었다.

# 03. 세상 영원성론

토마스 아퀴나스, 「세상 영원성론」, 졸역, 방 스텐베르겐, 『토마스 아퀴나스와 급진적 아리스토텔레스주의』, 성바오로출판사, 2000, 127-145쪽(부록).

신앙에 따르면 세상은 시간적 시작을 가지고 있고, 따라서 영원하지 못하고 언제까지나 실존하지도 못한다. 그러나 그렇다고 하더라도 세상이 영원할 수 있는지에 관한 문제를 제기하는 것은 가능하다. 만일 이 가설이 이단적인 것도 아니고(즉 신앙에 위배되는 것도 아니고) 부조리한 것도 아니라면(즉 이성에 위배되는 것도 아니라면), 누구도 세상이 영원으로부터 존재해 왔을 이론적 가능성을 부인할 수 없을 것이다. 성 토마스에 따르면, 이 가설은 이단적이 아니다. 왜냐하면 이 가설은 신으로부터 완전히 독립적인, 창조되지도 않았고 형체도 없는 어떤 물질의 영원성을 함축하고 있는 것이 아니기 때문이다. 그리고 부조리한 것도 아니다. 왜냐하면 창조되었다는 것과 영원으로부터 존재한다는 두 주장 사이에는 아무런 모순도 없기 때문이다. 바로 여기에 세상의 영원한 실존 가능성이 있다.

세상 영원성을 거슬러 제기하는 이유는 다음 두 가지다. 첫째, 어떤 행위자는 필시 그 결과보다 시간적으로 선행해야 한다. 둘째, 무(nihil)가 필시 피조물의 존재보다 시간적으로 앞서야 한다.

토마스는 먼저 이렇게 응수한다. 만일 어떤 원인이 그 결과를 동시에, 즉 운동이나 생성 과정 없이 산출한다면, 그 원인과 결과는 동시적이다. 그는 자연 세계로부터 아주 손쉬운 예를 한 가지 들고 있다. 불은, 시작되는 순간부터 뜨거워진다. 사물들을 운동도 없고 또 아무런 사전 숙고도 없이 산출하는, 의지적이고 자유로우며 절대적으로 생성이 없는 신은 사물들을 순간적으로 산출한다. 그러므로 신적 원인성의 결과는 신의 존재와 동시적일 수 있다. 능동적 원인이 어떤 변화나 운동을 통해서, 또는 한마디로 일종의 생성을 통해서 사물들을 산출하는, 우리에게 친숙하고 또 늘 경험하는 그런 경우에는, 결과가 원인과 동시적일 수 없다. 그때 생성의 끝인 결과는 그 원인보다 시간적으로 나중의 것이다.

둘째, 창조한다는 것은 무로부터 존재를 산출한다는 것을 의미한다. 즉 그것을 통째로 산출하는 것이다. 따라서 논리적으로 말하면, 창조 이전에는 신 이외에 아무것도 없었고, 신이 존재 전체를 산출하여, 이것으로써 피조물이 구성되었다(ex nihilo sui[=forma] et subiecti [=materia]).

'무로부터'(ex nihilo)라는 표현에 대한 한 가지 해석은, '무로부터'(de nihilo), 즉 '무 다음에'(post nihil)이다. 이는 시간과 연관시켜 먼저 무가 있고, 그다음에 존재가 있다는 식이다. 그러나 토마스에 따르면, 만일에라도 필요하다면, '뒤에'는 피조된 존재의 본성에 연결되어야 한다. 그래서 만일 그 자체로만 방치되게 되면, 자기 자신 안에 자기 실존의 근거를 지니고 있지 않기 때문에, 무로 곤두박질칠 것이다. 그리고 이것은 설사 영원으로부터 창조되었다고 하더라도 마찬가지다.

또한 세상이 설사 영원하다고 하더라도 세상의 영원성은 신의 영원성과 절대로 동일한 것일 수 없었을 것이다. 신은 시간의 고리 바깥에 존재하며, 절대적으로 생성과 무관하다. 그분은 무한하고 영원한 유일한 현실 속에서 자신의 존재를 총체적으로 그리고 동시적으로 소유한다. 시간이 생성되는 모든 사물의 존재 방식이기 때문에, 세상은 시간과 더불어 시간 속에 실존하며, 언제나 결코 완전히, 총체적으로 그리고 동시적으로 소유할 수 없는 어떤 것보다 높은 완전성을 향하고 있다.

다음과 같은 마지막 문제가 있다. 만일 세상이 영원하다면, 현실태로 실존하는 무한한 수의 영혼들이 있어야 할 터인데, 그것은 부조리하다. 이에 대해 토마스는 이렇게 응답한다. 먼저 신은 얼마든지 세상을 영원으로부터 창조하고, 사람들을 어느 특정 순간에 창조할 수 있었다. 그렇다면 지금 영혼들의 숫자는 무한하지 않을 것이다. 둘째, 신이 현실태로 있는 존재자들을 무한히 실존하게 만들 수 있는지는 아직 입증된 것이 아니다.

제목 말미에 붙어 있는 "contra murmurantes"는 겨우 세 개의 수사본에만 나타나고, 14세기 후반 이전에는 나타나지 않는다. 이 표현은 또한 보에티우스 다치아(Boethius de Dacia)의 『세상 영원성론』(성 토마스의 작품과 동일한 제목)에서도 나타난다. "신앙과 철학자의 주장 사이에는 아무런 모순도 없다. 그렇다면 왜 철학자를 거슬러 불평하는 사람들("quare murmuras")이 똑같은 것을 인정한단 말인가?"(ed. Berlin 1964, pp.762-764). 어쨌든 'murmurantes'는 세상의 시간 속 창조 이론을 세상에 관한 그리스도교적 이해 방식과 이교도적 이해 방식 사이를 분별하며 근본적 기준으로 주장하던 고집스런 아우구스티누스주의적 신학자들이다(Cf. M.-D. Chenu, *Introduzione allo studio di S. Tommaso d'Aquino*, tr.ital., Firenze, Ed. Fiorentina, 1953, pp.291-292).

『세상 영원성론』의 라틴어 본문: Thomas de Aquino, *Opera omnia*, cura et studio Fratrum Praedicatorum, tomus XLIII, Roma, Santa Sabina, 1976, pp.83-89.

## 04. 토미스트 실재론과 인식비판

에티엔 질송, 『토미스트 실재론과 인식비판』, 졸역, 서광사, 1994, 252쪽.

1. 빌헬름슨(F.D. Wilhelmsen)의 훌륭한 '소개의 글'이 있는데 역자까지 끼어들어 웬 '흰소리'냐고 힐난할 사람도 있을 터이지만, 그럼에도 불구하고 번역에 따른 몇 가지 해명할 사항과 감사할 일도 있어 몇 마디 사족(蛇足)을 덧붙인다. 이 책은 에티엔 질송(Étienne Gilson)의 *Thomist Realism and the Critique of Knowledge* (San Francisco, Ignatius Press, 1986)의 완역이다. 불어 원판(*Réalisme Thomiste et Critique de la Connaissance*)은 1939년에 출판되었다. 질송은 이미 1920년대 말에서 1930년대 초에 토미즘 내의 인식론자들 사이에 벌어졌던 열띤 지상(紙上) 논쟁에 참여했고, 그때 발표했던 글들을 한데 묶어 1936년 『방법적 실재론』(*Realisme methodique*)으로 출판했다. 그러나 그것은 논쟁의 종식이 아니라 새로운 시작이었다. 각계각층으로부터 평가와 비판의 글들이 쏟아졌는데, 그 비판에 답하기 위해 질송으로서는 말하자면 '결정판'을 내놓은 것이 바로 이 책이다.

이미 '소개자'와 지은이 자신이 더 자세히 설명한 사실을 이 자리에 반복하는 이유는, 이 책 전체가 당대의 정상급 토미스트 철학자들 간의 지극히 까다롭고도 중대한 논쟁을 다루고 있고, 또 실제로 반대자들에게 보내는 답으로서 쓰였기 때문에, 어떤 철학적 문제나 이론의 평온한 개진 내지 해설이라기보다는, 부득불 논쟁적이고 공격적일 수밖에 없었고 그래서 때로는 변증법적 토론 전개 방식으로부터 완전히 벗어날 수 없었다는 점을 지적하고 싶어서이다. 그러다 보니 (옮긴이의 표현력 부족이 왜 없으랴마는) 질송의 서술 방식이 대단히 까다롭고 난해하여, 독자들에게 세심한 주의와 인내를 요구한다.

옮긴이로서는 인식론과 형이상학이 한데 어우러져 만나는 바로 이 분야에 줄곧 관심이 있어서 수년 전부터 이 책을 정독하며 많은 도움을 받았지만, 세부적이고 까다로운 논쟁에 별 흥미가 없는 독자라면, 제1장부터 제5장까지는 뒤로 미뤄두고, '소개의 글'을 읽은 다음 곧바로 (앞의 다섯 개 장을 종합, 마무리 짓고 있는) 제6장 "비판적 실재론의 불가능성"을 먼저 정독하도록 권한다. 이어서 '토미스트 인식론'의 핵심을 개진하고 있는 제7-8장을 읽는다면, 이 책 전체에서 질송이 취하고 있는 입장을 큰 어려움 없이 파악할 수 있으리라 믿는다. 마지막 이 3개 장(章)이야말로 질송이 앞에서의 공격적이고 논쟁적인 어투를 누그러뜨리고, 차분히 자신의 입장을 개진하는 핵심 부분이기 때문이다. 그런 다음, 처음부터 다시 정독한다면 논의되고 있는 세부 쟁점들과 그 중요성을 훨씬 더 잘 파악할 수 있게 될 것이다.

2. 이 책에서뿐만 아니라 필생에 걸친 저술 활동 전체에서 보더라도 질송의 입장은 뚜렷하다. 먼저 그는 '철학사' 연구를 철학함(philosophieren, filosofare)의 필수 조건으로 본다. 그리고 이런 바탕 위에서 '형이상학적 근본 원리들'의 관점으로부터 '인식론'의 문제들을 해결한다는 견해를 견지한다.

'비판'(critique) 문제란 무엇인가? 그것은 근대 사조를 일관하고 있는 내재주의(immanentism)가 사용하는 주무기로서 의식 내지 사고를 자명한 제1원리로 삼고 그 나머지 모두를 '비판'하는 것이다. 질송에 따르면, 그 비판되는 대상이 외부 실재에 이르지 못하고 오직 현상(現象, phenomena)에만 머물기 때문에, 결국 아무것도 (실제적인 것을) 비판한 것이 없다. 칸트의 '초월적'(transcendental) 또는 '선험적'(a priori) 비판주의는 바로 이 의식 내재주의로부터의 해방과 탈출이 아니라, 아니 오히려 더 안쪽으로 파고 들어가 "모든 경험으로부터 순수한" 선험적 형식을 추구하겠다는, 즉 경험으로부터의 완전 단절을 처음부터 선언하는 철학이다.[1] 이것이 어떤 결실을 낼지는 자명한 일이다.

질송에 따르면, 근세의 긴 실험이 보여주듯이, '사고'와 '의식'으로부터 출발해서는 철학의 궁극 목표인 '실재의 근거 파악'에 이를 수 없다. 오히려 '실재 경험의 자명성'으로부터 출발할 때 인식 문제도 균형 있게 풀릴 수 있다는 것이 질송의 확신이었다. 실재의 근본 구조인 "본질"(existentia)과 "존재현실력"(actus essendi)은 경험을 통해 직접적으로 포착된다. 이제 형이상학의 과제는 이 두 차원 중 어느 것도 선호하거나 희생함이 없이 실재를 총체적으로 있는 그대로 수용하는 것이다. 즉 실재와 사고, 감성과 이성, 인식론과 형이상학의 연속성과 상호 의존성에 근거해서 철학을 전개해야 한다는 것이 질송이 이해하는 '실재론'의 철학 방법이었다.

데카르트 연구로 철학을 시작한 질송은 '데카르트는 중세철학의 맥락을 떠나서는 이해될 수 없다'고 확신하고 중세철학 연구에 투신하게 된다. 그는 중세와 근세의 단속성(斷續性)을 주장하는 대부

---

1. 칸트, 『순수이성 비판』, 전원배 옮김, 삼성출판사, 1977, 32쪽(제1판 서문, A.xii): "그러나 내가 여기서 말하는 비판은 서적이나 체계의 비판을 의미하는 것이 아니라 이성이 '모든 경험으로부터 독립하여' 추구할 수 있는 인식에 관한 이성 능력 일반의 가능성과 불가능성의 결정, 형이상학의 원천 및 범위와 한계의 획정—이 모든 것은 원리에 의해서 이루어진다—을 의미한다." 그리고 같은 책, 64면(제2판 서문, B.2-3): "그러므로 우리는 금후에 '선천적(a priori) 인식'을 이런 경험이나 혹은 저런 경험이 아니라 모든 경험으로부터 절대독립하여서 성립하는 인식으로 이해할 것이다. 이런 인식과 대립하는 것은 경험적 인식, 즉 오직 후천적으로(a posteriori), 다시 말해서 경험을 통해서만 가능한 인식이다. 그러나 선천적 인식 중에서도 '경험이 전연 섞이지 않은' 인식을 '순수한' 인식이라고 부른다."

분의 사가(史家)들과 일반의 통념을 거슬러 그 '연속성'을 주창한다. 그런데 문제는 실제로 연결되어 있고 또 끊어질 수도 없는 그 필수적 연관을 끊어버리는 것을 오히려 '필수 방법론'으로 채택하고 있는 근대철학의 병적인 출발점이었다. 문제가 너무 얽히고설켰을 때는 '첫 단추'가 잘못 끼워지지 않았는지를 검토할 필요가 있다. 이것은 딸(근세)을 출가시키는 어머니(중세)의 섭섭함 내지 허전함과는 그 유(類)를 달리하는 것이다. 마치 예전에는 쓸만한 것이 아무것도 없었던 것처럼, 아니 없느니만도 못한 것처럼, 떨치려 해도 떨칠 수 없게 덮쳐오는 해로운(?) '예전 것들'을 필사적으로 떨쳐버리려고 스스로에게 '사고 준칙 사항들'을 억지로 강요하면서까지 '새 것'을 찾아내려 안간힘 쓰던 데카르트의 '방법적 회의'(方法的 懷疑)가 그 놀라운 깨달음 끝에 기하학적인 엄밀성으로 검토하고 재구성해서 내놓은 실재상(實在像)은 얼마나 이상스러운 것이었던가! 그의 수제자격인 칸트는 결국 세계 재구성(世界 再構成)에 두 손을 들어버리고 텅 빈 사고 형식이나 갈고 닦는 것으로 만족하자고 제안할 수밖에 없지 않았던가! 그들의 제자들은 오늘날 대학 강단과 연구소를 가득 채우고 우리를 그들의 방식대로 가르쳐왔다. 그들은 우리에게 데카르트 이전으로 돌아갈 수 없다고, 칸트 이전으로 되돌아갈 수는 없다고, 그것은 코페르니쿠스 이전 세계로 돌아가는 것과 마찬가지로 불가능한 일이라고 설득해 왔다. 그리고 그 스승인 데카르트와 칸트의 본을 따라 어떻게든 '새 것'을 찾아보라고 우리에게 권하고 있는 것이다.

'헌 것'이 '새 것'보다 더 좋다는 말을 하려는 것은 아니다. 균형과 본(本)을 찾자는 것이다. 근대가 밝히고 기여한 것들도 많다. 인식론 분야, 특히 사고 형식 또는 사고 구조를 밝히고 근대과학에 토대를 마련하려 애쓴 공로는 당연히 인정되어야 한다. 그러나 철학이 수학이나 물리학으로 변형될 수야 없지 않겠는가? 혹은 심지어 금세기초 영미(英美) 철학에서 보듯 철학이 '문법학' 정도와 걸맞을 수야 없지 않겠는가? 그렇다면 오늘날 우리는 어디서 '참 철학'을 찾아볼 수 있는가? 오늘날 우리에게 진리를 가르치고 지혜를 보여줄 스승은 누구란 말인가? 질송은 주저하지 않고 말한다: '그 스승은 바로 성 토마스다.' 적어도 그에겐 그랬다. 그는 근현대 어디에서도 찾아볼 수 없었던 스승을 13세기의 한 수도사의 모습에서 발견했다. 성 토마스의 균형 잡힌 대종합과 뛰어난 통찰력에 감탄하며 사로잡힌 그는, 자기의 동료 현대인인 우리에게 손짓하며 초대한다: '와서 보라고! 놀랍게도 여기 이 뚱뚱보 수도자에게 우리가 그렇게도 (헛되이) 찾아헤매던 것 그 이상의 풍부한 진리가 있다!'고.

3. 마무리하기 전에 비판적인 한마디를 덧붙인다. 본래 소개하는 위치에 있는 역자로서 어떤 비판적 암시를 한다는 것이 어딘가 좀 역설적이지만, 앞머리에 소개자(빌헬름슨)의 충분하고도 넉넉한 '질송 철학 입문'이 있기에, 그의 모든 뛰어난 기여와 업적들을 전제로 하고 나서, 한마디쯤의 비판적 암시도 일종의 '양념'이 될 수 있으리라. 질송의 철학사가로서의 일반적 위치와 네오토미즘권 내에서의 본격 철학자로서의 영향력은 확고부동하다. 흔히 신토미즘(Neo-thomism)의 대표자로 에티엔 질송, 쟈크 마리탱(Jacques Maritain), 코르넬리오 파브로(Cornelio Fabro)를 꼽는다. 그러나 네오토미즘 혹은 신토미즘은, 질송이 이 책 제1장과 제2장에서 살피고 있는 대로, 교황 레오 13세의 영감을 받은 루뱅대학의 메르시에 추기경(Désiré Mercier)과 그 후계자 레옹 노엘(Léon Noel) 등을 통해서 급속히 발전 전개되었다. 메르시에 추기경의 기본 구상은, 토미즘의 빛나는 통찰과 근대철학을 화해 접근시켜 보자는 것이었다. 즉 근대의 새로운 발전들을 수용하면서, 새로운 요구들과 문제에 발맞추어, 묻혀버리고 잊힌 성 토마스의 철학을 근대의 철학 사조 속에 새롭게 소

개함으로써, 근대가 해결하지 못하는 기본적 문제들에 해결의 열쇠를 제공하자는 것이었다.

그러나 금세기가 열리면서 이런 추세에 부응해 주로 모리스 블롱델(Maurice Blondel)의 '행위의 철학'으로부터 영감을 받은 알프레드 루아지(Alfred Loisy)를 중심으로 전개된 소위 '근대주의 운동'(Modernism)이 교회로부터 찬바람을 맞으면서 루뱅대학의 기본 구상은 토미즘권 내에서 심한 굴절을 겪게 된다. 파브로의 입장은 좀 다르지만, 질송과 마리탱은 루뱅대학의 제언을 전면 반대하면서 '순수하게' 성 토마스에게로 돌아가자고 역설했다. 그것은, 근대철학이 담고 있는 근본적으로 무신론적인 병폐와 위험을 직시하고 경고했다는 점에서는 참으로 시기적절한 것이었지만, 다른 한편으로는 (적어도 옮긴이의 입장에서 볼 때) 그러한 보수주의적 전통주의의 입장을 취함으로써 근세 500년의 긴 실험과 노력들을 과소평가하고 편파적으로 '도매금에' 매도하는 위험에 빠질 수 있었다. 흔히 하는 말로 "목욕물이 더럽다고 (그 안에 담긴) 아기까지 함께 쏟아버릴 수야 없지 않겠는가!" 일부 아리스토텔레스주의자들이 아리스토텔레스 철학의 뛰어난 통찰과 균형 잡힌 웅장한 체계에 감탄한 나머지 "아리스토텔레스 이후 철학자들은 침묵하는 것이 더 나았다"[2]고 말하고 있듯이(과연 그럴까?), 질송과 마리탱을 위시한 많은 토미스트도 "성 토마스 이후에 철학자들은 침묵하는 편이 더 나았다"고 말하고 싶어 하는 것일까?[3] 다시 말해, 개신교가 가톨릭 1500년의 역사를 차라리 없었더라면 더 좋았을 해로운 일탈(逸脫)의 역사로 간주하고 싶어 하듯이, 참으로 토미스트들은 근대 500년의 긴 실험과 노력들

---

2. D. Antiseri, *Gloria o miseria della metafisica cattolica italiana?*, Roma, Armando, 1987, p.33: "그러므로 [베르티에 따르면] 진정한 형이상학은 아리스토텔레스의 형이상학이고, 따라서 아리스토텔레스 이후 철학자들은 침묵하는 편이 더 나았다." E. Berti, *Le vie della ragione*, Bologna, Mulino, 1987, pp.40-41.
3. É. 질송, 『존재란 무엇인가』, 정은해 옮김, 서광사, 1992, 267-268쪽 참조.

을 일고의 가치도 없는 것으로 보고자 한 것일까?

옮긴이의 생각은 다르다. 내가 아는 한 성 토마스는 당시의 시각으로 볼 때 참으로 '혁명가'였다. 중세 1,000년 동안 그리스도교 사상을 주도한 당대의 지배적인 사상은 성 아우구스티누스의 신플라톤계 철학이었다. 플라톤의 중심 사상은 창조와 초월적 가치들, 그리고 내세(來世)를 근간으로 삼고 있는 그리스도교 교리에 썩 잘 어울리는 것이었다. 이런 판에 성 토마스는, 예컨대 그의 대작 『신학대전』(이 방대한 작품은 그가 "머리말"에서 밝히고 있듯이 하나의 '그리스도교 교리 입문서'이다)에서 무려 611개의 주제를 취급하는 데 있어서 플라톤이나 성 아우구스티누스를 따르지 않고, 거의 배타적으로 '이방인'이자 '비기독인'이었던 아리스토텔레스의 가르침을 따르고 있다. 당시 아리스토텔레스는 권위의 상징은커녕 어떤 풋내기 이방인의 이름에 지나지 않았다. 성 토마스가 아리스토텔레스를 따른 것은, 오직 그가 '사실'과 '진리'를 말하고 있었기 때문이다. 반대자들이 그를 '이단'(異端)으로 고발했지만 토마스는 자신의 확신을 굽히지 않았다. 그렇다. 진리를 발견한 자가 어떻게 붓을 꺾어 세상에 아부할 수 있단 말인가! 그는 참으로 '권위에 입각한 논증'(argumentum ex auctoritate)을 논증 중에서 가장 하위의 논증이라고 즐겨 말했다.[4] 오직 '사실'과 '진리'만이 논증의 참 근거가 될 수 있었다. 그렇다면 토미스트들의 '진리 기준'도, 그들의 스승 성 토마스의 본을 따라 '사실'과 '진리'여야지, '성 토마스의 권위'(이것이야말로 '반(反)-토미스트적'이다!)여서는 안 되지 않겠는가?

물론 질송이 이 책 전체에 걸쳐서 참으로 대가다운 필치로 날카롭게 해부하고 있듯이, 고전철학과 근대 사상을 화해시키려는 시도가 겉만 화려하고 근거는 엉성한 '절충주의'로 떨어져서는 결코 안

---

4. 예컨대, Thomas Aquinas, *Summa Theologiae*, I, q.1, a.8 참조.

될 것이다. 우리는 20세기가 다 저물어가는 이 시점에, 갈수록 심해지는 다원주의와 파벌주의, 그리고 그로 인한 체계들 사이의 끝도 없는 대립과 대화 단절을 경험하고 있다. 나는 논쟁과 질타보다는, 보다 근원적인 하나의 그릇 큰 건설적인 종합이 필요한 때라고 믿는다. 아리스토텔레스가 고대철학의 대립을 종합하고, 성 토마스가 고대와 중세 전체의 갈등과 문제들을 종합 해결했듯이, 그리고 칸트가 근대 말에 첨예화되어 가던 양대 흐름, 즉 합리주의와 경험주의의 대립을 해결해 보고자 적어도 시도라도 했듯이,[5] 이제 우리도 2000년대를 맞이하기에 앞서 우리 시대의 문제와 대립을 종합하고자 노력하지 않으면 안 될 것이다. 그러자면 체계나 이데올로기의 편파성에서 벗어나, 과거의 위대한 사상가들의 값진 통찰을 편견 없이 폭넓게 수용하면서 인간 공통의 본성과 능력을 배신하지 않는 참으로 건전하고도 탄탄한 철학을 추구해 가야 할 것이다.

이런 면에서 볼 때, 다른 계열의 철학 체계 및 철학자들의 연구는 해당 분야를 전공한 다른 이들에게 맡기더라도, 그리스도교권으로부터는 중세철학 또는 적어도 토미즘 철학 연구와 출판 사업이 기대된다. 그러자면 무엇보다도 먼저 성 토마스의 주저(主著) 간행 사업이 선행되어야 할 것이다. 이제는 가톨릭권 내의 학자층도 충분히 넓어지고 있는 것으로 알고 있으니, 개인적으로든 공동 작업을 통해서든, 이런 절실한 요구가 하루 빨리 채워질 수 있기를 기대해 본다.

4. 이제 번역에 대한 몇 가지 해명을 하고 싶다. 1) 무엇보다 먼저 불어판 '직역'이 못되고 영어판 '중역(重譯)'임을 밝힌다. 그것은 역자의 불어 지식이 짧기도 하지만, 무엇보다도 영어판으로 초역이 다 끝나갈 즈음에서야 불어판을 입수하였기 때문이다. 그런데도 영어

---

5. G. Zamboni, *Realismo-Metafisica-Personalità*, Verona, Tip. Veronese, 1937, p.189.

판의 애매한 상당 부분은 불어판을 참조함으로써 해결할 수 있었다. 2) 별로 많은 숫자는 아니지만, 몇몇 필요한 경우에 별표(*)를 표시하고 '옮긴이 주'를 달았다. 3) 라틴어 인용문들의 내용은 영어판이나 불어판에서 번역 없이 인용된 라틴어 원문을 옮긴이가 번역해 삽입한 부분들이다. 4) 그리고 본문이나 각주에서 보통괄호와 홑따옴표를 많이 사용했는데, 그것은 서구인들에겐 자연스러운 '관계문'을 이용한 논술이, '관계문'이라는 것을 가지고 있지 않은 우리 '한글'로 옮기자니 상호 연결과 수식이 모호해지거나 느슨해질 수밖에 없고 때로는 직역할 경우 내용상의 오해를 불러일으킬 소지가 있기 때문에, 그때마다 긴 문장을 끊거나 풀어서 번역할 수도 없고 해서 궁여지책으로 본문에는 없는 기호들을 자주 이용하게 되었다. 주문장(主文章)과 부수적 수식을 가능한 한 쉽게 분별할 수 있도록 해보자는 동기에서였지만, 역시 역자의 표현력 부족을 이 자리를 빌려 고백한다. 5) 마지막으로 어떻게든 오역(誤譯)만큼은 피하자고 나름대로 최선을 다했지만, 이 점 또한 누가 알랴!

5. 이 자리를 빌려 이 알량한 번역이 출판되어 나오기까지 출판에 따른 온갖 번거롭고 귀찮은 일을 시종 도맡아 책임져준 친구 박항오 신부와 김종수 신부에게 우정어린 고마움을 전한다. 이들의 격려와 실질적인 도움이 없었더라면, 연전에 휘갈겨놓았던 초고 뭉치들을 감히 정리해서 출판할 엄두를 내지 못했을 것이다. 또한 이 졸역의 출판을 흔쾌히 허락한 서광사의 김신혁 사장님과 출판부 임직원들, 그리고 원고 정리를 도와준 신은영(데레사)에게도 지면을 통해서나마 감사드린다. (1991년 11월 1일, 로마 몬테피올로[Montefiolo] 수녀원에서)

## 05. 성 토마스의 지혜와 사랑

에티엔 질송, 『성 토마스의 지혜와 사랑』, 졸역, 한국성토마스연구소, 2022, 205쪽.

예수회에서 운영하는 미국 밀워키의 마르케트대학 아리스토텔레스학회(The Aristotelian Society)에서는 매년 성 토마스 아퀴나스의 이름으로 강연하도록 학자 1명을 초청해 왔다. 통상적으로 이 학회 수호성인의 축일인 3월 7일[1] 가까운 일요일에 개최되는 이 강연들은 〈아퀴나스 강연〉(The Aquinas Lecture)이라고 불린다.

  이미 권위 있는 두툼한 연구서와 연구논문들을 발표함으로써 프랑스 국내에서는 물론 세계적으로도 중세철학과 성 토마스 연구의 권위자로 명성을 얻었을 뿐만 아니라, 파리와 북아메리카를 오가며 대학 강의와 학회 강연들을 통해 그 통찰을 널리 전파하며 학계의 주목을 받고 있던 에티엔 질송은 제2차 세계대전이 막 끝나고 전 세계가 재건에 매진하던 즈음에 아리스토텔레스학회로부터 1948년과 1951년 두 차례 초청을 받아 동료 학자와 철학도 및 신학도들 앞에서 강연했다.

---

[1] 이 학회의 수호성인인 토마스 아퀴나스의 축일은 처음에는 일반적인 관례에 따라 선종일인 3월 7일로 정해져 기념되어 왔으나, 자주 사순시기와 겹치게 되어 그 축일의 정신이 2선으로 밀리는 경향이 있어 끊임없이 변경할 필요가 제기되어 왔는데, 마침 제2차 바티칸 공의회 정신에 따라 전례력 전반에 대해 대대적인 현대적 개정 작업을 하는 기회에 1월 28일로 변경되었다. 이날은 성인의 유해(遺骸)를, 선종한 장소인 이탈리아의 포사노바로부터 도미니코 수도회 본부가 자리 잡고 있는 프랑스의 툴루즈로 성대하게 옮겨 모신 날이다.

이 가운데 1951년도 〈아퀴나스 강연-16〉의 주제인 『성 토마스 아퀴나스의 지혜와 사랑』(*Wisdom and Love of St. Thomas Aquinas*, 본서 제1강)에서는 그 제목이 알려주듯이 지혜 사랑을 추구하는 '철학'(哲學, philosophia)이란 결국 무엇이고 어떤 마음가짐으로 이 길에 접근해야 하는지를 밝히고 있다. 알랭 드 리베라(Alain de Libera)는 20세기 중반에 "현대 프랑스의 중세 연구는 질송의 작업에 의해 지배되고 있다"고 평가기도 했다. 질송은 분명 중세철학사에 대한 가장 광범위하고 값진 유산을 남긴 철학사가이지만, 오늘날까지도 철학사가들이 일치된 판단을 내리지 못하는 상당수의 문제들을 촉발한 장본인이기도 하다. 역사가인 동시에 철학자인 그의 형이상학과 인식론 관련 저작들을 살펴보면 언제나 '지혜'와 '사랑' 사이의 관계를 강조하는 평가가 근저에 깔려 있음을 발견하게 된다.

질송은 인식을 향한 인간의 자연적 경향을 인정하는 것 외에도 사랑 안에서 앎에 대한 갈망을 키워가는 깊고 내밀한 동인을 본다. 그는 본질적으로, 사랑하기 때문에 인식하고, 또한 알기를 사랑한다는 통합적인 인간학을 작업해낸다. 사랑과 인식은, 질송이 성 토마스의 노선 위에서 최종적이고 초시간적 지평에서만 완벽하게 실현될 수 있다고 단언하는, 지혜를 향한 상승과정에 있는 불가분의 두 계기이다.

'철학'이라고 번역되는 서양의 본래적 단어(philosophia)를 구성하고 있는 핵심 내용, 곧 '지혜 사랑'(sophia+philein)을 차례로 살펴보는 지혜와 사랑 및 그 유대를 강조하는 강연(들)을 재독하는 가운데 아리스토텔레스 전통에 대한 성 토마스의 이론적 성찰이 지니고 있는 독창성도 함께 규명된다.

우리 편역서 제목과 거의 흡사한 제목을 가지고 있는 1951년도 〈아퀴나스 강연-16〉의 저작권을 2021년도에 취득하여 진작 초역은 해놓았지만, 단행본으로 출간하기에는 분량이 너무 적고 또 소제목 구분조차 되어 있지 않은 통짜 강연이어서 난감했다. 비슷한 시기에 있었던 유사하거나 연관된 서너 편의 강연을 하나로 묶어 출간한다면 서로 보완도 되며 훨씬 더 풍요로운 메시지를 전할 수 있겠다는 생각이 들었다. 하지만 이미 1951년도 강연의 저작권 계약을 해놓은 상태에서, 나머지 강연의 저작권도 따로따로 해결하려니 절차와 비용 문제가 만만치 않아 머뭇거리는 사이에 거의 1년이 다 지나갔다. 더 이상 미룰 수 없다고 생각하고 처음 저작권 계약을 도와준 '알맹2' 에이전시에 편지를 보내 이런 사정을 알리며 지금과 같은 구성으로 엮었으면 좋겠는데, 대학출판사에 두 가지, 곧 첫째, 지금과 같은 구성의 편역서 출간을 허락해줄 수 있겠는지, 둘째, 우리나라 독자층이 너무 얇아 겨우 300부 팔리는 것도 보장받지 못할 사정이니, 추가하고자 하는 강연들에 대해서는 가능하다면 '무료로'(gratis) 허락해줄 수 있겠는지를 문의해 달라고 요청했다. 에이전시 사장님으로부터 그 내용을 마르케트대학 당국에 요청했다는 고마운 말을 들은 지 불과 며칠 만에, 마르케트대학에서 계약승인서에 서명해달라는 확인서가 날아왔다. '무료로' 그 제안을 허락한다는 내용이었다. 뜻밖의 부탁에 에이전시는 물론 밀워키 대학 당국의 신속한 결단과 인간애에 입각한 호의와 우정어린 격려에 가슴이 먹먹해졌다. 바로 서명했고, 그것으로 계약이 이루어졌다. 따뜻한 인정(人情)과 성실한 노력에 대한 진실한 격려가 느껴지는, 상상도 못한 큰 선물을 받았다! 마르케트대학 출판사 당국자들에게 마음에서부터 우러나오는 경의를 표한다. 물론 나를 대신해 자기 일처럼 정성과 열정을 다해 시간과 노력을 쏟아부으며 적극적으로 대학출판사 측과 소통해준 '알맹2' 에이전시의 공도 크다. 마르케트대학으로 향하는 마음 못지않은 존경과 감사의 마음을 전한다.

이렇게 해서 이 편역서에는 1951년도 강연 외에, 1948년도 〈아퀴나스 강연-14〉인 『철학사와 철학 교육』(*History of Philosophy and Philo-*

*sophical Education*, 본서 제2강)도 포함되었다. 이 강연에서 질송은 동료 학자들과 철학 탐구를 시작하는 초심자들에게, 철학도들이 늘 접하면서도 제대로 그 관계를 정립하지 못하고 있는 철학사와 철학 사이의 관계, 그리고 철학을 배우고 가르치는 데 철학의 역사가 얼마나 유용하며 필수적인지에 대해, 철학사가인 동시에 철학자로서 평생에 걸쳐 작업하며 얻은 원숙한 통찰들을 스승으로서 전해주고 있다.

또한 철학에 입문하는 젊은이들에게, 어떻게 하면 철학을 제대로 이해하고 그 길을 잘 따라갈 수 있도록 안내할 수 있을지를 진지하게 모색하는 철학 교수님들의 고민을 논하고 있는 1953년도 〈프린스턴대학 아퀴나스기금 강연〉(The Princeton University Aquins Foundation Lecture)에서의 『성 토마스 아퀴나스와 우리의 동료 교수들』(*Thomas Aquinas and Our Collegues*, 본서 제3강)도 실려 있다. 이 강연은 엮은이가 오래전 강의록에 포함시켜 여러 해 동안 신학도들에게 읽혔던 글이다.

그리고 비록 질송 자신의 강연은 아니지만 여기 제시되는 주제와 긴밀히 연계되어 서로 보완해 줄 수 있다고 판단되는 또 한 편을 '부록'으로 싣는 것이 좋겠다고 판단하였다. 바로 1937년도에 아리스토텔레스학회가 〈아퀴나스 강연〉을 처음 시작하며 긴 여정의 첫걸음을 내디딘 존 맥코믹(John F. McCormick, SJ) 신부의 개막강연 『성 토마스와 배움의 삶』(*St. Thomas and the Life of Learning*, 본서 '부록1')이다. 당시 63세였던 예수회 소속 맥코믹 신부는 오늘날까지 계속 이어지고 있는 '아리스토텔레스학회'를 창립하였다.

이렇게 해서 세계적인 명성을 누리는 한 철학자가 60대 후반의 원숙한 나이에 가슴 깊은 곳에서부터 들려주는 지혜 사랑과 진리 추구의 길에 관한 세 편의 강연과, 그와 비슷한 주제를 특히 배우는 학생들의 입장에서부터 접근하고 있는 다른 스콜라학자의 강연 한 편을 듣게 되었다. 여기에 성 토마스가 신학에 입문하는 후배 수련생의 요청에 응답해서 작성한 짧은 작품인 「연구 방법에 관한 권고 서한」의 전문을 '부록2'로 실었고, 마지막으로 질송의 사상 전체를 관통하고 있는 '그리스도교 철학'과 관련해서 엮은이가 여러 해 전 학술지에 발표했던 졸문도 추가했다('부록3': 「에티엔 질송의 그리스 도교 철학 개념」).

어수선하던 초고를 읽고 여러 단순한 오식과 애매한 표현을 날카롭게 지적하며 다듬어 훨씬 더 매끄럽게 만들어준 제자 손윤정 마리아 자매에게 감사를 전한다.

오늘날 성 토마스가 앞서 걸어간 지혜와 사랑의 가르침을 직접 배우며 따라 걷고 있는 토미스트들과 관심 있는 철학계 및 신학계의 우리 동료 학자들은 물론, 철학과 신학을 어떻게 접근하면 좋을지 몰라 고민하는 젊은 인문학도들이 저명한 중세사가이자 열정적인 이 토미스트의 강연을 읽고 조금이라도 도움을 받는다면, 엮은이의 수고는 이미 보상을 받은 셈이 될 것이다. (2022년 10월 1일 아기 예수의 성녀 데레사 축일에, 횡성 정금산 자락 연구소에서)

# 06. 토마스 아퀴나스의 인식론

쥬세페 잠보니, 『토마스 아퀴나스의 인식론』, 졸역, 가톨릭대학출판부, 1996, 432쪽.

[이 책은 인식론이 토미즘을 평가절하한다는 비판에 대한 항변이다. 성 토마스의 작품들로부터 광범위하게 인식론적 통찰들을 수집해 그의 인식론을 구성하려고 시도하며, 성 토마스의 가르침이 구체적이고 생생한 경험과 일치한다는 점을 밝히고 있다. 작품은 4부로 구성되어 있다: 1) 감각적 인식, 2) 지성적 지각과 '나' 인식, 3) 외부 세계에 대한 감각적·지성적 인식 과정, 4) 진리론과 물체 인식 비판. 성 토마스의 사상에 대한 날카로운 분석을 통해 이 '천사적 박사'의 가르침과 자신의 순수 인식론적 입장이 완전히 일치한다는 사실을 입증함으로써 일부 신스콜라 철학자들의 비판을 효과적으로 논박한다.]

쥬세페 잠보니(Giuseppe Zamboni)는 철학사 전체를 고대와 근대라는 커다란 두 단계로 나눈다.[1] 주로 실재 전체에 관한 형이상학적 체계 완성에 관심을 집중시켰던 고대 세계와는 달리, 근대는 인식 주체의 인식 능력에 초점을 모은다. 고대 그리스와 로마 및 중세 유럽에 이르는 고대 세계의 철학적 탐구는 13세기의 위대한 사상가 성 토마스 아퀴나스에 의해서 종합되고 완성된다. 그러나 근대에

---

1. G. Zamboni, *Filosofia medioevale, filosofia moderna, filosofia perenne*, Verona, Tip.Veronese, 1946, pp.6-9.

이르면서 철학자들은 과거와의 단절을 기치로 내걸고 새로운 학문, 새로운 철학을 추구했다.

데카르트와 로크로부터 시작된 근대 인식론은 흄의 회의주의, 칸트의 선험적 비판주의, 헤겔의 관념주의, 콩트의 실증주의, 마르크스의 유물주의, 후설의 현상학, 비트겐슈타인의 논리실증주의, 제임스의 실용주의, 프랑스의 구조주의 등 언제나 선배들의 권위나 전통을 무시하고 새로운 철학 체계를 구성하려고 시도했지만,[2] 만족할 만한 포괄적 종합에 이르기는커녕 하나같이 기괴한 결론을 해결책이라고 제시해 왔다. 말 그대로 체계와 학파들의 바벨탑이었다! 이런 체계 및 학파들의 난맥상과 대립 결과로 19세기 말에 시작된 인류 정신사의 위기는 20세기에 더욱 심화되어 왔다.

그런데 과연, 근대인이 원했듯이 고대와 근대는 서로 양립할 수 없을 정도로 대립되는 것일까? 어차피 철학이란 어느 학파나 계열을 선택하여 그 길을 따르는 것에 지나지 않는 것이고, 해결의 가능성은 아예 없는 것일까? 혹시 있다면 그 실마리를 어디서 찾을 수 있단 말인가?

언젠가 비트겐슈타인은 "병 속에 잘못 빠져든 파리가 병에서 빠져나올 수 있는 유일한 길은 자신이 걸어간 모든 단계를 하나하나 소급해 올라가 다시 원점에 이르는 방법이다"라고 말한 적이 있다.[3] 잠보니가 제시하는 해결의 열쇠는 바로 모든 철학 체계와 철학자 개개인의 작업 단계들을 거슬러 올라가 마주치게 되는 원초적 출발점인 '직접적 경험 세계'이다. 근대인들은 이 직접적 경험의 영역에 대하여 너무도 성급히 단정을 지음으로써 경험을 불구로 만들고 말았다. 잠보니는 어느 학파나 철학 체계뿐만 아니라 그 어떤 철학자

---

2. 참조: 에티엔느 질송, 『존재와 사유』(*The Unity of Philosophical Experience*), 박영도 옮김, 이문출판사, 1985.
3. L. Wittgenstein, *Ricerche filosofiche*, P.I, n.309(tr.ital. R. Piovesan, Einaudi, 1983, p.137).

도 출발점으로 삼지 않을 수 없는 만인 공통의 '직접적 경험 세계'를 각자가 인내롭게 면밀히 검토하고 인식 영역을 한걸음씩 조심스럽게 넓혀간다면, 인류의 보화인 문화 세계 전체를 비판적으로 정당화할 수 있다고 확신한다.

그는 모든 불구화된 철학 체계를 교정하고 철학을 보편적이고 객관적으로 정초할 수 있기 위하여 '통전적 경험'의 복원을 호소한다. 경험주의자들은 감각 경험만을 유일한 경험으로 간주하고 다른 경험을 무시하고 배제하지만, 잠보니는 인간이 동물과 공유하고 있는 감각뿐만 아니라 인간만이 지니는 자의식, 지성 활동, 의지 활동 같은 '초감각적 경험'까지 함께 고려할 때라야 비로소 인식론, 윤리학, 미학, 인간학, 존재론, 형이상학은 물론 다른 모든 학문을 올바로 정초할 수 있다는 것을 논증하고 있다.

또한 감각 경험을 무시하고 그 대신 경험의 선험적 조건과 가능성에 매달려 학문의 기초를 이루는 원리들의 필연성과 보편성을 확보하려 드는 선험주의 및 관념주의자들을 거슬러서는, 그 허술한 토대와 성급한 비약을 지적하며, 모든 학문이 자기 분야에서 사용하는 근본적 개념들이 예외 없이 구체적이고 생생한 경험으로부터 추상작용을 통해 추출되어 나온다는 것과, 모든 학문과 원리에 필수적인 보편성과 필연성은 직접적 경험에 대한 분석적 지각 속에서 자명하게 드러나는 본질들 사이의 내밀한 연관관계에 뿌리를 두고 있음을 힘주어 강조하고 있다.

이렇게 '자증'(自證)과 '분석'(分析)에 기초하고 있는 엄밀한 방법론을 통해 편견이나 그릇된 전제들로부터 정화된 잠보니의 '통전적 경험철학'은 어느 시대 어느 계층의 사람들에게나 열려 있는 만인 공통의 '구원(久遠) 철학'의 계승이요 완성이 아닐 수 없다.

『토마스 아퀴나스의 인식론』은 잠보니가 59세 되던 1934년에 저술한 *La gnoseologia di S. Tommaso d'Aquino*의 완역이다. 이 책은 내가 잠보니의 작품 가운데 세 번째로 번역하는 작품이다. 제일 먼저 소개했던 『근대철학과 신스콜라 철학』(Scolastica, filosofia moderna e neo-scolastica)은 1931년경의 작품으로, 자신의 철학에 대하여 맹공을 퍼부으며 입장을 달리하고 있던 신스콜라 철학자들에게 진지하게 토론할 것을 요구하면서, 실제로 토론에 사용될 수 있도록 한쪽 홀수 면에만 인쇄하고 짝수 면은 논점을 독자가 메모할 수 있도록 백지로 남겨둔 특이한 조판의 소책자이다. 분량이 적기 때문에 단행본으로 출판하지 못하고 본대학에서 발간하는 잡지 『신학과 사상』 제10호에 실었지만, 잠보니 자신의 핵심적 사상을 압축적으로 요약하고 타당한 논거를 제시하고 있는 귀중한 작품이다.[4]

두 번째로 번역한 『철학 여정』(Itinerario filosofico)[5]은 1947년 이미 노령의 잠보니가 마지막 혼신의 힘을 다해 일생을 통해 다듬고 전개해온 자신의 '순수 인식론' 방법과 '직접적-통전적 경험철학'을 총정리하여 도표들과 더불어 평이한 문체로 전개하고 있는 잠보니 사상 전체의 간결한 압권으로, 훌륭한 '철학 입문' 역할까지 할 수 있다. 『철학 여정』에는 역자가 어설프나마 「쥬세페 잠보니의 사상 입문」이라는 소개의 글을 실었지만, 『토마스 아퀴나스 인식론』에는 도미니코회 신부이자 라테란대학 교수인 움베르토 델린노첸티(Umberto Degl'Innocenti, OP)의 글을 번역해서 함께 실었다. 그는 잠보니의 사상 형성과 논쟁 과정을 소개하고 그의 근본적인 철학 정초 작업이 성 토마스의 통찰과 일치된다는 것을 논증하며, 잠보니가 철학계에 기여한 값진 공적을 명쾌하게 밝히고 있다.

대다수의 신토미스트가 한결같이 동의하는 것처럼, 성 토마스는 자신의 인식 이론을 본격적으로 체계화시킨 적이 없다. 그래서 대부분의 근현대 토미스트는 그의 형이상학에만 집중하고 인식론적

---

4. 잠보니, 「근대철학과 신스콜라 철학」, 『신학과 사상』 10(1993/12), 230-274쪽.
5. 잠보니, 『철학 여정』, 가톨릭대학출판부, 1994.

통찰에 대해서는 가볍게 건너뛰기 일쑤였다. 오늘날까지도 성 토마스의 인식론에 대한 체계적 진술을 찾아보기 힘든 이유가 바로 여기에 있다. 잠보니는 이 책에서 성 토마스의 방대한 저술 가운데 산발적으로 흩어져 있는 단편적인 인식론적 통찰을 수집하여 체계적으로 분석하고 해설하는 작업을 토대로 해서 성 토마스 인식론의 기본 골격을 재구성하는 데 성공하고 있다.

그는 우선 독자가 인식 문제에 깊이 파고들 준비를 시키고 동시에 자신의 인식론적 입장에 대한 기본적인 이해의 기반을 마련해주기 위해서 상당히 긴 '서론'을 쓰고 있다. 그리고 모든 인식의 출발점이 되는 감각 소여의 본성을 성 토마스가 어떻게 이해하고 있었는지를 상세히 규명한 다음(제1부), 자신과 근대인들의 주된 관심사인 인간의 자기 이해에 관한 성 토마스의 가르침을 정리하고(제2부), 본격적으로 외부 세계 인식 과정을 파헤친다(제3부). 제3부에서 잠보니는 우선 감각이 제공하는 것이 과연 무엇인지를 '종합적인 관점'에서 다시 한번 정리한 다음(9장), 그 감각상 위에 작용하는 지성의 추상 작용(10장)과 판단 작용(11장) 및 어휘의 역할(13장)에 관한 성 토마스의 가르침을 상세히 추적하고, 인식론적 입장에서 성취된 결실을 요약적으로 정리하며 다양한 개념을 내용에 따라 분류한다(14장). 그리고 마지막으로 제4부에서는 진리, 즉 인식과 실재 사이의 일치 문제를 철저하게 파헤치고 있다.

보다 상세한 안내는 부록으로 첨부한 델린노첸티의 글로 미루면서, 이제 몇 마디 감사의 말씀을 전한다. 먼저 내가 학위논문을 구상하며 자료를 구하기 위해 잠보니의 고향 베로나(Verona)에 들렀을 때 친절히 환대하시며 나에게는 더없이 소중한 잠보니의 거의 모든 책의 원본을 기꺼이 내주시고 또 잠보니의 모든 작품에 대한 번역권을 기꺼이 허락해주신 (잠보니의 조카이자 유산 상속자) 마리아 클레멘티(Maria Clementi) 여사와 잠보니 철학 연구의 일인자로서 동료들과 함께 잠보니의 유고 편찬 사업을 추진하고 있으며 역시 내가 논문을 준비할 때부터 애정을 가지고 격려하고 지도와 도움을 아끼지 않으신 베로나대학의 조반니 줄리에티(Giovanni Giulietti) 교수님께 지면을 빌어서나마 깊은 감사와 사랑의 마음을 전한다. 그리고 이 번역이 출판될 수 있도록 타자 및 원고 정리를 도와주고 지금은 군복무 중인 신학과 소속 이도행, 권찬길 군과 동대문천주교회 주일학교 교사들에게 감사드린다. 마지막으로 이 부족한 번역의 출판을 기꺼이 허락해주신 본대학 출판위원회 위원 신부님들과 인쇄 및 제본에 따르는 온갖 까다롭고 번거로운 작업을 기꺼이 감수하며 나와 함께 동고동락한 조 프란치스코를 비롯한 본대학 출판부 직원 모두에게 이 기회를 빌려 깊이 감사드린다. (1995년 대림절에)

# 07. 토마스 아퀴나스 수사: 생애, 작품, 사상

제임스 와이스헤이플, 『토마스 아퀴나스 수사: 생애, 작품, 사상』, 졸역, 성바오로출판사, 1998, 621쪽.

이 책은 도미니코회원인 제임스 와이스헤이플(James A. Weisheipl, OP)이 자기 수도회의 초창기 위대한 스승 성 토마스 아퀴나스의 서거 700주년 기념작으로 출판했다가(1974) 9년 뒤에 원판의 판형을 그대로 유지한 채 약간의 추가정보를 권말에 덧붙여 다시 출판한 *Friar Thomas D'Aquino: His Life, Thought & Works*, with "Corrigenda and Addenda"(Washington D.C., The Catholic University of America, 1983)의 완역이다.

독자들이 작품의 중요성과 가치를 개괄할 수 있도록 직접 '소개의 글'을 쓰려고 했는데, 어쭙잖은 글로 작품을 어지럽히기보다는 이탈리아어판(*Tommaso D'Aquino: Vita, pensiero, opere*, a cura di I. Biffi-C. Marabelli, Milano, Jaca Book, 1987)에 실려 있는 이노스 비피(Inos Biffi)의 간략하고 짜임새 있는 '추천사'를 앞머리에 그대로 실어 '소개의 글'을 대신하는 것이 더 낫겠다고 판단했다. 그리고 1983년판에 덧붙인 '수정 및 추가사항'(Corrigenda & Addenda)을 일일이 본문의 해당 부분에 무리없이 편입시키는 작업도 생각처럼 쉽지만은 않았다. 이 작업을 위해서도 역시 이탈리아 번역본을 참조함으로써 커다란 도움을 받을 수 있었다.

처음 이 책의 번역을 시작한 것은 아직 학위논문을 마치지 못한 채 로마 근교의 한 그림 같은 수녀원에 기거하며 골머리를 썩이고 있던 1992년경이었다. 학위논문 작성에 직접적으로 도움이 되는 것은 아니었지만, 평소 위대한 사상가이자 성인인 토마스 아퀴나스를 깊이 존경하며 그분의 생활방식과 사고방식을 본받고 싶던 역자로서는 이 책을 읽으면서 작품의 깊이와 넓이에 푹 빠져들지 않을 수 없었다. 그래서 틈나는 대로 탐독을 하다가 결국에는 아예 번역까지 하게 된 것이다. 논문 작업 중에 길이 막혀 막막할 때 머리도 식힐 겸해서 틈틈이 한 장(章)씩 번역했다. 지금은 보좌신부로 사목활동에 몰두하고 있는 강신모, 박규흠 두 분 신부님이 당시 로마에서 부제로서 신학석사 논문을 준비하는 바쁜 와중에 원고정리에 많은 도움을 주었다. 당시의 우정어린 추억과 고마움을 아직도 잊을 수 없다.

귀국 후 모교에서 교편을 잡고 강의 준비에 바빠 이 작품의 번역 초고 뭉치를 그대로 방치해두었다가, 1996년 가을 학기의 '토미즘' 세미나 시간에 다시 정리하여 읽고 토론하는 기회를 가질 수 있었다. 상당한 분량인데도 모두 열심히 읽고 발표하며 열띤 토론을 벌이면서 상당수의 오탈자와 애매한 부분들을 교정할 수 있었다. 이 자리를 빌려 세미나에 참여했던 본교 신학대학 대학원생들에게 감사의 마음을 전한다.

권말에 실린 참고문헌에는 우리말로 된 성 토마스에 관한 번역서와 연구논문를 첨가했다. 역자가 강의를 위해서 개인적으로 틈틈이 메모했던 것이라 비록 완벽한 문헌은 아니지만, 성 토마스 아퀴나스의 사상에 관심 있는 독자와 후학에게 조금이라도 보탬이 되었으면 좋겠다.

신학대학에 적을 두고 있는 동안 몇몇 동료와 함께 '가톨릭사상총서'를 발간하는 계획을 세웠다. 과거에서 오늘에 이르기까지 풍부한 전통의 가톨릭 유산들을 편집해내자는 것이었다. 1년 가까운 기간 동안 성바오로출판사의 이창욱 사장신부님과 함께 기본 방향을 모색하고 구체적인 세부 사항들을 확정했다. 이 기회에 '가톨릭 사상총서'의 출범을 진심으로 축하하며, 이 알량한 번역을 총서에 기꺼이 끼워주신 편집위원 신부님들과 이창욱 신부님께 우정어린 감사를 전한다. 그리고 방대한 분량의 서툰 문장들을 꼼꼼하게 다듬고 교정해준 성바오로출판사 편집진께도 감사드린다. (1997년 대림절에, 원미산 기슭에서)

# 08. 포르피리우스의 이사고게와 보에티우스의 두 번째 주해

포르피리우스의 「이사고게」와 보에티우스의 「두 번째 주해」, 졸역, 『신학과 사상』 26 (1998/겨울), 166-197쪽.

포르피리우스(Porphyrius)는 기원후 233년경에 팔레스티나 해안도시 티레(Tyre)에서 태어나 263년부터 268년까지 로마에 있던 플로티누스(Plotinus)의 학교에서 신플라톤주의 교육을 받았다. 그런데 무슨 이유에서인지 자살을 결심할 정도로 극심한 좌절감에 빠졌다가 플로티누스의 권유로 시칠리아로 휴양을 떠나 위기를 완전히 극복하고 다시 로마로 돌아왔다. 말년(298년 이후)에 이르러 그는 스승 플로티누스의 사상의 총체인 『엔네아데스』(*Enneades*)를 출판하였고, 많은 철학 작품을 집필하고는 304년경에 죽었다. 그의 많은 작품들 가운데 『이사고게』(*Isagoge*, 아리스토텔레스의 범주론 입문), 『플로티누스의 생애』, 『가지적인 것들에 대한 명제들』, 『피타고라스의 생애』, 『태아의 영혼』, 『마르첼라에게 보낸 서한』, 『프톨레마이오스의 우주조화론 주해』 등 겨우 11개의 작품만이 우리에게 전해졌다.

스승 플로티누스의 요청에 따라 '아리스토텔레스의 『범주론』에 대한 입문(Isagoge)'으로 쓰인 포르피리우스의 유명한 책은 빅토리누스와 보에티우스의 번역을 통하여 라틴 중세인들에게 전해졌는데, 중세 전반에 걸쳐 가장 논란이 심했던 문제 가운데 하나인 이른바

'보편논쟁'의 시발점이 되었다. 이 글은 아리스토텔레스의 범주들에 관한 가르침을 신플라톤적 사상 속에 편입시킴으로써 플라톤주의자들의 수 세기에 걸친 아리스토텔레스 철학에 관한 시비를 종식시키려는 의도에서 쓰였다. 후대의 학문 발전에서 지대한 역할을 하게 되는 유명한 '포르피리우스의 계통수(系統樹)'의 원전인 셈이다.

그러나 범주들을 직접적으로 논하지 않고 유(類), 종, 차이, 속성, 우유의 다섯 가지 '술어'(predicable)만을 논하고 있다. 이 작품의 중요성은 그것이 말하고 있는 것 때문이 아니라, 역설적으로 '말하고 있지 않은' 내용 때문이다. 왜냐하면 포르피리우스는 그 머리글에서 보편자들의 형이상학적 지위에 관한 세 개의 문제를 제기하면서도(n.2), 이 문제에 직접적으로 답하는 것을 겸손되게 피하면서, 문제를 해결하기 위해서는 '보다 충분한 다른 심층 탐구'가 필요하다는 점을 다만 지적만 하고 있기 때문이다. 이 짧은 암시가 중세에 가장 격렬한 논란의 씨앗이 된 것이다. 이러한 포르피리우스의 침묵은 『이사고게』 안에는 어떠한 세밀한 보편자 이론이 들어 있지 않다는 것을 의미한다.

중세 보편자 논쟁의 직접적 시원에는 보에티우스(Boethius)가 있다. 그는 아리스토텔레스의 대다수의 논리학 저술을 라틴어로 번역하였고, 실상 그의 번역서와 주해서들은 중세 초기의 그리스 철학 연구에 있어 거의 유일한 대단히 중요한 자료였다. 그는 보편자 문제를 여러 저술에서 논하고 있지만, 가장 오래도록 중세인들의 연구 대상이 되어 강력한 영향력을 행사하게 된 것은 '포르피리우스에 대한 두 번째 주해'이다.

번역 대본으로는 P.V. Spade(ed.), *Five Texts on Mediaeval Problem of Universals*, Indianapolis, Hackette, 1994("Isagoge": pp.1-19; "The Second Commentary": pp.20-25)를 기초로 삼고, R.N. Bosley & M. Tweedale (eds.), *Basic Issues in Medieval Philosophy: Selected Readings presenting the*

*Interactive Discourses among the Major Figures*, Ontario, Broadview, 1997 ("Porphyry": pp.358-364; "Boethius": pp.365-368)을 참조하였다. 각 단락 앞에 붙인 일련번호는 편집자인 스페이드가 토론의 편의를 위해 임의로 구분한 것인데, 우리글 번역에서도 그대로 따랐다.

# 09. 아퀴나스의 심리철학

앤서니 케니, 『아퀴나스의 심리철학』, 졸역, 가톨릭대학출판부, 1999, 247쪽.

이 책은 존 매린본(John Marenbon)이 편집 책임자인 〈중세철학총서〉(Topics in Medieval Philosophy) 가운데 하나로 출판된 앤소니 케니 경(Sir Anthony Kenny)의 *Aquinas on Mind*(London/New York, Routledge, 1993)를 완역한 것이다. 로마의 그레고리오대학에서 스콜라철학을 공부하고 옥스퍼드대학에서 생애 대부분을 가르친 케니는 이 책에서 아퀴나스의 인간에 관한 가르침을, 특히 비트겐슈타인과 라일을 따르는 현대 영미 계통의 심리철학 전통과 접목시키고 있다.

토마스 아퀴나스의 성숙한 작품들은, 비록 제목이 신학적이라고 할지라도 특별히 그리스도교적 가르침에 대한 믿음을 전제하지 않는다는 의미에서 깊은 철학적 통찰들을 담고 있다. 그의 '철학적 심리학'(philosophical psychology)이나 '철학적 인간학'(philosophical anthropology) 또는 '심리철학'(philosophy of mind)은 데카르트 이래로 19세기까지 수 세기 동안 그늘에 묻혀 거의 주목을 받지 못했다. 겨우 현대에 이르러서야 상당수의 학자들이 데카르트의 철학 체계가 이미 논파되었다는 것을 확인하기에 이르렀고, 이에 따라 아퀴나스의 심리철학이 다시 학계의 주목을 받게 되었다.

이 책은 인간 본성의 기본 구조와 인간 특유의 활동인 지성 활동 및 의지 활동에 관한 아퀴나스의 성숙한 가르침을 집약해서 담고 있는 『신학대전』 제1부 제75문부터 제89문까지를 정밀 분석하며 현대적인 언어로 재구성하는 가운데, 영속적인 가치를 지니는 부분들을 부각하고 있다.

저자는 먼저 주제 선정에 대한 정당화 작업(제1장)과 현대적 논의 맥락 속에서의 자리매김 작업(제2장)을 한 다음에, 감각 기능들의 도움을 받아야 하는 인간 지성의 본성적 구조(제3-4장)와 의지 활동의 특성들(제5-6장)을 추적하고, 보편자를 인식하는 지성적 인식의 구조(제7장), 개별자 인식의 까다로움(제8장), 영혼의 자기 인식(제9장) 등을 차례로 살핀 다음에, 철학적 인간학의 핵심 문제인 영혼의 본성(제10장)과 영혼-육체 결합(제11장) 문제에 관한 아퀴나스의 가르침을 재정리하며, 오늘날까지도 유효한 그의 날카로운 통찰은 물론, 미결로 남겨진 문제들까지 함께 부각시키고 있다.

급변하는 역사의 흐름 속에서 묵은 천년기를 마감하고 새로운 시대의 새벽을 맞고 있다. 문화 건설과 파괴를 거듭하며 긴 역사를 꾸려오고 있는 '인간이란 도대체 누구인가?'라는 물음이 새삼 절실하게 느껴진다. 역시 역사상 드문 사회적·문화적 격변기였다고 평가되는 13세기에 고대세계와 중세문화 전체를 균형 있게 종합할 줄 알았던 한 위대한 사상가의 인간에 관한 핵심적 가르침을 이런 범상치 않은 역사적 전환기에 읽는다는 것은 결코 사소한 일이 아니다.

아퀴나스의 글은 간결 명료하기로 정평이 나 있고 저자인 케니의 글 역시 깔끔하지만, 역자의 번역이 그렇지 못한 것 같아 송구스럽다. 1년 가까이 원고를 다듬고 손질하는 작업을 거듭했는데도 그다지 만족스럽지 못하다. 지금의 상태보다 훨씬 못했던 초고를 최 루시아와 대학출판부 직원 및 출판부원들이 정성스럽게 다듬어주었다. 깊이 감사드린다. (1999년 10월 28일, 원미산[遠美山] 기슭에서)

# 10. 토마스 아퀴나스와 급진적 아리스토텔레스주의

F. 방 스텐베르겐, 『토마스 아퀴나스와 급진적 아리스토텔레스주의』, 졸역, 성바오로출판사, 2000, 164쪽.

이 책은 13세기 서양사상사 연구의 세계적인 권위자인 루뱅대학의 페르낭 방 스텐베르겐(Fernand van Steenberghen) 신부가 1978년에 워싱턴가톨릭대학으로부터 명예박사학위를 받는 기회에 가졌던 세 차례 강연을 한데 묶어 출간한 *Thomas Aquinas and Radical Aristotelianism* (CUA Press, 1980)을 완역한 것이다.

중세 그리스도교 세계는 12세기 후반에, 폭발적으로 번역되어 라틴 세계에 유입되기 시작한 아리스토텔레스의 작품들(Corpus Aristotelicum)을 비롯한 비그리스도교적 학술 서적들 때문에 13세기에 이르러서는 심각한 문화적 혼란을 겪었고, 이것을 극복하는 중에 왕성한 학술 활동이 전개되었다. 라틴인들은 처음으로 라틴 세계에 소개되는 아리스토텔레스의 웅장한 학문 체계와 세계관에 깊은 인상을 받았고, 그의 저술들을 '학문의 총화'라고 격찬했다. 특히 파리대학의 젊은 인문학부 교수들은 그리스도교 진리와의 대립 여부에 구애됨이 없이 아리스토텔레스와 그의 아랍인 주해자 아베로에스가 가르치는 자연 이성적 진리를 열정적으로 추구하기 시작하였고, 1255년에는 대학 교과과정을 아리스토텔레스의 저술들로 완전히 재편하여 어린 제자들을 가르쳤다. 이때부터 파리대학의 '인문학부'(faculty of liberal arts)는 사실상 '철학부'(faculty of philosophy)가 된 셈이다.

신학부의 권위 있는 교수들, 특히 기본적으로 아우구스티누스의 사상 노선을 따르고 있던 프란치스코회 소속 신학자들은 아리스토텔레스의 사상 체계가 함축하고 있는, 그리스도교 진리에 위배되는 몇 가지 근본적 가르침의 위험을 감지하고, 1260년대 후반부터, 후대에 '라틴 아베로이즘'(Latin Averroism) 또는 '급진적 아리스토텔레스주의'(Radical Aristotelianism)라고 불리게 될 인문학부 젊은 교수 집단의 움직임을 경계하며 비판하기 시작하였다.

방 스텐베르겐 신부는 그 시대 논쟁의 핵심 주제였던 세상 영원성, 지성단일주의, 합리주의라는 세 가지 주제와 그에 대한 토마스 아퀴나스의 대응책을 노련한 대가답게 풀어 설명하고, 최근의 연구 결실들에 입각한 비판적 평가를 내리고 있다.

첫 번째 주제는 이 세상은 과연 무시무종(無始無終)하고 영원한가, 아니면 시작과 끝이 있는가에 관한 토론이다. 형이상학적 인과성(causalitas metaphysica)을 알지 못했던 고대 그리스 철학자는 '존재하지 않는 것으로부터는 아무것도 나올 수 없다'(ex nihilo nihil fit)는 가정에 근거하여 세상은 현재 실존하고 있기 때문에, 그것은 영원으로부터 실존하는 것이라고 결론지었다. 여기에 신플라톤주의의 플로티누스는 형이상학적 원인성을 도입하여 세상이 영원불변한 일자(一者)로부터 필연적인 유출(emanatio necessaria) 과정을 거쳐 영원히 생성되는 것이라고 설명하였고, 이런 설명은 중세의 위대한 아랍 철학자인 아비첸나와 아베로에스에게 받아들여졌으며, 이것이 다시 13세기 인문학부 젊은 교수들에게까지 전해졌다.

중세 대다수의 스콜라학자는 '세상 영원성'(aeternitas mundi)에 관한 토론에서 그리스도교의 '무로부터의 창조'(creatio ex nihilo) 가르침에 입각하여, 세상의 시작이 신앙의 진리일 뿐만 아니라 합리적 확실성이기도 하기 때문에, 영원주의적 입장은 철학적으로 논박될 수 있다는 입장을 취하고 있었다. 예를 들면, 프란치스코회의 성 보나벤투라는 '무로부터 창조된 영원한 세상'이라는 관념 자체가 자기모순적이라고 가르쳤다.

그러나 성 토마스 아퀴나스는 한편으로는 그리스도교의 계시 가르침에 따르면 세상은 하느님으로부터 창조되었고, 따라서 시작과 끝을 가지고 있기 때문에 세상이 영원하다는 이교도들의 주장은 거짓되다는 것을 명시하면서도, 다른 한편으로는 이성의 힘만으로는 세상 영원성을 입증할 수도 없고 또 존재하기 시작했다는 것을 입증할 수도 없다는 불가지론적 입장을 취하고 있다.

두 번째 주제인 '지성단일주의'(monophychism) 문제는 만민 공통의 유일한 불멸하는 영혼과 지성이 있다는 주장에 관한 공방으로서, 아리스토텔레스의 권위 있는 주해자 아베로에스에게서 비롯되었다. 이 세상의 수많은 물체처럼 물질로 구성되어 있는 인간은 시간의 흐름에 종속되어 있고, 따라서 생성소멸을 겪는다. 그런데 인간을 특징짓는 지성(nous)은 신체의 기관들에 의존하지 않는 비물질적인 활동을 펼치고, 따라서 신적인 기원을 지니는 것 같으며, 영원하고 불멸적인 것 같다. 그렇다면 이 지성은 도대체 어디서 온 것일까? 그리고 인간이 죽게 되면 그 지성은 어떻게 되는 것일까? 아리스토텔레스는 이 까다로운 문제를 신중하게 미해결로 남겨두었다.

아베로에스는 아리스토텔레스의 몇 마디 단편적인 언급을 최대한 발전시켜 그가 말하고 있는 비물질적인 실체인 지성이 영원하고 생성되지 않으며 불멸적이고 그 종(種)에서 유일하다는 논거를 펴고 있다. 그러면 이 분리된 유일한 실체의 지성적 활동이 어떻게 다수의 개별적 인간 존재자들의 활동이 될 수 있는지를 설명해야 한다. 아베로에스는 유일한 신적인 지성이 개개인의 두뇌와 결합하여 그

속에 들어 있는 감각적 영상들을 활용함으로써 보편적 관념들을 추상하고 이것을 통해 사고하게 되는데, 이때 개개인은 자신이 사고한다는 인상을 갖게 되는 것이라고 설명했다. 1260년대에 시제 브라방을 비롯한 파리대학 인문학부의 젊은 교수들이 이것을 수용하여 발전시켜 나갔다.

전통적인 그리스도교 사상가들은 (인간 영혼의 비물질성과 불멸성을 강조한다는 의미에서) 영성주의적(spiritualistic)이고 (플라톤주의의 영향 아래 인간이 육체적 실체와 영적 실체라는 두 개의 실체로 구성되어 있다고 강조한 점에서) 이원주의적(dualistic)인 인간학을 가르치고 있었다.

성 토마스는 이런 이원주의적 해석이 인간의 단일성을 훼손한다고 보아 배격하고, 새로운 인간학을 제시하였다. 그에 따르면, 인간은 질료와 형상으로 합성된 하나의 개별적 실체인데, 이것은 낮은 등급의 형상들과는 본성적으로 다른 '비물질적 형상'이기 때문에 자립적이고 불멸적이다. 그는 자기 입장의 정당화로서, 부인할 수 없는 의식의 소여들을 내세우고 있다. 의식의 소여들이 지성적 영혼을 인간의 실체적 형상으로 인정할 것을 강요하고 있다. "이 개별 인간이 사고한다는 것은 명백하다." 그리고 그는 지성적 활동이 신체에 의존하지 않는 비물질적인 활동이라는 아리스토텔레스의 통찰에 의존해서, 이 활동의 실체적 원리인 영혼이 '질료의 형상'이면서 동시에 '자립적인 비물질적 형상'이고, 따라서 인간 실체가 죽음으로 해체될 때도 불멸적이고 불사적임을 입증한다. 이렇게 토마스가 아리스토텔레스와 수많은 그의 해석자들이 봉착했던 곤경으로부터 벗어날 수 있었던 것은 그리스도교 계시를 통해 알게 된 '창조'의 가르침 때문이었다.

세 번째 주제인 '합리주의'(rationalism) 논쟁은 당대의 문제라기보다는 후대의 해석과 관련된 문제로서, 저자는 중세의 그리스도교 사상가 가운데서는 그 어느 누구도 철학적 진리와 신학적 진리라는 두 개의 독립적인 진리체계가 있다는 이른바 '이중진리설'(double-truth theory)을 주장하지 않았다는 것을 최근의 역사적 연구 결실들에 입각하여 밝혀내고 있다.

우리는 제1강에서 논의되고 있는 세상 영원성과 관련된 문제에 대하여 성 토마스가 응답하고 있는 『세상 영원성론』(De aeternitate mundi, 1270-1271)을 번역하여 이 책의 '부록'으로 첨부하였다. 제2강에서 집중적으로 다뤄지고 있는 지성단일성 문제에 대한 성 토마스의 응답인 『지성단일성』(De unitate intellectus, 1270)도 함께 첨부했다면 더 좋았겠지만, 분량도 만만치 않고 또 역자의 역량도 모자라 아쉽지만 다른 기회로 미룰 수밖에 없었다.

이 부족하고 작은 번역서를 통해서 철학도와 신학도들이 역사상 매우 드물게 학술 활동이 최고조에 달했던 13세기 서구 유럽의 사상적 분위기와 핵심적 쟁점들, 그리고 그것을 해결하려고 시도한 당대의 여러 뛰어난 지성들, 특히 그 가운데서도 중세 '스콜라철학의 왕자'(princeps Scholasticorum)라고 칭송되는 토마스 아퀴나스의 활동 모습을 정확하게 확인할 수 있게 되기를 희망한다. (2000년 6월 25일 성체성혈대축일에, 제천 성보나벤투라 노인요양원에서)

# 11. 성 보나벤투라

소피아 로비기, 『성 보나벤투라』, 졸역, 가톨릭대학출판부, 2001, 260쪽.

이 책은 소피아 로비기(Sofia Vanni Rovighi)의 *San Bonaventura*(Milano, Vita e Pensiero, 1974)의 완역이다. 이 책의 주인공인 성 보나벤투라와 그의 사상에 관해서는 책 앞머리에 실려 있는 박장원 신부님의 '소개의 글'로 충분하다고 보아 생략하기로 하고, 이 자리에서는 오히려 국내에 처음으로 소개되는 저자를 얼마간 소개하는 것이 좋겠다고 생각하였다.

소피아는 1908년 볼로냐 지방에서 태어나 거의 평생을 밀라노가톨릭대학의 교수(1948-83)였으며, 이탈리아 신스콜라학의 주요 잡지인 『신스콜라철학 잡지』(*Rivista di Filosofia Neoscolastica*)의 편집장을 지내기도 한 이탈리아의 대표적 신스콜라학자로서, 중세와 현대에 두루 걸친 왕성한 연구 활동을 펼치다가 1990년에 선종하였다.

가톨릭대학에 다니던 시절부터 아마토 마스노보(Amato Masnovo)의 지도 아래 스콜라철학과 중세철학에 관심을 기울였던 그녀는 '진리에 대한 열정' 때문에 평생 독신으로 오직 진리만을 철저하게 추구한 철학자요, 자신이 발견한 것들을 여성적인 섬세함으로 자상하게 가르친 참 교육자였다. 그녀는 "역사 영역에서 중세철학사 연구를 심화시켰고, 이론 영역에서는 '과연' 그리고 '얼마나' 전통 철학의 근본 가르침이 현대 사조가 제기하는 문제들에 해답을 제공할 수 있는지를 추적하였다."

소피아는 역사적 탐구를 만족시키기 위해서 1931-32년에는 후설의 작품들을 연구하였고, 1932년에는 프라이부르크에 가서 하이데거의 여름 강좌를 들었으며, 1934년에는 파리의 콜레주 드 프랑스에서 에티엔 질송의 강의를 들었고, 1938년 여름에는 베를린대학에 가서 하르트만의 강좌를 수강하였다.

중세에 관한 긴 철학적 탐구 여정의 첫 결실은 『13세기 프란치스코회 박사들에게 있어서의 영혼 불멸성』(*L'immortalita dell'anima nei maestri francescani del secolo XIII*, 1936)이었다. 소피아는 비단 이 작품에서뿐만 아니라 다른 작품에서도 언제나 원전(fontes) 참조와 그에 대한 심화 작업을 추진하였다. 그녀는 '위대한 철학자들의 학교'에 기꺼이 배우러 갔고, 고전 사상가들에게 매료되었다. 1947년에는 『토마스 아퀴나스의 정치론 발췌』(*Tommaso d'Aquino. Antologia politica*)를, 그리고 1949년에는 『성 안셀무스와 11세기 이탈리아 철학』(*S. Anselmo e la filosofia del sec. XI*)을, 1956년에는 『G. 포레타노의 철학』(*La filosofia di Gilberto Porretano*)을 출간하였고, 계속해서 『성 토마스의 인간학』(1965), 『토마스 아퀴나스 입문』(*Introduzione a Tommaso d'Aquino*, 1973), 『성 보나벤투라』(1974), 그 밖에도 논문과 강연을 묶은 두 권의 『중세철학 탐구』(*Studi di filosofia medioevale*, 1978), 『안셀무스 다오스타 입문』(*Introduzione a Anselmo d'Aosta*, 1987) 등을 출판하였다.

그녀는 언제나 선배 사상가들에 대한 극진한 존경심을 품고 있었으면서도, 동시에 편견 없는 비판적 태도를 유지하였다. 이런 존경심은 '진리에 대한 사랑'에서 비롯된 것이었다. 바로 이 진리에 대한 사랑 때문에 그녀는 역사적인 탐구에서조차도 적당한 근사치나 의식적·무의식적인 조작을 용납할 수 없었으며, 또한 자기와는 전혀 다른 이론 체계를 전개하는 사상가들의 글 속에도 부인할 수 없는 진리의 편린이 담겨 있다는 확신을 가지게 되었다. 바로 이런 태도 속에서 보기 드문 엄정성을 가지고 원전들에 대한 탐구를 비판적으로 수행하는 그녀의 철저한 학문적 습성이 자라나게 된 것이다. 철학을 하는 데 있어서는 그 어떤 것도 권위에 입각해서 받아들여서는 안 된다는 것이 그녀의 굳은 확신이었다.

이런 정신으로 그녀는 중세를 넘어 근대철학에도 깊은 관심을 기울였고, 더 나아가 자신이 연구하고 또 직접 경청하기도 한 현대 사상가들에 대해서도 선구적인 연구서들을 집필하였다. 『라이프니츠의 단자론 연구』(*Monadologia*, 1937), 『에드문트 후설의 철학』(*La filosofia di Edmund Husserl*, 1938 e 1973), 『헤겔의 역사 개념』(*La concezione hegeliana della storia*, 1942), 『갈릴레이』(*Galileo*, 1943), 『칸트 연구 입문』(*Introduzione allo studio di Kant*, 1945), 그리고 오랜 교육의 결실인 두 권의 방대한 철학사 『근대철학사. 과학혁명으로부터 헤겔까지』(*Storia della filosofia moderna. Dalla rivoluzione scientifica a Hegel*, 1976)와 『현대철학사』(*Storia della contemporanea*, 1980)를 발간하였다.

그녀는 특히 스콜라철학의 주요 가르침에 대한 심화와 재해석에 심혈을 기울였다. 이런 노력의 첫 번째 결실은 세 권으로 된 『철학의 근본 요소들』(*Elementi di filosofia*, 1941)로 출간되었고, 이어서 『인식론』(*Gnoseologia*, 1963), 『인간과 자연: 철학적 인간학 노트』(*Uomo e natura. Appunti per una antropologia filosofica*, 1980), 『철학의 정초』(*Istituzioni di filosofia*, 1982), 『철학과 신 문제』(*La filosofia e il problema di Dio*, 1986) 등을 출판하였다. 특히 논리학, 인식론, 자연철학, 윤리학, 형이상학을 거시적인 안목에서 완벽하게 논술하고 있는 『철학의 근본 요소들』은 밀라노가톨릭대학의 학생뿐만 아니라 일반 철학도들에게도 수십 년에 걸쳐서 대대로 사랑을 받았다. 이 작품들은 고대철학과 스콜라철학으로부터 근대 및 현대철학에 이르기까지 철학사를 편견없는 안목으로 깊이 꿰뚫어보고 있던 소피아 로비기의 오랜 교육 경력의 압권들이다.

사실 역자는 신스콜라 철학 또는 신토미즘을 전공한 사람으로서, 귀국 후에는 토마스 아퀴나스의 사상에 깊이 접근하려고 줄곧 노력해 왔기 때문에, 그와는 대조적인 태도를 보이는 프란치스코회 사상 전통과 그 대표자인 성 보나벤투라의 사상에 대해서는 그리 밝지 못한 형편이다. 그래서 개인적으로는 이번 번역을 통해 성 토마스와 더불어 중세 스콜라학의 쌍벽을 이루는 보나벤투라의 사상을 조금이라도 더 깊이 이해하고 싶었다.

이러한 사정으로, 역자보다 먼저 '성 보나벤투라의 삼위일체론'에 대한 연구로 신학박사 학위를 받고 귀국하여 프란치스코회 수도자신학원에서 후진 양성에 진력하고 있는 동창 박장원 신부님께 이 책에 대한 '추천사'를 써주십사 부탁을 드렸다. 신부님께서 흔쾌히 허락하신 것은 물론, 친절하게 성 보나벤투라의 철학적 사상의 기본 틀에 대한 해설까지 곁들여주셔서 얼마나 고마운지 모르겠다. 신부님의 글은 '성 보나벤투라 사상 전반에 대한 입문'으로서 이 책의 '서론' 역할을 하기에 충분하다고 믿는다. 이 자리를 빌려 어설픈 번역을 충분히 보완해주신 신부님께 깊은 고마움을 전한다.

그리고 저자가 성 보나벤투라와 성 토마스의 서거 700주년이 지난 다음 해인 1975년에 발표한 강연 원고 "13세기: 보나벤투라와 토마스"(Il secolo XIII: Bonaventura da Bagnoregio e Tommaso d'Aquino)를 선택하여 '부록'으로 덧붙였다. 토마스와 보나벤투라의 사상적 특성을 날카롭게 비교 분석하고 있을 뿐만 아니라 토마스 아퀴나스와 보나벤투라에 관한 최근의 대표적인 연구 결실을 개괄적으로 평가하고 있는 귀중한 자료라고 여겨졌기 때문이다.

또한 보나벤투라의 사상을 전반적으로 해설하고 있는 단행본으로는 이 책이 국내 최초라는 점을 감안하여, 원서에는 10여 권의 핵심적 참고문헌밖에 제시되어 있지 않던 것을, 역자가 몇몇 다른 문헌을 참조하여 상당한 분량으로 '참고문헌' 목록을 보충하였다.

이 작은 번역서를 통해서 이 땅의 많은 신학도들과 철학도들이 중세 스콜라학의 두 거봉(巨峰) 가운데 하나인 '세라핌적 사랑의 박사'(Doctor Seraphicus) 보나벤투라의 깊은 사상에 매력을 느끼게 되기를 바라마지않는다. (2001년 대림절에, 낙산 양업관에서)

# 12. 인식론의 역사

소피아 로비기, 『인식론의 역사』, 졸역, 가톨릭대학출판부, 2004, 557쪽.

이 책은 소피아 로비기의 *Gnoseologia*(Brescia, Morcelliana, 1963, 2a ed., 1979)를 완역한 것이다. 이탈리아어 원제(原題)는 단순히 '인식론'이라고 되어 있지만, 인식 문제를 철학사의 발전과 쇠퇴라는 흐름 속에서 충실하게 추적하고 있기 때문에, '인식론의 역사'라고 하는 것이 더 낫겠다고 판단하여 이렇게 붙였다. 이런 변경이 저자의 의도를 크게 왜곡하는 것이 아니었으면 좋겠다.

로비기는 밀라노 출신의 대표적인 신스콜라 철학자로서, 역사와 사변 양측에 걸쳐 고른 관심을 기울이며 왕성한 저작 활동을 펼쳤다. 저자의 연구 활동에 관해서는 『성 보나벤투라』(가톨릭대학출판부, 2001) '역자 후기'에서 비교적 상세하게 소개한 바 있다.

이 책 『인식론의 역사』에서 저자는, 자신의 대부분의 다른 저작에서와 마찬가지로 모범적인 탐구 방식을 취하고 있다. 먼저 그녀가 '위대한 철학자들의 학교'라고 부르는 역사적 탐구를 통해 인식 문제에 관한 선배 철학자들의 빛나는 통찰을 충실하게 추출하여 재구성하고, 그런 연후에 마지막 장에 가서야 비로소 이런 역사적 배움의 결실을 바탕으로 삼아 자신의 견해를 당당하게 피력하고 있다.

저자는 철학사 전체를 통해서 인식론에 관한 관심이 꽃피었던 다음과 같은 네 시기와 그에 이어지는 쇠퇴기를 지적하고 있다. 1) 기원전 4세기를 전후한 플라톤-아리스토텔레스의 시대, 2) 성 토마스를 중심으로 한 13세기 스콜라학 전성기, 3) 칸트에서 일단락되는 합리주의적이고 경험주의적인 근대철학 시기, 4) 19세기 말과 20세기 전반. 이 네 시기를 중심으로 그녀의 역사적 탐구가 치밀하게 전개된다.

그러나 인식 문제의 중요성을 깨닫고 관심을 기울여 논의의 기초를 마련하던 고대(제1장)나, 논의를 보다 넓은 범위에 확대 적용하며 세부적으로 심화시키던 중세(제2장)보다는, 아무래도 관심의 방향을 인식 주체로 전환하고 그 탐구에 철학적 역량을 집중한 근대(제3장부터 제8장까지)와, 과학적 방법에 좀 더 집착하며 실증적이고 현상학적인 탐구를 전개하려 한 현대(제9장부터 제13장까지)에 훨씬 더 많은 지면이 할애되고 있다.

저자는 철학 일반과 인식론 발전에 특별한 공헌을 한 갈릴레이, 비코, 갈루피, 로스미니, 스파벤타, 젠틸레, 크로체 같은 이탈리아 사상가들의 핵심적 통찰을 동포적 애정을 가지고 비교적 상세하게 묘사하고 있으며, 특히 다른 철학사에서는 거의 찾아보기 어려운 현대 신스콜라 철학자들 사이의 인식론에 관한 논쟁(제13장)을 소개하고 있다.

저자 자신의 인식론적 통찰에 관해서 몇 마디 하자면, 저자는 인식론을 '그 가치를 규명하려는 동기를 가지고 수행하는 인간 인식에 관한 철학적 탐구'라고 규정하고, 주변 사물들이 인식 주체에게 '나타난다'(phainesthai)는 놀라운 현상이야말로 인식의 출발점이라는 홉스의 관찰에 동조하며, 이론적 논의(제14장)의 실마리를 풀고 있다. 따라서 모든 인식의 출발점은 근대철학자들이 강조하는 것과 같이 의식이나 사고 또는 자의식이 아니라, '무엇인가가 있다'(aliquid est)는 깨달음이다. 인식이란 본래 어떤 것의 지향적 현존 외에 다른 것이 아니다. 의식이나 자의식은 '성찰'을 통해서 추후에 알려지게 된다. 지향성으로서의 의식의 특성은 바로 '아무것도 포함하고 있지 않음', 즉 '아무것도 아님' 또는 '타자의 순수 현현됨'이기 때문이다.

사실 우리가 인식한다는 것이 직관되는 것이 아니라 어떤 대상들이 직관되며, 사고 활동이 자증되는 것이 아니라 사물들이 자증된다. 그래서 저자는 인식 주체의 실존과 대상의 실존은 직접적으로 명백한 사실이 아니라는 것, 따라서 인식이 주체와 대상 사이의 관계라고 주장하는 것으로 인식론적 탐구를 시작할 수는 없다는 점을 강조한다. 주체와 대상은 '어떤 무엇인가가 있다'는 깨달음으로부터 파생된 관념들이다. 그러므로 존재자 개념은 가장 단순한 개념으로서 다른 모든 개념에 함축되어 있고, '어떤 무엇인가가 있다'는 판단은 최초의 긍정이다.

그리고 '나'와 타자의 구별도 원초적 소여가 아니라, 자증되는 순수한 경험에 대한 '성찰'로부터 생겨난 것이다. '나'는 타자를 향한 개방성을 지니고 있고, 이 개방성이 바로 인식이다. 나는 인식에서 언제나 내가 아닌 타자를 발견한다. 인식이란 바로 타자의 현존이기 때문이다. 그렇기 때문에 저자는 인식 주체를 직접적 소여로 간주하고 거기서부터 출발해 다른 진리들을 재구성하려 드는 기획에 동의하지 않으며, 오히려 주변 사물들의 실재가 사고 주체의 실존보다 훨씬 더 명백하다고 주장한다.

앞에서 지적한 원전에 입각한 역사적 탐구와 사변적 성찰의 조화, 자국(이탈리아) 선배들이 과거에 기울였던 노력에 대한 깊은 존중, 그리고 기본 노선을 같이하는 신스콜라 철학자들에 대한 배려 외에도 두드러지게 느껴지는 이 책의 다른 특징으로는, 일반적인 지명도와는 상관없이 냉정하게 안배하고 있는 각 철학자의 인식론적 통찰에 대한 균형 잡힌 서술과 그 가치에 대한 여성으로서의 섬세하면서도 날카로운 평가들을 들 수 있을 것이다.

옮긴이가 본서의 대강을 번역했던 것은 이미 10여 년 전의 일이다. 귀국하자마자 떠맡게 되었던 인식론 강의를 위해 우선 급한 대로 본서의 굵은 얼개(대략 2/3쯤 분량)를 번역하여 기초교재로 사용하였다. 몇 차례 그렇게 사용하며 문장을 다듬었지만, 나머지 부분들을 마저 번역하는 작업은 바쁘다는 핑계로 자꾸 미뤄두게 되었다. 그러다가 최근에야 겨우 나머지 부분을 보충해서 번역을 모두 끝마칠 수 있었다. 번역 작업이 연속적으로 이루어진 것이 아니라 오랜 세월에 걸쳐서 간헐적으로 진행되었기 때문에, 혹시라도 통일성을 결하고 있는 부분이 있을지 모르겠다. 그동안 강의에 열심히 참석하여 거친 초고를 가지고 적극적으로 토론을 벌였던 가톨릭대학 철학과와 신학과 학생들에게 고마운 마음을 전한다. 그리고 적지 않은 분량의 원고를 꼼꼼하게 다듬고 정리해준 가톨릭대학출판부 직원들에게 이 기회를 빌려 깊은 감사를 드린다. (2004년 성령강림대축일에, 제천 청전동성당에서)

# 13. 성 토마스의 철학적 인간학

소피아 로비기, 『성 토마스의 철학적 인간학』, 졸역, 가톨릭출판사, 2015, 361쪽.

1. 이 책은 고전철학과 현대철학에 두루 정통한 이탈리아 여성 철학자 소피아 로비기가 1965년에 출간하고 1982년에 3쇄를 펴낸 *L'antropologia filosofica di san Tommaso d'Aquino*(Milano, Vita e Pensiero)를 완역한 것이다.

2. 저자는 거의 평생(1948-83)을 모교인 밀라노가톨릭대학에서 후진 양성에 심혈을 기울였고, 고전철학에 관한 이탈리아의 대표적 학술지 가운데 하나인 『신스콜라철학 잡지』의 편집장을 역임하였다. 그녀는 역사 분야에서 중세철학사에 관한 연구를 지속적으로 심화시켜 나갔고, 이론 영역에서 고전철학의 근본 가르침이 현대 세계에서 제기되는 문제에 어떤 이바지를 할 수 있는지를 추적하였다.

중세에 관한 오랜 탐구의 첫 결실로 『13세기 프란치스코회 박사들에게 있어서의 영혼 불멸성』을 출간한 이후 1947년에는 『토마스 아퀴나스의 정치론 발췌』와 『인식론과 존재론 노트』(*Note sulla teoria della conoscenza e sull'ontologia*), 1949년에는 『성 안셀무스와 11세기 이탈리아 철학』, 1951년에는 『타대오 다 파르마의 〈영혼론〉』(*Le 〈uaestiones de anima〉 di Taddeo da Parma*), 1954년에는 『도덕철학 강의록』(*Lezioni di filosofia morale*), 1956년에는 『질베르토 포레타노의 철학』을 출간하였고, 계속해서 『성 토마스의 철학적 인간학』(1965), 『안셀무스의 철학 작품들』(Anselmo d'Aosta, Opere filosofiche, 1969), 『토마스 아퀴나스 입문』, 『성 보나벤투라』(1974), 그리고 그 밖에도 논문과 강연을 묶은 두 권의 『중세철학 탐구』와 『안셀무스 입문』(1987) 등을 출판하였다.

로비기는 중세를 넘어서 근대철학에도 관심을 기울였고, 더 나아가 자신이 젊은 시절 매료되어 직접 경청하기도 한 현대 사상가들에 대해서도[1] 선구적인 연구서들을 출간하였다: 『라이프니츠의 단자론 연구』(1937), 『에드문트 후설의 철학』, 『헤겔의 역사 개념』(1942), 『갈릴레이』(1943), 『칸트 연구 입문』(1945), 『하이데거』(Heidegger, 1945), 『19세기 초반 이탈리아 철학에서 도덕 문제』(Il problema morale nella filosofia italiana nella prima meta del secolo XIX, 1951), 『헤겔의 〈철학백과사전〉 입문』(Introduzione alla lettura della Enciclopedia delle scienze filosofiche in compendio di Hegel, 1960), 『헤겔과 헤겔 좌파』(Da Hegel alla sinistra hegeliana, 1964), 『과학혁명에서부터 흄까지의 근대철학』(La filosofia moderna dalla rivoluzione scientifica a Hume, 1970), 『헤겔의 〈정신현상학〉 입문』(Introduzione alla Fenomenologia dello spirito di Hegel, 1971), 『헤겔부터 실증주의까지』(Da Hegel al positivismo, 1972), 『헤겔의 〈논리학〉』(La 〈Scienza della logica〉 di Hegel e appunti introduttivi, 1974), 그리고 오랜 교육의 결실인 두 권의 방대한 철학사 『근대철학사. 과학혁명으로부터 헤겔까지』(1976)와 『현대철학사』(1980) 등.

로비기는 특히 스콜라철학의 주요 가르침들에 대한 심화와 재해석에도 심혈을 기울였다. 이런 노력의 첫 번째 결실로, 철학 전체의 체계를 압축적으로 정리한 『철학의 근본 요소들』(1941)이 세 권

---

1. 그녀는 1931-32년에 집중적으로 에드문트 후설의 작품들을 연구하였고, 1932년에는 프라이부르크에 직접 가서 마르틴 하이데거의 여름강좌를 들었으며, 1934년에는 파리의 콜레주 드 프랑스에 가서 에티엔 질송의 강의를 들었고, 1938년 여름에는 베를린대학에 가서 니콜라이 하르트만의 강좌들을 수강하였다.

으로 출간되었는데, 이 작품은 이탈리아 철학도들의 꾸준한 사랑을 받아 1987년까지 10판을 거듭하였다. 이어서 『인식론』(1963), 『인식이론』(*Teoria della conoscenza*, 1976), 『철학으로서의 신학 문제』(*Il problema teologico come filosofia*, 1977), 『인간과 자연: 철학적 인간학 노트』(1980), 『철학의 정초』(1982), 『철학과 신 문제』(1986) 등이 출간되었다.

이 모든 작품은 고전철학부터 현대철학에 이르는 오랜 진리탐구의 여정에서 발견된 선배 철학자들의 값진 지혜들을 편견 없는 안목으로 꿰뚫어볼 줄 알았던 저자의 평생에 걸친 연구와 교육 경력에서 비롯된 수작들이다. 저자의 여러 작품 가운데 두 권, 즉 『성 보나벤투라』(2001)와 『인식론의 역사』(2004)는 이미 가톨릭대학교출판부에서 졸역으로 출간되었는데, 특히 후자는 '2005년도 대한민국학술원 우수학술도서'로 선정되었으며 3쇄를 거듭하고 있다.

3. 고대세계에서는 인간을, 자연으로부터 그에게 제공된 불변적인 본질로 구성되어 있는 자연적 존재로 이해하였다. '자연에 따라 행동하라'는 명제는 그리스 철학의 절대적 명령이었다. 이는 의지보다는 지성을 중시하고 역사보다 자연을 더 존중하는 정적인 인간 개념이다. 반면에 근대인은 더 이상 인간을 자연의 산물로 보지 않고, 자기 자신의 조형자로 이해한다. 이는 지성에 대한 자유의 우위, 자연에 대한 역사의 우위에 바탕을 두고 있는 역사주의적 인간 개념이다. 자신의 무한에 가까운 잠재력을 실현시키는 것 이외에는 다른 어떠한 명령도 없다. 근대 문화 속에서 일어났던 인간학적 전환 이래 철학 탐구 전체가 인간으로부터 출발해서 인간과 연관 지어 전개되었고, 대부분의 문제에 대한 해결책도 역시 인간을 기준으로 삼아 모색되었다.

성 토마스의 철학적 전망은, 다른 중세 그리스도교 철학자들의 경우와 마찬가지로 본질적으로 신(神)중심적이기는 하지만, 이것은 그가 만사를 신과 연관 지어 이해하려 했다는 의미이지 인간 문제를 등한시했다는 뜻은 아니다. 오히려 아퀴나스가 인간 문제의 핵심적 중요성을 놓쳤던 적은 한 번도 없다. 그리고 그는 자신의 인식론적 실재주의와 강렬한 존재 개념 덕분에 그의 선배 철학자들이나 동시대 학자들의 통찰보다 더 심층적이고 적절한 것으로 입증되는 해결책들을 찾아낼 수 있었다.

중세에는 인간을 이해하는 두 갈래의 큰 흐름이 있었다. 아리스토텔레스는 인간을 영혼과 동일시하는 플라톤과는 달리 질료형상론을 인간에 적용하여 영혼과 육신의 불가분적 결합을 가르쳤으나 영혼의 영성 또는 비물질성에 대해서만큼은 열린 채로 내버려두었다. 이에 반해 그리스도교 신학자인 성 아우구스티누스는 영혼의 영성과 불멸성은 역설하면서도, 신플라톤주의의 영향으로 인간의 단일성에 대해서는 그만큼 강조하지 않았고, 따라서 이원주의적 해석으로 이끌리고 있었다. 따라서 성 아우구스티누스의 거의 절대적인 권위를 인정하고 있던 13세기 이전까지의 모든 그리스도교 사상가는 영성주의적이고 이원주의적인 인간학을 주장하고 있었다.

그러나 토마스 아퀴나스는 자신의 존재 형이상학에 기초해서 새로운 인간학을 제시한다. 그는 아리스토텔레스의 질료형상론을 인간에게 적용하면서도 동시에 영혼의 비물질적이고 자립적인 특성을 견지하며 인간 본성을 해명하고 있다. 인간은 질료와 형상으로 합성된 하나의 개별 실체이다. 그러나 이 실체적 형상은 동물을 비롯한 다른 모든 형상과는 전적으로 다른 특징을 드러낸다. 육체에 의존하지 않는 지성적이고 의지적인 활동에서 입증되는 것처럼 인간의 영혼은 하나의 '비물질적'인 형상이기에 '자립적'이며 '불멸적'이다. 이런 균형 잡힌 건실한 가르침은 성 토마스 이전에는 어떤 누구도 제언한 적이 없는, 위험할 정도로 새로운[2] 입장이다. 물론 성 토마스 이후에도 인간의 본성과 운명에 관한 논의는 중단 없이 계속되었지만, 이 책에서 간결한 필치로 제시되는 성 토마스의 가르침은 우리 각자의 심리적 경험과 감각적 경험에 잘 부응하는 강점을 지니고 있기 때문에, 여러 방향에서 현대적 언어로 재해석되어 제시될 때, 혼미를 거듭하고 있는 우리 시대의 지성계에 밝은 빛을 비추어줄 수 있으리라 기대된다.

4. 토마스가 '인간'에 관하여 직접적으로 논의를 전개하는 주요 원전 작품들은 『대이교도대전』(제2권 제46장부터 제86장까지), 『신학대전』(제1부 제75문부터 95문까지), 『영적 피조물』(De spiritualibus creaturis), 『영혼에 관한 토론문제』(Quaestiones disputatae de anima), 『지성단일성』, 『영혼론 주해』(Sententia super De anima) 등이다.

이 가운데 현재까지 우리말로 번역된 작품들은 다음과 같다: 『신학대전』의 '인간론'(De homine: I, 75-89)에 해당하는 부분인 제1부 제75-78문(『신학대전 10』, 정의채 옮김, 바오로딸, 2003), 제1부 제79-83문(『신학대전 11』, 정의채 옮김, 2003), 제1부 제84-89문(『신학대전 12』, 정의채 옮김, 2013), 제1부 제90-102문(『신학대전 13』, 김율 옮김, 2008)과 『영혼에 관한 토론문제』(이재룡·이경재 옮김, 나남, 2013), 『지성단일성』(이재경 역주, 분도출판사, 2007) 등이다(그리고 『대이교도대전』 제2권에 대한 번역본은 박승찬 교수의 번역으로 현재 분도출판사에서 편집작업 중에 있다).

토마스의 '철학적 인간학'에 관한 현대적 해설을 제공하고 있는 논술들이 적지 않다. 무엇보다 먼저 본서와 마찬가지로 성 토마스의 원전 작품에 근거해서 (그러나 본서와는 달리 분석철학적으로) 토마스의 철학적 인간학을 재구성하고 있는 단행본 앤소니 케니의 『아퀴나스 심리철학』(졸역, 가톨릭대학교출판부, 1999)이 있다.

---

2. J. 와이스헤이플, 『토마스 아퀴나스 수사: 생애, 작품, 사상』, 졸역, 성바오로출판사, 2판, 2012, 506쪽 이하 참조.

그리고 토마스의 철학사상 체계를 전반적으로 해설하는 가운데 '인간' 부분을 다루고 있는 책들이 있다: F.C. 코플스톤의 『토마스 아퀴나스』(강성위 옮김, 성바오로, 2판1쇄, 1993, 제4장 "인간 I-육체와 영혼", 227-287쪽), A. 침머만의 『토마스 읽기』(김율 옮김, 성바오로, 2004, 제6장 "인간에 관하여", 211-261쪽), B. 몬딘의 『토마스 아퀴나스의 철학체계』(강윤희·이재룡 옮김, 가톨릭출판사, 2012, 제7장 "인간 문제", 337-357쪽).

다음으로는 중세철학사 전체를 서술하는 가운데 토마스의 '인간' 관련 부분을 비중 있게 다루고 있는 책들이 있다: F.C. 코플스톤의 『중세철학사』(박영도 옮김, 서광사, 1988, 제37장 "성 토마스 아퀴나스7: 영혼론", 480-495쪽), É. 질송, 『중세기독교철학사』(김기찬 옮김, 크리스찬다이제스트, 1994, 제8부 제3장 제5절["인간"]과 제6절["인간의 목적", 517-527쪽]; 제9부 제3장 제2절["형상의 복수성", 572-578쪽]), A. 마우러의 『중세철학』(조흥만 옮김, 서광사, 2007, 제13장 제6절["인간", 218-221쪽]; 제15장 제1절["토마스주의의 수정책", 248-249쪽], 제3절["형상다수성", 252-256쪽]).

또한 '영혼' 또는 '인간'에 관한 13세기의 열띤 논쟁이라는 맥락 속에서 토마스의 이론을 개진하고 있는 책들이 있다: 방 스텐베르겐의 『토마스 아퀴나스와 급진적 아리스토텔레스주의』(졸역, 성바오로, 2000, 제2강["지성단일주의", 41-88쪽]), 이재경 교수의 『토마스 아퀴나스와 13세기 심리철학』(대구가톨릭대학교출판부, 2002), 리처드 데일즈의 『13세기 영혼 논쟁』(졸역, 가톨릭대학교출판부, 2011, 제5장 제2절["관점의 양극화: 토마스 아퀴나스", 181-188쪽], 제7장["아퀴나스의 『지성단일성』", 229-248쪽]).

그 밖에도 현대에 주목받고 있는 인간 생명의 시작이라는 쟁점에 대한 토마스의 이론을 다루고 있는 두 권의 책이 있다: 제이슨 이벌의 『토미즘의 원리와 생명윤리학』(김수정 옮김, 가톨릭대학교출판부, 2011, 제1장["인간 본성에 대한 아퀴나스의 설명", 17-56쪽], 제2장["인간 인격체의 생명의 시작", 57-99쪽])과 가톨릭생명윤리연구소가 펴낸 『토마스 아퀴나스와 가톨릭의 생명 이해』(가톨릭대학교출판부, 2007, 제2장[마리오 팡갈로, 이재룡 옮김, "인간 배아에 관한 성 토마스의 철학", 45-92쪽]).

 그리고 마지막으로는 일본의 저명한 토마스주의자인 이나가키 료스케가 지은 『천사론』(김산춘 옮김, 성바오로, 1999)을 들 수 있다. '인간학'을 다루다 말고 뜬금없이 웬 '천사론'이냐고 할지 모르지만, 이 책은 스콜라학자들이 '분리된 지성' 또는 '영적 피조물'이라고도 부르던 '천사'의 본성과 활동들을 성 토마스의 가르침에 입각해서 체계적으로 탐색하고 있는데, 특히 (인간의 영혼을 다른 동물의 영혼 또는 혼과 구별시켜주는 종적 특성인) 인간의 영적 지성의 기능과 끊임없이 비교하며 설명하고 있기 때문에 인간에 관한 훌륭한 해설서 역할을 할 수 있다.

5. 이 책에는 제2부에 원전 발췌문이 달려 있지만 본문 자체의 분량은 얼마 되지 않기 때문에, 관련되는 짧은 두 편의 논문을 '부록'으로 덧붙여 다소간의 보완을 도모하였다. 하나는 저자가 이 책을 출판하고 나서 10년 뒤에 발표한 본서와 동일한 제목의 논문으로, 전체를 개괄하는 데 도움이 될 것이다. 다른 하나는 저자의 글은 아니지만, 약간 후배로서 이탈리아의 대표적 토마스주의자인 바티스타 몬딘 신부가 1987년에 토마스 아퀴나스의 『영혼에 관한 토론문제』의 핵심 논거를 압축적으로 설명하고 있는 간명한 논문이다. 특히 토마스의 이 원전이 최근에 번역되어 나왔기 때문에, 토마스의 인간학을 좀 더 깊이 이해하는 데 도움이 되리라 믿는다.

 그리고 원서에서는 몇몇 핵심적인 참고문헌만 제시하고 있어서, 토마스의 철학적 인간학에 관련된 국내외의 풍부한 현대 연구 결실을 수집 정리하여 보충하였다.

　노숙자가 길에서 얼어죽는 것은 기사화되지 않는데 주가가 조금 떨어지는 것은 대서특필되는 현실에서[3] 극명하게 드러나듯이 인간을 아무렇지도 않게 헌신짝처럼 폐기처분하고 있는 오늘날, 인간이 과연 하느님의 모상을 닮은 신성불가침의 존엄성을 지니는 존재인지, 그리고 광대한 우주와 유구한 역사 속에서 짧은 인생을 살아가는 인간 존재의 진정한 의미와 가치는 무엇인지를 절실하게 되묻지 않을 수 없다. 이 책이 오늘날 팽배한 경제만능주의와 소비주의의 거센 물결 속에서 한 줄기 방향을 제시할 수 있기를 희망한다. (2014년 10월 28일 사도 시몬과 타대오 축일에, 혜화동성당에서)

---

3. 교황 프란치스코, 사도적 권고 『복음의 기쁨』(한국천주교중앙협의회, 2013), 53항.

## 14. 신학자 토마스 아퀴나스

토마스 오미어러, 『신학자 토마스 아퀴나스』, 졸역, 2002, 523쪽.

이 책은 미국 노틀담대학의 신학교수로 있는 도미니코회 소속 토마스 오미어러(Thomas F. O'Meara, OP) 신부의 *Thomas Aquinas Theologian* (Notre Dame, University of Notre Dame Press, 1997)을 완역한 것이다. 오미어러는 이 책에서 자신이 도미니코회 전통 속에서 배운 아퀴나스의 사상에 입각해서 신학을 가르쳐온 25년간의 교육 경험과 선배 학자들의 도움을 받아 매우 포괄적인 접근법을 택하고 있다. 그가 주로 의존하는 최근의 연구자들은 토마스의 사상과 생애를 그의 영성과 결합시키려 노력한 장 피에르 토렐(Jean-Pierre Torrell, OP)과 터그웰(S. Tugwell), 주석 원리와 은총의 신학을 강조하는 페쉬(O. Pesch), 그리고 역사 연구 및 현대 사상과의 대화를 중시하는 마리 도미니크 슈뉘, 이브 콩가르(Yves Congar), 칼 라너(Karl Rahner), 버나드 로너간(Bernard Lonergan), 제랄드 맥쿨(Gerald McCool) 등이다.

저자는 먼저 아퀴나스의 성장 과정과 업적을 그 역사적 맥락 속에 자리매김하고(제1장), 필생의 걸작인 『신학대전』의 '발원'(exitus)과 '귀환'(reditus)이라는, 신플라톤주의에 뿌리를 둔 기본 구도와 세부 구조들을 상세히 분석하며(제2장), 이 걸작을 중심으로 신의 세계 내 현존, 삼위일체의 신비, 창조사업, 하느님의 모상인 인간, 육화하신 말씀의 신비, 성령의 활동, 은총과 성사 등 아퀴나스 신학의 핵심적 주제들을 추적한(제3장) 다음에, 그가 살았던 13세기로부터 오늘에 이르는 700년간의 해석 전통을 개관하는 가운데 특히 현대의 다양한 시도들을 부각시키고(제4장), 마지막으로 아퀴나스가 심리학, 예술, 정치, 종교 등의 영역에서 현대 세계의 쟁점과 논쟁들에 기여할 수 있는 방향을 제안하고 있다(제5장).

토마스 아퀴나스는 분명 서구 문명사의 가장 영향력 있는 사상가들 가운데 하나임에 틀림이 없다. 그가 그리스도교 신앙을 설명하는 가운데 신과 인간과 세계를 바라보는 방식은 7세기 이상이나 수많은 철학자, 신학자, 신비가, 과학자, 예술가, 정치인들에게 깊은 영향을 미쳤다.

그런데 토마스는 일차적으로 신학자인가, 아니면 철학자인가? 신토미즘의 부흥기인 19세기 말부터 지난 세기까지 토마스의 사상에 관하여 폭발적으로 출간된 연구서들은 주로 그의 '철학사상'을 집중적으로 조명하는 것들이었다. 우리나라에 소개된 안내서들 역시 마찬가지였다. 그동안 아퀴나스의 생애와 사상에 대해서 우리 글로 번역된 책으로는 코플스톤이 지은 『토마스 아퀴나스』(강성위 옮김, 성바오로출판사, 1968)를 시작으로, 체스터튼의 『성 토마스 아퀴나스』(박갑성 옮김, 홍성사, 1984), A. 케니의 『토마스 아퀴나스』(강영계·김익현 공역, 서광사, 1984), 피퍼의 『토마스 아퀴나스: 그는 누구인가』(신창석 옮김, 분도출판사, 1995), 이나가키 료스케의 『토마스 아퀴나스』(정종표·정종휴 공역, 새남, 1995), 와이스헤이플의 『토마스 아퀴나스 수사』(이재룡 옮김, 성바오로출판사, 1998) 등이 있다. 이 작품들은, 체스터튼이 유명한 문학자라는 사실을 예외로 하면, 모두 다 철학자의 작품으로서, 다분히 철학적 주제들에 편중되어 있고 신학적 주제들은 필요한 만큼만 부수적으로 취급되고 있다.

그러나 토마스는 분명 도미니코회 수사였고 신학박사였으며, 파리대학 신학부의 신학교수로서 당시 신학교수로서의 3대 직무인 강독(lectio), 공개 토론(disputatio), 설교(sermo)를 수행하였다. 그가 철학적 주제를 다룬 몇몇 소품과 아리스토텔레스의 주요 작품에 대한 주해서를 집필한 것은 사실이지만, 그것은 후배 수사들과 파리대학 철학부의 젊은 교수들이 오류에 빠지지 않도록 도우려는 사도적 열성에서 나온 것이기에, 신학자로서 그의 일차적 직무를 보완하는 것으로 이해되어야 한다.

따라서 이제까지 우리에게 알려진 철학자로서의 모습이 진정한 역사적 아퀴나스의 반쪽 모습이었다면, 오미어러 신부는 이 책 『신학자 토마스 아퀴나스』를 통해서 나머지 반쪽, 즉 신학자로서의 아퀴나스를 보여주고 있는 셈이다. 이 점에서 저자의 서술은 매우 인상적이고 신선하다.

그런데 저자가 그동안 아퀴나스 사상에서 상대적으로 소홀히 취급되었던 신학의 우위를 너무 강조하다보니 오히려 아퀴나스의 철학에 대해서는 지나치게 냉소적이고 비판적인 태도를 취하는 것으로 보인다. 그는 신토미즘 부흥 시기(1860-1960)의 '제국적 신스콜라학'(Imperial Neo-Scholasticism)에서 했듯이 토마스를 '가택연금 상태'에 붙잡아두고 철학자로서만 읽어서는 안 되고, 오히려 한 '신학자'로서 읽어야 한다고 강조한다. 그리고 이 시기 동안 대다수의 학자가 근대 및 현대적인 것에 저항하여 토마스를 그 생생한 역사적 맥락과 신학적 주제들을 명상하던 그의 뜨거운 가슴으로부터 추상하여 불모적인 논리학자로 화석화시켜버렸다고 질타한다. 물론 이것은 그가 선호하는 이른바 '초월적 토미즘'(transcendental Thomism)을 무비판적으로 수용한 데에 따르는 귀결이다. 그는 가톨릭 신학이 '근대철학의 초월적·인간학적 전회'를 포용해야 하며, 근대성은 그 자체로 "그리스도교 철학과 신학을 위한 한 계기"라는 라너의 주장을 그대로 수용하고 있다.

이것은 분명 오늘날의 다원주의 사회에 토마스 아퀴나스의 사상을 적용한다는 뚜렷한 장점을 지니고 있지만, 다른 한편으로는 아퀴나스가 13세기에 투쟁하며 벌였던 다양한 주제의 토론들과 아리스토텔레스의 사상 및 철학 교육에 쏟았던 그의 지속적인 열정을 간과할 위험을 안고 있다. 아퀴나스 자신은 와이스헤이플이 『토마스 아퀴나스 수사』에서 잘 지적하고 있는 것처럼 생애 말년에 『신학대전』의 제2부와 제3부 집필 작업에 매진하던 중에도 파리대학 철학부의 젊은 교수들과 어린 학생들이 오류에 빠져들게 내버려두어서는 안 된다는 일종의 "사도적인 소명감"을 가지고 아리스토텔레스의 주요 작품들에 대한 주해 작업을 병행하였다. 이처럼 논쟁 또는 토론들과 대단히 섬세한 철학 작업들을 경시하는 것은 아퀴나스의 시대는 물론 우리 시대에도 그 철학적 전제들이나 함축을 깨닫지 못하는, 철학적으로 '순진한' 신학을 낳을 우려가 있다.

19세기 말 교황 레오 13세가 신토미즘 부흥운동의 직접적 도화선이 된 회칙 『영원하신 아버지』(1879)에서 그리고 교황 요한 바오로 2세가 최근의 회칙 『신앙과 이성』(*Fides et Ratio*, 1998)에서 강조한 것처럼 신앙과 이성, 신학과 철학 사이에는 근대철학자들에게서 볼 수 있는 것과 같은 상호 대립이나 배척의 관계만 있는 것이 아니라, 조화로운 일치와 상호협력의 관계가 있을 수 있으며, 교부들과 토마스 아퀴나스는 이런 일치와 협력관계를 모색하고 입증한 증인들이다. 이성과 철학은 자신의 능력과 한계를 인정하며 초월적인 것을 향해 개방적인 수용의 자세를 취해야 하고(intellectus quaerens fidem), 신앙과 신학은 자연적 이성에게 호소할 수 있는 길을 모색해야 한다(fides quaerens intellectum). 그리고 무엇보다도 우리는 반종교적이고 특히 반가톨릭적인 비수를 품에 감추고 있는 근대성의 내재주의적 기본 원리들마저 무비판적으로 환영해야 하는 것이 아니라, 비판적인 대화를 통해 극복해야 한다.

끝으로 이 자리를 빌려 이 책이 나오기까지 도움을 주신 분들에게 감사를 전한다. 먼저 이 책의 거친 번역 초고를 일일이 원본과 대조하며 검토하여 애매하고 어색한 부분들을 교정하는 데 지난 두 달간의 겨울방학을 온전히 다 바친 본교 신학과 4학년 이동환 군에게 깊이 감사한다. 그리고 아직도 부족한 것이 많은 원고를 지난 6개월 동안 꼼꼼히 다듬어준 가톨릭출판사 편집부의 김영숙 부장님과 직원 여러분께도 감사의 마음을 전한다. 또한 교회 내 학술 활동의 중요성을 절감하여 '가톨릭문화총서' 발간을 제의하고 적극적인 후원을 약속하신 가톨릭출판사 박항오 사장신부님께 이 자리를 빌려 우정어린 감사의 마음을 전한다. (1997년 여름, 낙산 양업관에서)

## 15. 전환기의 새로운 문화 모색

바티스타 몬딘, 『전환기의 새로운 문화 모색』, 졸역, 가톨릭출판사, 2002, 413쪽.

이 책은 바티스타 몬딘(Battista Mondin, CMX) 신부의 *Una nuova cultura per una nuova società: Analisi della crisi epocale della cultura moderna e dei progetti per superarla*(Milano, Massimo, 1982)를 완역한 것이다. 축역하면 "새로운 사회를 위한 새로운 문화: 현대문화의 시대적 위기와 그 극복 방안들에 대한 분석"이 될 터이지만, 너무 장황하므로 부제는 생략하고 『전환기의 새로운 문화 모색』이라고 제목을 바꾸었다. 이런 변경이 저자의 의도를 크게 훼손하지는 않으리라고 믿는다.

역자가 다른 기회에도 지적한 바 있지만, 저자는 거의 평생을 로마의 우르바노대학에서 가르치며 연구 활동을 해온 이탈리아의 대표적 토미스트로서, 역자의 학위논문 지도교수 가운데 한 분이다. 사베리오 선교수도회 소속인 몬딘 신부는 미국 하버드대학에서 『개신교와 가톨릭 신학에서의 유비 원리』(*The Principle of Analogy in Protestant and Catholic Theology*, 1959, 2nd ed., The Hague, Nijhoff, 1967)라는 제목으로 철학박사 학위를 취득한 이래, 철학과 신학 두 분야에 걸쳐서 어림잡아 80여 권의 저술을 출간했다. 특히 최근에는 은퇴하였음에도 불구하고 『철학, 신학, 윤리학 백과사전』(*Dizionario enciclopedico di filosofia, teologia e morale*, 1989), 『성 토마스 아퀴나스 사상 백과사전』(*Dizionario enciclopedico del pensiero di S. Tommaso d'Aquino*, 1991),

『신학자 사전』(Dizionario dei teologi, 1992), 『교황 백과사전』(Dizionario enciclopedico dei Papi, 1995) 등 보통 혼자서는 작업하기 어려운 두툼한 사전들을 단독으로 발간하는가 하면, 5권으로 된 교의신학 교재 (1992-1994)를 출간하고, 6권으로 된 이론철학 교재를 집필하고 있으며, 4권으로 구성된 『신학사』(Storia di teologia, 1996-1997)와 3권으로 구성된 『형이상학사』(Storia della metafisica, 1998) 같은 방대한 역사서를 출간하는 등 그 어느 때보다도 왕성한 저작 활동을 펼치고 있다.

방금 언급한 작품 가운데 4권으로 구성된 방대한 『신학사』는 가톨릭대학교 신학대학 교의신학 교수로 있는 조규만 신부와 역자를 비롯한 몇몇 학자들이 공동으로 번역 작업을 진행하고 있고, 본 '문화총서' 기획물로 출간될 예정이다.

새로운 천년기를 맞고 있는 오늘날 서구사회는 물론 전 세계가 문화적으로 심각한 위기를 겪고 있다는 데에는 반론을 제기할 사람이 없을 것이다. 하지만 그 원인과 해결책이 무엇인지에 관해서는 사상가마다 의견이 제각각이다. 최근에는 적지 않은 학자들이, 이제껏 유지되어 오던 문화적 단일성이라는 유토피아는 결정적으로 깨어져 그것을 복원하기는 불가능하므로, 각 민족과 나라의 문화가 자기 나름의 세계관과 가치관을 지키며 살아가는 문화적 원자주의(cultural atomism)를 받아들일 수밖에 없다고 주장하고 있다.

저자는 『전환기의 새로운 문화 모색』을 통하여 그런 태도가 인간의 본성에 위배될 뿐만 아니라, 문화 속에서 자신의 영적 형상을 구현하며 사귐과 통합의 원리를 발견하는 사회적 존재로서의 인간 본성에도 맞지 않는다는 점을 설득력 있게 지적하고 있다. 따라서 저자는 문화적 원자주의를 주장하는 것은 개개인을 절망에 빠뜨리고 사회를 자살로 몰아가는 것과 같다고 질타한다.

이 책의 제1부에서는 복잡하고도 방대한 문화 문제를 엄격하게 철학 영역에서 검토하면서 문화를 "사회의 영적 형상"이라고 정의하고, 문화의 본질과 토대, 속성과 기능 등을 면밀하게 추적하며, 문화를 구성하고 있는 네 가지 기본 요소가 언어, 관습, 기술과 가치임을 명쾌하게 밝혀내고 있다.

제2부에서는 현대의 서구 문화가 겪게 된 시대적 위기의 주된 원인이 과학주의(콩트), 자유주의(프로이트), 물질주의(마르크스)에 있다고 진단하고, 20세기 중반에 세속 학자들(포퍼, 프롬, 아바냐노)과 그리스도교 사상가들(마리땡, 과르디니, 무니에)이 제안하고 있는 대표적인 세계적 문화 기획들을 비판적으로 검토한 다음, 마지막 장에 가서 종교성, 인격, 합리성, 진리, 자유, 노동, 정의, 사랑, 평화, 세계성 등의 가치들에 기초를 둔 저자 자신의 "새로운 문화" 기획을 제안하고 있다.

새 천년기를 맞아 이 땅에 보다 건실한 문화가 뿌리내리기를 열망하는 모든 분에게 이 부족한 번역서가 조금이나마 도움이 되었으면 좋겠다.

1989년도 가을학기에 저자로부터 직접 이 책을 교재로 한 학기 수업을 들은 적이 있기 때문에 번역 작업이 그리 힘들지는 않았지만, 역자의 우리말 표현력이 아무래도 많이 부족하므로 독자에게 송구스럽다. 이보다 훨씬 더 거칠었던 초고를 꼼꼼하게 정성껏 다듬어준 가톨릭청년성서모임의 김정현(도로테아)과 가톨릭출판사 편집부의 조형화(안젤라)에게 이 자리를 빌려 감사드린다. (2002년 대림절에, 낙산 양업관에서)

# 16. 자유인

바티스타 몬딘, 『자유인』, 졸역, 가톨릭출판사, 2013, 337쪽.

이 책은 사베리오 선교회 소속 바티스타 몬딘 신부의 *L'uomo libero* (Roma, Editore Dino, 1989)를 완역한 것이다. 다른 대부분의 저술에서와 마찬가지로 이 책에서도 저자의 글쓰기 방식은 학자의 모범적인 자세를 보여주고 있다. 그는 먼저 우리의 주제와 관련하여 주요 선배 철학자들이 제시하였던 위대한 가르침들을 겸손한 학생의 자세로 인내롭게 배운(제1부) 다음에, 마지막에 가서 역사로부터 배운 것을 종합하며 자신의 개인적인 통찰을 체계적으로 제시하고 있다(제2부).

자유는 특히 현대인에게 가장 매력적인 단어들 가운데 하나다. 이 개념 속에는 오늘날의 인간이 동경하고 염원하는 거의 모든 것이 종합되어 있다. 그러나 저자가 개탄하고 있듯이, 기술적이고 풍족한 현대인이 추구하고 있는 이상과 가치라는 것들은 지난 수천 년 동안 기록된 것들 가운데 가장 저급한 것들이다. 그것들은 내면성을 부정하고 외면성을 추켜세우며, 영혼을 부정하고 육체를 숭배하며, 이기주의와 향락주의를 조장하고 양보, 희생, 복종, 절제, 정의, 이타주의 등을 경멸하고 있다. 무분별한 소비주의적 정책 때문에 최근의 세대들은 자연이 과거와 현재 및 미래의 온 인류를 위해 마련하고 있는 자원의 엄청난 분량을 마구 써대고 있다.

이처럼 자유를 향한 현대인의 열망에는 자기 자신의 본성을 부정하려는 유혹이 감추어져 있다. 자신이 유한한 피조물임을 망각하고 무엇이나 다 하려 드는 것은 자기 자신을 절대자의 위치에 두려는 것이다. "너희는 하느님처럼 될 것이다"(eritis sicut dii: 창세 3,5). 하와를 꾀던 뱀의 속삭임이다. 죄의 심오한 본질은 바로 인간이 진리를 거부하고, 그 진리 위에 자기 자신의 의지를 올려놓으려는 데에 있다. 그러기에 성 아우구스티누스는 죄를 "하느님을 멸시하는 데까지 이르는 자기 사랑"(amor sui usque ad contemptum Dei)이라고 정의한다.[1] 그러나 이렇게 함으로써 인간은 결국 자기 자신을 기만하고 자기 자신으로부터도 소외되고 마는 것이다.

자유는 "선이라는 목표와 진리라는 기준"을 상실할 때, 파괴적이 되고 위협적이 된다.[2] 그리고 비단 행위자 자신뿐만 아니라 주변 다른 인격체들에게까지 막중한 위협이 될 수 있다. 그러기에 자기 자신의 행위와 자신의 일생을 건 근본 결단 등에서 온전히 자유로운 인간은 자신의 크고 작은 처신과 궁극적으로는 자기 자신에 대하여 책임을 모면할 수 없다.

제2차 바티칸 공의회는 인간 실존의 기본 조건인 자유에 관하여 다음과 같이 선언하고 있다. "참된 자유는 인간 안에 새겨진 하느님의 모상을 나타내는 가장 분명한 표지이다. 과연 하느님께서는 인간을 '제 의사에 맡겨두시기를'(집회 15,14) 원하셨던 것이다. 그것은 인간이 자발적으로 창조주를 찾아 그분을 따름으로써 자유로이 완전하고 행복한 완성에 이르기를 원하셨기 때문이다."[3]

그러므로 자유는 그 자체가 목적이 아니고 다른 무엇인가를 행하기 위한 선결 조건이다. 무생물이나 다른 생물체에게는 없는 이

---

1. 성 아우구스티누스, 『신국론』, 제14권 28장(성염 옮김, 분도출판사, 2004, 1536-1537쪽).
2. 참조: 요한 바오로 2세, 『진리의 광채』, 4, 61, 84항.
3. 제2차 바티칸 공의회, 『사목헌장』, 17항.

런 선결 조건이 인간에게는 선물로서 주어져 있는 것이다. 자유는 진리라는 기준에 따라 선을 추구하도록, 그리하여 마침내 최고선에 도달하도록 창조주로부터 인간에게 주어진 귀중한 선물이다. 다시 말해, 그것은 창조주를 찾아 그분의 길을 따름으로써 자기 자신의 인격의 깊이를 실현하고, 동료 인간들을 사랑함으로써 보다 아름답고 진실된 세상을 건설하라는 소명 수행을 위해 주어진 값진 도구인 것이다.

상당히 거칠고 불완전했던 초고를 꼼꼼하게 교정하며 모호한 부분들을 날카롭게 지적해주신 박래창 형제님께 깊이 감사드린다. (2006년 8월 3일, 낙산 기슭에서)

# 17. 신학사 2: 스콜라학 시대

바티스타 몬딘, 『신학사 2: 스콜라학 시대』, 졸역, 가톨릭출판사, 2017, 1018쪽

조규만 주교님 등이 공동으로 번역한 『신학사 1』(교부시대)이 출간된 지도 어느새 5년이 훌쩍 지났다. 처음부터 제2권을 맡기로 약속했으나, 그간 여러 이유로 자꾸 후순위로 밀리다보니 이렇게 너무나 늦고 말았다. 출판사에게도 제1권의 공동 번역자들에게도 면목이 서지 않는다.

그간 역자는 소임이 바뀌어서, 2016년부터 일선 사목에서 벗어나 '한국성토마스연구소' 책임을 맡게 되었고, 일찍이 1985년 정의채 몬시뇰께서 번역 작업에 착수하셔서 '제1부'(Prima Pars)를 끝마치고, 제2부 제1편의 첫 부분 번역에 접어들게 된, 성 토마스 아퀴나스의 방대한 『신학대전』의 완간을 목표로 단계별 작업 계획과 기초 정지 작업에 매진하고 있다. 토마스 성인이 말년에 신비체험을 하고 나서 '붓을 꺾은' 탓에 이 불후의 걸작도 미완으로 남게 되었다. 이로 인해, 비서였던 레지날도 피페르노가 성인이 이와 유사한 작업을 했던 초창기의 대작 『명제집 주해』로부터, 『신학대전』의 '쓰이지 못한 나머지'에 해당되는 내용을 옮겨다 붙여놓은 부분인 '보충부'(Supplementum)까지 작업에 포함시키면, 아직도 남아있는 부분이 어림잡아 전체의 4/5에 이른다. 그야말로 '일모도원'(日暮途遠)이다.

그러나 그보다 더 중대한 사건은, 저자가 2015년 1월 29일, 그토

록 기쁨으로 그 사상에 대한 해설을 즐기던 토마스 아퀴나스 성인의 축일 다음날 선종한 일이다. 하버드대학에서 학위논문을 준비하던 때부터 한평생 성 토마스를 스승으로 삼아 진리의 길을 묻고 답을 찾아내며, 직접 강의를 통해서는 물론, 스승처럼 가장 간명한 필치로 100권이 넘는 한결같이 두툼한 저서와 수백 편의 논문들을 발표함으로써 후학들의 길을 비추어주던 큰 별이 마침내 89세를 일기로 지상 소명을 마치고 창조주의 품으로 돌아간 것이다. 아무리 생자필멸이라지만, 석박사 학위 기간 내내 교실에서 여러 과목에 걸쳐서 직접 역자에게 큰 가르침을 주셨을 뿐만 아니라, 역자의 학위논문 지도교수 가운데 한 분으로 지도 편달의 은혜까지 입은 존경하는 은사님의 선종이기에, 그 소식을 전해 듣는 순간, 큰 별이 졌다는 말의 의미를 비로소 실감하며 깊은 회한에 잠길 수밖에 없었다.

저자는 말년에도 지치지 않는 열정으로 이 4권짜리 『신학사』(1996-1997) 외에, 『교의신학의 흐름』(*Corso di teologia dogmatica*, ESD, 1992-1994) 전5권, 『철학, 신학, 윤리학 백과사전』(ESD, 1994), 『교황 백과사전』(ESD, 1995), 『형이상학사』(ESD, 1998) 전3권, 『체계적 철학 교본』(*Manuale di filosofia sistematica*, ESD, 1998-2000) 전6권, 『철학적 인간학의 역사』(*Storia dell'Atropologia Filosofica*, ESD, 2001-2002) 전2권, 『성 토마스의 형이상학』(*La metafisica di S. Tommaso d'Aquino e i suoi interpreti*, ESD, 2002)을 저술하였을 뿐만 아니라, 성 토마스의 『자연학 주해』(*Commento alla Fisica di Aristotele*, ESD, 2004-2005) 대역판 전3권과 『바오로 서간 주해』(*Commento al Corpus Paulinum*, ESD, 2005-2008) 대역판 전6권을 단독으로 번역했다. 참으로 대단한 열정에 존경과 감탄을 금할 수 없다. 하지만 이제는 저자가 집필의 손길을 완전히 멈추었기에, 기존의 출판물들에서 가르침을 구할 수밖에 없다.

일반적인 시대 구분에 따라 4권으로 구성된 몬딘 신부님의 『신학사』는 그리스도교 진리가 기존의 정치-문화적인 여건 속에서 어떻게 자리매김하며 성장하게 되었는지를 2,000년이라는 장대한 역사를 따라 추적하는 보기 드문 노작이다. 저자가 제1권의 앞머리에서 밝힌 것처럼, 철학을 연구하기 위해서는 앞선 선배들의 노력을 배우고 기대는 것이 필요하고 절실해서, 철학도들에게는 이미 수 세기 전부터 철학 개념들을 설명하는 철학사전을 활용하는 것 말고도 철학의 역사를 살펴보는 것이 필수적인 일이 되었다. 이것은 신학도들에게도 마찬가지다. 잘 다듬어진 신학사전 외에 신학의 역사를 살펴보는 일도 불가결하다. 그런데 자료가 워낙 방대해서 혼자만의 힘으로 과제를 효과적으로 감당하기란 쉬운 일이 아니다. 하지만 저자는 이미 두 차례(1978년과 1984년)에 걸쳐 철학사를 3권으로 정리해 출간한 적이 있으며, 현대의 주요 신학자들과 신학 조류들을 꾸준히 추적하여 그 연구 결실들을 발표하고(1972-80), 아예 두툼한 신학자들의 사전을 출판하기도 하였다(1992). 이런 경험을 기초로 또 한 번 만만찮은 과제에 도전하였고, 그 성공적인 결실을 우리 앞에 제시하는 것이다.

제2권에서는 그리스도교 가르침이 유럽의 정치, 문화, 제도, 관습, 예술, 생활 속에 온전히 녹아들어 찬란히 만개했던 중세 스콜라 신학의 발전 과정을 추적하고 있다. 이 '스콜라학'(Scholastica)은 카롤루스 대제의 문화재건 사업으로 시작된 오랜 준비기(8-10세기)를 거쳐 성장기(11-12세기), 전성기(13세기), 쇠퇴기(14-15세기)의 흐름을 타고 700여 년간, 특히 성장기 말부터 설립되기 시작한 '대학'이라는 새로운 제도를 중심으로 전개된 중세 유럽 문명 전체를 관통하는 학문이다.

위대한 스콜라학자들은 방법적인 측면에서 고대 그리스인들의 성취인 '논리적 전개법'을 신학을 정초하기 위한 필수불가결의 도구로 삼고, 교부시대에 완성된 '인격'(persona) 개념에 대한 형이상학적 심화를 통해 삼위일체, 천사, 인간, 교회, 은총, 역사 등의 가르침에 새로운 빛을 던졌다.

　자신들을 '거인의 목말을 탄 난쟁이'(nani gigantum humeris insidentes)로 이해하며 고대의 권위 있는 유산들을 소중히 활용할 줄 알았던 12-13세기 위대한 스콜라학자들은, 신앙의 충직한 시녀인 이성을 도구로 삼아 체계화와 형이상학적 심화 작업의 결실인 방대한 『대전』들을 구현해 냈다. 14세기에 오컴이 '새 길'(via moderna)을 열며 스콜라학 해체의 길로 단호히 접어들었지만, 아직 지혜로운 재건축 작업에 들어갈 새로운 동력을 확보하지는 못했다.

　이런 중세의 풍부한 유산들은 르네상스, 인본주의, 종교개혁, 신대륙의 발견 등 '새 시대'의 거센 물결을 맞으며 배척되고 매도되고 홀대를 당하기 시작하였다. 그러나 오랜 침체기를 뒤로 하고 19세기 말부터 다시 힘찬 부흥의 날갯짓을 시작하였고, 제2차 바티칸 공의회를 거치면서는 다변화된 국제 사회 속에서 종교 본연의 영적인 권위를 회복할 수 있었다. 이런 '새 시대'의 파노라마는 이후에 이어질 제3권과 제4권을 통해 만나기로 하자. (2017년 10월 28일, 횡성 한국성토마스연구소에서)

# 18. 성 토마스 개념사전

바티스타 몬딘, 『성 토마스 개념사전』, 이재룡 · 안소근 · 윤주현 옮김, 한국성토마스연구소, 2020, 2단, 882쪽.

1. 이 사전은 사베리오 선교수도회 소속 바티스타 몬딘 신부의 *Dizionario enciclopedico del pensiero di San Tommaso d'Aquino*(Bologna, Edizioni Studio Domenicano, 1991; 2a ed., 2000)를 완역한 것이다. 직역하면 〈성 토마스 아퀴나스 사상에 대한 백과사전적 사전〉이 될 터인데, 조금 간결하게 해도 크게 오도하지 않겠다 싶어 『성 토마스 개념사전』으로 줄였다.

'백과사전'과 관련해서 저자는 "머리말"에서 성 토마스를 아리스토텔레스, 성 아우구스티누스, 성 알베르투스 마뉴스와 마찬가지로 '백과사전적 사상가'(un pensatore enciclopedico)라고 칭하면서, 그렇게 부르는 근거로 "그가 기본적으로 자신의 작품들 속에서 당대에 알려져 있던 지식 세계 전체에 대해 투신하는 자세를 취하고 있음"을 지적하고 있다.

몬딘 신부는 철학과 신학에 고루 걸친 100여 권의 저술과 수백 편의 논문을 발표하였는데, 그 가운데 지금까지 우리말로 번역된 것으로는 『인간: 철학적 인간학 입문』(허재윤 옮김, 서광사, 1996), 『전환기의 새로운 문화 모색』(이재룡 옮김, 가톨릭출판사, 2002), 『신학적 인간학』(윤주현 옮김, 가톨릭출판사, 2011), 『토마스 아퀴나스의 철학체계』

(강윤희·이재룡 옮김, 가톨릭출판사, 2012), 『신학사 1』(조규만 외 옮김, 가톨릭출판사, 2012), 『하느님은 사랑이십니다: 삼위일체 신비에 관한 고찰』(김관희 옮김, 인천가톨릭대학교출판부, 2013), 『자유인』(이재룡 옮김, 가톨릭출판사, 2013), 『신학사 2: 스콜라학 시대』(이재룡 옮김, 가톨릭출판사, 2017), 『신학사 3: 근대』(윤주현 옮김, 2018), 『신학사 4: 현대』(이재룡·윤주현·안소근 옮김, 2020) 등이 있다.

이 『개념사전』은 하버드대학에서 「성 토마스의 유비 이론과 현대 개신교의 유비 이론의 비교 분석」에 관한 논문으로 철학박사 학위를 받은 몬딘 신부가 65세가 되던 1991년도에 초판이 출간되었는데, 이것은 저자 자신이 30년이 넘도록 토마스의 가르침을 만나 사랑하고 해설하며 걸어온 학문 여정의 종합적 결실이다. 그는 출판 약속들로부터 해방되어 있던 1964년부터 66년까지 만 2년 동안 성 토마스의 초창기 대작인 『명제집 주해』(*Commentarium in quattuor libros Sententiarum*)에 집중해서 연구한 세부 내용들을 수천 장의 카드에 목록화하며 정리할 수 있었던 기간을 자신의 사상 형성과 학문 여정의 가장 소중한 기회였다고 술회하고 있다. 서랍을 가득 채웠던 그때의 연구 결실들이 성 토마스의 사상을 종합적으로 해설하는 이 '백과사전적' 『개념사전』을, 단독으로 그것도 짧은 1년 안에 끝마칠 수 있게 해준 비결인 것이다.

2. 저자의 학술 여정을 한눈에 알아보기 위해 개신교와 가톨릭 신학에서의 유비(類比) 이론에 관한 박사학위 논문 출판으로 시작되는 그의 중요 저술들 목록을 훑어보기로 하자.

*The Principle of Analogy in Protestant and Catholic Theology*(개신교와 가톨릭 신학에서의 유비 원리), Nijoff(The Hague), 1963; *La filosofia dell'essere in Tommaso d'Aquino*(토마스 아퀴나스의 존재 철학), Herder, 1964; *L'ecumenismo nella chiesa cattolica prima, durante e dopo il Concilio*(공

의회 이전과 이후의 가톨릭 교회일치운동), Herder, 1965; *Paul Tillich e la transmitizzazione del cristianesimo*(폴 틸리히와 그리스도교 탈신화화), Borla, 1969; *La secolarizzazione, morte di Dio?*(세속화: 신의 죽음?), Borla, 1969; *Uomo e il mondo, Cristo e la Chiesa nella teologia contemporanea*(현대신학에서의 인간과 세계, 그리스도와 교회), Edizioni Esperienze, 1969; *Declericalizzazione del prete: Sacralità in crisi?*(성직자의 세속화: 성덕의 위기?), Borla, 1969; *I teologi della morte di Dio*('하느님의 죽음'의 신학자들), Borla, 1970; *Dalla teologia radicale alla teologia 'comica': Le peripezie teologiche di Harvey Cox*(급진신학에서 '코미디' 신학에 이르기까지: 하비 콕스의 신학적 격변) Coines, 1970; *L'eresia del nostro secolo*(우리 시대의 이단), Borla, 1971; *Il problema del linguaggio teologico dalle origini ad oggi*(신학적 언어 문제: 기원에서 오늘에 이르기까지), Queriniana, 1971; *Cristo ancora clandestino?*(아직도 지하비밀조직의 그리스도?) Massimo, 1972; *Speranza, salvezza e infallibilita*(희망, 구원, 무류성), Coines, 1972; *I grandi teologi del secolo ventesimo*(20세기의 위대한 신학자들), Borla, 2 vols., 1972; *Le teologi della prassi*(실천신학자들), Queriniana, 1973; *Los movimientos teologicos secularizantes*(세속화 신학 운동들), Editorial Catolica(Madrid), 1973; *Esperanca marxista e esperanca Crista*(마르크스의 희망과 그리스도교의 희망), Ediciones Telos(Oporto), 1973; *I teologi della speranza*(희망의 신학자들), Borla, 1973; *Introduzione alla filosofia*(철학 입문), Massimo, 1974; *Filosofia e cristianesimo nella teologia cattolica e protestante*(가톨릭과 개신교 신학에서의 철학과 그리스도교), Borla, 1974; *Introduzione ai problemi filosofici fondamentali*(철학의 근본 문제들 입문), Massimo, 1974; *St. Thomas Aquinas' Philosophy in the Commentary to the Sentences*('명제집 주해'에 들어 있는 성 토마스 아퀴나스의 철학), Nijhoff(The Hague), 1975; *Le teologie del nostro tempo*(우리 시대의 신학들), Paoline, 1975; *Le cristologie moderne*(현대 그리스도

론), Paoline, 1976; *I teologi della liberazione*(해방신학자들), Borla, 1977; *L'ermeneutica metafisica di S. Tommaso*(성 토마스의 형이상학적 해석학), Edizioni del Seminario, 1977; *Antropologia teologica*(신학적 인간학), Paoline, 1977; *Nuova Teologia Cattolica*(가톨릭 신신학), Logos, 1978; *I filosofi dell'Occidente*(서구 철학자들), 3 vols., Massimo, 1978; *Cultura, Marxismo e Cristianesimo*(문화, 마르크스주의, 그리스도교), Massimo, 1979; *Le nuove Ecclesiologie: Una immagine attuale della Chiesa*(새로운 교회론: 교회의 현대적 모습), Paoline, 1980; *Umanesimo cristiano*(그리스도교적 인본주의), Paideia, 1980; *Sui sentieri di Budda*(부처의 오솔길), 1983; *Il valore uomo*(인간의 가치), Dino, 1983; *Corso di storia della filosofia*(철학사의 흐름), 3 vols., Massimo, 1984; *Filone e Clemente: Saggio sulle origini della filosofia medievale*(필론과 클레멘스: 중세철학의 기원에 관한 논고), Urban University Press, 1984; *L'Europa in bicicletta*(자전거로 둘러본 유럽), Dino, 1984; *Introduzione alla teologia*(신학 입문), Massimo, 1984; *I valori fondamentali*(근본 가치들), Dino, 1985; *Storia della filosofia medievale*(중세철학사), Urbaniana University Press, 1985; *La Chiesa primizia del Regno*(교회: 하느님 나라의 첫 열매), Dehoniane, 1986; *Scienze umane e teologia*(인문학과 신학), Pont. Universita urbaniana, 1988; *Il pensiero di sant'Agostino*(성 아우구스티누스의 사상), Citta Nuova, 1988; *Preesistenza sopravvivenza reincarnazione*(선재, 존속, 재육화), Ancora, 1989; *Dio, Chi e?*(하느님, 그분은 누구이신가), Massimo, 1990.

학위 취득 이후 대체로 1970년대 초반까지 저자의 관심은 성 토마스에 관한 지속적인 연구 외에도 세속화, 무신론 시대에 고뇌하는 현대 개신교 신학자들의 다양한 시도를, 현대 그리스도교의 이정표를 세운 제2차 바티칸 공의회(1962-65)의 가르침에 비추어서 비판적으로 평가하는 작업과 교회 일치운동에 집중되어 있음을 알 수 있다. 그리고 1970년대 후반부터는 '신신학'(新神學, la Nouvelle Theologie),

해방신학, 정치신학, 희망의 신학 등 현대 가톨릭 신학자들의 노력을 추적하는 동시에 차츰 그리스도론, 교회론, 인간학, 문화, 종교학, 그리스도교 인본주의, 자유, 가치, 철학사, 중세철학사, 철학입문, 신학사, 신학입문, 아우구스티누스, 하느님, 종말론 등의 주제로 관심의 폭을 확장해 나갔다.

3. 그리고 몬딘은 『개념사전』 출간 이후 1990년대에도 지치지 않는 열정으로 자신의 사상을 총결산하듯 볼로냐의 도미니코회연구출판사(ESD)를 통해, 다른 몇 가지 주제들에 대한 '백과사전'을 마무리했다. 그뿐만 아니라 철학과 신학의 기초교재 시리즈를 기획 출간하고 신학사, 형이상학사, 철학적 인간학의 역사 등 주요 학문에 대한 역사적이고 체계적인 집대성 작업에 온 힘을 기울였다. 먼저 〈교의신학 새강좌〉(Nuovo Corso di teologia dogmatica)라는 이름 아래 다섯 권의 교의신학 교재를 발간하였다: vol.1: *L'uomo secondo il disegno di Dio: Trattato di antropologia teologica*(하느님의 설계에 따른 인간: 신학적 인간학 논고, 1992); vol.2: *Gesu Cristo salvatore dell'uomo: Cristologia storica e sistematica*(예수 그리스도, 인간의 구원자: 역사적이고 체계적인 그리스도론, 1993); vol.3: *La Trinita mistero d'amore: Trattato di teologia trinitaria*(삼위일체, 사랑의 신비: 삼위일체 신학 논고, 1993); vol.4: *La Chiesa, sacramento d'amore: Trattato di ecclesiologia*(교회, 사랑의 성사: 교회론 논고, 1993); vol.5: *Gli abitanti del cielo: Trattato di ecclesiologia celeste e di escatologia*(천상시민들: 천상교회론과 종말론 논고, 1994). 그리고 『신학자 사전』(1992), 『철학, 신학, 윤리학 백과사전』(1994)과 『교황 백과사전』(1995)을 연이어 출간한 다음에, 교부시대로부터 현대에 이르기까지 네 권짜리 방대한 『신학사』(1996-97)와 3권으로 된 역시 방대한 『형이상학사』(1998)를 출간하고, 〈체계적 철학 교본〉(Manuale di filosofia sistematica)이라는 총서 제목 아래 철학 기초교재를 6권

에 담아 출간하였다: vol.1: *Logica, Semantica, Gnoseologia*(논리학, 어의학, 인식론, 1998); vol.2: *Epistemologia, Cosmologia*(지식론, 우주론, 1998); vol.3, *Ontologia e Metafisica*(존재론과 형이상학, 1999); vol.4: *Il problema di Dio*(신 문제, 1999); vol.5: *Antropologia filosofica*(철학적 인간학, 2000); vol.6: *Etica e Politica*(윤리학과 정치학, 2000). 그런 다음에도 2권으로 된 두툼한 『철학적 인간학의 역사』(*Storia dell'Antropologia Filosofica*, 2001-2002)와 『성 토마스의 형이상학과 그 해석자들』(*La metafisica di S. Tommaso d'Aquino e i suoi interpreti*, 2002)을 출간하였다.

또한 말년에는 그야말로 마지막 소임처럼 도미니코회연구출판사에서 기획 출간하는 성 토마스의 작품들에 대한 원전대역(原典對譯) 작업에도 참여하여 『권능론(權能論) 또는 하느님의 권능에 관한 토론문제』(*Le Questioni Disputate: La Potenza Divina*, 2003) 전 2권, 『신명론 주해』(*Commeto ai Nomi Divini di Dionigi*, 2004) 전 2권, 『자연학 주해』(2004-2005) 전 3권, 그리고 『바오로 서간 주해』(2005-2008) 전 6권을 단독으로 번역했다. 참으로 지칠 줄 모르는 대단한 열정에 존경과 감탄을 금할 수 없다.

이처럼 치열한 삶을 성실하게 살던 바티스타 몬딘 신부는 2015년 1월 29일 성 토마스 아퀴나스의 축일 다음날, 89세를 일기로 평생을 흠모하고 해설하던 성인 계신 곳으로 불려 올라갔다. 간략히 훑어본 그의 학술 여정 전체는 어느새, 역사가들(질송, 방 스텐베르겐, 노울즈 등)이 '역사상 드문 격변기'이자 '그리스도교 지성의 위기'라고 평가하는 13세기에 그리스도교 진리로 무장하고 라틴 서방 세계에 도전적으로 밀려들던 모든 이질적 문화유산과 용감히 맞닥뜨려 고딕 대성전과도 같이 조화로운 웅장한 사상적 종합을 이루어낸 성 토마스의 위대한 학문 여정을 닮았고, 특히 교육과 저술과 논쟁으로 숨가쁜 시간을 보내며 생애 막바지에 파리대학 철학부의 젊은 교수들의 그릇된 해석을 바로잡고 올바른 정도(正道)를 제시하기 위해 아리스토텔레스의 거의 전 작품에 대한 주해작업에 뛰어들던 성 토마스의 전방위적인 사도적 열정과도 맞닿아 있다.

4. 여기 우리말로 번역 출간하는 몬딘의 이 '기념비적 작품'(A. 리고벨로)은 시대와 언어의 벽을 넘어 문화와 문화를 연결하는 다리다. 21세기 첨단과학 시대를 살고 있는 현대인이 800년 전 중세 유럽의 한 위대한 사상가에게 다가갈 수 있고, 13세기에 심각한 위기를 맞이했던 서구 유럽 그리스도교 세계에 올바른 진리를 설파했던 사상가가 우리 현대인에게 말할 수 있는 길이 트인 것이다.

성 토마스는, 십자군 전쟁 덕분에 아랍 문물과의 교류가 활발해지고 그 기회에 새로이 전해진 고대 그리스의 아리스토텔레스 사상과 아우구스티누스와 다른 교부들을 통해 중단없이 전승된 신플라톤계 사상은 물론, 아랍의 이슬람 종교 사상과 히브리 전통의 사상을 비판적으로 검토해서 그리스도교 진리와 종합함으로써, 역사상 만나보기 어려운 위대한 대종합을 이룩할 수 있었다.

한 개인이 당대까지 전해진 이질적 전통의 다양한 인류 문화유산 전체를 통합한다는 것은 대단히 어렵고 불가능에 가까운 일이다. 그런데 성 토마스는 '백과사전적'일 뿐만 아니라 본질적이고 심원하며 온전한 그리스도교 사상가다. 그는 무엇보다 먼저 계시된 성경 말씀과 교회의 가르침을 경청했다. 그리고 자신의 이해력으로 자연과 문화를 깨우치려고 노력하였다. 왜냐하면 그것들 안에서도 하느님이 드러나시기 때문이다. 그리고 그는 신적인 실재와 인간적인 실재의 총체, 심층, 중핵에 대한 전망을 하고 있었다. 49세라는 그리 길지 않은 생애를 통해 그가 우리에게 물려준 학술적 성과의 분량은 실로 엄청나다. 그의 가장 유명한 작품인 『신학대전』만 하더라도 '철학의 아버지'라 불리는 플라톤의 유산(50만 단어)과 '서양의 스승'인 아리스토텔레스의 유산(100만 단어)을 합친 분량을 상회하고, 그와 맞먹는 분량의 또 다른 초창기 대작인 『명제집 주해』를 포함해서 성 토마스의 다른 모든 작품을 합친다면 무려 1100만 단어를 넘는 방대한 분량이다.

그런 사상을 한 권의 사전 속에서 수백, 수천의 크고 작은 항목들로 나누어 일관되게 해설하는 일 역시 대단히 어려운 일이다. 우리는 흔히 어떤 주제를 탐구할 때 그것을 본질적인 요소들로 쪼개고 그것들의 상호 연결망, 참조지시, 그리고 가능한 해결책들을 제시할 필요를 느낀다. 몬딘 신부는 마치 나뭇잎을 구성하고 있는 촘촘한 문양처럼 서로 긴밀히 연결된 항목마다 성 토마스가 해당 주제를 직접 현대인에게 설명할 수 있도록 세심하게 배려하고 있다. 곧 성인의 텍스트들 속에서 가장 적절한 가르침을 담은 인용문을 최대한 많이 인용함으로써, 몬딘이 설명하는 것이 아니라 토마스 자신으로 하여금 직접 설명하도록 배려하고 있다. 그리고 그 주제와 긴밀히 연결된 다른 주제들을 참조할 수 있도록 연결망을 제시한다.

이것은 오로지 몬딘 자신이 꾸준히 성 토마스의 방대한 작품 세계를 탐색하여 그 궁극적 토대를 관통할 수 있는 탁월한 형이상학적이고 신학적인 역량을 겸비했을 뿐만 아니라, 또한 이토록 시대적이고 문화적인 큰 격차를 품고 있는 사상가를 해설할 때 흔히 떨어지기 쉬운 해설자 자신의 목소리를 드러내고 싶은 유혹을 철저하게 억제할 줄 아는 '지성적 겸손'(humilitas intellectualis)을 겸비했기 때문에 가능한 일이다.

흔히 회자하듯이 자신들을 '거인의 목말을 탄 난쟁이'로 이해함으로써 자신들에게 어떤 값진 것이 조금이나마 있다면, 그것은 순전히 자신들이 물려받은 문화유산 덕분이라며 겸허한 자세를 잃지 않았던 중세 스콜라학자들과 마찬가지로, 몬딘도 지치지 않고 발표한 100여 권의 저술과 수백 편의 논문들을 통해 어느새 자신도 힘차게 흐르는 한 줄기 강물을 이루었음에도 자신에게 후학과 동료들을 도와줄 수 있는 값진 통찰이 있다면 그것은 선교사, 학자, 교육자로서 살아온 자신의 삶을 한결같이 비추며 이끌어준 마르지 않는 지혜의 수원(水源)이자 도도한 대하(大河)인 성 토마스의 가르침 덕분임을 겸손하게 고백하고 있다.

이제껏 개인적으로든 협업을 통해서든 성 토마스의 사상을 해설하는 데 한 번도 시도된 적이 없는 "새로운 종류의 최초 작품"인 이 『사전』의 성격을 저자 자신의 말을 빌려 한마디로 규정한다면 "대단히 방대한 그의 학문적 결실들 속에서 다루어진 모든 논거에 대한, 광범위하고 충실하게 문헌적 전거(典據)들에 바탕을 둔 성 토마스 사상의 종합"이다. 시도된 적이 없었던 이유는 그만큼 쉽지 않기 때문이고, 더욱이 한 개인이 넘보기에는 지난한 기획이기 때문이다.

몬딘 신부가 우리에게 남겨준 이 『개념사전』은 참으로 소중한 도구로서 형이상학적 감각을 상실하고 도구주의적 이성만을 좇으며 기껏 상대주의적 가치관으로 만족하려 드는 21세기 첨단시대의 현대인에게도 '인류의 스승'(Doctor Humanitatis)이자 '보편적 박사'(Doctor Communis)인 성 토마스가 역사상 드문 격변기를 마주하면서도 낙천적인 기쁨으로 가득 차 걸었던 길을 따라 걷는 것을 효과적으로 도와주는 독보적이고 확실한 길잡이가 되어줄 것이다.

5. 우리 번역자들은 고전철학에 관심을 가진 철학도와 신학도는 물론 전문 철학자와 신학자에게도 대단히 유용한 도구가 되어줄 이 사전을 번역하면서, 꼭 필요하다고 여겨지는 비교적 간단한 세 가지 조치를 했다.

첫째, 원서의 항목 또는 표제어는 이탈리아어이지만 그 밑에는 성 토마스의 라틴어가 깔려 있기 때문에, 각 항목 해설의 바탕이 되는 토마스의 라틴어 원전을 참조하여 표제어를 (이탈리아어가 아니라) 라틴어로 제시하였다. 성 토마스의 사상에 관심을 기울이는 사람들 가운데에는 이탈리아어를 알지 못하는 이들이 훨씬 더 많기 때문이다. 다만, 그런 과정에서 이탈리아어를 라틴어로 변환한 것이 정확히 일치하는지를 100퍼센트 자신할 수 없어 조심스러운 마음이다. 사전을 이용하다가 혹시라도 그런 부분이 발견되면 너그러운 양해를 바라며, 개별적으로 우리 역자나 출판사 또는 연구소(홈페이지)로 알려주시면 대단히 감사하겠다.

둘째, 이런저런 주제들을 훑어보는 독자가 흥미를 느껴 더 이상의 내용을 알고 싶은 경우에 찾아볼 수 있도록 (원서에는 이런 장치가 없지만) 그 항목에 도움이 된다고 판단되는 우리말로 번역된 성 토마스의 작품과 몬딘의 작품들, 그리고 성 토마스의 사상을 해설하고 있는 주요 "추천도서"들을 제시하였다.

그리고 마지막으로, 아쉽게도 상세한 색인 작업을 하지는 못했지만, 그 대신에 사전 말미에 "라틴어 항목 찾아보기"를 추가하여 우리말 개념으로든 라틴어 개념으로든 흥미로운 주제에 손쉽게 접근할 수 있도록 하였다.

우리 번역자들은 모두 로마에서 공부했다는 공통점 외에 토마스 아퀴나스 성인의 인품과 가르침을 매우 사랑하고 중시하는 중요한 공통점이 있고, 그런 연유로 모두 〈천주교조선교구설정 200주년(1831-2031)기념 신학대전간행사업〉의 간행위원으로 긴밀히 협력하고 있다. 그리고 최근에는 몬딘 신부님의 또 다른 걸작인 네 권짜리 방대한 『신학사』 번역사업을 마무리 짓는 제4권(사실 이 제4권만 하더라도 1372쪽에 이르는 방대한 분량이다)의 번역에서 과제를 분담하여 협력한 경험이 있다. 비록 전공 분야는 철학, 성서학, 교의신학으로 각기 다르지만, 오히려 이 점은 당대까지 전해진 모든 지식과 문화를 포괄하고 있는 토마스 아퀴나스 사상의 백과사전(百科事典) 같은 넓이와 깊이, 그리고 그것을 540여 개의 항목에 걸쳐 실제로 백과사전에 담아 소개하고 있는 이 독보적인 사전의 전방위적 넓이에 비추어본다면, 참으로 적절한 구성이라 할 수도 있을 것이다.

번역작업은 처음에는 대체로 비슷한 분량으로 나누어 착수했지만, 감당해야 하는 여러 직무의 무게와 작업 속도가 각기 달라, 중간에 앞서 끝낸 이가 뒤처져 있는 사람의 짐을 덜어 돕기도 하였다. 그렇게 했음에도 기한을 지켜야 하는 출간 일정에 쫓겨 정리할 일이 겹치고 밀려 있을 때, 다른 기회에 도움을 받은 적이 있는 성실한 교정자들인 남정률 세례자 요한 형제와 손윤정 마리아 자매의 도움을 받았다. 만만찮은 분량을 짧은 시한 내에 검토해 달라는 부탁을 흔쾌히 그리고 아주 만족스럽게 감당해준 두 분의 도움에 대해 이 자리를 빌려 감사의 마음을 전한다.

이런 도움에도 세 명의 번역진의 각기 다른 전공과 언어 습관에서 오는 차이들을 몇 차례의 모임으로 조정했지만, 서두른 탓에 아무래도 충분히 다듬어지지 않고 완전히 통일되지 못한 부분들이 남아있을 수 있을 것이다. 그런 면에서 우선 독자에게 송구하고, 무엇보다도 이 사전 내용의 원 주인공인 토마스 아퀴나스 성인과, 성인의 주옥같은 진리의 가르침을 자기만의 깊이와 넓이로 독특한 형식으로 펼쳐놓은 저자 몬딘 신부님의 멋진 걸작에 누를 끼친 것은 아닐까 싶어 조심스러운 마음이다.

마지막으로 우리 역자들의 이런 쫓기는 처지를 누구보다 잘 이해하고 늦어지는 원고를 인내로 기다리며, 늦어진 탓에 훨씬 더 짧아진 편집교정 과정을 온 직원이 가족처럼 달려들어 밤늦게까지 야근을 거듭하는 것으로 보충함으로써 기한 내에 깔끔하고 멋진 디자인으로 출간해준, 곧 설립 31주년을 맞이하는 '기쁜소식' 전갑수 사장님과 편집진 여러분께 마음으로부터 감사의 마음을 전한다. (2020년 11월 15일 한국성토마스연구소 창립 제4주년에, 번역진을 대표해서 이재룡 신부)

# 19. 존재 해석

조셉 오웬스, 『존재 해석』, 졸역, 가톨릭대학교출판부, 2003, 286쪽.

이 책은 구속주회 소속 조셉 오웬스(Joseph Owens, CSsR) 신부의 *An Interpretation of Existence*(Milwaukee, Bruce, 1968)를 완역한 것이다. 오웬스 신부는 아리스토텔레스-토마스 노선의 실재주의적 형이상학을 충실하게 개진하는 미국의 대표적인 토마스주의자이다.

오웬스 신부의 박사학위(1948) 논문은 전 세계 학자들의 주목을 받은 『아리스토텔레스의 「형이상학」에 나타나는 존재에 관한 가르침: 중세사상의 그리스적 배경에 관한 연구』(*The Doctrine of Being in the Aristotelian Metaphysics: A Study in the Greek Background of Mediaeval Study*, With a Preface by Étienne Gilson, Toronto, Pontifical Institute of Mediaeval Studies, 1951, 3rd ed., 1978)이다. 이 학위논문에서는 아리스토텔레스의 『형이상학』을 집요할 정도로 꼼꼼하게 해부하고 있다.

그로부터 꼭 20년이 지나 아마도 자신의 회갑을 염두에 두고 집필한 것으로 보이는 이 책 『존재 해석』을 통해서 오웬스는 철학사 전체에서 가장 근본적이면서도 가장 까다로운 주제인 '존재' 문제를 토마스주의의 노선에서 집중적으로 분석하고 있다.

제1장에서는 '존재한다'는 동사에 대한 언어-분석적 접근을 통하여 존재 문제의 실태가 얼마나 까다로운지를 설명하고 있다.

제2장에서는 존재가 개념적 포착 활동을 통해서가 아니라 지성

의 두 번째 작용인 '판단' 활동을 통해서 취득되며, 그러므로 개념적 이해에 익숙한 우리 지성이 존재를 제대로 이해하기가 그토록 어려운 것이라는 점을 강조하고 있다. 사물들의 존재에 대한 우리의 본원적 포착은 어떤 개념 속에서도 얻어지지 않는다. 왜냐하면 개념적으로 100달러는 그것이 실존하는지 여부와는 상관없이 언제나 동일하기 때문이다. 우리는 지성에 의해서 사물과 그 존재를 분리시켜 고찰하고, 금으로 이루어진 산과 같은 합성 속에서조차도 개념들 자체는 어떤 것이 존재한다는 사실을 표현하지 않는다. 우리가 어떤 것이 존재한다고 아는 것과 같은 방식으로 사물들의 존재를 포착하는 것은 단순한 개념화 활동 속에서가 아니라 판단 활동 속에서이다. 개념화와 판단은 언제나 서로서로 수반되지만, 각기 고유의 대상을 목표로 삼고 있는 두 개의 상이한 지성적 활동이다. 판단은 역동적이고 종합하는 활동이고, 시간의 제약을 받는다. 판단의 대상인 존재 역시 종합하고 역동적이며 시간 제약을 받는 활동이다. 개념적이고 실재적인 존재의 두 방식 또는 차원이 있고, 이것들은 각각 다른 판단에 의해서 포착된다.

제3장에서는 이렇게 범주적 틀을 벗어나는 존재가 사물 또는 사물의 본질과는 실제로 구별된다는 점을 강조하며, 존재의 특성으로서 본질에 덧붙여지는 '우유'(偶有)처럼 나타나지만, 본질에 부속되는 다른 우유들과는 달리 본질에 우선하고, 따라서 필수적임을 지적하고 있다.

제4장에서는 본질과 존재의 결합이 의존 관계를 드러내게 되어 그 결합을 성사시킨 어떤 외부적 능동인(causa efficiens)을 지시하게 되는데, 이 경험 세계 속에서 발견되는 능동인들의 연쇄는 결국 그 본성이 존재 자체인 '자립적 존재'(esse subsistens)에 근거할 수밖에 없다는 점을 논증한다.

제5장에서는 자립적 존재가 본질과 존재의 합성으로 이루어진 피

조물들에게 '창조'(creatio)를 통해 존재를 부여한다는 것, 그리고 유한한 존재자들도 제1원인의 창조력 덕분에 '동시적 작용'(concursus)을 통하여 원인적 행위를 수행할 수 있다(제2원인)는 사실을 해명하고 있다.

마지막 제6장에서는 이제까지의 논의를 요약하며, 토마스에 이르러 역사상 처음으로 어렵게 해명된 존재 가르침이 후대의 논의에서 다시 심한 굴절과 왜곡을 겪게 되었음을 날카롭게 지적하고, 오늘날 성 토마스의 빛나는 통찰을 창조적으로 발전시킬 수 있는 가능한 영역과 방향을 제시하고 있다.

이 책은 분명 그리 부담스럽지 않은 분량인데도 주제의 비중 때문인지 논의가 만만찮게 까다롭다. 그런데도 저자는 이 까다로운 주제를 준비시키거나 안내하는 충분한 "서론" 없이 곧바로 논의에 돌입하고 있기 때문에, 역자는 저자가 1957년에 〈아퀴나스 강연〉에서 발표했던 『토마스 아퀴나스와 형이상학의 미래』(*Saint Thomas and the Future of Metaphysics*, Milwaukee, Marquette University Press, 1957)라는 소책자를 골라 "부록"으로 실었다. 이 부록이 철학사에서의 토마스의 역할과 존재 문제에 대한 논의 배경, 또는 예비적 서론 역할을 할 수 있었으면 좋겠다. 이 강연에서 오웬스는 성 토마스가 고대의 위대한 철학자들과 위대한 교부들의 가르침을 섭렵하여 형이상학 분야에서 독창적으로 기여한 것이 바로 '존재' 또는 '존재현실력'에 기초를 둔 웅장한 체계적 종합이지만, 그 위대한 통찰은 시대마다 새로이 숙고되며 발전되어야 한다는 사실을 설득력 있게 강조하였다.

이 책의 번역 초고는 본래 대학원 강의용 기본 텍스트로 사용했던 것인데, 다른 철학도들도 사용하면 좋겠다는 판단 아래 다듬고 정리하여 출판한다. 이 자리를 빌려 2003년 가을학기 동안 거친 초역본을 가지고 세미나식 강의에 참석해 열띤 토론을 벌였던 가톨릭대학교 신학대학 대학원생들에게 고마운 마음을 전한다. 그리고 철저하고 성실한 성격 때문에 언제나 바쁘게 살아가면서도 부족한 번역 초고를 기꺼이 떠맡아 꼼꼼하게 검토하고 더 분명한 문장으로 다듬어준 조현철(프란치스코) 선생님과 가톨릭대학교출판부 직원들에게 깊은 감사를 드린다. (2003년 대림절에, 낙산 양업관에서)

# 20. 스콜라철학에서의 개체화

조지 그라시아, 『스콜라철학에서의 개체화』, 이재룡 · 이재경 옮김, 가톨릭출판사, 2003, 1027쪽.

이 책은 뉴욕주립대학의 조지 그라시아(George J.E. Gracia) 교수가 편집한 *Individuation in Scholasticism: The Later Middle Ages and the Counter-Reformation 1150-1650*(New York, State University of New York Press, 1994)을 완역한 것이다. 이 책에서는 중세 스콜라철학 전성기(12-13세기)와 반(反)-종교개혁기 또는 제2차 스콜라철학 부흥기라 불리는 시기(16-17세기)를 포괄하는 500년 동안 대표적인 스콜라 철학자들이 집요할 정도로 공방을 벌이며 추적하였던 '개체화의 원리' 문제가 집중적으로 조명되고 있다.

편집자인 그라시아 교수는 이 주제에 대한 필생의 연구로 세계적인 명성을 얻고 있는 학자이지만, 500년이라는 방대한 시기를 조명하기 위해서는 동료 학자들의 도움이 절실하다고 보아 15명의 중세 철학 전문가에게 협조를 요청하였고, 본인 자신은 수아레즈(21장)와 요한 데 산토 토마(22장)의 입장을 검토하는 작업 외에도, 특히 개체화 문제란 과연 무엇인지를 분석하고(1장), 또 이 주제의 배경을 이루는 고대 그리스 철학과 보에티우스를 비롯한 중세 초기의 발전 경로를 압축적으로 정리하였으며(2장), 맨 마지막에는 동료 학자들의 연구 결실을 종합하며 근대철학과의 연결고리를 설정하는 "에필로그"를 집필하였다.

개체화(individuation) 문제란 무엇인가? 그것은 우리가 경험하는 다양한 개별적 존재자들을 다른 것들과는 달리 '바로 그 개체'로 만드는 원리 또는 원인이 과연 무엇인지를 따져 묻는 대단히 까다로운 작업이다.

고대 그리스인들은 이 문제에 대해 그리 커다란 비중을 두지 않았다. 정치 공동체인 폴리스(polis)를 중심으로 살아가던 그들은 오히려 보편자, 즉 인식과 도덕성을 객관적으로 정초할 원리들을 추적하는 데 관심을 집중하였다.

개체의 중요성을 강조하고 개체들을 (다른 것이 아닌) 바로 그 개체로 만드는 원리가 무엇인지를 따져 묻는 작업은 그리스도교 교리 덕분에 비로소 가능하게 되었다. 그 이유는 단순하다. 그리스도교는 개체의 중요성을 강조하기 때문이다. 신은 우주 만물을 창조하였다. 그 가운데서도 신의 모상으로 창조된 개별적 인간들은 특별히 불멸의 영혼과 초자연적 목적을 지니고 있다. 인류의 원조(元祖)들은 교만 때문에 돌이킬 수 없는 범죄를 저질렀지만, 신은 그들을 너무도 사랑하였기 때문에 적절한 때에 당신의 외아들을 인간의 모습으로 세상에 파견하여 십자가의 고통과 죽음을 겪게 함으로써 인류 구원의 길을 활짝 열어놓았다. 신과 세계, 그리고 신과 인간 사이의 이런 독특한 관계는 창조, 인격체들의 불멸성, 육신의 부활, 천사들의 본성, 원죄, 삼위일체 등에 관한 사변을 촉발하였다. 이 모든 그리스도교 교리가 각각 나름대로 개체와 개체화의 원리에 관한 이런저런 물음들을 제기하였던 것이다.

보편자 문제와 더불어 중세인들의 가슴앓이가 되었던 개체화 문제는 보에티우스에 의해서 처음으로 분명하게 제기되었고, 뒤이어 중세의 스콜라학자들은 활발한 논의를 통해 그 문제의 복잡성과 까다로움을 점점 더 깊이 자각하게 되었으며, 13-14세기에 이르러서는 철학의 핵심적 쟁점으로 부각되었다. 그러나 오컴을 비롯하여 이 문제를 가짜-문제쯤으로 간주하는 명목주의적 태도가 지배하게 되면서 쇠퇴하였다가, 제2차 스콜라철학 부흥 시기 또는 바로크 시대에 이르러 다시 한번 활발한 논쟁기를 맞이하게 된다. 그 뒤 합리주의 또는 관념주의적 성향의 철학이 지배한 근현대철학 시기에 이 문제는 또다시 긴 잠복기에 들어갔다가, 20세기 후반에 이르러 그라시아를 비롯한 여러 중세 전문가의 노력에 힘입어 다시 철학의 전면으로 부상하게 되었다.

개체화 문제의 중요성을 우리나라에 처음으로 소개한(1992) 사람은 그라시아 교수의 지도 아래 '스코투스의 개체화 문제'를 연구하고 돌아와 한국과학기술원에서 교편을 잡은 박우석 교수이다. 박 교수는 여러 해에 걸쳐 발표했던 자신의 연구 결실을 묶어 『중세철학의 유혹』이라는 제목의 단행본으로 출간하였다(철학과현실사, 1997).

우리가 공동번역 작업을 하게 된 경위는 다음과 같다. 2002년 여름 박우석 교수, 이재룡 신부, 이재경 박사가 함께 모여 이 책을 적당한 분량으로 나누어 번역하기로 뜻을 모으고, 연세대학 철학과 박사과정에 있는 한형식 선생에게 교정과 정리를 도와달라고 청하였다. 그런데 작업이 진행되는 동안 박우석 교수에게 여러 연구 작업이 한꺼번에 겹치게 되어 거의 작업을 중단할 지경에 이르렀다. 그래서 박 교수가 맡기로 하였던 몫 가운데 이미 끝마친 두 편의 글 외의 여섯 편을 나머지 사람들이 다시 분담하게 되었는데, 이때 한형식 선생도 번역 작업에 가담하게 되었다.

그래서 최종적으로 분담하게 된 작업은 다음과 같다. 먼저 이재룡 신부는 2장(중세 초기), 8장(토마스 아퀴나스), 12장(스코투스), 13장(나탈리스), 17장(오캄), 19장(카예타누스), 20장(야벨루스), 21장(수아레즈), 22장(요한 데 산토 토마), 그리고 '에필로그'를 번역하였다. 다음으로 이재경 박사는 1장(서론), 3장(이슬람 유산), 4장(유다교 전통),

5장(알베르투스 마뉴스), 6장(로저 베이컨), 7장(보나벤투라), 10장(곧프리드 퐁테느), 14장(두란두스), 16장(월터 버얼리)을 번역하였다. 그리고 박우석 교수는 9장(헨리쿠스 드 강)과 11장(쟈코모 데 비테르보)을 번역하였고, 한형식 선생은 15장(헨리쿠스 데 하클레이), 18장(장 뷰리당), 23장(근대철학의 스콜라학적 배경)을 번역하였다.

여럿이 공동으로 하는 작업이기 때문에 우리는 일단 권말에 붙어 있는 인명색인과 사항색인을 잠정적으로 고정시킨 다음에 번역에 착수하였다. 작업 중 문제가 되는 부분들에 대해서는 두 차례 함께 모여 조정하였으며, 전체적인 정리는 역시 한형식 선생이 도맡았고, 인쇄 교정 작업의 막바지 단계에 가서 각각의 분담자들이 최종적으로 문안을 마무리 지었다.

번역자들 나름으로는 지난 1년 동안 최선의 노력을 기울였지만, 결국 용어나 문체 등에서 철저하고도 완벽한 공동 작업에는 미치지 못하는 번역본을 내놓게 되어 선배 및 동료 학자들에게 송구스러움이 앞선다. 하지만 원서 편집자인 그라시아가 '에필로그'에서 말하고 있는 것처럼, 이 책의 편집 의도 자체가 개체화 문제에 관한 논의를 완전히 끝장내려는 것이 아니라 오히려 보다 활발한 토론과 탐구를 촉발하려는 것이기 때문에, 우리의 이 부족한 번역본도 이 땅에서 개체화 문제에 관한 활발한 토론이 전개되는 실마리 역할을 할 수 있다면, 우리의 작은 노고는 이미 보상받은 셈이 될 것이다.
(2003년 8월 15일, 이재룡 · 이재경)

# 21. 철학 여행

마리 도미니크 필립, 『철학 여행』, 졸역, 가톨릭출판사, 2008, 361쪽.

1. 이 책은 도미니코 수도회 소속 신부로서 '사도 성 요한 수도회' (The Community of Saint John)를 설립한 마리 도미니크 필립(Marie-Dominique Philippe, OP) 신부가 1990년에 불어로 출간한 『친구에게 보내는 편지: 철학 여정』(Lettre a un ami: Itineraire philosophique, Paris, Editions Universitaires)에 대한 번역이다. 그러나 실은 영어 번역본인 『피조물을 되밟아 올라가는 철학 여정』(Retracing Reality: A Philosophical Itinerary, tr. by Brothers of St. John, Edinburgh, T&T Clark, 1999)을 주 대본으로 삼았고, 애매하고 까다로운 부분들을 해결할 때 불어판을 참조하였다.

불어의 'itineraire'는 단순한 '여행'(旅行, voyage)이 아니라 여러 단계 또는 경유지들을 거쳐 나가는 '여정'(旅程)이기에 제목을 '철학 여정'이라고 하는 것이 정확하겠지만, 우연히도 역자가 귀국 직후 번역한 (물론 다른 저자의) 책이 이미 그 제목으로 출간되어 나왔기에, 어감이 다소 흡족하지는 않더라도 『철학 여행』이라고 할 수밖에 없었고, 이 사실은 곧 상세히 이야기하겠지만, 이 책을 번역하도록 권유한 피두(Pidou) 신부님을 처음 만난 자리에서도 설명을 하고 양해를 구한 내용이었다.

2. 역자가 이 책과 인연을 맺게 된 것은 6년 전 가을로 거슬러 올라간다(좀 특이한 인연으로 맺어졌기에 얼마간 세세하게 말하는 것에 대해 양해를 구한다). 2001년 늦가을 어느 날 한 통의 전화가 왔다. 외국인이 분명한 말투로 자신의 신분을 밝히며, 부탁할 것이 있어 마산에서 서울에 일부러 올라왔다고 했다. 자신은 프랑스 사람으로 이름은 막시밀리앙 마리 피두(Maximillian-Marie Pidou)이고 '사도 성 요한 수도회' 소속 신부인데, 몇 년 전(1997) 한국에 들어와 부산에 자리잡고 몇몇 형제들과 함께 수도 공동체 생활을 시작했다. 나이는 나와 동갑내기였다. 혹시 마리 도미니크 필립 신부의 이름을 들어보았느냐고 묻기에, 로마에서 공부할 때 형이상학 관련 자료들을 찾던 중 몇 권의 두툼한 연구서를 내신 분임을 알게 되었고, 불어로 된 두어 권의 책을 구입한 적이 있지만 잘은 알지 못하노라고 대답하였다. 그는 역자가 필립 신부를 알고 있다는 말에 반색하면서, 그 필립 신부님이 자신들의 신생 수도회를 창립하신 분으로, 지금은 파리 본부에 머물며 영성지도를 맡고 있다고 하였다. 그리고는 스위스 프리부르대학에서 그리스 철학과 형이상학을 가르치던 때에 프랑스에서 유학 온 학생 네댓 명이 1975년 늦가을 어느 날 필립 신부님을 찾아가 아리스토텔레스와 성 토마스 아퀴나스의 실재주의 철학 정신에 입각한 진리탐구를 위해 일생을 바칠 원의를 표방한 데에서 비롯된 수도 공동체의 창립과 발전과정에 대해 설명해주었다.

그는 이어, 찾아온 용건을 설명하였다. 하나는 불어 원본이고, 다른 것은 그 영어 번역본인 두 권의 책을 내놓으며, 자기들의 수도회 기본 정신인 고전 실재주의의 핵심을 숙지시키기 위해서 필립 신부님이 심혈을 기울여 집필한 책이라고 했다. 자신들의 수련 과정 핵심 내용을 이루고 있는 매우 소중한 책이기에 빨리 우리말로 번역해야 하는데, 신생 공동체다 보니 여력이 없어 외부의 적임자를 물색하는 과정에서 사람들이 나를 지목하더라고 했다.

역자는 본인이 적임자인지는 잘 모르겠으나, 일단 개인적으로 토마스 아퀴나스와 아리스토텔레스의 실재주의적 철학사상에 관심이 많고 또 관련 서적도 몇 권 번역을 해보았으니 일단 시도는 해보겠지만, 불어를 원전에서 번역할 만한 실력은 못되니 영역이 될 것이라고 대답하였다.

그러고는 2002년 6월쯤에는 거칠기 짝이 없는 초역을 서둘러 끝낼 수 있었는데, 일단 나의 작업에 대한 약속을 지켜냈다는 표시로 피두 신부님께 보고하면서 다듬지 않은 상태지만 '일단' 보낸다며 파일을 전송하였다. 신부님은 대단히 반가워하며, 수련하고 있는 형제들이 그 원고를 기초로 공부 삼아 교정작업을 할 것인데 시간이 좀 걸릴 것이라고 했다. 나는 출판사와는 약속이 되어 있지만, 그렇게 급하지 않으니 상관없을 것이라고 말했다(사실 2002년 초부터 가톨릭출판사 박항오 사장신부님의 적극적인 후원 아래 10여 명의 동료 교수신부와 몇몇 교수들이 모여 '가톨릭문화총서'를 발간할 구상을 실천에 옮기게 되었는데, 그때 초기 계획 가운데 이 책도 포함해 놓고 있었다).

3. 그런데 그 뒤에 이 원고는 좀 더 특이한 과정을 겪었다. 초고를 보내고 나서 몇 달 뒤에 피두 신부님으로부터 메일을 받았는데, 그 번역 초고를 파리에서 수련 중인 한국인 수녀님들에게 보내, 이곳에서 그랬듯이 공부 삼아 교정을 보면서, 애매한 부분들은 원저자인 필립 신부님과 의논을 통해 해결하도록 조치하였다는 내용이었다. 참으로 뜻밖의 소식이었다. 원고를 그런 식으로 검토하는 것이 얼마나 효과가 있을지는 의문이 남았지만, 일단 일이 그렇게 흘러가고 있으니 지켜보는 수밖에 없겠다는 마음이 들었다. 다만 그렇게 될 줄 미리 알았더라면, 좀 더 잘 다듬었어야 했다고 뒤늦게 후회할 뿐이었다. 그 뒤 얼마 지나지 않아 피두 신부님은 파리로 돌아갔고, 이곳 공동체의 책임은 한국인 신부님께 맡겨졌다.

그 뒤 파리에서 라이싸(Raissa)라는 세례명의 한국인 수녀님이 그 원고를 맡게 되었다며 한두 차례 전화를 걸어왔고, 작업은 번역본을 기초로 필립 신부와 토론하며 진행하고 있기 때문에 조금씩 작업이 끝나는 대로 전자우편(e-mail)을 통해 '교정본'을 보내겠다고 했다. 저자인 필립 신부님은 노령인데도 불구하고 이 한국어판 발간 작업에 매우 적극적이라고 했고, 나에게 짧지만 친필로 격려 인사를 보내기도 하였다. 몇 차례 전자우편을 통해 원고 전체의 2/3 정도 작업 분량을 전해 받았지만, 다른 여러 바쁜 사정으로 그때마다 원고를 처리할 처지가 못되서 그냥 쌓아두고 있었다. 그러다가 2004년도에 논산 근교 계룡산 자락에서 안식년을 보내던 중 그해 가을쯤 잠시 귀국할 일이 있었다며 라이싸 수녀님이 찾아와 교정본의 나머지 부분을 직접 전해주었다.

그 '교정본'이라는 것은 나의 초역본 내용 가운데 교정하고 싶은 부분을 밑줄 긋고, 그다음에 교정하고 싶은 내용을 괄호 속에 담아 제시한 것인데, 상당 부분의 문장에 손을 댔기 때문에 시각적으로 매우 어지럽고 복잡하게 되어 있었다. 적어도 나에게는 그렇게 느껴졌다. 그래서 안식년이 끝나고도 그 보따리를 쉽사리 풀지 못한 채 여러 학기를 보냈고, 출간이 이렇게 늦어지게 된 것이다.

4. 이 책을 '토미즘' 섹션에 넣을 것인지에 대해서도 여러 차례 망설였다. 왜냐하면 이 책이 성 토마스 아퀴나스의 철학이나 신학 사상을 직접적으로 해설한다고 보기는 어렵기 때문이었다. 하지만 위에서도 언급한 것처럼 아리스토텔레스와 토마스 아퀴나스의 실재주의 철학에 심취되어 평생 형이상학을 연구한 한 원로 학자가 자신이 창설한 수도회 젊은이들에게 바로 그 실재주의 철학의 핵심을 가장 쉽고도 분명하게 이해하고 자신의 것으로 삼을 수 있게 하려고 심혈을 기울여 압축한 이 노작이야말로 다른 어느 책보다도 '토

미즘' 섹션에 들 자격이 있다는 결론에 도달하였다.

5. 마리 도미니크 필립 신부는 1912년 프랑스 북부 지역에서 태어나 도미니코회 수사신부인 삼촌의 영향으로 1930년 도미니코회에 입회하여 1936년 사제로 서품되었다. 1939년부터 파리 근교에 있는 도미니코 수도회 신학원인 르 솔슈아르에서 신학을 가르쳤고, 1945년부터 1982년 은퇴하기까지 스위스 프리부르대학에서 형이상학을 가르쳤다. 그리고 은퇴한 1982년부터는 본인이 1975년에 창립한 사도 성 요한 수도회 입회자들에게 철학을 강의해 오고 있다.

주요 철학 작품들: *Introduction a la philosophie d'Aristote*, Paris, La Colombe, 1956(Editions Universitaires, 1991); *L'etre. Essai de philosophie premiere*, 3 vols., Paris, Tequi, 1972-1974; *Une philosophie de l'etre est-elle encore possible?*, Paris, Tequi, 1975; *Philosophie de l'art*, 2 tomes, Paris, Editions Universitaires, 2a ed., 1991-1994; *De l'etre a Dieu. De la philosophie premiere a la sagesse*, Paris, Tequi, 3 vols., 1977-1978; *De l'amour*, Paris, Mame, 1993; *Le manteau du mathematicien*(Entretiens avec Jacques Vauthier), Paris, Editions Universitaires, 1993; *Les trois sagesses*(Entretiens avec Frederic Lenoir), Paris, Fayard, 1997.

주요 영성신학 작품들: *Le mystere de l'amitie divine*, Paris, Luff-Egloff, 1949; *Saint Thomas docteur, temoin de Jesus,* Fribourg, Saint-Paul, 1956; *Un Seul Dieu tu adoreras*(Je sais-je crois, 16), Paris, Fayard, 1958; *Mystere de Marie. Croissance de la vie chretienne*, La Colombe, 1958(Paris, Fayard, 1999); *Mysteres de misericorde*, 3 vols., Friboug, Saint-Paul, 1958-1960; *Mystere de Corps mystique du Christ*, Paris, Le Colombe, 1960; *Analyse theologique de la regle de saint Benoit*, Paris, Le Colombe, 1961; *La symbolique de la Messe*, Paris, Le Colombe, 1961; *Mystere de l'Eglise*(Dialogue entre M.-D. Philippe, OP, et Albert Finet), Paris,

Beauchesnet, 1967; *Le mystere du Christ crucifie et glorifie*, Colmar-Paris, Alsatia, 1968(Paris, Fayard, 1996); *Liberte, verite, amour*, Paris, Beauchesne, 1972(Paris, Fayard, 1998); *Au coeur de l'amour sur l'amour, le mariage et la famille*, Paris, Le Serment-Fayard, 1987; *Abba, Pere*(ed. bilingue), Ephese Editions, 1994; *Etoile du matin. Entretiens sur la Vierge Marie*, Paris, Le Sarment-Fayard, 1995; *Suivre l'Agneau*, 2 vols., Paris, Saint-Paul, 1995-1999; *J'ai soif. Entretiens sur la Sagesse de la Croix*, Paris, Saint-Paul, 1996; *Le mystere de Joseph*, Paris, Saint-Paul, 1997; *L'Acte d'offrande. Retraite avec la petite Therese*, Paris, Sain-Paul, 1997; *Le secret du Pere*, Paris, Saint-Paul, 2000; *Trois mysteres de misericorde*, Paris, Parole et Silence, 2000; *Je suis venu jeter feu sur la terre(Luc 12,49). Entretiens autour des beatitudes*, Lyons, Mame/Hommes de parole, 2001.

필립 신부의 철학적 전망은 끊임없이 서구 철학의 원천으로 되돌아감과 동시에 현대에 제기되는 질문들에 대한 끊임없는 대면이다.

원천으로의 복귀. 이것은 논리적 궤변의 미궁과 불모적 결론들에 사로잡혀 현대의 질문들에 제대로 응답하지 못하는 후기 토미즘을 벗어나 그리스 철학의 원천과 토마스 아퀴나스의 본래적 사상을 복원하려는 열망에서 비롯된 것이다.

토마스 아퀴나스가 『신학대전』에서 '철학자'(Philosophus)라고 부르는 아리스토텔레스의 철학에 집착하여 토마스의 신학적 접근과는 별도로 나름의 새로운 철학적 접근을 끌어내 정립하고자 시도하였던 후기 토미즘의 시도는 다음 두 가지 근본적 차원을 부정하는 것으로 귀결된다. 첫 번째 맥락은 신앙인이 그의 지성을 무한히 초월하는 하느님의 말씀을 양식으로 삼는 동시에 그 신앙을 표현하고자 함이다. 두 번째 맥락은 경험으로부터 출발하여 그 경험을 이해하게 해주는 실재주의적 원리 발견에서부터 인간을 이해하려는 노력 차원의 것이다.

계시를 통해 알려지는 신적 빛에서 출발하거나 일상의 어둠에서 출발하는 이 두 가지 방법의 구별은 필립 신부님이 평생 추구한 철학적·신학적 이중 작업의 열쇠라고 할 수 있다.

아리스토텔레스 사상으로 되돌아감은 성 토마스 아퀴나스의 시각과는 또 달리 필립으로 하여금 데카르트 이전 철학, 신학이 학문으로 정착되기 이전의 순수 철학 시대가 가지고 있던 현실 감각의 풍부한 요소들을 재발견하게 만들어주었다.

필립 신부의 사상에서 아리스토텔레스의 유산이 발견되는 곳은 우선 존재 현실을 있는 그대로 수용하는 실존 판단과, 그 현존 방식인 '어떻게' 존재하는지를 좌우하는 조건들을 감수함과 동시에 그들을 넘어선 현실의 '무엇임'에 대한 질문에서이다. 그러나 이어서 사변철학과 실천철학의 구분을 통해서도 나타난다. 실천철학은 일에 대한 경험이나 행복을 추구하는 윤리 활동 또는 공동체적 삶에서 출발하는 성찰이고, 사변철학은 인간의 구체적 경험을 초월하여 인간 자체가 무엇인지를 이해하고자 노력하며 제일철학, 즉 존재철학으로 이르게 된다. 이러한 전개 방식은 무의미하고 상투적인 지루함으로 보일지 모르지만, 단순히 존재한다는 사실에서 실상 가장 기본적이고 궁극적인 존재의 '무엇임'에 대한 식별작업 끝에 오는 것이다. 이 진리 추구 작업은 철학적 시선이 인간 인격이 무엇인가에 대한 질문과 현실적 인식 속에 닻을 내리게 해주며 초월적 제일 존재에 대한 물음으로 인도한다.

인간 인격이 여러 상이한 차원을 지니고 있기 때문에, 필립 신부의 작업도 다음과 같은 철학 분야 전체를 포괄하고 있고, 이것이 『철학 여행』 속에 압축되어 담겨 있다. 먼저 일에 대한 경험, 한 작품 완성의 경험에서 출발하여 우주 만물을 변형시킬 수 있는 역량을 가지고 있는 인간의 발견(일의 철학)과, 다음으로는 사랑하고 타인에 대해 책임질 수 있는 능력을 지니고 있는 인간의 발견(윤리학),

즉 우정적 사귐의 발견, 이 두 가지 실천적 전개는 분명 또 한 가지 실천철학인 '공동체의 철학'과 더불어, 모든 실재주의 철학의 출발점이라고 할 수 있을 것이다. 바로 여기서부터 '사변적'이라고 불리는, 진리를 그 자체로 추구하는 철학이 전개될 수 있다.

사변철학은 우선 '자연철학' 속에서 발견된다. 인간이 일을 통해서 변형시킬 수 있기 이전의 자연적 물질의 본성을 알고자 추구하며, 육체를 통해 우주 만물의 일부를 이루는 인간을 탐색한다. 또한 사변철학은 죽음에 의해 해체될 수 있는 우정의 경험을 초월해 살아있는 인간 자신을 알고자 추구하는 '생명철학'으로 전개된다.

그러나 필립 신부는 제일철학(형이상학)에서 다시, 철학의 출발점에서 존재 판단의 결정적 중요성을 해명하고 있다. 존재자의 고유 원리인 '우시아'(실체) 및 완성태의 귀납적 발견에 의해 구조가 형성되며 인간 인격에 대한 시선에서 완성을 보는 이 존재철학의 탐구에서부터, 그는 순수하게 철학적인 전망으로부터 종교적 전통이 '신'이라고 부르는 제일 존재의 발견 방안을 추적하고 있다. 그렇게 해서 지혜가 무엇인지, 철학적 지혜 판단이 무엇인지를 발견하게 되었다.

이 지혜 판단은 다음과 같이 세분될 수 있다: 1) 철학자에 의한 제일 존재, 제일 위격의 실존 발견, 2) 그 제일 존재의 존재 방식과 사랑과 빛이라는 그의 고유 삶에 대한 관조, 3) 이 제일 위격과 인간 사이의 관계(창조), 4) 피조물과 그의 경배 및 지혜 판단 능력에 대한 전망.

이런 학문적 태도는 체계적 틀에 박힌 사상과는 정반대로, 21세기를 살고 있는 우리 현대인들의 질문에 적절히 응답할 수 있도록 허용해준다. 또한 그리스 원천으로의 복귀와 그리스도교 신학 문제를 다룸과 철학적 접근 사이의 선명한 구분이야말로 필립 신부로 하여금 현대철학 및 그가 부응하고자 하는 질문 속에 그의 사상이

가지는 상이점과 공통의 지향점을 자리매김하게 만들어주었다.

실상 데카르트 이후, 특히 헤겔 이후의 사상들은 끊임없이 신학적 독단주의로부터 분리되거나 그것과 대립되고자 하였으며, 심지어 서구 문화 전체의 토대를 이루는 그리스도교 사상에 저항하고자 하였다. 다시 말해 라이프니츠, 포이어바흐, 프로이트, 하이데거 등 대다수의 근대 및 현대철학자들의 사상은 그리스도교나 그 사상에 연관되어 있다. 필립에게 있어 아리스토텔레스 철학의 실재주의의 재발견은 신학에 속하는 것과 (길고 오랜 분석의 노력 끝에 도달할 수 있는) 지혜의 시각에 속하는 것을 엄격하게 구별할 수 있게 해준다. 한편, 현대철학 사상 속에서 진리로서 추구되는 것들이 있다면 그 가장 깊은 직관들을 날카롭게 찾아내어 그들에게 또한 합류할 수 있게 해준다.

무엇보다도 필립 신부의 장점은 우선 현대인에 의해 던져지는 철학의 물음에 귀를 기울이려고 한다는 점이다. 이렇게 해서 생명철학은 생명 윤리, 우정의 윤리, '도덕' 및 윤리 양식의 복잡모호성의 재발견을 용이하게 해준다. 그리고 공동체 철학과의 관계 및 종교 윤리학에 대한 윤리학의 개방은 한 공동체에 깔려 있는 문화와 종교를 어떻게 성찰할 것인지를 모색하도록 촉진할 것이다. 또한 니체나 마르크스의 창조성 및 그의 자연신학과 지혜에 도달함은 현대철학을 반영하는 면이 있어, 후기 그리스도교 문명을 가로지르는 실존주의적 질문들에 대한 성찰의 열쇠가 될 수도 있을 것이다.

6. 이 번역본은 위에서 지적한 것처럼, 복잡한 경로를 통해 이루어졌다. 2001년 가을 피두 신부님과의 만남 이후에, 무엇보다 부족한 초고를 가지고 강영수(라이싸) 수녀님이 파리에서 저자 자신과 대화를 나누며 다듬은 수고로운 과정이 있었다. 그리고 파리 본원에서 수련생들을 가르치고 있다는 수련장이자 아시아 담당 비서인 사뮤

엘 루비요아(Samuel Rouvilloes) 신부님은 필립 신부님의 사상과 주요 개념들에 대하여 A4용지 3쪽 분량의 메모를 적어 보내주셨다. 이 역자후기 가운데 바로 앞 단락을 적는 데 활용하였고, 또 각주를 보충하는 데에 활용하였다. 지난해 여름 작고하신 저자 필립 신부님과 피두 신부님, 수련장 루비요아 신부님, 라이싸 수녀님, 그리고 이 책의 출간을 위해 오래도록 기도하며 기다려온 부산 '사도 성 요한 수도회' 공동체 모든 구성원께 감사의 마음을 전한다.

그리고 번역 초고가 파리에 가 있는 동안 이곳에서는 지금은 고전철학을 공부하기 위해 토론토 유학 준비에 여념이 없는 최규하 신부님이 당시 신학과 3학년 학생으로서 무더운 여름방학을 이용하여 초고를 꼼꼼하게 읽으며 교정해주었다. 당시 제대로 고맙다는 인사도 하지 못했는데, 그때는 원고 처리가 이렇게까지 늦어지리라고 상상도 하지 못했다. 뒤늦게나마 고마운 마음을 전한다. 그리고 이 책이 출간되기까지 까다로운 저작권 계약 관련 업무는 물론 교정 작업까지 온갖 수고를 아끼지 않으신 가톨릭출판사 편집국 여러분께도 감사를 전한다. (2007년 대림 3주일에, 낙산에서)

## 22. 13세기 영혼 논쟁

리처드 데일즈, 『13세기 영혼 논쟁』, 졸역, 2010, 415쪽.

이 책은 리처드 데일즈(Richard C. Dales)의 *The Problem of the Rational Soul in the Thirteenth Century*(Leiden, Brill, 1995)를 완역한 것이다. 남캘리포니아대학의 사학과 및 고전학과에 적을 두고 있는 저자는 스스로 "머리말"에서 밝히고 있는 것처럼, 본격 철학자라기보다는 중세 지성사에 관심을 집중하며 로베르투스 그로싸테스타의 비판본들을 출간하고 있는 철학사가다.

12-13세기에 걸쳐 스콜라학자들의 핵심 논제였던 지성단일설(monopsychism)의 역사적 기원은 아리스토텔레스의 철학이다. 그는 우주가 고상한 천상 세계와 저급한 지상 세계라는, 근본적으로 상이한 두 세계를 포함하는 영원한 위계질서라고 생각하였다. 각각 독립적인 영원한 실체들로 구성되어 있는 높은 세계는, 한편으로는 항성들과 별들을 지탱하고 있는 투명한 천상 영역이 있고 다른 한편으로는 이 천상 영역들을 움직이는 비물질적 동자(motor)들이 있는데, 그 정점에는 모든 운동의 궁극적 원인인 부동의 원동자가 자리 잡고 있다. 그리고 월하(月下)의 세계는 생성소멸의 법칙에 예속되어 있는 물질적 실체들로 구성되어 있다. 종은 그 자체로 영원하지만, 개체들은 시간 속에서 하나하나 계기된다. 종의 영속성을 보장하기 위해서 종에 속하는 개체들은 개체화의 원리인 제일 질료 때문에

생성되고 다수화된다. 이 저급한 세계에서는 제일 질료만이 영원하고 원인을 가지고 있지 않다.

아리스토텔레스는 『영혼론』(De anima)에서 사고가 인간 활동들 가운데 하나라고 보았고, 지성을 인간의 생명 원리인 영혼의 일부로 간주하였다. 그는 지성의 비물질적 본성을 강조하고 있다. 비물질적이기에 지성은 실체적 질료의 변화에 의해서 산출될 수 없다. 따라서 그는 지성이 '바깥으로부터' 인간에게 오는 것이라고 보고 있다. 그렇다면 이 비물질적인 지성은 인간에게 속하는 것이 아니라, 영원하고 단순한 영적 실체들의 세계에 속하는 듯이 보인다.

이런 지성이 어떻게 개별 인간 존재자와 결합된단 말인가? 이런 지성은 도대체 어디서부터 오는 것일까? 그리고 개개인이 죽을 때 지성은 어떻게 되는 것일까? 이런 질문들은 아리스토텔레스 형이상학의 틀 안에서는 대답될 수 없었다. 그래서 그는 현명하게도 이 문제들을 미해결 상태로 남겨두었다.

이런 애매한 태도는 처음에는 그리스인들 사이에서, 그리고 나중에는 아랍인과 유다인들 사이에서, 그리고 마지막으로는 그리스도교 세계에서 끝없는 논쟁의 불씨가 되었다. 이렇게 역사의 경과 속에서 아리스토텔레스의 제자들은 신플라톤주의의 영향을 받았고, 그가 물려준 심리학의 난점들을 회피하려 했으며, 그러는 만큼 아리스토텔레스의 엄격한 형이상학적 틀을 포기하였다.

한편, 13세기 이전의 그리스도교 철학자와 신학자의 인간학은 언제나 '이원주의적'이고 '영성주의적'이었다. 다시 말해, 그들은 한편으로는 신플라톤주의 노선 위에서 인간이 육체적 실체와 영적 실체라는 두 개의 실체로 합성되어 있다는 입장을 취하면서, 다른 한편으로는 그리스도교적 전통 위에서 인간의 영혼을 비물질적이고 불멸적인 실체로 간주하였다. 이런 그리스도교의 영향 때문에 이원주의는 상당 부분 완화되어, 아우구스티누스는 육체와 영혼이 두 개의 실체이기는 하지만, 둘이 내밀하게 결합되어 인간의 본성을 형성한다고 보았다. 그런데도 토마스 아퀴나스 이전까지 거의 대부분의 스콜라학자는, 심지어 보나벤투라와 알베르투스 마뉴스까지 이원주의적 인간학을 주장하고 있었다.

 이런 배경에서 토마스 아퀴나스는 새로운 인간학을 제시한다. 그는 인간이 질료와 형상으로 합성된 하나의 개별 실체이며, 이때 인간의 영혼은 하나의 비물질적 형상으로 자립적이며 불멸적이라는 입장을 취하게 된다. 이것은 아퀴나스 이전에는 어느 누구에 의해서도 옹호된 적이 없는 입장이었다. 그는 아리스토텔레스가 비물질적임을 입증한 지성적 활동이 참으로 개별 인간의 활동임을 지적하기 위해 "이 개별 인간이 인식한다"(hic homo singularis intelligit)는 명제를 내세운다. 그리고 이 활동의 실체적 원리인 영혼이 바로 인간의 실체적 형상이다. 그것은 육체라는 질료의 형상이지만, 비물질적인 형상인 것이다. 따라서 그것은 자립적 형상이고, 그러기에 육체의 죽음에도 불구하고 불사적이다. 이 인간 영혼은 새로운 인간 개체의 산출로 이끄는 생물학적 과정의 마지막 순간에 신에 의해서 직접적으로 창조된다.

 인간 본성에 관한 토마스 아퀴나스의 가르침은, 한 중세사가의 평에 따르면, 심리적 경험 소여들에 상응하고 "13세기 이래로 그보다 더 나은 해석은 제언되지 않았다."[1] 하지만 그 이후에도 논쟁은 그치기는커녕 오히려 두 차례 단죄가 선언되는 등 가중되었다. 저자는 그 복잡한 쟁점들을 치밀하게 추적하고 있다. 그 결론들 가운데에는 전통적 이원주의는 시간이 지남에 따라 약화되었다는 것, '이단적 아리스토텔레스주의자들' 사이에는 의견 일치에 이르는 경우가 거의 없었다는 것, 그리고 두 명(그로싸테스타와 아노니무스 방

---

1. F. 방 스텐베르겐, 『토마스 아퀴나스와 급진적 아리스토텔레스주의』, 졸역, 성바오로출판사, 2000, 85쪽.

스텐베르겐)을 예외로 친다면 13세기에는 아무도 (이성적 영혼은 회임 시에 창조주에 의해서 주입된다는) 가톨릭교회의 현재 입장을 가르치지 않았다는 것 등이 들어 있다.

"부록"에는 미주의 대표적인 현대 가톨릭 철학자인 캐나다 구속주회 소속 조셉 오웬스(Joseph Owens, CSsR) 신부가 『신스콜라 철학』(*New Scholasticism*) 제48호(1974)에 발표했다가, 나중에 『그리스도교 철학 모색』(*Towards a Christian Philosophy*, Washington, DC, The Catholic University of America Press, 1990)이라는 단행본의 제12장으로 다시 출간한 논문 「아퀴나스의 작위자로서의 영혼」(Soul as Agent in Aquinas)이 실려 있다. 오웬스 신부는 이 논문에서 토마스 아퀴나스에 초점을 맞추어 영혼의 본성과 역할에 관한 문제를 재정립하고, 토마스 아퀴나스가 아리스토텔레스로부터 물려받은 영혼이 인간의 실체적 형상이라는 가르침과, 그리스도교로부터 물려받은 영혼의 (질료로부터의) 독립성과 불멸성에 관한 가르침을 둘 다 받아들여 절묘한 조화를 모색하며 독특한 종합을 이루어낸다는 사실을 여러 텍스트에 기초해서 확인하고 있다. 토마스 아퀴나스의 영혼에 관한 가르침에 특별한 관심을 가진 독자에게 조금이나마 도움이 되었으면 좋겠다는 바람에서 "부록"으로 첨가하였다. 그리고 "참고문헌"에는 적지 않은 분량의 "4. 현대 연구문헌 보충(양서)"과 "5. 현대 연구문헌 보충(국문)"을 첨가하였다.

이 책이 출판되기까지 많은 분의 도움이 있었다. 먼저 이 책의 핵심 쟁점인 13세기 '지성단일설'에 관한 연구로 토론토대학에서 박사학위를 받은 권위자인 연세대학 이재경 교수님과 함께 7-8년 전, 〈가톨릭문화총서〉의 하나로 이 책을 나누어 번역할 계획을 세웠는데, 그 〈총서〉가 출판사 사정으로 기획 출판을 중단하는 바람에 아쉽게도 무산된 일이 있었다. 그 뒤에 혼자 나머지 부분을 마저 번역하여 초고를 가톨릭대학교 신학과의 '철학적 인간학' 교재로 삼아

두 해에 걸쳐 강의하고 토론할 기회로 삼았다. 당시 대학원생이었고 지금은 미국 휴스턴에 있는 성토마스대학에서 토마스 사상을 연구하고 있는 최규하 신부님이 초고를 읽고 교정해주었고, 또 지금 대학원생으로 있는 조동원 신학생도 한 여름방학을 이용하여 원고를 읽고 다듬어주었다. 그리고 마지막으로 '강엘리사벳 학술연구기금' 총무이사를 맡고 있는 가톨릭대학교 철학과의 박승찬 교수님은 이 책이 그 연구기금의 결과보고서로 제출되었을 때 초고를 꼼꼼하게 검토하며 많은 애매한 부분들을 날카롭게 지적해주었다. 직접적으로 도움을 주신 이 모든 분과 초고를 교재 삼아 함께 읽으며 토론에 참여했던 당시 신학생들에게 깊이 감사드린다. 연구비를 지원해주신 '강엘리사벳 학술연구기금' 이사진에 감사드리고, 거칠고 까다로운 내용을 매끄럽게 잘 다듬어준 가톨릭대학교출판부 교직원 여러분과 출판을 허락해주신 출판부장 신부님과 출판위원 신부님들께도 감사의 마음을 전한다.

오래도록 신학교 안에서만 지내다가 이곳 오류동성당으로 나온 지도 어느새 2년이 넘었다. 신학교에서는 한 해가 다르게 인격적으로 그리고 영적으로 성장하는 젊은 미래 사목자들의 모습을 지켜보는 기쁨과 보람을 누릴 수 있었지만, 다른 한편으로는 교수로서의 일차적 사명인 연구와 교육의 부담 외에도 후진 양성과 교회의 미래 전망이라는 중압감에 늘 시달렸던 것 같다.

본당에 나오니 사람 사는 냄새가 물씬 난다. 그리 큰 성당이 아닌데도 불구하고 사람들 살아가는 모습, 가슴속에 품고 있는 상처와 자부심, 신앙심의 깊이, 고마워하는 내용과 요구하는 내용, 그리고 그것을 표현하는 방식 등이 그야말로 천차만별이다. 성사를 집전하고 강론을 준비하며 환자들을 방문하고 단체들을 지도하는 가운데 실로 오랜만에 사목자로서의 수고와 보람을 다시 맛본다. 능력으로나 인격적으로 부족함이 많은데도 늘 모르는 척 덮어주고 기도와 응원을 아끼지 않는 교우들의 따뜻한 사랑에 보답하기 위해서라도 좀 더 치열하게 살아야겠다고 다짐해 본다. (2011년 어버이날에, 오류동성당에서)

## 23. 안락의자용 토마스 아퀴나스

티모시 레닉, 『안락의자용 토마스 아퀴나스』, 졸역, 한국성토마스연구소, 2020, 191쪽.

30년 이상 토마스 아퀴나스 성인의 작품과 그의 사상을 안내해주는 훌륭한 선배 연구자의 해설서들과 씨름하며, 그의 사상을 이해하고 갈피를 잡아가는 데 도움을 받은 30권 가까운 관련 서적을 번역했지만, 바다와도 같이 넓고 깊은 그의 '진리 사랑' 세계는 아직도 갈 길이 멀기만 하고 또 어렵다. 평생 아둔한 학생이 내 천직인 모양이다. 그리고 주변에서는 한결같이 성 토마스의 사상은 접근하기 어렵다는 말을 하곤 한다. 그래서 큰 어려움 없이 다가갈 수 있는 아퀴나스 입문서가 절실하다는 생각을 오래전부터 해왔는데, 풍부한 삽화가 곁들여진 티모시 레닉(Timothy M. Renick)의 균형 잡힌 이 소책자가 그런 바람을 충족시켜 줄 수 있으리라 생각한다. 마음만 먹으면 단숨에 읽을 만큼 쉽고 간결하며 재미까지 있는 안내서다. 많은 이들이 나처럼 이 책을 읽고 큰 도움을 받았으면 좋겠다.

이 책의 출간을 위해 큰 도움을 주신 두 분에게 특별히 고맙다는 말씀을 드린다. 영문학을 전공하고 신학생에게 영어 가르치는 것을 기쁨으로 삼고 있는 정혜경 소화데레사 선생님은 본문과 삽화 속의 짧은 현대 생활영어 표현 때문에 쩔쩔매는 역자의 수많은 고민거리를 말끔히 해결해주셨다. 그리고 국문학을 전공한 김순진 요안나 선생님은 어설픈 문장들과 애매한 표현을 날카롭게 지적하고 바로잡아주셨다. 너 나 할 것 없이 바쁜 오늘날의 일상 가운데 기꺼운 마음으로 거친 초고를 읽고 다듬고 바로잡는 수고를 아끼지 않은 두 분의 호의와 우정에 깊은 감사를 드린다. 또한 마지막 단계에서 세밀한 부분들의 오류까지 바로잡아준 제자 손윤정 마리아 자매에게도 감사드린다.

이 짧은 안내서는 '한국성토마스연구소'에서 펴내는 최초의 책이다. 이 기회에 만사를 언제나 지혜로운 섭리의 손길로 이끌어가시는 하느님께 앞길을 맡겨드리며, 영광을 돌린다. 그리고 그동안 연구소 설립과 활동을 위해 실질적 지원과 격려를 아끼지 않으신 염수정 안드레아 추기경님과 정진석 니콜라오 추기경님을 비롯해 서울대교구 주교님들과 여러 주교님들, 학교법인 가톨릭학원의 김영국 신부님과 동료 신부님들, 그리고 동창 및 선후배 신부님들과 수많은 후원인 여러분께 감사하다는 말씀을 전한다. 특히 20년째 불황을 겪고 있는 우리나라의 어려운 산업 현실 속에서도 벌써 5년째 꾸준히 거금을 후원해주는 정영숙 비아(다빈치 회장) 님께 깊이 감사드린다. 기도와 희생으로 성원해주는 한 분 한 분의 고귀한 뜻을 받들어 더욱 열심히 정진하며, 앞으로도 기회가 닿는 대로 성 토마스와 관련된 크고 작은 책자들을 펴낼 계획이다. 많은 관심을 가지고 지켜봐주시고, 또 많이 이용해주시기를 청하고 싶다. (2019년 11월 15일 한국성토마스연구소 설립 3주년에, 횡성 정금산 자락에서)

## 24. 아퀴나스의 윤리학

스테픈 포프, 『아퀴나스의 윤리학』, 이재룡 · 김도형 · 안소근 · 윤주현 공역, 한국성토마스연구소, 2021, 2단, xii-668쪽.

1. 이 책은 스테픈 포프(Stephen Pope)의 *Ethics of Aquinas*(Washington, Georgetown University Press, 2002)를 완역한 것으로, 『신학대전』의 절반 분량을 넘는 제2부(윤리신학) 전체를 정밀 조명하고 있다. 20세기 후반부터 성 토마스의 윤리신학에 대한 새로운 관심이 활발히 일고 있는 가운데, 그의 방대한 윤리신학 논의 전체를 한눈에 조망할 수 있는 책은 본서가 처음이라 해도 과언이 아니다. 『신학대전』 제2부는 제1편과 제2편으로 구분되는데, 제2부 제1편(Ia-IIae)에서는 행복, 인간적 행위, 정념, 덕, 죄, 자연법, 은총 등 10개 주요 논고가 다뤄지고, 제2부 제2편(IIa-IIae)에서는 신앙, 희망, 참사랑의 대신덕(對神德)과 현명, 정의, 용기, 절제의 사추덕(四樞德), 그리고 이에 관련된 악습들을 9꼭지에 걸쳐 정밀 조명하고 있다.

이처럼 19개의 본론(본서의 제1부와 제2부)에 들어가기에 앞서서 독자를 미리 준비시키는 "서론부"에서는 (1편이 아니라) 3편의 주요 논문이 제공되고 있다. 『신학대전』의 집필 배경(제1장), 성 토마스가 윤리신학 작업을 위해 참조하고 있는 주요 '원천들'(fontes)(제2장), 그리고 편집자 자신이 본격적인 '서론'으로서 이 책 전체를 미리 압축적으로 보여주는 '개요'(제3장)이다. 본론을 읽기 전의 필독 부분이다.

본론을 정밀 탐구한 다음, 제3부에서는 여섯 꼭지 논문을 통해 성 토마스의 윤리학이 800년이 지난 20세기 현대사회와 현대인의 삶에 어떤 의미가 있는지를, 현대의 주요 전문가들(도미니코회, 예수회, 구속주회, 그리고 평신도들)의 연구 실태를 통해 비판적으로 추적하고 있다.

2. 본격적으로 제2부에 들어가기 전에 우선 『신학대전』 전체의 구조나 시대적 배경 등에 대해 알아보자. 13세기는 역사상 드문 정치적·사상적 격변기였다. 중세 1000년을 지배해온 사상은 아우구스티누스의 신플라톤계 철학이었지만, 12세기 말부터 아리스토텔레스의 새로운 학문 방법론이 소개되어 서구 문화계에 일대 혁명을 일으키고 있었고, '대학'이라는 새로운 형태의 문화 중심이 형성되기 시작하면서 근대 민족국가들이 태동하고 있었다. 성 토마스 아퀴나스는 당시 막 생겨난 도미니코회라는 탁발수도회(托鉢修道會, mendicantes) 수도자로서 진리에 대한 지칠 줄 모르는 열정으로 무장하고, 당시까지 알려져 있던 인류 문명 전체와 마주하여 전방위적으로 투신한 '백과사전적 사상가'[1]로서 스콜라학을 집대성할 수 있었다. 이러한 그의 업적을 두고 학자들은 "인류 역사상 가장 위대한 혁명"[2] 또는 "인류의 가장 중요한 지성적 금자탑"[3]이라고 평한다.

---

1. "un pensatore enciclopedico": B. 몬딘, 『성 토마스 개념사전』, 이재룡·안소근·윤주현 옮김, 한국성토마스연구소, 2021, 22쪽.
2. "the greatest revolution in history": Gilbert K. Chesterton, *Saint Thomas Aquinas*, New York, Doubleday, 1956, p.118(박갑성 옮김, 『성 토마스 아퀴나스』, 홍성사, 1984, 121쪽), 체스터튼은 마르틴 루터가 대중 앞에서 성 토마스의 『신학대전』을 불태웠을 때, 이성의 시대가 종언을 고하고 "고대 세계와 근대 세계를 연결했어야 할 역사의 위대한 중심적 종합"(the great central Synthesis of history, that was to have linked the ancient with the modern world)이 연기 속으로 사라져버렸다고 개탄하고 있다(ibid., p.196; 박갑성 옮김, 207쪽).
3. "the most important intellectual development": Peter Kreeft, *A Shorter Summa*, San Francisco, Ignatius Press, 1993, p.11.

그리스도교 최고의 신학자 성 토마스가 "신학계에 기여한 가장 길고 중요한 선물"[4]인 『신학대전』은 《플라톤 전집》과 《아리스토텔레스 전집》을 합친 분량과 맞먹는다. 좀 더 쉽게 비교하면 '신구약 합본 성경의 세 배'에 달한다. 제3부 제90문 고해성사를 한창 다루던 중에 미완(未完)으로 중단된 것까지 총 512문(問, quaestio), 2653절(節, articulus)로 구성되어 있고, 토마스가 논박하는 핵심 반론들만 하더라도 1만여 개에 이르는, 그야말로 백과사전과도 같은 방대한 작품이다.

  그래서 사람들은 흔히 중세 스콜라학의 기본 문학 형식인 '대전'(大全, Summa)의 구조[5]를 중세 고딕 대성당들의 구조에 비교하며, '고딕 건축물들은 12-13세기 스콜라학에 대한 물질적 번역'이라거나 '고딕은 돌로 이루어진 스콜라학'이라고 표현하였다. 『대전』들과 대성당들의 웅장한 구조를 비교 분석하는 책도 최근에 번역되었다.[6]

  슈뉘 신부는 일찍이 이것을 다음과 같이 표현하였다. "어떤 대 건축가가 자신의 구상을 실현하려면, 먼저 자신의 작품에 부여할 질서를 자기 정신 속에서 전개해야 한다. 그의 창조적 재능은 재료의 선택 및 배열, 여러 부분과 기능들 사이의 조화를 모색하며 구조적이고 일관된 순서로 진행할 것이다. 그리고 이것을 건축의 '설계도'라 불리는 청사진에 담는다. 그렇다면 성 토마스가 그의 웅장한 『신학대전』을 위해 고안해낸 '설계도'는 과연 무엇인가?"[7]

---

4. "Thomas's longest and most important contribution to the science of theology": James Weisheipl, OP, *Friar Thomas D'Aquino: His Life, Thought, and Works*, Washington, The Catholic University of America Press, 1983, p.222(제임스 와이스헤이플, 『토마스 아퀴나스 수사: 생애, 작품, 사상』, 이재룡 옮김, 성바오로출판사, 개정판, 2012, 345쪽).
5. 계속 이어지는 『신학대전』의 구조에 관한 논쟁에 대해서는 뒤의 "29. 아퀴나스의 신학대전" 역자후기의 각주 1번 참조(174-175쪽).
6. 에르빈 판노프스키, 『고딕 건축과 스콜라철학』, 김율 옮김, 한길사, 2016.
7. 마리 도미니크 슈뉘, 「부록: 『신학대전』 연구 입문」(이재룡 옮김), G. 달 사쏘(편), 『신학대전 요약』, 이재룡·이동익·조규만 옮김, 가톨릭대학교출판부, 제2판, 1995, 604쪽.

3. 토마스는 믿을 교리와 지킬 계명의 방대한 내용을 '발원(發源, exitus)-귀환(歸還, reditus)'이라는 하나의 일관(一貫)된 원리로 꿰어 종합한다.[8] 신학(theologia)이라는 학문은 우주 만물을 탐구하되, 만물이 원리(principium)이신 하느님의 품에서 나왔다가(창조), 각자의 본성에 주어져 있는 잠재적 능력을 발휘하여 그 궁극적 목적(finis)이신 하느님께로 돌아가는(성장과 완성) 웅장한 과정에 있는 한에서 탐구하는 학문이다. 『신학대전』의 구성과 구조들은 바로 신학 대상의 본성에서부터 유래된다. 신학은 하느님을 그 고유 대상(subjectum)으로 삼는 학문인데, 우주 만물은 그분과의 연관성 때문에(sub ratione Dei), 곧 원리이신 그분으로부터 존재(esse)를 부여받아 창조된 피조물이자, (각자의 완성을 위해) 목적(finis)이신 그분을 향해 나아가는 자연(본성, natura)을 지닌 존재자인 한에서 그 대상에 포함된다. 사변적 교의신학과 실천적 윤리신학은 한 실재의 두 얼굴이 되고, 『신학대전』의 제1부와 제2부를 하나로 꿰뚫는 구상은 성 토마스의 정신을 알게 해주는 '접근로'가 된다. 그리고 제3부의 "머리말"이 밝히는 것처럼, "귀환"이라는 동일한 도식은 제3부에서도 주도적 원리이자 그 해결의 원리가 된다. 중재자 그리스도가 이 귀환의 길(via)이 되고 인도자가 되는 것이다.[9] 따라서 역사(歷史, historia)는 그리스도의 구원

---

8. 토마스는 『신학대전』의 앞머리에서 우리에게 자신이 하느님에 대해 만물의 '원리'이자 '목적'으로서 논하려 한다고 말하고 있다. "거룩한 가르침의 주요 의도는 하느님에 대한 지식을 전하는 것으로, 다만 그것은 하느님의 그 자체 존재로서뿐만 아니라 사물들, 특히 이성적 피조물의 원리이자 목적으로서의 하느님에 대한 인식을 전하는 것이다"(1, q.2, Prol.). 이에 대해 토렐은 다음과 같이 설명한다. "『신학대전』의 구조 전체를 지배하는 이 근본적 사실은 함께 묶임으로써 3개 부(部, pars)와 그것들의 여러 논고(論考, tractatus)들을 통합하는 지하수의 흐름과도 같다"(Jean-Pierre Torrell, OP, *Aquinas's Summa: Background, Structure, & Reception*, Washington, The Catholic University of America Press, 2005, p.27).
9. 슈뉘는 이렇게 말한다. "제2부에서 제3부로 넘어감은 필연적 질서에서 역사적 실현으로, 구조의 영역에서 하느님의 선물의 구체적 역사로 넘어감을 의미한다. …신학은 필연성을 지닌 학문과 영원히 자유로운 한 사람의 우연성에 대한 존중을 한데 묶음으로써 역설적인 성공을 거두게 된다. 『신학대전』 제3부는 바로 이 성공의 역사이다"(같은 책, 609쪽).

위업(偉業)이 펼쳐지는 중심 무대가 된다.

『신학대전』의 몇몇 판본은 성경이나 사전 인쇄용 박지(薄紙)를 사용하여 대사전 판형의 한 권으로 인쇄되었다.[10] 그것은 이 작품이 한 단일 작품임을 강조하는 강점을 지니고 있다. 하지만 그것은 예외적이고, 다른 대부분의 현대 번역본은 넉넉한 입문과 각주를 단 대역판(對譯版)으로 출간하는 경우 보통 30권(이탈리아어 대역판)에서 60여 권(영어 대역판 60권)의 분책으로 출간하거나, 최소의 각주와 입문을 단 번역본으로 출간할 경우는 4권으로 출간한다. 사실 토마스 자신은 『신학대전』을 크게 3부로 나누고, 전체의 절반 분량을 넘는 제2부는 다시 둘로 나누었기 때문에, 토마스의 의도에 부합하는 방식이라 할 수 있다.

본서의 제1장에 제시된 '『신학대전』의 배경'에 관한 보일의 글에서 잘 드러나듯이, 토마스의 『신학대전』은 일반 대중들의 '영혼을 돌보는(cura animarum) 일', 곧 주로 고해성사와 윤리 등 신앙인들의 생활 전반을 보살피는 일에 헌신하는 도미니코 수도회의 "보통수사들" 또는 "초심자"(incipientes)라 불리는 후배 동료들의 소임을 돕기 위해 작성된 것이다. 그러므로 『신학대전』은 제2부 윤리신학을 위해 집필된 책이라 할 수 있다. 『신학대전』은 하나의 이상적 교과과정으로 집필된 것으로 "도덕 교육을 단지 실천적인 것으로서 분리시키는 공동체를 교정하고, 그것을 신학교육 전체에서 중심으로 삼는 공동체로 재건하기 위한 것이다."[11]

토마스는 도덕 실천에 관한 사항들을 신학 속에 편입시킴으로써 윤리신학의 배경을 설정하였다. 윤리신학에 앞서 제1부 하느님, 삼

---

10. 예컨대, Sancti Thomae de Aquino, *Summa Theologiae*, Roma, Paulinae, 1962, pp.lxxii-2849.
11. Mark D. Jordan, "The Summa's Reform of Moral Teaching, and Its Failure", in Fergus Kerr(ed.), *Contemplating Aquinas On the Varieties of Interpretation*, University of Notre Dame Press, 2003, p.53.

위, 창조를 배경으로 삼고, 또 윤리신학 이후에는 제3부 그리스도와 성사들을 배치함으로써 인간이 그 목적이신 하느님께로 돌아가는 귀환 과정의 동력이 결국은 그리스도의 은총에 달려 있음을 명시한다.

4. 이 책이 성 토마스의 『신학대전』 가운데 윤리학을 다루고 있는 제2부 전체를 포괄적으로 조명하는 작품이기 때문에, 이번에도 지난번 『성 토마스 개념사전』을 번역한 세 명의 번역진이 함께 뭉쳤다. 그리고 아리스토텔레스의 윤리학을 전공한 공주대학의 김도형 교수에게 세 꼭지를 부탁하였다.

천주교 조선교구 설정 200주년이 되는 2031년 완간을 목표로 추진하고 있는 『신학대전』 대역판 간행 사업은 전체 75개 분책(『입문』, 『요약』, 『총색인』 포함) 가운데 제30권(새 법과 은총)을 금년 말까지 출간하는데, 그러면 윤리신학의 일반적 원론을 다루는 제2부 제1편을 끝마치게 된다. 덕과 악습들을 본격적으로 다루는 제2부 제2편은 2025년까지 향후 4년간의 과제로 계획되어 있다. 따라서 본서의 절반 이상에 해당하는 『신학대전』 제2부 제2편의 내용들은 아직 원전 텍스트가 번역되지 않은 상태에서, 이 책을 번역하게 된 것이다. 우리 역자들은 아직 가지 않은 길을 전초전처럼 미리 탐색하는 셈으로 이 작업에 임했지만, 내용은 물론 수많은 핵심 개념조차도 고정되지 않은 상태에서 복잡한 윤리 세계의 밀림을 헤쳐나가는 것이라 오류의 위험에 노출될 수밖에 없었다. 나름대로 이 점을 깊이 의식하며 조심한다고 했지만, 여러 제약 때문에 위험들을 온전히 다 피했다고 자신할 수가 없다. 혹시라도 부정확하거나 오류의 부분들을 발견한다면 넓으신 양해를 청하며, 특히 윤리신학자와 윤리철학자들의 아낌없는 질정을 바란다. 지적하는 내용들을 받아들여 수정하는 것은 물론, 『신학대전』 원전 번역에도 최대한 반영하도록 노력할 것이다.

가지 않은 길을 헤쳐가야 하는 이 기본적 난관은 곧바로 "색인" 작업으로도 이어진다. 그럼에도 최대한 상세한 색인을 제공하기 위해 따로 한 달 가까운 기간 동안 노력을 들였지만, 아직도 충분하지 못한 것을 느낀다. 이 부분에 대해서도 개정판을 낼 기회가 온다면 최대한 보충할 것이다.

그리고 역자들은 독서에 도움이 되도록 비교적 간단한 몇 가지 조처를 했다. 1) 각 장 앞머리에 세부목차를 미리 제시하여 독자가 전체 구도를 미리 한눈에 훑어볼 수 있도록 하였다. 2) 그리고 권말에는 기본 얼개를 훑어볼 수 있도록 그것들을 모아 별도로 세부목차를 제시하였다. 3) 색인 가운데 주요 개념들에 대해서는 표제어에 영어 외에도 라틴어를 병기하려고 노력하였다. 4) 각 장마다 필자가 제시하는 추천도서들이 달려 있지만, 한글로 된 참고문헌들을 궁금해할 독자를 위해서 권말에 별도로 성 토마스의 주요 작품 번역 현황과 주요 참고도서들을 추가하였다.

편집자인 포프도 지적하고 있는 것처럼, 맨 마지막 장(제28장)은 다른 일반적인 논의들과는 달리, 특별히 토마스와 로너간의 관계, 또는 로너간 신학 속에 육화된 토마스의 가르침이 얼마나 되는지를 밝히려 시도하는 논문으로, 로너간 신학의 전문 용어를 다수 사용하고 있어서 논의가 상당히 까다롭기 때문에, 로너간 전공자로 로너간의 역작인 『신학 방법』 번역(가톨릭출판사, 2012)을 주도한 바 있는 성체수녀회 소속 김인숙 수녀님께 번역을 특별히 부탁드렸다. 바쁘신 연구 일정 중에도 흔쾌히 응해주신 수녀님께 이 자리를 빌려 특별히 감사의 말씀을 드린다.

다루고 있는 분야도 광범위하고 분량도 상당할 뿐만 아니라, 집필진도 20세기 최상의 가톨릭 윤리신학자라고 해도 크게 지나치지 않을 27명의 전문가로 구성되어 있고 번역진 또한 여럿이어서, 정리하는 일이 보통 어려운 일이 아니었는데도 여러 차례 도움을 받은 적 있는 남정률 사도 요한 형제와 손윤정 마리아 자매의 도움이 컸다. 특히 남정률 형제는 '색인' 작업을 위해 한 달 가까이 인고의 시간을 더 보내야만 하였다. 이분들의 열정과 헌신이 아니었으면, 출간 일정은 아마도 훨씬 더 미뤄졌을 것이다. 그리고 이번에도 꼼꼼한 편집과 멋진 디자인으로 책을 꾸며주신 '빅벨출판사'의 최황휴 사장님과 편집진에게도 감사드린다.

 늘 느끼는 일이지만, 특히 여럿이 과제를 나누어서 작업할 때는 초역하는 일보다도 정리하는 일이 훨씬 더 어렵다는 것을 실감한다. 부족한 재주이지만, 할 수 있는 힘껏 애쓰는 것인데, 부족한 부분은 번번이 토마스 성인의 전구로 채워지는 것을 느낀다. 3년 이상을 달려온 대단히 고된 작업이었지만, 이렇게 해서 기초윤리신학의 튼튼한 기반이 비로소 놓이게 되었다는 나름의 뿌듯함과 보람을 느낀다. (2021년 11월 15일 한국성토마스연구소 설립 5주년에, 역자들을 대표해서 이재룡 신부)

## 25. 정념과 덕

세르베 핑케어스, 『정념과 덕』, 졸역, 한국성토마스연구소, 2023, 240쪽.

이 책은 벨기에 도미니코회 소속 세르베 핑케어스(Servais Pinckaers, OP) 신부의 생애 마지막 작품인 *Passions et vertu*, Saint-Maur(Paris), Parole et Silence, 2009의 완역이다. 도미니코 회원으로서, 중세 스콜라학을 체계적으로 종합 완성한 대스승 성 토마스 아퀴나스의 사상을 평생 연구하고 본받으며 살아온 원로 윤리학자의 화룡점정(畵龍點睛)이라 할 수 있을 것이다.

저자는 자신의 윤리신학을 전개하는 데 있어서 '천사적 박사'(Doctor Angelicus)의 모범을 충실히 따르고 있다. 그가 한편으로는 성경과 교부들의 가르침에 깊이 의존하면서도, 다른 한편으로는 그리스의 철학 전통에 대해 편견 없이 개방적인 자세를 취하기 때문에, 동료 학자들과 제자들은 그의 작업 노선을 '성서적 토미즘'(Biblical Thomism) 또는 '원천으로 돌아가기 토미즘'(Ressourcement Thomism)이라 규정하고 있다.

실상 그의 작업은 도덕성에 관한 성경의 가르침, 곧 그리스도인 생활의 활동적 원천들인 성령과, 구세주이면서 동시에 순교의 모범인 예수 그리스도의 행적과 가르침, 특히 산상 설교와 은총의 새 법 등에 확고하게 뿌리박고 있을 뿐만 아니라, 또한 그리스도교 이전의 그리스 철학자들로부터 흘러나와 특히 아우구스티누스와 토마스 아퀴나스를 통해 계승 발전된 '덕 윤리'(Virtue Ethics) 전통을 계승 발전시키고 있다.

최근(2018)에 노트르담대학에서 열린 〈제1차 핑케어스 심포지엄〉의 주최자들은 핑케어스를 "제2차 바티칸 공의회 이후 가장 중요한 가톨릭 윤리신학자"라고 평가하며 계속해서 이렇게 말한다: "그는 공의회 이후 사반세기에 회칙『진리의 광채』(*Veritatis Splendor*, 1993)와 더불어 한 단계 도약하였고 오늘날까지도 계속되고 있는 [교회] 쇄신 작업을 위한 미래 청사진을 설정하는 데 있어서 '열쇠'가 되는 인물(key figure)이다."[1]

이 소책자가 저자의 생애 마지막 작품이기는 하지만, 우리나라 독자들에게 처음으로 소개되는 낯선 저자의 작품이라는 점을 감안하여, 저자의 사상의 발전 경로와 폭, 그리고 가톨릭 윤리신학의 쇄신을 위한 일관된 노력과 그의 업적이 차지하는 가톨릭 윤리신학 권내에서의 위치 등을 전반적으로 균형 있게 소개하고 있는, 그의 한 제자의 최근 논문 한 편을 골라 "부록"으로 첨부하였다. 저자의 인품과 그의 작업의 특성, 그리고 가톨릭 윤리신학계에서의 위상을 가늠하는 데 도움이 되었으면 좋겠다.

널리 알려져 있다시피, 성 토마스의 윤리학은 방대한『신학대전』가운데에서 절반 이상이나 되는 엄청난 분량을 차지하고 있기 때문에, 그의 윤리학적 통찰 전체를 조감(鳥瞰)할 수 있도록 도와주는 연구서를 만나기가 어려워 아쉬워하던 중에, 영미권 학자들을 중심으로 27명의 분야별 전문가들이 논고별, 또는 주제별로 집중 분석하고 있는 귀중한 연구논총(Stephen Pope[ed.], *Ethics of Aquinas*, Georgetown University Press, 2002)을 발견하고 4명이 나누어 번역 출간한

---

1. William Mattison III and Matthew Levering, "A Peek at Renewal in Contemporary Moral Theology: The Pinckaers Symposium", in *Journal of Moral Theology* 8(special issues 2, spring 2019), p.3.

적이 있다. 바로 2년 전에 우리 연구소에서 간행한 『아퀴나스의 윤리학』이다.[2] 그것은 성 토마스의 윤리학 관련 가르침 전체를 한 손에 들고 여기저기 뒤져보며 탐구해 들어갈 수 있도록 도와주는 참으로 고마운 도구임에 틀림이 없지만, 세계적인 전문 학자들의 압축된 학술적 연구 모음집이어서 읽기가 그리 쉽지 않을 뿐만 아니라, 크라운판 2단 668쪽이나 되는 방대한 분량이다.

해서 또다시 그보다 훨씬 더 쉽게, 전체를 누구나 글자 그대로 독수리의 눈처럼 '조감'하며 접근할 수 있도록 안내하는 입문서가 절실했는데, 이 책이 바로 그 필요를 어느 정도 충족시켜줄 수 있다고 확신한다. 여기서 '어느 정도'라고 표현한 것은, 충족시켜주는 정도가 모자라서가 아니라, 다루고 있는 범위가 윤리학 전체가 아니라 그 기초적인 일부로 한정되어 있기 때문이다.

이 책에서 다루고 있는 내용은, '덕 윤리학'(Virtue Ethics)이라고 성격 규정될 수 있는 토마스 아퀴나스의 웅장한 윤리신학 체계 전체가 아니라, 그 체계적 전개의 출발점이자 바탕을 이루는 '정념'(情念, passio)과 '덕'(德, virtus)에 관한 일반적인 설명으로 한정되어 있다. 이 소책자는 영속적인 의미를 지니고 있는 중요 주제에 관한 (학술적 연구서라기보다는) 깊은 통찰력이 번득이는 개인적 성찰이라 할 수 있을 것이다. 워낙 대가답고 친절하게, 그리고 편안하게 서술하고 있어서, 따로 별도의 설명이 불필요할 지경이다. 그러기에 이 책을 성 토마스의 윤리학 전반에 대한 '입문서' 또는 '안내서'라고 불러도 무방할 것이다. 신학교와 가톨릭 윤리신학이 가르쳐지는 곳이라면 어디에서나 유용한 도구 역할을 할 수 있을 것으로 기대한다.

이번에도 부정확한 부분들을 날카롭게 지적하며 거친 원고를 매끄럽게 다듬어준 제자 손윤정 마리아 자매와 아름다운 디자인과 장

---

2. 스테픈 포프(편), 『아퀴나스의 윤리학』, 이재룡 · 김도형 · 안소근 · 윤주현 옮김, 한국성토마스연구소, 2021.

정으로 깔끔하게 작품을 완성해준 오엘북스 옥두석 사장님께 감사의 마음을 전한다. (2023년 4월 30일 비오 5세 교황 축일에, 횡성 정금산 자락에서)

# 26. 성 토마스의 침묵

요셉 피퍼, 『성 토마스의 침묵』, 졸역, 한국성토마스연구소, 2023, 176쪽.

1. 요셉 피퍼(Josef Pieper)는 1904년 엘테(Elte, Steifurt, Westphalia)에서 태어나 뮌스터대학과 베를린대학에서 철학, 법학, 사회학을 공부하였다. 1929년의 박사학위 논문 제목은 『토마스 아퀴나스에 따른 도덕적 존재의 토대』(*Die ontische Grundlage des Sittlichen nach Thomas von Aquin*)였다. 이후 3년간은 사회학연구소 조교로 있었고, 그 뒤 10년 동안은 자유기고가로 지냈다. 1945년 모교인 뮌스터대학 철학과 교수가 되어 왕성한 저술활동과 강연활동을 하다가 1972년 은퇴하였지만, 그 뒤로도 강연활동을 계속하였고 1997년 선종하였다.

피퍼만큼 생애와 작품이 밀접하게 연결되어 있는 작가는 찾아보기 어렵다. 그의 문제의식은 한 가지 근본적인 관심사, 곧 인간의 가치, 그의 윤리적 활동, 실재 총체 안에서의 인간의 의미 주변을 맴돌고 있다. 그는 먼저 덕(virtus)에 관한 연구를 통해 전통 윤리학의 가치를 재건하는 일에 관심을 기울여, 『용기』(1934), 『지혜』(1937), 『절제』, 『정의』(1953) 등 사추덕에 관한 연구를 일단락지었고, 『희망』(1935)을 시작으로 대신덕(對神德)에 관한 연구도 병행하여 1972년 '사랑'에 관한 연구를 끝으로 칠추덕에 관한 연구를 모두 완성하였다.[1] 1944년에는 중세인간학의 가치를 검토하는 『사물의 진리』를

---

[1] 일반 윤리학계에서는 참으로 이상하게도, 이처럼 40년간 꾸준히, 그리고 사추덕으로

발표하여, 현대철학에서 각광받는 현상학적 방법과 성 토마스의 실재주의적 형이상학이 존재론적 의미로 가득 차 있고 진정한 가치들에 개방되어 있는 인간 인격의 섬세한 구조를 정초하는 데 서로 도움을 줄 수 있다는 점을 밝힌다. 그리고 1950년에 발표한 『시대의 종언』에서는 인간 역사성의 궁극적 의미를 천명한다. 그것은 이미 1935년 『희망』에서 착수한 역사에 대한 깊은 분석과 날카로운 통찰을 풍요롭게 발전시킨 것으로, 역사와 종말론이 인간의 실존적 차원의 여정을 마무리 짓는다고 역설한다. 이런 역사적이고 실존적인 통찰을 바탕으로 그는 『부정 철학』(1953), 『성 토마스 아퀴나스 입문』(1958), 『스콜라철학: 중세철학의 유형과 문제들』(1960) 등의 작품을 통해 현대의 문제들에 대한 해답을 찾아내고 있다. 우리나라에 1980년대 후반부터 소개되기 시작한 저자의 작품들은 이미 상당수에 이른다.[2]

---

만 한정하더라도 1934년부터 1953년까지 20년간 꾸준히 덕을 연구하고 발표한 피퍼의 노력의 결실들을 도외시한 채, 1958년 학술지에 발표된 앤스콤의 한 논문(Elizabeth Anscombe, "Modern Moral Philosophy", *Philosophy* 33[1958], 1-15)을 현대 '덕 윤리학'(Virtue Ethics) 복원운동의 효시로 보고 있다: 알래스데어 매킨타이어, 『덕의 상실』[1981], 이진우 옮김, 문예출판사, 1997, 91쪽: [사실 이 책을 통해 '덕'에 대한 전 세계적인 관심을 폭발적으로 불러일으킨 저자는 피퍼에 대해서는 일언반구도 없이, 앤스콤에 대해서 이렇게 말하고 있다.] "나의 논증은 이 점에 있어서, 그리고 다른 점에 있어서도 앤스콤의 1958년도 저서[argument]에 많은 빚을 지고 있지만, 사실 그의 논증과는 다르다."; 린다 작젭스키, 『마음의 덕』[1996], 장동익 옮김, 씨아이알, 2016, 21-22쪽: "최근 철학에서 행위보다 덕에 초점을 맞춘 윤리의 이점에 관심을 요청하고 있는 최초의 주요한 시도는 1958년에 나온 엘리자베스 앤스콤의 논문 'Modern Moral Philosophy'일 것이다."; 장동익, 『덕 윤리: 그 발전과 전망』, 씨아이알, 2017, 5쪽: "현대 윤리학이 가진 문제점을 자각하고 해결하려는 윤리학자들의 노력은 현대 윤리학의 문제점을 보다 심도 있게 들춰내려는 작업으로 이어졌다. 그리고 윤리학에서 새로운 길을 모색하도록 자극했다. 앤스콤은 이러한 새로운 길을 최초로 모색하고 시도하였다."

2. 『철학이란 무엇인가』[1957] 사물들의 진리[1944] 합본』(허재윤 옮김, 이문출판사, 1986), 『철학과 아카데미아』(철학함이란 무엇인가?/대학이란 무엇인가?[1964] 합본: 박영도 옮김, 종로서적, 1987), 『토마스 아퀴나스 선집』[1956](박영도 옮김, 이문출판사, 1993), 『정의에 관하여』[1953](강성위 옮김, 서광사, 1994), 『토마스 아퀴나스: 그는 누구인가』[1958](신창석 옮김, 분도출판사, 1995), 『중세 스콜라철학: 신앙과 이성 사이의 조화와 갈등』[1960](김진태 옮김, 가톨릭대학교출판부, 2003), 『사물들의 진리성: 중세철학 전성기 인간학에 관한 연구』[1944](김진태 옮김, 가톨릭대학교출판부,

2. 피퍼의 철학함의 기조에 관해 한마디 하면, 진정한 철학자의 과업은 '이루 다 헤아릴 길 없는 실재 전체를 시야에서 놓치지 않는 것'임을 강조하는 그는 전통(傳統, traditio)의 가치를 매우 존중한다. 여기서 전통이란 유럽 문명의 기조를 이루는 고대철학 전통과 그리스도교의 초자연적 가르침이다. 그는 감히 건드릴 수 없는 내용을 담고 있는 신적 전통과 (온갖 형태의 보수주의와는 전혀 다른) 끊임없이 발전을 거듭하는 인간적 전통 유산을 둘 다 소중히 활용할 줄 안다. 피퍼는 현대의 문제들을 성 토마스의 가르침 속에 깊이 편입시켜, 본질적으로 신중심적인 그의 노선 속에서, 본질적으로 인간중심적인 현대철학을 괴롭히고 있는 문제들에 대한 만족할 만한 해답을 도출해내고 있다. 이 점에서 피퍼의 학문적 기조는 자신들을 '거인의 목말을 타고 있는 난쟁이'라 여기며 선조의 문화유산을 대단히 존중하는 마음으로 철저히 학습하고 그 기초 위에서 자기들 시대의 문제를 풀어나가던 중세 스콜라학자들의 자세를 고스란히 계승하고 있다.

피퍼는 거의 모든 작품에서 인류 사상사 전체를 관통하고 있는 핵심적인 주제, 곧 신앙과 이성, 또는 내재와 초월의 관계라는 주제를 추적한다. 그는 신앙에 열려 있는 이성, 창조의 형이상학을 추구한다. 평생의 스승인 성 토마스처럼 형이상학적 실재주의(metaphysical realism)의 노선을 따라 세상 창조와 그리스도의 육화를 이해하고자 하며, 인간이 타고난 자연적 이성을 통해 알 수 있는 실재와 종교적 계시를 통해 전해지고 신앙을 통해 받아들인 초자연적 실재를 균형 있게 조화시키려고 노력한다. 이것은 윤리적이고 사회적인 가치들을 배제하는 것이 아니라 오히려 그것을 비판적으로 정초하고, 과학의

---

2005), 『실재와 선』[1935](김진태 옮김, 가톨릭대학교출판부, 2005), 『여가와 경신』[1948](김진태 옮김, 가톨릭대학교출판부, 2011), 『그리스도교의 인간상』[1949](김형수 옮김, 가톨릭대학교출판부, 2018).

긍정적 결실들을 적극적으로 활용하지만 그것을 넘어서서 신비와 초월의 훨씬 더 큰 가치를 향해 나아갈 줄 아는 철학이다. 거룩한 전통에 의해 성장하고 초자연적이고 완전한 희망으로 정향된 인간 실존의 여러 근본 측면을 부단히 해명하려 노력한 피퍼의 연구 결실들은 그를 20세기 그리스도교 철학의 가장 의미있는 해설자들 가운데 하나로 자리매김하는 데 모자람이 없다.

그의 글쓰기는 일반 학술서들과 달리 담백하고 생생한 문체가 특징이다. 언젠가 평생의 스승으로 삼고 있는 '천사적 박사'의 문체에 관해 설명하며 '기름기'(unctio)가 없다고 표현한 것처럼 그 자신의 어투도 장황한 서술을 피하고 꼭 필요한 최소로 그쳐 간결하다(sobrius).

3. 피퍼는 성 토마스를 이해하기 위한 가장 좋은 안내서로 이미 40년 전에 우리글로도 번역된 바 있는 길버트 체스터튼(Gilbert Chesterton)의 『성 토마스 아퀴나스』[1933](박갑성 옮김, 홍성사, 1984, 214쪽)를 추천하며, 이 책에 대한 질송의 유명한 평을 소개하고 있다: "체스터튼은 사람을 절망스럽게 만든다. 나는 평생을 토마스 연구에 바쳤지만, 결코 이런 책을 쓰지 못했다. …나는 이 책이야말로 이제껏 토마스에 관해 쓰인 책 가운데 견줄 것이 없는 최고의 책이라고 생각한다. …'멋진' 책이라고 누구라도 자신 있게 말할 것이다. 하지만 20-30년을 토마스 연구에 바치고 스스로 토마스에 관해 두세 권의 책을 펴낸 소수의 독자들은 분명, 이른바 체스터튼의 '재치'가 자기들의 학문적 자부심을 부끄럽게 만들었다고 느끼지 않을 수 없을 것이다. …그는 그들이 각각 학술적인 형식으로 표현하려고 다소 서툴게 시도하던 것들을 몽땅 [멋지게] 말해버린 것이다."[3]

---

3. 요셉 피퍼, 『토마스 아퀴나스: 그는 누구인가』, 신창석 옮김, 분도출판사, 2판, 2012, 2-23쪽.

피퍼는 이어서 마르틴 그랍만(Martin Grabmann)의 『토마스 아퀴나스의 인품과 작품세계』[1912], 마리 도미니크 슈뉘 신부의 『토마스 아퀴나스 연구 입문』[1950], 그리고 에티엔 질송의 『토미즘』(5th ed., 1944)을 함께 추천하고 있다.[4] 또한 나중에 재쇄를 찍는 기회에는, 한참이 지나 경축된 토마스 탄생 700주년에 발간된 제임스 와이스헤이플 신부의 『토마스 아퀴나스 수사: 생애, 작품, 사상』[1974] (이재룡 옮김, 성바오로출판사, 1998, 637쪽)을 추가하며 적극 추천하였다. 우리는 여기에 "토마스 사상 부흥운동의 주도적 인물 중 하나에 의해서 쓰인, 성 토마스의 인품과 사상에 관한 최상의 안내서 가운데 하나"(랄프 매키너니)라는 극찬을 받는, 피퍼 자신의 좀 더 넉넉한 분량의 안내서 『토마스 아퀴나스: 그는 누구인가』[1958](신창석 옮김, 분도출판사, 1995, 224쪽)와 토마스 오미어러의 『신학자 토마스 아퀴나스』[1997](이재룡 옮김, 가톨릭출판사, 2002, 525쪽)를 추가할 수 있을 것이다.

4. 이번에 출간하는 우리의 소책자는 방금 전에 소개한, 저자의 좀 더 넉넉한 1958년도 안내서의 근간을 이루게 될 세 편의 선구적 핵심 통찰을 담고 있다. 1) 첫 번째 작품은 1940년 『토마스 아퀴나스에 관하여』(Über Thomas von Aquin)라는 제목으로 출판되었다가 나중에는 『토마스 아퀴나스에 관한 짧은 안내』(Kurze Auskunft über Thomas von Aquin)라는 제목으로 출간된 작품이고, 2) 두 번째 작품은 「성 토마스의 철학에 들어 있는 부정적 요소에 대하여」(De l'elements negatif dans la philosophie de Saint Thomas d'Aquin)라는 불어 제목으로 『살아계신 하느님』(Dieu Vivant 20[1951])이라는 학술지에 실렸던 논문인데, 1953년에 『부정 철학』(Philosophia negativa)이라는 제목의 소책자

---

4. 그랍만의 작품까지는 몰라도, 질송과 슈뉘의 이 역작들만큼은 머지않아 번역하기로 계획 중에 있다.

로 따로 출간되었다가, 나중에 『소진될 수 없는 빛: 토마스 아퀴나스 세계관의 부정적 요소』(*Unaustrinkbares Licht: Das negative Element in der Weltansicht des Thomas von Aquin*)라고 제목을 바꿔 출판된 소책자이다. 3) 세 번째 작품은 마드리드와 바르셀로나의 대학에서 행한 강연을 다듬어 『토미즘의 현실성』(*Actualidad del Tomismo*)이라는 제목의 스페인어로 출간되었던 소책자이다.

이처럼 이 책에 실린 세 편의 논설은 각기 다른 기회에 각기 다른 언어와 다른 방식으로 발표되었던 것들인데, 나중에 영역되면서 출판사(Pantheon)가 한 권으로 묶어 출판하며 지금의 제목을 붙였다: *The Silence of St. Thomas*, Southbend(IN), St. Augustine's Press, 1957. 그럼에도 불구하고 한 가지 단일한 주제가 이 책에 담겨 있는, 성 토마스에 관한 세 편의 논설을 관통하고 있다. 그것은 신비(神祕, mysterium)라는 주제, 또는 좀 더 정확히 말하자면, 실재의 궁극적 신비에 대한 인간 지성의 탐색적 응답이라는 주제다. 신비의 사실과 그에 대한 응답이, 첫 번째 논설을 구성하는 성인의 간결한 전기를 통해 시사되고 있고, 이어서 그의 철학 안에 담겨 있는 '부정적 요소'를 소개하는 가운데 세밀하게 소묘되고 있다. 세 번째 논설은 현대 실존주의가 철학적 사고의 한계라는 이 근본적 요소와 관련하여 천사적 박사의 '구원(久遠)의 철학'과 근본적으로 일치한다는 것을 보여준다.

피퍼는 성 토마스가 말년에 이르러 작업하고 있던 모든 집필활동을 중단하고 침묵하게 된 것이 신비체험을 통해 참진리를 직접 맛보았기 때문이라고 역설한다. 인간 이성의 불완전한 진리 파악능력이 절대 진리인 하느님을 온전히 다 포착할 수 없다는 불립문자적(不立文字的) 진실을, 말을 넘어 오히려 침묵으로 가리키고 있다는 것이다. 피퍼는 이렇게 결론짓는다. "본서에서 강조하는 바는 철학적 사유의 적극적 성취보다는, 그에 못지않게 중요한 측면, 곧 인간이 자신의 철학적 탐구에서 거듭거듭 '실재란 그 깊이를 다 헤아릴 길 없는 것'이라는 경험과 마주친다는 점과, 존재는 신비라는 점에 놓여 있다. 이 경험은 사실 우리로 하여금 장황한 설명보다는 차라리 침묵 쪽을 택하도록 촉구한다. 하지만 그것은 체념의 침묵이나 더더욱 절망의 체념일 수 없고, 경외심에서 우러나오는 침묵일 것이다."(저자 후기)

저자를 소개하는 글로는, 20세기 최고의 시인 가운데 하나로 평가받는 미국 시인 엘리엇(T.S. Eliot)이 이미 2011년에 출간된 『여가와 경신』에 쓴 "추천사"(7-15쪽)와 평생 피퍼를 '인생의 스승'으로 삼아 살아왔다고 고백한 칼 레만 추기경(Karl Card. Lehmann)이 피퍼 선종 10주기에 발표한 감동적인 강연(같은 책, 111-138쪽)이 있다. 또 2018년에 출간된 『그리스도교의 인간상: 덕에 관하여』에도 분석적 토미스트로 알려진 존 할데인(John Haldane)의 "서문"(7-19쪽)이 달려 있다. 하지만 언급한 글들이 모두 특정 주제를 다루는 작품을 중심으로 소개하고 있어 피퍼의 사상 전반에 대한 평가가 아쉬웠는데, 이번 소책자를 출간하는 기회에 마침 그런 전반적인 평가를 담고 있는 슈마커의 연구논문을 발견하여, 여기에 "부록"으로 싣는다.

이번에도 거친 원고를 매끄럽게 가다듬고 숨어 있는 오식들을 바로잡아준 제자 손윤정 마리아 자매에게 감사드리고, 자꾸만 늦어지는 원고를 인내로 기다려 깔끔하게 마무리해주신 오엘북스 편집진에게도 감사의 마음을 전한다. (2023년 5월 18일 스승의 날에, 정금산 자락에서)

# 27. 성 토마스의 윤리철학

랄프 매키너니, 『성 토마스의 윤리철학』, 이재룡·김성수 옮김, 한국성토마스연구소, 2023, 239쪽.

이 책은 노트르담대학 철학과에서 평생(1955-2009)을 봉직한 랄프 매키너니(Ralph McInerny)가 1982년에 간행하고 1997년에 개정판을 낸 『토미스트 윤리학: 토마스 아퀴나스의 윤리철학』(*Ethica Thomistica: The Moral Philosophy of Thomas Aquinas*, Washington, The Catholic University of America Press)을 번역한 것이다. 원제는 조금 길고 중첩된 느낌이 있어 부제(副題)를 제목으로 단순화했다. 비록 모두 소책자들이지만, 국내에 소개되는 저자의 세 번째 작품이다. 공교롭게도 간행된 순서는 역순이다.

첫 번째로 소개된 작품은 역자의 졸역으로 가톨릭출판사에서 2000년에 간행한 『제2차 바티칸 공의회 이후 현대 가톨릭의 위기 진단』(*What Went Wrong with Vatican II: The Catholic Crisis Explained*, Manchester, Sophia Institute Press, 1998)이다. 이 책의 핵심 주제는 인간 생명을 둘러싼 윤리적 쟁점들로, 당초 공의회 의제로 계획되었지만 너무 민감하고 위험한 주제라 따로 떼어내어 별도의 연구위원회로 하여금 연구를 계속하게 한 다음, 1968년에 교황 바오로 6세가 『인간의 생명』(*Humanae Vitae*)이라는 회칙으로 발표하게 되었다. 본서는 이 회칙에 대해 그 위원회에 참여했던 신학자들을 포함하여 전 세계 저명한 윤리신학자들이 '제2차 바티칸 공의회'의 이름을 걸고 끈질기게 저항하며 반대 성명과 기고문들을 발표함으로써 이후 30년 이상 동안 교회의 성직자와 평신도를 혼란으로 몰아가게 된 핵심 논지들을 날카롭게 파헤쳐 밝히고 있는 대단히 중요한 작품이다.

두 번째 작품은 저자가 워싱턴에 있는 교황 요한 바오로 2세 연구소의 초청으로 1990년 네 차례에 걸쳐 행한 〈맥기브니 강연〉(McGiveney Lecture)을 정리하여 간행한 것을 대구가톨릭대학 토미스트 윤리학자인 김율 교수가 누멘출판사를 통해 2017년에 간행한 『그리스도교 윤리학: 윤리신학과 철학적 윤리학의 성찰적 대화』(The Question of Christian Ethics, Washington, Catholic University of America Press, 1993)로서, 본서의 마지막 장에서 다루는 윤리철학과 윤리신학의 관계 정립을 확장적이고 체계적으로 다루고 있다.

세 작품 가운데 가장 먼저 쓰인 본서에서는 성 토마스의 윤리학, 특히 『신학대전』 제2부 가운데서도 그 합리적 토대를 다지는 제2부 제1편(Ia IIae) 전체를 개관하고 있다. 그러나 본서에 대한 언급은, 매키너니의 연구 전체의 성격과 특히 주의를 기울이는 관심 분야를 간략하게 살펴본 연후에 돌아오는 것이 좋을 것으로 보인다.

캐나다 퀘벡에 있는 라발대학에서 『쇠렌 키에르케고르의 실존적 변증법』(The Existential Dialectic of Søren Kierkegaard)이라는 제목으로 박사학위를 취득한 이래, 미국과 캐나다를 중심으로 반세기 넘게 이어진 매키너니의 지칠 줄 모르는 연구는 아퀴나스 사상에 대한 열정적이고 재치 넘치는 옹호에 집중되었다. 그는 토마스 아퀴나스의 『신학대전』과 다른 작품들을 통해서 자신이 깨달을 수 있었던 통찰들을, 지혜를 추구하는 모든 이가 함께 맛볼 수 있기를 열망한다. 그는 토마스의 철학적 통찰들을 아리스토텔레스의 사상으로부터 분리하려 들지 않는다. 그래서 동료들은 그의 입장을 '아리스토텔레스적 토미즘(Aristotelian Thomism)'이라 부른다. 본서의 제3장에서도 잘 드러나듯이, 그는 아리스토텔레스-토마스 노선의 실재주의에 반대하는 반(反)실재주의를 논박하는 열쇠가 자연 또는 본성(natura)에 있다고 보기 때문에, '자연적 원리들의 복원'을 현대인에게 절실한 철학적 과제로 이해하고 있다.

매키너니가 성 토마스의 사상 가운데에서 관심을 집중하는 주제는 두 가지라고 할 수 있을 것이다. 하나는 1961년부터 1999년에 이르기까지 40년에 걸쳐 꾸준히 이어오며 저자 자신이 서너 권의 단행본 제목에서도 드러내고 있는 '유비(類比, analogia)'에 관한 연구이고, 다른 하나는 어쩌면 유비보다 더 한결같이 지속된 '토마스의 윤리학(ethica)'에 관한 연구이다.

먼저 유비에 관해서 한마디 하면, 매키너니의 관심은 『유비의 논리학: 성 토마스 해석』(The Logic of Analogy: An Interpretation of St. Thomas)을 출간한 1961년부터 『유비 연구』(Studies in Analogy)를 출간한 1968년과 『존재자와 서술』(Being ans Predication)을 출간한 1986년을 거쳐 『아퀴나스와 유비』(Aquinas and Analogy)를 출간한 1999년까지 꾸준히 이어진다. 거의 40년에 걸친 연구다. 유비 개념은 어쩌면 아리스토텔레스의 학문 개념에 입각해서 신학을 체계적으로 정립하려는 그의 기획 전체의 중심을 차지한다 해도 과언이 아니다. 40년 가까이 이어진 일관된 그의 연구의 목적은 아퀴나스가 언어의 논리적이고 어의학적인 구조를 능숙하게 분석함으로써 그 유비적 구조를 밝혔다는 점을 입증하려는 것이다. 그는 지치지 않고 아퀴나스 사상의 기저를 이루는 유비 이론이 '논리적(logical)' 가르침이라는 것을 강조한다. 하지만 언어에 대한 유비적 사용에 주목하는 것이 형이상학적 성과가 아니라는 것을 말하려는 것이 아니다. 다만 언어에 대한 사전의 신중한 주의 없이 형이상학적 단언으로 성급하게 움직이는 것은 불가피하게 "형이상학적 탐구에 고유한 양식은 논리적"이라는 아퀴나스의 경고를 간과하게 될 것이고, 그렇게 되면 원치 않

는 상상으로 끝나리라는 것이다. 그래서 그의 독특한 유비 이론은 많은 이들의 검토 대상이 되었다.[1]

본서의 중심 주제는 성 토마스의 윤리철학 또는 철학적 윤리학으로서, 성인의 방대한 걸작 『신학대전』의 절반 이상을 차지하는 제2부, 그 가운데서도 특히 인간적 행위의 합리적 토대를 정초하고 있는 제1편에 집중된다. "머리말"에서 강조하듯이 저자는 이 소책자를 통해 '성 토마스가 윤리철학을 수행한 방식'을 개관하고자 했고, 그런 의도로 집필된 이 책이 모든 이가 알고 있는 방식과 일치하지 않는다면 그것은 성 토마스의 실재주의적 윤리철학을 소개하는 데 실패했다는 증좌이기 때문에, '이 책을 불태워 버리라'고 자신 있는 어조로 선언한다.

저자는 먼저 제1장에서 윤리적이고 인간적인 행위들의 의미와 구조에 관해 짧게 검토한 다음에, 제2장에서는 아리스토텔레스와 성 토마스에 따른 '인간을 위한 선'이 무엇인지를 검토하는 가운데, 인간의 궁극 목적으로서의 '최고선(summum bonum)'의 역할을 강조한다. 제3장은 본래 노트르담대학 법학과에서 가졌던 강연을 다듬은 것으로서, 초판에서는 그리세즈(Griesez)-핀니스(Finnis)의 입장에 대한 신랄한 비판이 담겨 있었다. 그들의 입장은 실재(is)에서 당위(ought)로, 사실(fact)에서 가치(value)로 넘어갈 수 없다는 데이비드 흄의 관념을 수용하는 것이다. 그들은 윤리적 사고에 대한 그 어떤 형이상학적 정초도 배격한다. 그들은 자연법의 초기 원리들은 도덕

---

1. Cf. David B. Burrell, CSC, "From Analogy of 'Being' to the Analogy of Being", in John P. O'Callaghan & Thomas S. Hibbs(eds.), *Recovering Nature: Essays in Natural Philosophy, Ethics and Metaphysics in Honor of Ralph McInerny*, Notre Dame(IN), University of Notre Dame Press, 1999, pp.253-266; Battista Mondin, CMX, *La metafisica di S. Tommaso d'Aquino e i suoi interpreti*, Bologna, Edizioni Studio Domenicano, 2002, pp.137-142; Lawrence Dewan, OP, "St. Thomas and Analogy: The Logician and the Metaphysician", in R.D. Houser(ed.), *Laudemus viros gloriosos: Essays in Honor of Armand Maurer, CSB*, Notre Dame(IN), University of Notre Dame Press, 2007, pp.132-145.

이전이라 단정하고, 윤리적 추론을 위해서는 어떤 다른 것이 요구된다고 주장하며, 인류에게는 모두 동등하여 위계질서화될 수 없는 몇 가지 기본적 선이 있다는 반론 등을 내세운다. 이 모든 관점 하나하나에 대해 매키너니는 날카로운 비판을 가했다. 하지만 개정판에서는 구체적인 쟁점들을 최대한 누락시키고, 그 논쟁의 어조를 최대한 누그러뜨려 일반화시켰다. 제4장부터 제7장까지는 의도적 활동, 도덕적 선과 악, 덕망 있는 성격과 도덕적 판단, 현명과 양심의 역할에 관한 아퀴나스의 가르침을 다룬다.

마지막 제8장에서는 아퀴나스가 윤리철학을 어떻게 하느님의 계시에 기초하고 있는 윤리신학으로부터 구별하는지 그 관계를 정립하고 있다. 여기서 짧게 다룬 윤리철학과 윤리신학 사이의 관계 정립 문제는, 저자가 1990년 〈맥기브니 강연〉을 통해 체계적으로 확장시켜 다시 다루었다. 바로 앞에서 소개한, 대구가톨릭대학 김율 교수의 유려한 번역으로 우리가 읽을 수 있게 된 『그리스도교 윤리학』이다. 그런데 마리탱과 질송 같은 현대 토미즘의 거장들이 부정적인 결론을 제시할 정도로, 토미스트들 가운데서도 의견이 분분하고 까다로운 바로 이 주제, 곧 '윤리철학의 독자적 성립 가능성' 문제는 너무도 중요하기 때문에, 나는 저자보다 한 세대 선배라 할 수 있는 버논 부르크의 「계시 없는 윤리철학?」(Vernon Bourke, "Moral Philosophy Without Revelation?", *The Thomist* 40[1976], 555-570)이라는 간결한 논문 한 편을 선택하여 "부록"으로 추가하였다. 관심 있는 독자들이 이 주제를 탐색하는 여정에 도움이 되었으면 좋겠다.

이 소책자는 분량이 얼마 되지 않는데도 공역(共譯)으로 내게 되었다. 두꺼운 책이라면 혹시 모를까 얇은 소책자를 공역하는 경우는 흔치 않기 때문에, 당연히 고개를 갸우뚱하는 독자가 있으리라 믿는다. 그래서 다소 구차스럽지만, 경위를 밝힌다. 사실 이 책이 간결한 토미스트 윤리학 교재로 유럽과 북아메리카에서 오늘날까지도 널리 애용되고 있다는 것을 익히 알고 있기 때문에, 분량도 적절한 이 책을 '토미즘소책' 시리즈로 출간해야겠다고 생각하고, 일찌감치 저작권 협약도 마치고(2020년 9월), 또 연구의 필요 때문에 이 책의 한 장(인간적 행위의 도덕성을 다루는 제5장)을 미리 번역해놓기도 했다. 하지만 다른 우선적인 과제들 때문에 차일피일 밀려 한두 해가 속절없이 흘러가던 지지난 해에, 마침 로마에서 윤리신학 박사학위를 마치고 특이하게도 주교님의 명에 따라 다시 심리학 석사 과정을 이수하는 중에 휴가차 잠시 귀국한 제자 김성수 신부가 들른 김에, 사정 이야기를 하여 공동번역을 하기로 하고 반쯤 분량의 번역을 맡기게 되었다. 제자가 쑥쑥 자기 몫을 다하는 동안 스승은 여전히 다른 과제에 쫓겨 결과적으로는 면목 없게도 나머지 부분마저 거의 다 제자가 번역을 한 셈이 되었다. 제자의 마지막 초고를 받은 것이 2021년 12월! 그러고도 거의 2년 세월이 훌쩍 흘렀으니 제자에게도 미안해서, 지난 두 달 동안 집중적으로 번역 초고와 원문을 대조하며 꼼꼼히 살피며 애매한 부분들의 번역을 명료하게 바로잡고, 적지 않은 용어를 통용되는 토미즘의 용어로 바꾸어 이제야 탈고를 하게 되었다.

원서에는 색인도 없고 참고문헌은 본질적인 최소로 제시되었지만, 이미 초판으로부터 40년의 간격이 있다는 점과 주제의 중요성을 고려하고 독자의 편의를 도모하기 위해, 앞에서도 언급한 것처럼 부르크의 논문 한 편을 번역하여 "부록"으로 첨가하였고, 얼마간의 참고문헌을 추가하였으며, 색인은 부록까지 포함하여 가급적 상세하게 달았다.

나는 1993년 학위를 마치고 귀국하자마자 출간하게 된 『신학대전요약』을 시작으로 이제까지 예닐곱 권의 두툼한 작품을 공동 작업을 통해 출간한 경험이 있지만, 이번에 제자와 함께 출간하는 작업에서는 다른 때와 다른 신선한 느낌을 받았다. 학생 때부터 눈여겨

지켜본 제자가 어느새 훌쩍 성장해 박사학위를 취득하고 스승을 대등한 위치에서 돕게 되었다는 것이 참으로 신기했다. 특히 번역의 문체와 사용하는 용어들이 상당 부분 내가 사용하고 있는 것과 흡사하고 이질감이 적은 것에 놀랐다. 지난여름 다시 방문한 기회에 이런 느낌을 제자에게 전하며 "어떻게 이게 가능하지?"라고 말했더니, "신부님의 강의를 들은 제자니까요!"라고 답하였다. 비록 소책자이지만, 이번 공동 작업이 마음에 두고두고 여운을 남긴다.

   이런 과정을 거쳐 탄생한 이 작은 역서가 스콜라학의 종합적 완성자의 방대한 윤리 체계의 철학적 토대를 이해하는 데 조금이라도 도움이 될 수 있기를 희망한다. 원저는 '매우 명료하게 쓰여 일반 윤리학의 짧은 강좌 교재로 쓰이기에 매우 적합하다'는 평을 들었다. 혹시라도 이 번역서가 어딘지 부족하다고 느끼는 독자가 있다면, 지난봄에 졸역으로 출간한 세르베 핑케어스의 2009년도 (생애 마지막) 작품 『정념과 덕』을 함께 읽는다면, 서로서로 보완이 될 수 있으리라 믿는다. (2023년 10월 28일 사도 시몬과 유다 축일에, 횡성 정금산 자락에서)

## 28. 성 토마스와 신학

마리 도미니크 슈뉘, 『성 토마스와 신학』, 이재룡 · 권영파 옮김, 한국성토마스연구소, 2024, 284쪽.

1. 이 책은 도미니코회 소속 마리 도미니크 슈뉘 신부의 *St. Thomas d'Aquin et la théologie*(Paris, Du Seuil, 1959, 2005)를 완역한 것이다. 이탈리아 역본과 영역본을 참조하였다.[1]

본서의 가장 큰 구조적 특징은 각 장 말미에 〈원전 발췌〉(Anthologie), 곧 중요 원전들로부터 주제와 관련된 핵심 내용들을 발췌하여 제시함으로써, 독자로 하여금 주인공인 성 토마스 자신의 목소리를 직접 듣도록 안내하고 있다는 점이다. 이는 스콜라학적 학문 전통이 뿌리 깊게 남아있는 라틴 문화권에서 어렵지 않게 만나볼 수 있는 바람직한 서술 방식이다.

중세 스콜라학의 체계적 완성자라는 평을 듣는 성 토마스는 성서학자이자 신학자일 뿐만 아니라 파리대학 신학부에서 인기를 누리던 유능한 교육자이고 능숙한 토론자이며 간결하고 설득력 있는 표현으로 마음을 사로잡는 설교자로서 50세도 다 채우지 못하고 생을 마감했음에도 불구하고 믿기 어려울 정도로 방대한 저작을 남겼다.

---

1. 이탈리아어 역본: *S. Tommaso d'Aquino e la teologia*, tr. Corrado Camandone, Torino, Gribaudi, 1977; 영어 역본: *Aquinas and His Role in Theology*, tr. Paul Philibert, OP, Collegeville(Minnesota), Liturgical Press, 2002.

2. 슈뉘는 성 토마스 아퀴나스의 불후의 걸작인 『신학대전』을 소개하기 위해 주인공의 생애와 가르침을 13세기라는 역사상 드문 격변기의 시대적이고 문화적인 맥락 속에 자리매김하고 있다. 먼저, 웅장한 기념비적 대수도원들 속에 화석화된 전통적인 교회의 모습과, 프란치스코회와 도미니코회 같은 도심 속 '임시' 수도원들이 포함되어 있는 민중의 활기찬 삶의 현장에서 드러나기 시작하는 새로운 교회의 활력이 뚜렷하게 대조되고 있다.

이어서 논의는 사목 직무, 신학 교수직, 그리고 모든 세례받은 신자들의 사회적 투신 등 그리스도인 활동들의 공동 에너지 원천인 관상(contemplatio)으로 확장되고, 인간의 구체적 삶 속에서 이성, 의지, 감정, 덕 사이의 섬세한 균형을 분석하는 기초윤리에 대한 분석이 농도 깊게 전개되며, 그리스도인의 역사 감각과 아퀴나스가 강조하는 진리탐구 과정에서 토론과 논쟁의 중요성이 규명되고 있다.

탐구의 자유와 각 학문의 전문 영역에서의 자율성에 대한 한결같은 깊은 존중이 서술 속에 배어 있고, 교회와 사회의 타성에 젖은 경직된 측면들에 직면해서, 용감하게 그 뿌리와 원천으로 돌아가 본래적 진리의 활력을 되살려내는 혁신적 '스승' 토마스의 모습이 부각된다.

그는 한편으로는 구세주의 모범적 언행을 통해 우리에게 전해진 소중한 구원적 진리와 그것에 대한 위대한 교부들의 해석 및 교도권의 선언들을 통해 전해지는 전통과, 다른 한편으로는 고대 그리스-로마 문명을 비롯해 자연적 이성의 역량을 통해 인류가 성취한 빛나는 통찰을 누적시켜온 문화 전통이라는 방대한 자료들을, 일관된 원리들에 입각해서 학문적으로 웅장하게 체계화시킴으로써 하나의 새로운 문명을 창안해냈다.

독자는 이 책을 통해 생생하고 구체적인 역사적 맥락 속에서, 역사의 수많은 도전을 헤쳐 나가며 여러 상충하는 요소들 가운데 담겨 있는 진리의 통찰을 체계적으로 웅장하게 종합해낸 백과사전적 사상가의 걸작을 감상할 수 있다. 슈뉘는, 성 토마스가 13세기라는 격변기에 치열하게 도전하고 투쟁하며 답을 찾아낸 통찰들이 오늘날 문화적·학문적 도전으로 위기에 처해 있는 우리 시대의 교회와 학술계에도 그 무엇보다 건실하면서도 효과적인 도움을 줄 수 있다고 확신하고 있다.

3. 이 소책자는 처음부터 '토미즘소책' 시리즈를 염두에 두고 진작에 번역권도 얻어두었던 작품인데, 더 급한 작업들 때문에 미뤄두고 있던 참에, 에드워드 스힐레벡스(Edward Schillebeeckx, OP)의 역사신학을 전공하고 신학박사 학위를 취득한 권영파 박사가 스힐레벡스 사상의 토대에 스승인 슈뉘가 한평생 투신하며 개척한 역사신학적 통찰이 자리 잡고 있음을 간파하고 슈뉘의 사상과 작품에 관심을 기울여 이미 논문 한두 편을 발표하고 또 연관 주제들을 계속 연구하고 있다는 반가운 소식을 전해 듣고, 지난해 초여름쯤, 이 소책자를 공역으로 출간하기로 뜻을 모았다. 일단, 본문은 권 박사님이 영어 번역본을 대본으로 초역을 하고, 발췌록과 부록에 실릴 몇몇 논문은 내 몫으로 과제를 분담하지만, 본문 초역이 완료되면 불어 원본과 이탈리아어 번역본을 기초 삼아 대조 작업을 하며 다듬기로 하였다.

   그리고 권 박사님의 본문 초역본을 받은 것이 지난 2월이니까 어느새 반년이 훌쩍 지났다. 그것을 다른 바쁜 일정에 쫓겨 미뤄두었다가 지난 늦여름쯤부터 서둘러 검토해보니, 불어 원본 자체가 문장이 매우 길고, 주어나 때로는 동사까지 생략하는 경우들이 많아 영역본에서 그 부분들을 보충하거나 덧붙인 경우들이 적지 않았기 때문에 내용을 대조하는 데 상당히 애를 먹었다. 게다가 시간에 쫓겨 서두른 면도 없지 않아서, 일관성 있는 충분한 검토가 이루어지지 못한 부분들이 적잖이 섞여 있지 않을까 걱정이 앞선다. 작업을 일찍 끝내놓고도, 나의 게으름 때문에 오래도록 기다릴 수밖에 없었던 공역자 권영파 박사님께 미안하다.

국내에서 저자 슈뉘와 직접 관련된 글로는, 일찍이 『신학대전 요약』(1993)의 "부록"으로 실렸던 「신학대전 연구 입문」[2]과 최근에 번역된 몬딘 신부의 『신학사 4: 현대』(2020)에 실려 있는 소개의 글,[3] 그리고 공역자인 권영파 박사님의 연구논문 두 편[4]이 학술지에 발표된 정도다. 단행본으로는 본 소책자가 국내에서 출판되는 첫 작품인 셈이어서, 조금 번잡하게 느껴질지 모르지만, 몇 가지 짧은 글들을 부록에 첨부하는 것이 저자를 포괄적으로 이해하는 데 도움이 되겠다고 판단했다. 먼저, 슈뉘가 1974년 로마에서 개최된 성 토마스 선종 700주년 국제학술대회에서 80세에 가까운 원로 신학자로서 발표한 「토마스 아퀴나스: 새 시대의 혁신가」라는 논문, 두 번째로는 저자가 선종한 해인 1990년에 동료 수도자들 앞에서 행하고 잡지에 게재했던 「진리가 너희를 자유롭게 할 것이다」라는 짧은 강론 한 편을 골랐다.[5] 세 번째로는 슈뉘의 제자들 가운데 하나로 비판적 해석학과 역사학적 원리들을 신학에 적용하는 저명한 네덜란드 신학자 스힐레벡스 신부가 팔순을 맞이하며 이탈리아의 한 기자

---

[2] M.-D. 슈뉘, 「부록: '신학대전' 연구 입문」, G. 달 사쏘 · R. 코지(편), 『성 토마스 아퀴나스의 신학대전 요약』, 이재룡 · 이동익 · 조규만 옮김, 가톨릭대학교출판부, 2판, 1995, 589-616쪽.
[3] 바티스타 몬딘, 『신학사 4: 현대』, 이재룡 · 윤주현 · 안소근 옮김, 가톨릭출판사, 2020, 793-804쪽.
[4] 권영파, 「슈뉘(M.D. Chenu)의 신학에서 역사에 대한 이해」, 『신학전망』 220(2023), 2-30쪽; 「아퀴나스 신학의 새로운 파장이 불러온 공명」, 『진리에 이르는 길을 찾아서: 이재룡 신부 고희기념논문집』, 가톨릭대학교출판부, 2024, 355-383쪽.
[5] 첫 번째 논문에서도 슈뉘는 토마스가 13세기라는 역사상 드문 격변기의 시대적 도전에 맞서 얼마나 용감하게 투쟁하며 신학적이고 문화적인 혁신을 이루어냈는지를 잘 보여주고 있지만, 특히 두 번째 강론에서는 95세 노학자라고는 믿기지 않을 정도로, 진리와 자유와 도전 정신이야말로 성 토마스가 우리에게 본받으라고 보여주는 모범이라고 역설하는 젊고 우렁찬 목소리를 들을 수 있다.

와 나눈 대담집 『나는 행복한 신학자입니다』(1993)에 실려 있는 「슈뉘에 대한 짧은 회상」[6]을 선택했고, 마지막으로 스코틀랜드 출신의 도미니코회원인 퍼거스 커(Fergus Kerr, OP) 신부가 10명의 위대한 현대 가톨릭 신학자들을 선정하여 평가한 『20세기 가톨릭 신학자들』(2007)에서 첫 번째로 논하고 있는 슈뉘의 사상 전반에 대한 개괄적인 평가[7]를 번역하여 실었다.

4. 슈뉘가 힘주어 강조하듯이, 토마스는 철학자이기 이전에 신학자였다. 그는 자신의 신앙 내용인 그리스도교 복음의 진리를 해설하는 데 아리스토텔레스와 신플라톤주의 철학사상들을 적극적으로 활용하지만, 대체적으로 말해 아리스토텔레스와 보에티우스에 대한 주해 작업을 예외로 친다면 본격적인 철학 논술을 전개하는 데 관심이 있는 것이 아니라 어디까지나 신학자로서, 신학 주제를 해설하는 데 필요한 만큼만 철학을 활용했다. 그리스도교의 계시 진리는 역사 안에서 살아가는 구체적인 인물들에게 대대로 전달된다. 하느님께서는 구약시대에는 예언자들을 통해서, 그리고 결정적인 때가 되자 당신 외아들의 육화(肉化)를 통해서 역사 속에 들어와 역사 전체를 변화시켰다.

슈뉘는 성 토마스의 삶의 모범에 비추어 역사와 구체적인 오늘날의 현실 속에 깊이 뿌리박고 호흡하며 살아가는 그리스도인들이 복음적 진리와 하느님의 생생한 현존을 깊이 느끼며 관상한 것을 친지들에게 나눠주어야 한다고 역설한다. 슈뉘의 이런 깊은 통찰들이 독자들에게 생생하게 전달되어, 성 토마스의 것과 같은 고전적 문

---

[6]. Edward Schillebeeckx, OP, "A ricordo di Marie Dominique (Marcel) Chenu, OP(7 gennaio 1895-11 feb. 1990)", in *Sono Un Teologo Felice*(Colloqui con Francesco Strazzari), Bologna, Edizioni Dehoniane, 1993, pp.97-99.

[7]. Fergus Kerr, OP, "Marie Dominique Chenu", in ID., *Twentirth-Century Catholic Theologians*, Malden(MA), Blackwell, 2007, pp.17-33.

화유산들을 바라보는 눈이 신선해지고, 독자들의 구체적인 삶 속에서도 풍성한 열매들을 맺게 된다면, 우리 역자들의 작은 수고는 이미 큰 보상을 받은 셈이 될 것이다. (성 토마스 선종 750주년인 2024년 11월 15일 토마스의 스승 알베르투스 마뉴스 축일에, 정금산 자락에서)

# 29. 아퀴나스의 신학대전

장 피에르 토렐, 『아퀴나스의 신학대전』, 졸역, 한국성토마스연구소, 2024, 222쪽.

1. 본 소책자는 도미니코회 수사로서 스위스 프리부르대학 교의신학 교수로 오래도록 봉직한 장 피에르 토렐 신부의 *La Somme de théologie de saint Thomas d'Aquin*(Paris, Cerf, 1998; [=Engl.: *Aquinas's Summa: Background, Structure, & Reception*, tr. B.M. Guevin, OSB, Washington, The Catholic University of America Press, 2005])의 완역이다.

널리 잘 알려져 있는 사실이지만, 13세기 유럽 세계는 역사상 드문 정치적·사상적 격변기를 겪었다. 당시까지 중세 유럽 1000년을 지배해온 사상은 아우구스티누스의 신플라톤계 철학이었지만, 12세기 말부터 선진 이슬람 문명을 통해 아리스토텔레스의 새로운 학문 방법론이 소개되어 서구 문화계에 일대 혁명을 일으키고 있었고, 대학(Universitas)이라는 새로운 형태의 교육 및 문화 중심이 형성되어 우수한 인재를 키워내기 시작하였으며, 봉건체제가 쇠락하고 근대 민족 국가들이 태동하고 있었다.

성 토마스 아퀴나스는 당시 막 생겨난 도미니코회라는 탁발수도회의 수도자로서 진리에 대한 지칠 줄 모르는 열정으로 무장하고, 당시까지 알려져 있던 인류 문명 전체와 마주하여, 특히 도도한 물살처럼 압도해 오며 그리스도교 진리를 위협하던 선진 이슬람 문명에 대응하여, 전방위적으로 투신하는 '백과사상적 사상가'(몬딘)로서 스콜라학을 집대성할 수 있었다. 그랍만이 한 세기 전에 평했던 것처럼, "토마스의 위대한 필생의 작업은 아리스토텔레스의 철학에 대한 독자적인 관통과 소화이고, 저 철학의 학문적 양식을 아우구스티누스와 초기 스콜라학에 의해서 제공된 그리스도교의 세계관과 유기적으로 연결시키는 작업이며, …교회 전통과 신학의 위대한 전통을 포기하지 않으면서 아리스토텔레스의 철학을 수단으로 채택한 사변신학의 체계적 구성이다."

20세기는 토마스 아퀴나스 재발견의 세기다. 20세기의 토미스트 역사학은 성 토마스가 철학에 기여한 것이 아무것도 없다는 현대철학자들, 그 가운데서도 특히 하이데거의 비난과 단정이 사실과 거리가 멀다는 것을 밝혀냈다. 오히려 천사적 박사가 대단히 위대한 신학자요 주해자일 뿐만 아니라 가장 위대한 철학자, 특히 가장 위대한 형이상학자들 가운데 하나였다는 것을 논란의 여지 없는 방식으로 입증하였다. 몬딘에 따르면, 성 토마스의 철학적 위대함은 정확히 존재 형이상학의 확립으로서, 실상 세기들이 경과하는 중에 한 번도 노작된 적이 없는 독특한 존재 형이상학(unica metaphysica de esse)이다. 일찍이 다른 누구에 의해서도 개념된 적이 없는 유일하게 진정한 존재 형이상학이다. 이러한 그의 업적을 두고 학자들은 "인류 역사상 가장 위대한 혁명"(체스터튼) 또는 "인류의 가장 중요한 지성적 금자탑"(크리프트)이라는 찬사를 아끼지 않는다.

하지만 성 토마스가 선종한 이후부터 여러 세기가 지나는 동안 내내 성 토마스의 제자들은 스승의 이 중요한 철학적 혁명을 간과하였다. 그들은 성 토마스를 섣불리 아리스토텔레스의 열쇠로 읽음으로써 스승의 위대한 형이상학적 독창성을 놓쳐버렸다. 이것은 스코투스에 대해서는 정상급 연구자이지만 성 토마스에 대해서는 기껏 피상적 지식밖에 가지고 있지 않던 하이데거가 왜 토마스를 존재 망각의 협력자들 가운데 하나로 간주했는지를 설명해준다. 성 토마스의 독창적인 존재 형이상학에 대한 재발견은 비교적 최근에 이루어졌는데, 그것은 회칙 『영원하신 아버지』(1879)를 통해 레오 13세 교황이 '천사적 박사' 철학을 복원하려던 기획의 가장 중요한 결실이다.

2. 그리스도교 최고의 신학자 성 토마스의 "성숙한 천재성의 산물"(오미어러)이자 "신학계에 기여한 가장 깊고 중요한 선물"(와이스헤이플)인 불후의 걸작 『신학대전』은 그 크기가 《플라톤 전집》(50만 단어)과 《아리스토텔레스 전집》(100만 단어)을 합친 것을 크게 상회하는 200만 단어에 이른다. 좀 더 손쉽게 비교하자면 '신구약 합본 성경의 세 배'를 넘는 엄청난 분량이다.

그래서 사람들은 흔히 중세 스콜라학의 기본 문학 형식인 '대전(大全, Summa)'의 구조를 중세 고딕 성당들의 웅장한 구조에 비교하며, '고딕 건축물들은 12-13세기 스콜라학에 대한 물질적 번역'이라거나 '고딕은 돌로 이루어진 스콜라학'이라고 표현하였다(파노프스키). 슈뉘 신부는 이것을 두고 이렇게 표현하였다. "어떤 대 건축가가 자신의 구상을 실현하려면, 먼저 자신의 작품에 부여할 질서를 자기 정신 속에서 전개해야 한다. 그의 창조적 재능은 재료의 선택 및 배열, 여러 부분과 기능들 사이의 조화를 모색하며 구조적이고 일관된 순서로 진행할 것이다. 그리고 이것을 건축의 '설계도'라 불리는 청사진에 담는다. 그렇다면 성 토마스가 그의 웅장한 『신학대전』을 위해 고안해낸 '설계도'는 과연 무엇인가?"

성 토마스의 『신학대전』의 심층부에 가려져 있는 구조의 핵심적 중요성에 관한 논쟁은 특히 현대에 이르러 마리 도미니크 슈뉘 신부의 1939년도 논문("Le plan de la Somme théologique de saint Thomas", *Revue Thomiste* 45[1939], 93-107)이 도화선이 되었지만, 본격적으로 논쟁이 폭발한 것은 토마스 연구에 획기적인 새로운 시각, 특히 '역사적 방법'의 도입 필요성을 체계적으로 역설한 그의 『성 토마스 연구 입문』(*Introduction à l'étude de saint Thomas d'Aquin*)이 출간된 1950년부터다. 이 논쟁은 지금도 한창 진행 중이다.[1]

---

1. 그 주요 매듭들은 다음과 같다. **Marie-Dominique Chenu, OP**, *Introduction a l'etude de saint Thomas d'Aquin*, Paris, Vrin, 1950(ch.11: "The Summa Theologiae")[= 국역본: 슈뉘, 「신학대전 연구 입문」, G. 달 사쏘·R. 꼬지(편), 『성 토마스 아퀴나스의 신학대전 요약』, 이재룡·이동익·조규만 옮김, 가톨릭대학교출판부, 2쇄, 1995, 591-616쪽("부록")]; **Yves Congar, OP**, "Le sens de 'l'Economie' salutaire dans la 'Theologie' de S. Thomas d'Aquin(Somme theologique)", *Festgabe J. Lotz*, vol.2, Baden-Baden, 1957, pp.59-82; **Erik Persson**, "Le plan de la Somme theologique et le rapport ratio-revelatio", *Revue philosophique de Louvain* 56(1958), 545-75; **Andre Hayen, SJ**, "La structure de la Somme theologique et Jesus", *Sciences Ecclesiastiques* 12(1960), 59-82; **Ghislain Lafont, OSB**, *Structure et methode dans la Somme theologique de saint Thomas d'Aquin*, Paris-Brussels, 1961; **Albert Patfoort**, "L'unite de la Ia Pars et le movement interne de la Somme theologique de S. Thomas d'Aquin", *Revue des sciences philosophiques et theologiques* 47(1963), 513-44; **Ulrich Horst, OP**, "Über die Frage einer heilsökonomischen Theologie bei Thomas von Aquin. Ergebnisse und Probleme der neuren Forschung", *Münch. theol. Zeit.* 12(1961), 97-111; **Otto H. Pesch, OP**, "Um den Plan der Summa Theologiae des hl. Thomas von Aquin", *Münch. theol. Zeit.* 16(1965), 128-37; **Yves Congar, OP**, "Le moment ' economique' et le moment 'ontologique' dans la Sacra Doctrina(Revelation, Theologie, Somme theologique)", in *Melanges offerts a M.-D. Chenu*[=*Bibl. thom.* 37(Paris, 1967)], pp.135-87; **James Weisheipl, OP**, *Friar Thomas D'Aquino: His Life, Thought, and Works*, Washington, CUA Press, 1974; 2a ed., 1983, pp.216-230; 245-263[=국역본: 와이스헤이플, 『토마스 아퀴나스 수사』, 이재룡 옮김, 성바오로출판사, 2쇄 2002, 337-356; 380-404쪽]; **Leonard Boyle, OP**, *The Setting of the Summa theologiae of St. Thomas*, Toronto, PIMS, 1982[=국역본: 보일, 「성 토마스『신학대전』의 배경-다시 보기」, 스테픈 포프(편), 『아퀴나스의 윤리학』, 이재룡 외 옮김, 한국성토마스연구소, 2022, 1-22쪽]; **Thomas F. O'Meara, OP**, "Grace as Theological Structure of the 'Summa Theologiae' of Thomas Aquinas", *Rech. Th. Anc. Med.* 55(1988), 130-55; **Leo Elders, SVD**, "La Methode suive par saint Thomas d'Aquin dans la composition de la Somme de theologie", *Nova et Vetera* 66(1991), 178-92; **Joseph A DiNoia, OP**, "Thomism after Thomism: Aquinas and the Future of Theology", in Deal W. Hudson et als.(eds.), *The Future of Thomism*, American Maritain Association, 1992, pp.231-45; **Jean-Pierre Torrell, OP**, *Saint Thomas Aquinas, vol.1: The Person and His Work*, Washington, CUA Press, 1996, pp.150-153; **Thomas O'Meara, OP**, *Thomas Aquinas Theologian*, University of Notre Dame Press, 1997, pp.41-68[=국역본: 오미어러, 『신학자 토마스 아퀴나스』, 이재룡 옮김, 가톨릭출판사, 2002, 105-150쪽]; **Wilhelm Metz**, *Die Architektonik des Summa Theologiae des Thomas von Aquin. Zur Gesamtsicht des thomasischen Gedankens*, Hamburg, Felix Meiner, 1998; **Mark D. Jordan**, "Ideals of Scientia moralis and the Invention of the Summa theologiae", in Scott McDonald & Eleonore Stump(eds.), *Aquinas's Moral Theory: Essays in Honor of Norman Kretzmann*, Cornell Univ. Press, 1999, pp.79-97; **Brian Johnstone**, "The Debate on the Structure of the Summa Theologiae of St. Thomas Aquinas, from Chenu(1939) to Metz(1998)",

3. 토마스는 『신학대전』의 "머리말"에서 자신이 하느님에 대해 만물의 '원리'이자 '목적'으로서 논하려 한다고 명시한다: "거룩한 가르침의 주요 의도는 하느님에 대한 지식을 전하는 것인데, 하느님을 존재 그 자체로서뿐만 아니라 사물들, 특히 이성적 피조물인 인간의 원리이자 목적으로서도 다룬다"(I, q.2, Prol.). 이에 대해 토렐은 본 소책자에서 다음과 같이 설명한다. "『신학대전』의 구조 전체를 지배하는 이 근본적 사실은 함께 묶임으로써 3개 부(部, Pars)와 그것들의 논고(tractatus)들을 통합하는 지하수의 흐름과도 같다."

토마스는 인간의 구원에 반드시 필요한 믿을 교리와 지킬 계명의 방대한 내용을 '발원-귀환'이라는, 신플라톤주의로부터 빌려온 하나의 일관된 원리로 꿰어 종합한다. 신학이라는 학문은 우주 만물을 탐구하되, 만물이 원리(principium)이신 하느님의 품으로부터 나왔다가(창조), 각자가 본성에 주어져 있는 잠재적 능력을 발휘하여 그 궁극적 목적(finis)이신 하느님께로 돌아가는(성장과 완성) 웅장한 과정에 있는 한에서 탐구하는 학문이다. 『신학대전』의 구성과 구조들은 바로 신학의 대상의 본성에서부터 온다. 신학(神學, theologia)은 하느님을 고유 대상으로 삼는 학문인데, 우주 만물은 그분과의 연

---

in Paul van Geest et als.(eds.), *Aquinas as Authority*, Leuven, Peeters, 2002, pp.187-200; **Mark D. Jordan**, "The Summa's Reform of Moral Teaching, and Its Failure", in Fergus Kerr, OP(ed.), *Contemplating Aquinas on the Varieties of Interpretation*, Univ. of Notre Dame Press, 2003, pp.41-54; **Jean-Marc Laporte, SJ**, "Christ in Aquinas's Summa Theologiae: Peripheral or Pervasive?", *The Thomist* 67(2003), 221-48; **Jean-Pierre Torrell, OP**, *Aquinas's Summa: Background, Structure & Reception*[=본서], CUA Press, 2005, pp.17-30; **Rudi te Velde**, *Aquinas on God*, Ashgate, 2006, pp.11-18; **Inos Biffi**, *Sulle vie dell'Angelico: Teologia, storia, contemplazione*, Milano, Jaca, 2009, pp.269-381(c.6: "Il piano della 'Summa Theologiae' et la teologia come scienza e come storia"); **Bernard McGinn**, *Thomas Aquinas's Summa Theologiae: A Biography*(Lives of Great Religious Books), Princeton University Press, 2014, pp.44-73; **Gilles Mongeau**, *Embracing Wisdom, The Summa Theologiae as Spiritual Pedagogy*, Toronto, PIMS, 2015, pp.94-118; **Mark D. Jordan**, "Structure", in Philip McCosker et al.(eds.), *Cambridge Companion to the Summa Theologiae*, Cambridge University Press, 2016, pp.34-47; **Anton ten Klooster**, *Thomas Aquinas on the Beatitudes*, Leuven, Peeters, 2018, pp.140-54.

관성 때문에(sub ratione Dei), 곧 원리이신 그분으로부터 존재(esse)를 부여받아 창조된 피조물이자 각자의 완성을 위해 목적이신 그분을 향해 나아가는, 자연(본성, natura)을 지닌 존재자인 한에서 그 대상에 포함된다. 사변적 교의신학과 실천적 윤리신학은 한 실재의 두 얼굴이 되고, 『신학대전』의 제1부와 제2부를 하나로 꿰뚫는 구상은 성 토마스의 정신을 알려주는 '접근로'가 된다. 그리고 제3부의 "머리말"에서 밝히고 있는 것처럼, '귀환'이라는 동일한 도식은 제3부에서도 주도적인 원리이자 그 해결의 원리가 된다. 하느님과 세상 사이의 중재자 그리스도가 이 귀환의 '길(via)'이 되고 인도자가 되는 것이다. 따라서 우연사들이 벌어지는 역사(歷史, historia)는 구세주의 구원 위업이 펼쳐지는 중심 무대가 된다.

『신학대전』은 하나의 이상적 교과과정으로 집필된 것으로서 "도덕 교육을 단지 실천적인 것으로서 분리시키는 공동체를 교정하고, 그것을 도덕 교육을 위한 신학 교육 전체에서 중심으로 삼는 공동체로 재건하기 위한 것이다."(조던) 토마스는 도덕 실천에 관한 사항들을 신학 속에 편입시킴으로써 윤리신학의 배경을 설정하였다. 윤리신학에 앞서 제1부 하느님, 삼위, 창조를 배경으로 삼고, 또 윤리신학 이후에는 제3부 그리스도와 성사를 배치함으로써, 인간이 그 목적이신 하느님께로 돌아가는 귀환 과정의 동력이 결국은 그리스도의 은총에 달려 있다는 것을 명시한 것이다.

4. 토렐은 이 소책자에 앞서 두 권으로 된 성 토마스에 대한 두툼한 전기적 연구를 출간했다. 제1권은 『성 토마스 아퀴나스 연구착수: 인품과 작업』(*L'Initiation à Saint Thomas d'Aquin: Sa personne et son oeuvre*, Paris, Cerf, 1993[=Engl.: *Saint Thomas Aquinas, vol.1: The Person and His Work*, Washington, CUA Press, 1996, pp.407])이고, 제2권은 『성 토마스 아퀴나스: 영적 스승』(*Saint Thomas d'Aquin: Maître Spirituel*, Paris, Cerf, 1996

[=Engl.: *Saint Thomas Aquinas, vol.2: Spiritual Master*, Washington, CUA Press, 2003, pp.422])이다. 그리고 1999년에는 성 토마스의 작품으로부터 그리스도의 생애와 업적을 도출해낸 두 권의 책을 출간하였다: 『그리스도의 신비: 성 토마스 아퀴나스에 따른 예수의 생애와 업적』(*Le Christ en ses mystères: La vie et l'oeuvre de Jésus selon saint Thomas d'Aquin*, Paris, Desclée, 1999, 2 vols.) 또한 본 소책자가 영어로 출간된 이후에도, 이전에 불어로 발표되었던 논문들을 선정하여 『성 토마스 아퀴나스가 가르치는 그리스도와 영성』(*Christ and Spirituality in St. Thomas Aquinas*, Washington, CUA Press, 2011)이라는 제목으로 번역 출간하였다. 이런 토렐의 아퀴나스 연구의 폭과 깊이와 가치를 전반적으로 개관하는 오미어러 신부의 2001년도 논문 1편을 골라 "부록"으로 실었다. 이 소책자가 전제하고 생략하는 부분들을 이해하는 데 도움이 될 것이다.

토렐은 이 소책자를, 자신이 이제까지 한평생을 바쳐온 토마스 연구의 화룡점정으로 삼아, 토마스의 방대한 역작의 구조와 핵심 내용뿐만 아니라 작품을 이해하는 데 불가결한 문화적이고 이론적인 배경을 꼼꼼히 살핀 연후에, 작품이 750년의 긴 세월 동안 겪게 된 부침을 세 시기로 구분하여 정밀 추적하고 있다.

당연한 순서로 저자인 성 토마스의 시대적이고 지리적인 배경과 가정환경, 기초 교육과 일생의 향방을 가른 소명 선택, 그리고 이어진 지적 양성과 신학교수로서의 3중 직무, 곧 강독, 토론, 설교의 직무를 수행할 뿐만 아니라 엄청난 양의 저술과 교회와 수도회의 이런저런 필요에 따른 요구 사항들에 모자람 없이 응답한 숨가쁜 50년 생애를, 수십 년 축적되어온 역사비평적 탐구 결실들을 활용하여 균형 있게 묘사하고 있다(제1장).

뒤이어 주인공인 방대한 『대전』의 구조와 내용을 두 장에 걸쳐서 서술한다. 그런 다음에 역사적 배경으로, 성 토마스를 가르치고 이 걸작을 완성 직전까지 함께 이끌어간 권위 있는 수많은 두 갈래 스승들, 곧 가장 중요한 내면의 스승의 계시 말씀을 담고 있는 성경의 말씀들과 그 가르침을 다각도로 해설해주는 동서방의 교부들 및 초기 스콜라학 선배들로 이어지는 그리스도교 전통의 스승들이 있는가 하면, 다른 한편으로는 당시 서방에 막 전해지며 그 엄정한 학문적 체계성으로 서방 스콜라학자들을 깜짝 놀라게 했던 아리스토텔레스를 비롯해서 고대 그리스 철학 전통과 신플라톤 전통, 그리고 스토아 철학으로 이어져온 이교도 전통에 이어 성지 탈환을 위한 여러 차례에 걸친 십자군 원정을 기회로 도도한 기세로 서방 유럽을 위협하며 유입되던 선진 이슬람의 도전적인 문명을 등에 업고 철학을 가르치던 아비첸나와 아베로에스 같은 아랍 철학자들을 차례로 살피고 있다.

그런 다음에 비로소 토마스 사후 750년이라는 긴 세월을 부침을 거듭하며 흘러온 『신학대전』의 역정을 전통적인 구분법에 따라 세 시기로 구분하여 정밀하게 추적하고 있다. 이 연구 역사에 대한 토렐의 조망은 매우 인상적이다. 그는 700년 이상이나 되는 세월의 오랜 노력을 놀랄 만큼 정밀한 필치로 그려냄으로써, 성 토마스와 『대전』을 처음 연구하는 초심자가 편안하게 접근할 수 있도록 부드럽게 안내하고 있다. 짧은 평가와 함께 제시하고 있는 엄선된 추천도서들도, 한걸음 더 나아가길 원하는 독자에게는 고마운 정보들이다. 우리 번역서에도 우리 글로 찾아볼 수 있는 추천도서들을 몇 권씩 추가하였다.

소책자여서 지면이 그리 넉넉하지 않음에도 불구하고, 균형 잡힌 지면 배분과 간결하면서도 내용이 알차며 편안하게 읽을 수 있는 가독성이 우선적인 장점으로 다가오는 작품이다. 원숙한 대가의 글에서만 느낄 수 있는 신뢰감도 느껴진다.

5. 올해는 토마스 성인의 선종 750주년이 되는 해다. 지난해는 시성 700주년(1323-2023)이었고, 내년이면 탄생 800주년(1225-2025)을 맞게 된다. 도미니코 수도회에서는 교황청 경신성의 추인을 받아, 2023년 7월부터 시작해서 2025년 1월 28일 성 토마스 축일에 절정을 맞게 되는 2년간의 대희년 축제를 거행하는 중이다. 우리 한국성토마스연구소도 이에 발맞추어 한국중세철학회 학자들과 연계하여 비록 소박하지만 〈성 토마스 탄생 800주년 기념총서〉 12권을 발간하기로 확정하였다는 소식을 알려드린다.

먼저 오늘날까지 한국에서의 '성 토마스 연구 실태'를 총점검하고 분석할 것이며, 국내 연구 역량을 결집하여 '성 토마스의 철학' 전반을 조망하고 '성 토마스 소사전'을 펴낼 것이다. 그리고 성 토마스가 자신의 학문 방법론의 초석을 다지고 있는 대단히 중요한 작품인 '삼위일체론 주해'와, 토마스의 원숙한 영성의 전폭을 담고 있다고 할 수 있는 '요한복음서 주해: 전3권'을 대역본으로 간행하고, 앞에서 정확한 『대전』 해석의 물꼬를 튼 중요한 작품으로 강조한 슈뉘 신부의 '성 토마스 연구입문'과 질송의 필생의 노작인 '토미즘', 그리고 워리코프가 편찬한 '성 토마스의 신학'의 파노라마와, 토마스 윤리신학 연구의 새로운 기틀을 놓았다는 평을 듣고 있는 핑케어스 신부의 '그리스도교 윤리학의 원천', 마지막으로 토마스 자연법을 명쾌하게 해설하고 있는 피초르니 신부의 필생의 역작 '성 토마스의 법철학' 등 몇몇 비중 있는 현대 토미스트들의 중요 작품들을 번역해낼 것이다.

19세기 말 레오 13세 교황의 회칙 반포를 도화선 삼아 폭발적으로 확산 전개된 현대 토미즘의 풍부한 역사적 연구 성과들을 고스란히 성인의 걸작에 적용하여 해설함으로써 오늘날의 교양인들이 편안하게 읽어내려갈 수 있도록 안내하는 이 소책자는, 방대하다는 소문만 듣고 은근히 『대전』을 멀리하던 초심자들에게 선종 750

주년의 반가운 선물이 될 것이고, 우리 연구소에게는 '탄생 800주년 기념총서' 기획을 알리는 전령인 셈이다. (성 토마스 선종 750주년인 2024년 6월 24일 세례자 요한 축일에, 정금산 자락에서)

## 제2부
'신학대전'의 몇몇 윤리신학 관련 주제 맛보기

# 01. 성 토마스의 '도덕성의 원리론' 입문

『신학대전 제18권(I-II, 18-21): 도덕성의 원리』, 졸역, 바오로딸, 2019, xxxviii-lix쪽.

## 1. 『대전』 안에서 이 논고의 위치

토마스가 『신학대전』 제2부 제1편을 집필하던 시기는, 당시 모든 신학도가 전문 신학자가 되기 위해 반드시 통과해야 했던 관문인 롬바르두스의 『명제집』을 주해하던 신진 신학자 시절(1252-56)이 아니라, 비테르보의 교황청에서(또는 파리대학에서) 성경과 교부들의 가르침에 기초를 두었지만 깊고 전문적인 아리스토텔레스의 가르침을 도구로 삼아, 신앙과 이성의 조화로운 종합을 꾀하며 풍성한 결실을 거두고 있던 40대 중반의 원숙기(1268년 또는 1271년)이다.[1]

토마스는 자신의 도덕적 가르침 전체를 하느님이 누구이신지, 우리는 누구인지, 우리가 존재하는 이유는 무엇인지, 그리고 우리에게 궁극적으로 선한 것은 무엇인지에 관한 형이상학적이고 신학적인 가르침의 맥락 전체 안에 자리매김한다. 이것은 이미 제1부에서 확인된 교의신학의 요체들로부터 전개된다. 우리 자신을 포함한 물

---

1. 제2부 제1편의 집필시기에 대해 1268년을 주장하는 와이스헤이플과 1271년을 내세우는 토렐의 견해 비교: 제임스 와이스헤이플, 『토마스 아퀴나스 수사: 생애, 작품, 사상』, 졸역, 성바오로출판사, 개정판, 2012, 344쪽과 540-541쪽; Jean-Pierre Torrell, OP, *Saint Thomas Aquinas, vol.1: The Person and His Work*, tr. Robert Royal, Washington, CUA Press, 1996, pp.146-147. Cf. Martin Grabmann, *Introduzione alla 'Summa Theologiae' di S. Tommaso d'Aquino*, Ed. Vaticana, Pontificia Accademia di S. Tommaso, 1989, pp.26-27.

질적 우주 전체는 존재 자체이신 하느님으로부터 존재를 받아 생겨났고, 또한 최고선이신 그분으로부터 각종 선을 받아 누리고 있다(I, 4-6). 우리의 행복은 우리 존재의 제일 원인이자 제일 원리이신 하느님께로 되돌아가는 데 있다(I-II, 1, 4-8). 제1부에서 원형(原型, archetypus)이신 하느님과 그분의 권능으로부터 유래되는 모든 것을 살펴본 토마스는, 이제 제2부에서 '지성과 자유의지 그리고 자기 행동 통제력을 갖춘' 하느님의 모상(模像, imago Dei)인 인간의 행위들을 분석하는 작업에 들어간다(I-II, Prologus). 그는 우리가 현재 누구인지로부터 본성과 은총 덕분에 무엇이 될 수 있는지를 향해, 그리고 우리가 어떻게 행동할 수 있는지로부터 어떻게 행동해야 하는지를 향해 작업해 나아간다. 그리고 제1부를 마친 다음에도 도덕성의 원리를 다루기에 앞서 인간 행위들의 목적인 행복의 본성(I-II, 1-5)[2]과 행위들의 심리학적 구조(1-II, 6-17)를 분석하고 있다.[3]

---

2. 토마스 아퀴나스의 '행복'에 관한 가르침을 다각도로 분석하고 있는 다음의 연구문헌 참조: 헤르만 클레버, 『삶의 목적인 행복』, 박경숙 옮김, 가톨릭출판사, 2006.
3. 레오나르드 보일은 널리 활용되고 있는 "신학대전의 배경"에 관한 자신의 논문에서 이런 토마스의 획기적인 통합 작업을 다음과 같이 간결하게 요약하고 있다: "제2부 또는 '도덕' 부분에 대한 서설로서 하느님, 삼위일체, 창조에 관해 다루는 제1부를 놓고, 하느님의 아들, 육화, 성사들에 관해 다루는 제3부로 마무리지음으로써, 토마스는 그리스도교적 생활, 그 악습과 덕에 관해 연구하는 실천신학을 신학의 전체 맥락 속에 자리매김하였다. 그리스도교적 도덕성은 이번만큼은 악습과 덕에 관한 직접적인 윤리적 가르침에 관한 질문 그 이상의 어떤 것임을 보여주었다. 인격이 자기 자신에 대한 주인이자 선택의 자유를 소유한 지성적 존재인 한에서 그는 하느님의 모상이다. 인간의 활동을 연구하는 것은 하느님의 모상을 연구하는 것이고, 신학적 영역에서 작업하는 것이다. 신학 영역에서 인간의 활동을 연구한다는 것은 그것을 그 원리요 목적인 하느님과의 연관성 안에서, 그리고 그 사이의 교량인 그리스도와 성사들과의 연계 안에서 연구한다는 것이다"(Leonard Boyle, OP, "The Setting of the *Summa Theologiae* of St. Thomas-Revisited", in Stephen Pope(ed.), *The Ethics of Aquinas*, Washington, The Catholic University of America Press, 2002, p.7). 『신학대전』 전체의 기본 구조를 보기 위해서는: 토마스 오미어러, 『신학자 토마스 아퀴나스』, 졸역, 가톨릭출판사, 2002, 127-142쪽 참조. Cf. B. Johnstone, "The Debate on the Structure of the Summa Theologiae of St. Thomas Aquinas, from Chenu(1939) to Metz(1998)", in *Aquinas as Authority: A Collection of Studies Presented at the Second Conference of the Thomas Instituut te Utrecht, December 14-16, 2000*, ed. Paul van Geest, Harm Goris, and Carlo Leget, Leuven, Peeters, 2002, pp.187-200.

이렇게 함으로써 윤리신학의 가르침 전체가 『신학대전』 제1부 제1문에서 묘사하듯이, 계시의 빛 속에서 하느님과 그분의 피조물을 탐구하는 '거룩한 가르침'(sacra doctrina) 속에 포용된다. 바로 이런 넓은 맥락 속에서 도덕성의 원리들[4]이 자리매김된다.

그런 다음에는 감정 또는 정념들(passioness, I-II, 22-30), 고통-쾌락 원리의 영향(31-39), 심리학적 역량 또는 능력들을 강화하는 습성(habitus, 49-54)을 검토하고, 덕(virtues)에 따른 훌륭한 삶에 관한 논의(55-67)를 펼침으로써 도덕성이 삶의 문제들과 얼마나 긴밀히 연결되어 있는지를 명백히 보여주고 있다. 그는 "우리가 사물들 자체에 대해서 선하거나 악하다고 말하는 것처럼, 인간적 행위들에 대해서도 좋고 나쁨에 대해서 말해야 한다"(18, 1)는 점을 강조한다.

인간적 행위들은 의도적(voluntarii)이기 때문에 도덕적으로 선하거나 악하다고 규정된다.[5] 이것은 우리를, 무엇이 활동들을 선하거

---

4. '원리'(principium)는 원인(causa)보다 더 넓은 의미로서, 모든 종류의 시작을 다 가리킬 수 있다. "원리란 '어떤 것이 그것으로부터 전개되는 출발점'(id a quo aliquid procedit)이다. 실상 우리는 어떤 모양으로든지 어떤 것이 그것으로부터 전개되는 그것을 '원리'라고 부른다"(I, 33, 1). "비록 '원리'라는 이름이 어원적으로 '우위성'(prioritas)으로부터 유래된 것처럼 보이기는 하지만, 그런데도 이 개념은 우위성을 의미하는 것이 아니라 그 '기원'(origo)을 의미한다"(Ibid., ad3). Cf. Battista Mondin, "Principio", in ID., *Dizionario enciclopedico del pensiero di san Tommaso d'Aquino*, Bologna, ESD, 2000, pp.546-547.
5. Cf. *In Sent.*, II, d.40, q.1, a.1. "인간적 행위는, 행위자가 통제력을 가지는 행위들인 한에서 '의도적' 행위라고 불린다. 이것들은 행위자가 어떤 숙고에 기초해서 행동으로 움직이는 활동들이다. 말하자면, 의도적 활동은 잘 생각하여 이루어지는 활동이다. 그렇지만 잘 생각하여 이루어지는 활동에 대해 말하는 것은 사고와 활동을 혼동하는 것이 아니다. 생각하는 것만으로는 활동도 아니고 활동을 산출하는 것도 아니다. 저녁을 먹을 것에 관하여 생각하는 것과 실제로 저녁을 먹는 것은 전혀 다른 일이다. 저녁을 먹기 위해서는, 그것이 인간적 행위여야 한다면, 나는 먹기를 '선택'해야 한다. 결코 사고가 없이 있는 적은 없지만, 인간의 활동은 언제나 사고 그 이상인데, 현실적 운동의 원천인 이 '더 이상'이 바로 '의지'이다. 아퀴나스에게 인간적 활동들은 잘 생각하여 그리고 의지 충만하게 이루어지는 활동들이거나, 아니면 그 자신의 표현대로 '숙고하는 의지로부터'(a voluntate deliberata) 전개되는 활동들이다. 도덕적 활동, 행위자의 통제 아래 있는 활동, 의도적 활동, 의지의 활동, 인간적 활동 등으로 표현되는 활동들은 모두 동일한 외연을 가지고 있다"(David Gallagher, "Aquinas on Goodness and Moral Goodness", in ID.(ed.), *Thomas Aquinas and His Legacy*, Washington, CUA Press, 1994, pp.47-48).

나 악하게 만드느냐는 문제, 곧 우리 행위의 "도덕성의 척도" 문제로 인도한다. 이는 제2부를 통해 세밀하게 펼칠 방대한 윤리적 세계 전체를 포괄하는 '체계적 도덕 신학의 철학적 기초'를 놓는 작업이다.[6]

여기서 논의되는 대부분의 소재들은 이미 과거의 권위 있는 선배들에 의해서 형성되어 있었다. 아리스토텔레스는 일찍이 윤리학을, 지식을 목표로 삼는 것이 아니라 우리의 활동을 지도하는 것을 목표로 삼고 있는 실천적 학문이라고 규정하였다. 이것은 마땅히 해야 하는 것에 대해 엄밀한 의미의 학적 성격을 부여하기가 어렵다는 것을 의미한다.[7] 그에 따르면, 올바른 길을 따라 사는 것은 너무 많거나 너무 적은 것 사이의 중도를 걷는 것이다. 그는 덕스럽게 행동하는 것이 무엇을 의미하는지를 보여주는 '올바른 규칙'(to orthos logos)에 대해 말한다.[8] 교부들, 특히 아우구스티누스는 성경의 가르침에 입각하여 '영원법'(lex aeterna) 개념을 정교하게 다듬었고,[9] 12세기에 이르러 아벨라르두스는 행위의 내적 태도의 중요성을 강조하며 지향(intentio)이 우리 활동의 도덕성에 결정적인 척도라고 말했다.[10]

---

6. Cf. Leo Elders, SVD, *The Ethics of St. Thomas Aquinas*, Washington, CUA Press, 2019, pp.69-91.
7. Cf. Aristoteles, *Ethica Nichom.*, I, c.3, 1094b 14 & 23.
8. Ibid., II, c.5, 1106b30
9. 참조: 에티엔느 질송, 『아우구스티누스 사상의 이해』, 김태규 옮김, 성균관대학교 출판부, 2010, 250-258쪽. Cf. Battista Mondin, "Legge(eterna)", in ID., *Dizionario enciclopedico del pensiero di san Tommaso d'Aquino*, pp.386-388.
10. 지향의 도덕성은 그 행위의 이성적 종별화의 올바름에 달려 있다. 선택의 대상은 숙고과정의 한 결과로서, 이성적으로 종별화된 명령된 행위다. 그 선택이 선한 수단에 입각한 것이라면, 도덕적으로 선할 것이다. 그런데 그 수단을 선하게 만드는 것은 무엇인가? 아벨라르두스는 인간적 행위의 도덕성이 오직 배타적으로 '지향'에만 있다고, 그래서 우리가 수행하는 활동들은, 그것들을 수행하는 데 있어서 우리의 지향과는 동떨어져 있기에, 도덕적으로 중립적이라고 주장하였다. 그는 한걸음 더 나아가 우리가 행하는 일들의 도덕적 중립성을 전제할 때, 그것들을 행하는 것이 우리 지향의 도덕적 선이나 악에 아무것도 덧붙일 수 없다고, 다시 말해, 이런 지향을 가지고 있는 한, 그것을 외부적 행위로 수행하느냐 여부는 아무 상관이 없다고까지 주장

그러나 토마스는 '지향'과 '수단'에 대해서 말하는 대신에, 행위를 내적 행위(actus interiores)와 외적 행위(actus exteriores)로 나누고, 인간적 행위들이 선하거나 악하다고 규정하는 것을 묻는 질문의 다양한 측면을 매우 조심스럽게 면밀히 연구함으로써, "하나의 학문, 곧 일관되고 전체적인 구조를 구성하는 부분들을 조화롭게 체계화한 도덕 신학을 최초로 성취하였다."[11]

## 2. 이 논고의 구조와 인간적 행위의 도덕성을 규정하는 요소들

그는 의도적 행위의 도덕성을 검토하는 자신의 고찰을 두 부분으로 구분한다. 첫째, 인간적 행위는 어떻게 선하거나 악하다고 말해질 수 있는가? 둘째, 이렇게 묘사된 인간적 행위들로부터 결과되는 것은 무엇인가?(제21문) 그리고 전자는 다시 세 부분으로 구분된다: 즉 1) 일반적으로 고찰되는 인간적 행위의 선성과 악성(제18문), 2) 그것이 인간의 내적 활동(제19문) 및 3) 외적 활동(제20문)과 맺고 있는 관계.

제18문은 근본적인 중요성을 지니고 있다. 왜냐하면 토마스는 이제 존재론적 질서로부터 도덕적 질서로 넘어가고 있기 때문이다.

---

하였다(Cf. Ralph McInerny, *Ethica Thomistica: The Moral Philosophy of Thomas Aquinas*, Rev. ed., 1997, pp.83-84; Mario Dal Pra, "Introduzione", in Pietro Abelardo, *Conosci te stesso o Etica*, Firenze, La Nuova Italia, 1976, pp.xliv-l; pp.145-146).

11. Thomas Gilby, OP, "Introduction", in St. Thomas Aquinas, *Summa Theologiae*, vol.18(IaIIae, 18-21): *Principles of Morality*, London, Eyre & Spottiswoode, 1966, p.xix. 세르베 핑케어스는 불어대역본(*Thomas d'Aquin Somme Theologique*, Paris, Cerf, 1984, tome2, p.133)의 짧은 "입문"에서 이 윤리 분야를 신학 체계 속에 삽입한 것을 두고 "지금은 고전(古典)이 된 하나의 신학적 창안"(une creation theologique qui deviendra classique)이라고 평가하고 있다. 또한 참조: "인간적 행위의 요소들과 그 구조에 대한 성 토마스의 분석은 아리스토텔레스와 아우구스티누스 전통으로부터 차용한 무수한 통찰을 포함하고 있지만 그것들에 하나의 새롭고 참으로 간명한 질서를 주었는데, 이것은 후대에 고전이 되었다"(Servais Pinckaers, OP, *The Sources of Christian Ethics*, tr. Sr. Mary Thomas Noble, OP, Edinburgh, T&T Clark, 1995, p.224). 와이스헤이플도 같은 평가를 하고 있다: "이 제2부는 토마스가 신학계에 기여한 가장 독창적인 공헌이었다"(제임스 와이스헤이플, 『토마스 아퀴나스 수사: 생애, 작품, 사상』, 395쪽).

특히 처음의 네 절(節)은 인간적 행위의 도덕성에 결정적인 주요 요인들을 검토한다.

제18문 제1절은 먼저 선은 어떤 존재자의 충만함(plenitudo essendi)으로 이끄는 것이고 악은 이 충만함으로부터 어떻게든 뭔가가 부족한 것이라고 말한다. 이리하여 인간 존재자에게 시각은 그것이 그의 본성의 어떤 충만함 또는 완성, 곧 그의 인간성에 잠재적이던 것의 실현으로 인도하는 한에서 선한 것으로 간주된다. 반면에 시력상실[맹목]은 그것이 그의 존재로부터 어떤 결핍, 본성상 그가 누릴 것으로 가정되던 어떤 완전성의 결핍을 가리키기 때문에 악으로 간주된다. 이처럼 하나의 활동은 그것이 어떤 사람의 본성의 충만함 또는 완성으로 인도하는 한에서 선한 것으로 간주되고, 악은 그로부터 이것을 박탈하기 때문에 악한 것으로 간주된다. 그리고 그는 이 일반적 묘사를 이어지는 절들에서 구체화한다.

먼저, 어떤 행위의 선성에 대한 평가는 그것이 다루고 있는 대상(obiectum)에 주의를 기울일 것을 요구한다(18, 2). 이 대상이 그가 어떤 종류(유형)의 행위를 수행하는지, 곧 행위의 종(species)을 결정하고, 그 행위의 선성은 그 대상의 적합성 여부에 따라 규정된다.[12] 토마스는 "자기 자신의 물건을 사용하는 것"과 "남의 것을 사용하는 것"을 예로 든다. 두 경우에 모두, 질료적인 전망에서 보자면 활동이 같다. 즉 뭔가를 사용하는 것이다. 하지만 그것들의 연관관계에서 차이가 난다: 하나는 자신의 것이고, 다른 하나는 남의 것이다. 이것들이 활동이 취하는 형상(형식), 그 각각에 대한 묘사, 그리고 각각에 예속되는 이어지는 도덕적 평가를 규정한다.

---

12. 참조: 요한 바오로 2세 회칙 『진리의 광채』(1993), 78항: "인간적 행위의 윤리성은 우선적으로 그리고 근본적으로 숙고하는 의지에 의해서 합리적으로 선택된 '대상'에 달려 있습니다. 이것은 오늘날까지도 타당한 성 토마스의 통찰력 있는 분석도 입증하는 것입니다"(I-II, 18, 6).

둘째, 어떤 행위의 선성에 대한 평가는 그것이 발생하는 주변 상황(circumstantia)을 고려해야 한다(18, 3). 비록 상황이 형상적인 것은 아니고 따라서 그 대상처럼 어떤 행위를 규정하는 측면들은 아니지만, 그럼에도 불구하고 그것들은 (어떤 생명체의 영혼에 부수하는 다양한 우유들이 그러하듯이) 그 충만성에 크게 기여한다. 이리하여 누군가의 모습, 크기, 물리적 성향, 무게, 그리고 그 비슷한 것들처럼 한 생명체의 존재의 충만성에 대단한 함의를 지니고 있는 것처럼, '누가' '무엇을' '어디서' '무슨 수단으로' '왜' '어떻게' '언제'는 인간적 활동과 그 도덕적 평가에 대단히 중요한 함의를 지니고 있다.

마지막으로 하나의 행위는 그 선성을 행위자에게 부족한 충만성이 채워질 수 있도록 그 행위가 지향하고 있는 목적(finis)으로부터 도출해야 한다(18, 4). 이리하여 자신의 이웃 사랑과 하느님 자신에 대한 사랑 때문에 수행된 어떤 자선 행위는 선하지만, 만일 그 동일한 행위가 자신의 허영을 내세우기 위해서 수행되었다면 선하지 못하다. 어떤 행위가 악하기 위해서는 이 요인들 가운데 어느 한 가지만 부족하더라도 성립된다. 그러나 어떤 행위가 선하다고 평가받기 위해서는 이것들을 모두 지니고 있어야 한다.

이 요인들의 본성은 의도적 행위의 구조에 관한 논의와 함께 이성(ratio)이 그것들의 규정과 실현에 중심적이라는 것을 분명하게 보여준다.[13] 이성은 단계마다 목적과 관련해서 그것의 활동들에 가담할 수 있도록 의지에 의해서 요구되는 인식 작용들을 제공한다: 이성은 선이라고 포착한 것을 의지에 제시할 뿐만 아니라 그 능력의 평가, 그것을 획득하기 위한 많고 다양한 수단들의 식별, 그것들 가

---

13. Cf. Scott McDonald, "Practical Reasoning and Reasons-Explanations: Aquinas's Account of Reason's Role in Action", in ID. & Eleonore Stump(eds.), *Aquinas's Moral Theory: Essays in Honor of Norman Kretzmann*, Ithaca & London, Cornell University Press, 1999, pp.133-160.

운데 그것을 가장 잘 달성시킬 수 있는 최선의 방법 선택, 실천적으로 이루어지는 것을 초래하는 명령, 그리고 마지막으로 그것이 획득되었음을 인정함에 이르기까지 단계마다 긴밀히 의지와 협력한다.[14] 의지는 선성과 그 본성상 궁극적 선에 의해서 규정될 수 있지만, 그 궁극적 선이 성립되는 것의 종별화와 그 정향으로 의지를 인도하는 것은 이성이다. 이것의 귀결은 의도적 인간적 활동이 이성과 일치하는 것이 그 활동에 본질적이라는 것이다. 왜냐하면 인간 인격에 무엇이 적합한지를 결정하는 것과, 달성되어야 할(혹은 피해야 할) 수단을 결정하는 것, 그리고 그 실천적 실현에서 인간 인격을 안내하는 것이 바로 이성이기 때문이다.[15]

---

14. 토마스가 인간적(도덕적) 행위의 구조를 분석하는 논고(I-II, 6-17)에서 설명하고 있는, (이성과 의지의 여러 단계에 걸친 긴밀한 상호작용을 통해 실행으로 이어지는 복잡한) 도덕적 행위의 기본 구조를 하나의 도표로 제시하려는 시도들이 있다: Cf. Thomas Gilby, OP, "Appendix 5: The Subordination of Morals", in *Principles of Morality*(vol.18: IaIIae, qq.18-21 of *St. Thomas Aquinas Summa Theologiae*), London, Eyre & Spottiswoode, 1966, p.143; Alan Donagan, "Thomas Aquinas on Human Action", in Norman Kretzmann, Anthony Kenny, Jan Pinborg(eds.), *The Cambridge History of Later Medieval Philosophy*, Cambridge University Press, 1982, p.653; Romanus Cessario, OP, *Introduction to Moral Theology*, Washington, CUA Press, 2013, p.114; Leo Elders, SVD, *The Ethics of St. Thomas Aquinas*, Washington, CUA Press, 2019, p.52; 요셉 피퍼, 『실재와 선』, 김진태 옮김, 가톨릭대학교출판부, 2005, 96쪽; 이정희, 「토마스 아퀴나스의 윤리적 양심론」, 『중세철학』 13(2007), 294쪽.

| 도덕적 행위의 구조 | | |
|---|---|---|
| | 이성 | 의지 |
| 목적에 대해<br>(de finis) | 지향의 질서(Ordo intentionis) | |
| | 1. 선 포착(simplex apprehensio) | 2. 단순 원의(volitio) |
| | 3. 양지(synderesis): iudicium proponens | 4. 목적 지향(intentio finis) |
| 수단에 대해<br>(de mediis) | 5. 숙고(deliberatio)-여러 수단들 중에서 | 6. 동의(consensus) |
| | 7. 판단(iudicium discretum)-단 하나의 수단 | 8. 선택(electio) |
| | 실행의 질서(Ordo executionis) | |
| | 9. 명령(imperium) | 10. 실행(usus activus)-수단의 적용 |
| | 11. 적절한 능력들에 의한 실행(usus passibus) | |
| | 12. 행위의 완성(quies/gaudium) | |

15. Cf. Stephen Loughlin, *Aquinas's Summa Theologiae*, Edinburgh, T&T Clark, 2010, pp.148-149.

## 3. 내적 행위의 선성과 악성

모든 의도적(voluntaria) 활동에서 우리는 의지의 내적 행위와 외적 행위라는 두 가지 행위를 구별해야 한다(18, 6).[16] 이 각각의 행위는 그에 상응하는 대상을 가지고 있다. 내적인 의도적 행위의 대상은 '목적'이고, 외적 행위의 대상은 그것이 그것을 향해 지칭되는 그것, 곧 행위 자체의 실현이다. 이 두 가지 행위 가운데 어느 하나가 다른 것에게 명령을 내려야 한다. 그런데 외적 행위는 그것의 끝이자 그것이 그것에 적용되는 '대상'으로부터 종별화(種別化)를 받지만, 의지의 내적 행위는 그것의 종별화를 그 고유 대상인 '목적'으로부터 받는다. 여기서 의지가 초래하는 것은 불가피하게 외적 행위를 구성하는 것에 형상을 부과한다. 왜냐하면 지체들은 의지가 행동하기 위해서 사용하는 도구들이고 또 외적 행위들은 그것들이 의도적인 한에서만 도덕성을 지니기 때문이다. 바로 그렇기 때문에 만일 우리가 행위들을 선하거나 악하게 만드는 최고의 원리로 되돌아가고자 한다면, 우리는 인간적 행위들이 형상적으로는 의지의 내적 행위가 그리로 기우는 '목적'에 의해서 종별화되고, 질료적으로는 외적 행위들이 지칭하는 '대상'에 의해서 종별화된다고 결론지어야 한다.[17]

제19문에서 토마스는 제18문에서 제공된 가르침의 정교화를 제공하고 있지만, 외적 행위의 성질들에 대한 분석으로부터 의지의 내적 행위에 관한 논의로 움직여, 내적 활동들의 도덕성에 대해서

---

16. 행위에 관한 성 토마스의 도덕적 분석에서 이 구별이 차지하는 역할에 관해서: Cf. David Gallagher, "Aquinas on Moral Action: Interior and Exterior Act", in *Proceedings of the american Catholic Philosophical Association* 64(1990), 118-129; Chad Ripperger, *The Morality of the Exterior Act in the Writings of St. Thomas Aquinas*, Roma, Sensus Traditions Press, 1996;
17. Cf. Étienne Gilson, *Thomism: The Philosophy of Thomas Aquinas*, tr. Lawrence J. Shook & Armand Maurer, Toronto, Pontifical Institute of Mediaeval Studies, 2002, pp.296-297.

좀 더 상세히 살피고 있다. 이미 말한 것처럼, 의지의 내적 활동들의 선성 또는 악성은 그 목적과 연관되어 결정된다. 그렇지만 의지가 자연스럽게 그리로 규정되는 목적, 곧 선 자체와 이것이 어떻게 그 지향 속에서 실현되는지가 조심스럽게 구별되어야 한다. 이리하여 의지로부터 흘러나오는 활동들은, 비록 언제나 선 자체를 지향하고 있음에도 불구하고, 언제나 인간의 본성과 목적에 적합한 것은 아니고, 따라서 악으로 간주될 수도 있다.

이성에 의해 의지에 제시된 선이 이성에 합치되는 한에서 의지에 의해 촉발되는 활동은 "도덕적 질서에 들어가고 의지 안에 있는 도덕적 선성의 원인이 된다"(19, 1, ad3). 이성이 의지와 관련해서 이런 식으로 활동하는 것은 영원법에 따른 것이다. 이성은 말하자면, 무엇이 참으로 선하고 의지의 지향에 제시될 가치가 있는지를 결정한다. 그리고 그것을 인위적으로가 아니라, 특히 궁극 목적과 관련해서 행위자에게 적합한지 여부에 대한 식별에 따라서 결정한다. 그리고 궁극 목적 안에서 이성은 그의 의도적 활동에 속하는 어떤 외부적 힘, 특히 제2부 제1편의 끄트머리에서 검토될 법(I-II, 90-105)과 은총(I-II, 106-114)에의 호소를 통해서 도움을 받는다.

토마스는 지향과 활동 사이의 관계를 다음과 같이 요약한다. 의지는 선의 외양을 하고 있는 악한 것으로 기울 때, 혹은 악의 외양을 하고 있는 선으로 기울 때 악하다. 그리고 의지는 선의 외양을 하고 있는 선으로 향할 때 선하다. 다시 말해, 의지는 선을, 바로 선이기 때문에 원해야 한다(19, 7, ad3).

그런데 의지는 그 선성을 이성이 그것에 제시하는 선(이성으로 하여금 그것이 행하는 대로 행하도록 지정한 영원법에 의해서 규정된 것)에 따라 그것이 지향하는 목적으로부터 끌어낸다. 이 점에서 행위자는 그의 이성으로 하여금 그것이 획득할 수 있는 최고의 진리들에 순응하게 만들 기회를 갖는다. 이것은 다시 의지에까지 미쳐 의지에게 그것이 자연적으로 기울고 있는 목적을 달성하기 위해 쓸 수 있는 최대의 선을 제시함으로써 의지가 그것을 지향할 수 있게 해준다. 요컨대 인간을 위한 진정한 최상의 선은 그가 생각하고 따르는 데 있어서 하느님의 계획과 뜻을 취함으로써, 그의 행위와 사물들 사용이 그렇게 완성된 이성과 의지로부터 나오기 때문에 가장 선하게 되는 그런 경지에 이르는 것이다.[18]

## 4. 외적 행위의 선성과 악성

성 토마스가 '행위의 대상'(obiectum actuum)이라고 부르는 것이 모호성을 내포하고 있고, 또 의지의 내적 행위의 대상과 외적 행위의 대상 사이의 구별점이 어디에 있는지도 명확히 가리기가 쉽지 않다.[19] 활동은 그 대상 때문에 종적으로 규정되는데, 그것은 지향에 따른 종적 구별과는 다른 것이다. '당신은 무엇을 하고 있는가?'라는 질문은 '수단'의 차원에서 대답될 수도 있고, 또 '목적'의 차원에서 대답될 수도 있다.

외적 행위가 지향을 구현한다. 이것이 바로 우리가 어떤 목적을 달성하기 위해서 행하는 그것이다. 하지만 토마스가 외적 행위는 오로지 그것이 의도적인 한에서만 도덕적인 성격을 취한다고 말할 때, 그는 그것의 도덕성이 오로지 목적과 연관 지어서만 평가할 수 있다는 것을 의미하는 것은 아니다. 그것은 숙고과정이 가능한 한 목적을 바라보는 눈길과 더불어 수행되어야 하는, 활동에 대한 이성적 평가가 있어야 한다는 것을 가리킨다. 행위의 목적에도 두 가

---

18. 독자는 양심(conscientia)과 그 구속력과 연결된 문제들을 다루고 있는 이 문의 제5절과 제6절을, 이성의 규정들과 일치되는 것이 의지에게 얼마나 중요한지를 입증해주는 것으로 간주해야 한다.
19. Cf. Martin Rhonheimer, "The Perspective of the Acting Person and the Nature of Practical Reason: The 'Object of the Human Act' in Thomistic Anthropology of Action", in ID., *The Perspective of the Acting Person: Essays in the Renewal of Thomistic Moral Philosophy*, Washington, CUA Press, 2008, pp.195-249.

지가 있다. 이성이 의지에 선이라고 제시하는 것, 곧 수행해야 할 대상이다. 토마스는 이것을 의지가 처음부터 지향하고 있는 목적(먼 목적)인 선과 구별하기 위해서 '가까운 목적'(finis proximus)이라고 부른다. 이 가까운 목적은 '활동의 대상'과 동의어이고, 그것의 선성은 먼 목적을 달성하는 데 있어서의 효력으로 환원된다.[20]

인간의 외적 활동들(제20문)에 관해서 두 가지 측면, 곧 1) 선과 악은 행위 자체와 그것을 둘러싸고 있는 상황들의 측면에서나, 2) 그 행위가 목적과 연관되는 측면에서 말할 수 있다. 이리하여 가난한 이의 생계와 복지를 위해 자선을 베푸는 것은 선이지만, 자기 자신의 허영이나 명예를 위해서 그 일을 하게 되면 악이다. 후자의 예에서 의지 안에 있는 악은, 외적 행위가 적합한 선보다 이것을 향한 의지의 지향을 덜 드러내기 때문에, 외적 행위 자체로 전이된다. 반면에 전자의 예에서는 그 선성이 행해져야 할 행위의 결정과, 행해져야 하는 행위의 적절한 본성을 유지하기 위해서 준수되어야 하는 상황과 관련해서 이성에 의해서 확립된 질서로부터 나온다. 의지가 그 선택과 (지향된 목적들을 추구하는) 외적 활동들의 수행에서 (그리고 행위자가 이제껏 착수한 비전이적 활동들의 선성이 그것들이 발생시킨 전이적 활동들 안에서 구현되고 보존될 수 있기를 열망함에서) 동의하고 지키는 것은 바로 이 결정들에 대해서이다.[21]

우리가 수행하는 행위들의 귀결은 그것들의 도덕성에 영향을 미치는가? 성 토마스의 답은 확고하다. "뒤에 이어지는 어떤 사건이 선한 행위를 악하게 만들거나, 어떤 악한 행위를 선하게 만들 수 없다"(20, 5, Sed contra). 종적으로 악한 활동들은 그 자체로 악하고, 언제나, 어느 곳에서나, 그리고 어떤 상황에서도 선하게 될 수 없다.

---

20. Cf. Ralph McInerny, *Ethica Tomistica: The Moral Philosophy of Thomas Aquinas*, pp.86-88.
21. Cf. Stephen Loughlin, *Aquinas's Summa Theologiae*, pp.150-151.

그러나 종에 있어서 선한 활동들은 적절한 상황 속에서 수행되어야 한다. 그것은 마땅한 때와 장소와 방식으로 수행되어야 한다(20, 2). 어떤 외적 행위가 선하기 위해서는 그것을 구성하는 요인들이 모두 온전해야 한다. 목적이 선해야 할 뿐만 아니라 행위 자체의 본성과 그 상황도 모두 적절해야 한다. 만일 이것들 가운데 어느 하나라도 모자란다면, 그것은 그 행위를 악하게 만들 것이다.

## 5. 귀결들

토마스는 인간의 의도적인 행위의 도덕성에 대한 분석을, 그 선성이나 악성에 따르는 귀결들(제21문)을 살펴보는 것으로 마무리 짓고 있다. 도덕적 악이란 인간의 목적, 곧 인간의 본성과 일치하지 않는 행위를 가리킨다. 사물들의 본성으로부터 전개되는 활동들은 목적으로 질서 지워져 있고, 따라서 선하다. 의지가 선택을 하기 위한 직접적 규범은 이성이다. 만일 의지가 올바른 통찰과 일치되게 어떤 대상을 향하고 있다면 그 행위는 선하지만, 올바른 질서로부터 벗어난다면 그것은 죄가 된다. 이성과 영원법이 지시하는 질서에서 벗어나는 의지의 모든 행위는 악하고 죄가 된다.[22]

아퀴나스는 행동하는 사람이 보다 직접적인 목적과 궁극적인 목적이라는 이중의 목적을 갖는다고 가르친다. 악한 행위란 어떤 사람을 그의 진정한 궁극적 목적으로부터 벗어나게 만드는 다른 목적으로 향하는 것이다(21, 1). 요컨대 어떤 행위의 올바름 또는 그 죄책의 성격은 그 행위가 (앞에서 묘사된 것과 같은) 이성과 영원법의 질서와 합치되는 것으로부터 나오고, 그 죄스러운 성격은 이것들로부터 빗나감에서 온다. 이 행위들은 인간 인격의 선으로 인도하거나 혹은 그것으로부터 벗어나게 하기 때문에, 그가 의도적으로 행하는

---

22. Cf. Leo Elders, SVD, *The Ethics of St. Thomas Aquinas*, p.91.

한에서 하나하나의 행위에 대해 그 행위자에게 책임을 묻고, 칭찬이나 비난을 가할 수 있다. 그런 행위들을 의도적으로 저지르는 자에게 배정되어야 하는 보상에 관해서는, 그것은 자연의 빛 속에서 그리고 남에게 끼친 이익 또는 손해만큼 그렇게 행한 그 사람에게 상황에 합당한 것을 식별해내는 정의의 문제다.[23]

## 6. 마무리

요약하자면, 네 문(問)으로 구성된 이 논고를 통해서 성 토마스는 "체계적 도덕 신학의 기초를 놓는 일"에 착수한다. 그 직접적인 목적은 하느님의 초월적 가치나 거룩하심을 선포하려는 것이 아니라, 도덕적 활동의 영역을 면밀히 조사하고 그 도덕성의 원리를 확립하려는 것이다. 인간의 도덕적 활동 영역은 자연 세계 안에 뿌리를 두고 있지만, 그것을 넘는 어떤 초월적 세계를 손가락질해 가리키고 있다. 이 논고에서의 작업은 인간적 행위들에 대한 도덕성의 토대를 다지는 매우 중요한 작업임에 틀림이 없지만, 성 토마스의 도덕 이론의 겨우 한 부분을 구성할 뿐이고, 그의 도덕 이론 전체는 다시 그의 도덕 신학의 일부를 이루며, 그의 도덕 신학은 또다시 하느님 자신과, 그분의 피조물과, (그분께로 돌아가는 여정에 있는) 인간의 행위 전체를 포괄하는, 그리스도교 신학이라는 거룩한 가르침 전체의 일부를 구성한다.

인간의 의도적 활동의 구조에 관한 이 검토는 인간 자유의 본성을 상세히 설명할 뿐만 아니라, 또한 이것을 인간 인격이 그것을 위해 만들어진 모상을 실현하는 데에 함축적인 역동성 안에서 완성

---

23. 인간적 행위들의 본성에 직결되어 있는 도덕성의 원리에 관한 훌륭한 설명이 많이 있지만, 블랙프라이어즈 영어 대역판(Blackfriars edition) 제18권(1966)에 실려 있는 토마스 길비(Thomas Gilby, OP)의 다양한 "부록들"(Appendices)은 그 가르침과 쟁점을 보다 깊이 이해하는 데 많은 도움이 될 것이다.

되는 데 따라서 설명하기도 한다. 여기서 발전된 원리들은 제2부의 남아있는 논고들의 주제에 대해 핵심적인 역할을 하고, 인간의 의도적인 활동의 질서 또는 구조에 대한 매우 유익한 큰 통찰을 제공할 것이다.[24] 이 구조는 연대기적으로 실현된 어떤 것으로 이해되어야 하는 것이 아니라, 오히려 그 어떤 엄격하게 인간적인 행위 속에서도 요구되는 실천적 이성과 의지의 상호 작용으로 이해되어야 한다. 이것은, 그렇게 이해되지 않을 경우에 도덕 생활에서 아주 특별한 결함을 발생시킬 수 있는 상호작용으로서, 제2부 제2편에서 제공되는, 도덕 생활을 해치는 여러 악습들에 대한 진술을 통해 광범위하게 입증될 것이다.

---

24. 좀 더 상세한 설명과 세밀한 쟁점들에 대해서는, 이 논고에 대해 정밀 분석하고 있는 매키너니(1992)와 웨스트버그(2002), 론하이머(2008), 엘더스(2019)의 최근 연구들을 참조하라.

# 02. 성 토마스의 '쾌락론' 입문

『신학대전 제20권(I-II, 31-39): 쾌락』, 졸역, 바오로딸, 2020, xl-lv쪽.

『신학대전』 제2부 전체는 '하느님께로 나아가는 인간의 여정'에 관한 것이다. 앞머리 다섯 문제는 먼저 인간 삶의 궁극 목표(행복)를 검토하고,[1] 나머지 298개 문제들은 그 목표에 도달하는 일과 관련되는 한에서 인간의 활동에 바쳐져 있다. 제2부 제1편은 그 활동에 관한 일반적 고찰들이고, 제2부 제2편은 특수한 고찰들이다. 제2부 제1편에서 제6문부터 제48문까지는 인간적 행위들 자체를 탐구하고, 제49문부터 제114문까지는 그 행위의 원천들을 탐구한다. 행위들을 연구하는 데 있어서 성 토마스는 먼저(qq.6-21) 인간에게만 고유한 행위들을 다루고, 이어서 인간과 동물이 공유하고 있는 행동들(qq.22-48)을 다루는데, 이 후자가 바로 그가 '영혼의[2] 정념들'(pas-

---

1. 토마스 아퀴나스, 『신학대전 제16권(I-II, 1-5): 참행복』, 정의채 옮김, 바오로딸, 2000.
2. "『신학대전』에서 '영혼의 정념들'에 대해 말하는 것이 사실이지만, 이 경우에 종별화하는 제2격 '영혼의'(animae)는 그 작용의 자리나 주체를 가리키는 것이 아니라 그 원리와 특성을 가리키는 것이다. 토마스에게 'passio'는 형이상학에서도 사용되는 일반적 용어다. 따라서 그는 '종별화'할 필요를 느끼고 있다. 이 자리에서는 영혼의 정념들, 즉 심리학적 또는 '영혼적'(animalis) 정념들을 다루겠다는 것이다"(Tito S. Centi, OP, "Introduzione", in S. Tommaso D'Aquino, La Somma Teologica, vol.9(I-II, 22-48), Bologna, ESD, 1970, pp.14-15).
3. 데카르트는 1646년 자신의 『영혼의 정념들』(Les passions de l'ame)을 시작하면서 대담한 확신을 가지고 다음처럼 주장하기를 주저하지 않았다: "고대인들로부터 우리에게 전해진 학문 가운데 정념에 관하여 집필한 것들보다 더 형편없는 것으로 입증되는 것은 아무것도 없다. 왜냐하면 비록 늘 탐구되던 소재를 다루고 있고, 또 가장 까다로운 주제들이 아님에도 불구하고(각자가 자기 자신 안에서 그것들을 느끼기에, 그 본

siones animae)³ 이라고 부르는 것들이다.⁴

'영혼의 정념들'에 관한 논고(De passionibus animae)⁵는 『신학대전』 제2부 제1편에 자리 잡고 있다. 토마스는 정념을 대상에 따라 크게 두 종으로 구분한다(I-II, q.23).⁶ 단순하게 파악된 감각적 선을

---

성을 발견하기 위해서 어디 다른 곳에서 경험을 찾을 필요가 없는 까닭에), 고대인들이 가르쳐준 것은 그토록 적고, 더구다나 그토록 믿을 수 없는 것들뿐이어서, 진리에 접근하리라는 희망을 품을 수 없었기 때문이다. [따라서] 그들이 따랐던 길에서 벗어날 수밖에 없었다. 바로 그렇기 때문에 나는 여기서 마치 이전에는 아무도 다룬 적이 없는 주제를 다루기라도 하듯이 집필해야 할 의무감을 느꼈다"(Descartes, *Oeuvres et lettres*, textes presentes par Andre Bridoux, Paris, Gallimard, 1953, p.695). 그러나 데카르트보다 훨씬 후대에 와서 20세기의 한 과학자는 이렇게 말하고 있다: "구조적(costituzionalistico)이고 생명유형적(biotipologico)인 현대 의학 사상 전체가 영감을 거기서부터 길어 올려야 하는 원리가 고정된 것은 성 토마스 덕분이다"(N. Prende, *La scienza moderna della persona umana*, Milano, 1947, p.6); "종교철학 분야에서 그를 따른다고 믿으며 주지주의나 초영성주의나 내면성의 신비주의 속에 스스로를 유폐하는 자들 대부분이 한 것과는 반대로, 인간의 감각적 혹은 동물적 본성 속에서 정서들과 정념들이 담당하고 있는 본질적이고 필연적인 과제를, 성 토마스보다 더 잘 조명한 사람은 아무도 없다"(Ibid., p.249).

4. 첸티 신부는 이렇게 단언한다: "성 토마스 이전에는 어느 누구도 이 주제에 관해 유기적이고 실체적으로 완벽한 논고를 집필할 생각을 하지 못했다"(Tito S. Centi, OP, "Introduzione", p.9). 그리고 핑케어스는 "정념에 관한 논고를 창안한"(Servais Pinckaers, OP, *Passions et vertu*, Editions Parole et Silence, 2009, p.2) 성 토마스가 정념들을 다루는 27개 문, 132개 절로 구성된 『신학대전』의 이 정념론이 "독창적이고 고전적이지만… 너무도 소홀히 취급된 작품"(ID., "Les passions et la morale", *Revue des sciences philosophiques et theologiques* 74(1990), 379-391)이라고 지적한다. Cf. Robert Miner, *Thomas Aquinas on the Passions: A Study of Summa Theologiae IaIIae 22-48*, Cambridge, Cambridge University Press, 2009, p.5. 실바나 베키아, 「정념에 대한 철학」, 움베르토 에코(기획), 『중세3』, 김정하 옮김, 시공사, 2018, 481-483쪽 참조.

5. 화이트는 최근의 한 논문에서 토마스의 젊은 시절 작품인 『명제집 주해』에서의 쾌락에 관한 텍스트(*In Sent.*, IV, d.49, q.3)와 『신학대전』에서의 논의(본 논고)를 정밀 비교하며, 『대전』에서의 논의가 젊은 시절 『주해』에서의 논의에 비해 아리스토텔레스의 『수사학』(I, c,2)이라는 새로운 텍스트의 가르침으로 수정 보완되었을 뿐만 아니라, 아우구스티누스와 다마셰누스 등 교부들의 통찰 덕분에 "쾌락이 더 이상 아리스토텔레스에게서처럼 '활동의 본질에 속하는 것'이 아니라 그 활동에 뒤따르는 '속성'"이라고 해석함으로써 체계화되고 완성에 이르게 되었음을 잘 밝혀주고 있다. Kevin White, "Pleasure, A Supervenient End", in Tobias Hoffmann et. al.(eds.), *Aquinas and the 'Nicomachean Ethics'*, Cambridge, Cambridge University Press, 2013, pp.220-238. Cf. Tito S. Centi, OP, "Introduzione", p.11: "여기 『신학대전』에서 성 토마스는 그가 걸작 작업에 매진하고 있던 때에 막 번역된 아리스토텔레스의 또 다른 근본적 작품, 곧 『수사학』을 알고 있음을 보여준다. …그때까지 서방 세계에 알려져 있지 않았던 작품이다. 바로 그렇기 때문에 성 토마스는 정직하게 원천을 상기시키면서 그 내용 전체를 주해하는 수고를 마다하지 않는다."

6. 천사적 박사는 다마셰누스와 네메시우스로부터 감각적 욕구를 '욕정적 욕구'(appeti-

대상으로 삼는 욕정적 정념(passiones concupiscibiles)에는 사랑과 미움, 욕망과 회피, 쾌락과 슬픔의 여섯 가지 정념이 속하고, 획득하기 어려운 선 또는 물리치기 어려운 악을 대상으로 삼고 있는 분노적 정념(passiones irascibiles)에는 희망과 절망, 대담함과 두려움, 그리고 분노의 다섯 가지가 속한다.[7] 따라서 진정한 논고를 제공하고 있는 그의 정념에 관한 논의는 1) 정념 일반에 관한 논의(qq.22-25), 2) 욕정적 정념(qq.26-39)에 관한 논의, 그리고 3) 분노적 정념(qq.40-48)에 관한 논의로 구성되어 있다.[8] 하지만 적절히 균형이 맞을 수 있도록 우리는 욕정적 부분을 갈라 다음과 같이 분량을 조정하였다: 제19권(qq.22-30), 제20권(qq.31-39), 제21권(qq.40-48).[9]

성 토마스는 정념들 가운데 '쾌락'과 '고통 또는 슬픔'에 대해 가장 많은 지면을 할애하여 폭넓게 논의하고 있다. 먼저 쾌락에 관해 4개 문(問), 24개 절(節)에 걸쳐 논하고, 이어서 고통과 슬픔에 관해 5개 문, 25개 절에 걸쳐 다룬다. 이 논고는 "천사적 박사의 진정한 창안물"[10]로서, 인간 행복에 관한 질문에 의해 전반적으로 지배되고 있는 그의 도덕성 개념에서 그가 이 주제에 배당하는 비중을 알려

---

tus concupiscibiles)와 '분노적 욕구'(a. irascibilis)로 구분하는 법을 배웠다(Cf. Tito S. Centi, "Introduzione", p.12).

7. 정념을 11가지로 분류하는 이 방식이 아리스토텔레스의 『니코마코스 윤리학』 제2권 제5장에 뿌리를 두고 있는 것은 사실이지만, "이 분류가 그 실체에 있어서 아퀴나스의 독창적 작업이라는 점을 다시 한번 강조한다. 그 단순성이 놀랍고, 또 거기서부터 영감을 길어 올리는 척도들, 곧 기관들 또는 능력들의 구별, 선과 악을 '물리적' 질서와 '심리학적' 질서로 가르는 구별의 명료성이 놀랍다"(Tito S. Centi, OP, "Introduzione", p.17).
8. 토마스 아퀴나스, 『신학대전 제19권(I-II, 22-30): 정념』, 김정국 옮김, 바오로딸, 2020 참조.
9. 성 토마스는 이미 직전의 분책인 『신학대전 제19권(I-II, 22-30): 정념』에서 정념에 관한 일반적 논의와 욕정적 정념들(passiones concupiscibiles)에 속하는 사랑과 미움, 욕망과 회피에 관해 다루었고, 뒤에 이어지는 분책인 『신학대전 제21권(I-II, 40-48): 두려움과 분노』에서는 분노적 정념들(passiones irascibiles)에 속하는 희망과 절망, 두려움과 담대함, 그리고 분노에 대해 논하게 될 것이다.
10. Servais Pinckaers, OP, *Passions & Virtue*, tr. Benedict M. Guevin, OSB, Washington, Catholic University of America Press, 2017, p.41.

준다.

성 토마스에게 '쾌락'(delectatio)이라는 용어는 우리가 선 안에서 취하는 (슬픔에 반대되는) 즐거움(gaudium)을 가리키는 일반적 의미를 지니고 있다.[11] 그러므로 그는 온갖 형식의 즐거움을 '쾌락' 아래 분류하고 있다. 우리에게 쾌락은 좀 더 한정적인 의미를 가지고 있다. 쾌락을 경험한다는 것은 어떤 즐거움을 맛보고 그 안에서 기뻐하는 것이다. 그것은 또한 이 선의 소유를 의미할 수도 있다. 쾌락과 즐거움은 다양한 종류의 쾌감 또는 기쁨을 포용하는 등가어인 셈이다.[12]

좀 더 명확히 하자면, '쾌락'은 그 선을 향한 사랑과 갈망에서 시작되어, 우리로 하여금 그것을 획득하도록 움직이게 하고, 마지막으로 그것을 소유하는 데에서 마치게 되는 움직임의 정점이다.[13]

---

11. "토마스는 아리스토텔레스를 따라 쾌락이 인간 유기체의 적절한(conveniens) 기능에 수반되는 느낌이라고 규정한다(I-II, q.32, a.1; II-II, q.142, a.1). 사람들이 자기 보존과 종의 보존을 위해 음식, 음료, 그리고 성관계를 사용하는 것이 적절하기 때문에 음식, 음료, 그리고 성행위에서 쾌락을 느끼는 것은 적절하다. 그렇지만 오직 이 쾌락이 뚜렷하게 인간적인 방식으로 느껴질 때만 적절하다. 토마스는 너무도 흔히 사람들이 단순한 짐승들과 같은 방식으로 쾌락을 경험한다고 지적한다(II-II, q.142, a.4). 그들은 쉽사리 '이성과 신법의 척도'(regula rationis et legis divinae)를 저버리는 데로 이끌린다(II-II, q.141, a.2, ad1). 타락을 피하기 위해서 사람들은 감각적인 것들을 사용하고 즐기는 데 있어서 자기들 마음대로 해서는 안 된다. 오히려 그들은 이성에 의해서, 이상적으로 말하자면, 신앙, 희망, 참사랑에 의해 형성된 이성에 의해서 인도되어야 한다. 사람들은 그것들에 수반되는 쾌락의 충동과 느낌들을 제어하기 위해 이성의 능력을 사용해야 한다"(II-II, q.141, a.3, ad2). Diana Fritz Cates, "The Virtue of Temperance(IIaIIae, qq.141-170)", in Stephen J. Pope(ed.), *The Ethics of Aquinas*, Washington, Georgetown University Press, 2002, p.322.
12. 토마스는 『진리론』에서 쾌락과 기쁨 사이를 구별한다. 쾌락은 어떤 선과의 실재적 결합에서 시작되고 그 포착(곧 그것을 깨닫게 됨)에서 완성되는 데 반해, 기쁨은 기원이 그 선을 깨닫게 됨에서 시작해서 그 감정(감정상태)에서 끝난다. 이리하여 고통이 슬픔의 원인이듯이, 쾌락은 때때로 기쁨의 원인이 된다. 우리는 환호하며 기뻐할(rejoice in enjoying) 수 있다(*De veritate*, q.26, a.4, ad5). 짐승들은 이성이 없기 때문에 오직 쾌락만 가지고 있고, 결코 기쁨은 가지고 있지 않다. 반대로 이성을 지니고 있는 우리는 기쁨을 경험할 수 있고, 심지어 쾌락을 기쁨으로 돌릴 수도 있다. Cf. Étienne Gilson, *Moral Values and the Moral Life: The Ethical Theory of St. Thomas Aquinas*, tr. Leo R. Ward, Notre Dame(IN), University of Notre Dame Press, 1967, pp.113-114.
13. "Prima ergo immutatio appetitus ab appetibili vocatur amor, qui nihil est aliud quam

'즐거움'이란 주체의 감정 안에 막 소유된 선의 방사와 같다. 이렇게 이해될 때 쾌락은 근본적으로 즐거움, 기쁨(laetitia), 용약(exultatio), 유쾌함(jucunditas), 참행복(beatitudo) 같은 여러 형식을 취할 수 있는 감정적 상태다.

쾌락은 획득된 선과 관련된 우리의 주체적 반응이다. 성 토마스는 쾌락을 그 본성(제31문), 원인(제32문), 결과(제33문), 그리고 마지막으로 그것의 도덕적 성격(제34문)으로 분절화시켜 논한다.[14]

### 1. 쾌락의 본성(제31문)

성 토마스는 쾌락과 슬픔에 대해 정념들 가운데 가장 많은 분량의 지면을 할애하여 폭넓게 논의하고 있다. 그리고 쾌락의 결과보다는 그 본질과 원인 규명에 두 배 이상의 지면을 할애한다. 왜 그럴까? 쾌락은 덕의 전형적인 표지로서, 인간적 본성과 내밀하게 연결되어 있다. 쾌락은 활동에 수반되는 정념이다. 그런데 아리스토텔레스의 『니코마코스 윤리학』은 쾌락이 무엇인지보다는 쾌락이 무엇이 아닌지에 관해 훨씬 더 많이 말한다. 쾌락은 성질이 아니고 운동도 아니며, 생성도 아니고 어떤 결핍을 채움도 아니며, 활동이 아니고 생각도 아니며, 지각도 아니다.[15] 이런 배경에서 볼 때, 쾌락 자체의

---

complacentia appetibilis; et ex hac complacentia sequitur motus in appetibile, qui est desiderium; et ultimo quies, quae est gaudium"(욕구 대상으로부터 오는 최초의 변화를 사랑이라 부른다. 그것은 다름이 아니라, 욕구 대상을 마음에 들어 하는 것이다. 그리고 이 '마음에 들어 함'으로부터 욕구 대상을 향한 움직임이 따르는데, 이것이 바로 갈망이다. 마지막으로 휴식에 이르게 되는데, 그것이 바로 즐거움이다: I-II, q.26, a.2). 김혜숙, 『사랑, 그 아름다운 역동성: 성 토마스 아퀴나스의 사랑의 신학』, 사람과사랑, 2014, 41쪽 참조.
14. 이하의 요약을 위해서 주로 미너의 최근 단행본을 참조하였다: Robert Miner, *Thomas Aquinas on the Passions: A Study of Summa Theologiae IaIIae 22-48*, pp.160-187("Pleasure"); 188-211("Sorrow").
15. J.O. 엄슨, 『아리스토텔레스의 윤리학』, 장영란 옮김, 서광사, 1996, 163-180쪽 참조. 아리스토텔레스의 쾌락론에 관한 최근의 논의를 보기 위해서는: Cf. Klaus **Corcilius**, "Aristotle's Definition of Non-Rational Pleasure and Pain and Desire", in Jon Miller(ed.), *Aristotle's Nicomachean Ethics: A Critical Guide*, Cambridge, Cam-

본질을 밝히겠다는 토마스의 시도(제31문)는 대단히 용감한 것임이 드러난다.

쾌락은 엄밀한 의미에서 하나의 정념이고, 감각적 인식에서 오는 하나의 운동이지만(제1절), 또한 운동의 한 끝이기도 하고 본질적으로 정신 내에서 발생하는 것이기에 시간에 묶여 있지 않다(제2절). 쾌락은 1차적으로 지성적 쾌락과 육체적 쾌락으로 나눠진다. 쾌락은 짐승과 인간이 공통으로 느끼는 즐거움과 관계되지만(제3절), 쾌락이라는 용어를 감각적 욕구로만 한정할 수는 없다(제4절). 그는 지성적 쾌락과 육체적 쾌락 가운데 어느 것이 더 강한지를 묻고, 어떤 면에서 영적 쾌락이 더 강한지를 상세히 규명한다(제5절). 이어서 육체적 쾌락 가운데 촉각의 쾌락이 가장 월등하다는 사실을 확인한다(제6절). 그리고 어떤 결함 때문에 자연적이지 않은, 곧 자연에 어긋나는 쾌락[16]이 있을 수 있고(제7절), 하나의 육체적 쾌락이 다른 육체적 쾌락과 반대될 수 있다는 것을 설명한다(제8절).

---

bridge University Press, 2011, pp.117-143; Dorothea **Frede**, "Pleasure and Pain in Aristotle's Ethics", in Richard Kraut(ed.), *The Blackwell Guide to Aristotle's Nicomachean Ethics*, Malden(MA), Blackwell, 2006, pp.255-275; Peter **Hadreas**, "The Function of Pleasure in Nicomachean Ethics X 4-5", *Ancient Philosophy* 24(2004), 155-167; Gerald J. **Hughes**, *The Routledge Guidebook to Aristotle's Nicomachean Ethics*, London, Routledge, 2013(ch.10 "Pleasure and the Good Life", pp.206-231); Michael **Pakaluk**, *Aristotle's Nicomachean Ethics: An Introduction*, Cambridge, Cambridge University Press, 2005(ch.10: "Pleasure[*Nicomachean Ethics* 7.11 and 10.1-5]", pp.286-315); George **Rudebusch**, "Pleasure", in Georgios Anagnostopoulos(ed.), *A Companion to Aristotle*, Malden(MA), Blackwell, 2013, pp.404-418; Christopher **Shields**, "Perfecting Pleasures: The Metaphysics of Pleasure in Nicomachean Ethics", in Jon Miller(ed.), *Aristotle's Nicomachean Ethics: A Critical Guide*, Cambridge, Cambridge University Press, 2011, pp.191-210; C.C.W. **Taylor**, "Pleasure: Aristotle's Response to Plato", in Robert Heinemann(ed.), *Plato and Aristotle's Ethics*, Aldershot, Ashgate, 2003, pp.1-20; Gerd **Van Riel**, "Aristotle's Definition of Pleasure: A Refutation of the Platonic Account", *Ancient Philosophy* 29(2000), 119-138.

16. 제31문 제7절의 논의는 아리스토텔레스의 『니코마코스 윤리학』 제7권 제5장에서 전해주는 임산부의 배를 갈라 아이를 먹는다는 마녀의 전설이나 식인 풍습이 있는 야만족들의 끔찍한 관행을 배경으로 삼고 있는데, 아퀴나스는 그런 반자연적인 행위가 영혼의 어떤 부패(corruptio)에서 올 수 있는 것으로 설명하고 있다. 노리에가, 『쾌락의 수수께끼』, 사람과사랑, 2017, 198-199쪽 참조.

## 2. 쾌락의 원인(제32문)

아퀴나스는 쾌락의 원인을 논하며, 먼저 작용(operatio)이 쾌락의 '적절한 선'임을 간명하게 밝힌다(제1절). 그리고 그런 작용이 행위자와 그 대상, 그리고 그 결합에 대한 인식의 차원에서 어떻게 운동(변화)과 연관되는지를 규명한다(제2절). 가장 유쾌한 결합은 현실적 결합이지만, 그것이 없을 때는 기억과 희망에 따른 유사성이 정신 안에 현존하는 것만으로도 어느 정도 쾌락을 맛볼 수 있다(제3절). 이어서 기쁨의 박탈인 슬픔이 어떻게 쾌락의 원인일 수 있는지를 검토한다(제4절). 제5절과 제6절에서는 초점을 정념(수동)에서 활동(능동)으로 옮겨, 타인의 행동이 어떻게 쾌락의 원인이 될 수 있는지를 묻고, 세 가지 경우를 살피고 있다(제5절). 그리고 이번에는 나의 활동이 어떻게 나에게 쾌락이 될 수 있는지를 규명한다(제6절). 사랑의 원인인 유사상이 또한 쾌락의 원인이기도 하다(제7절). 경탄의 직접적 결과는 쾌락이 아니라 알고자 하는 갈망이다. 쾌락의 원인이 되는 것은 이 갈망과 (갈망하는 대상이 획득될 수 있다는) 희망의 결합이다(제8절).

## 3. 쾌락의 결과(제33문)

아퀴나스는 쾌락의 결과들을 규명하는 자리에서 먼저 1차적 결과들에 대한 비-아리스토텔레스적 관점을 제시하는 것으로 시작한다. 쾌락은 비유적으로 말해 인간의 정신을 확장시킨다[17](제1절). 인

---

17. 교황 프란치스코, 『사랑의 기쁨』, 한국천주교중앙협의회, 2016, 126항: "혼인에서 사랑의 기쁨을 잘 가꾸어야 합니다. 쾌락 추구에만 매달리면, 우리는 편협해져서 다른 종류의 만족을 발견하지 못하게 됩니다. 반면에 기쁨은 즐길 줄 아는 능력을 확대시켜서, 쾌락이 사그라지는 단계의 인생에서도 다양한 것에 대한 맛을 찾게 해줍니다. 그래서 토마스 아퀴나스 성인은 '기쁨'이라는 단어를 마음의 확장이라는 의미로 사용한 것입니다"(I-II, q.31, a.3, ad3). 라미레스는 쾌락의 가까운 동의어가 'latus'(넓은)와 'latitudo'(넓이)에 어원을 두고 있는 '기쁨'(laetitudo)이고, 농축적인 전치사 'de-'와 'latitudo'의 결합에서 쾌락의 첫 번째 결과인 '확장'(dilatatio)에 이르게 된 것이라고 설명하고 있다. Cf. Santiago M. Ramirez, OP, *De passionibus animae in I-II*

간은 갈망하는 선을 즉각적으로 획득하는 것이 아니라 조금씩 차츰 획득해 나가기 때문에, 단편적 소유에 의해서 발생한 쾌락은 자연히 좀 더 큰 쾌락에 대한 갈망으로 인도한다(제2절). 육체적 쾌락들은 이성을 혼란스럽게 만들 수 있는 데 반해 영적 쾌락, 관상적(contemplativa) 쾌락들은 이성의 활동을 막지 않을 뿐만 아니라, 오히려 돕기까지 한다(제3절). 마지막으로 아퀴나스는 쾌락을 하나의 목적인으로 간주할 때 작용을 완성하는 방식에 주목함으로써 쾌락의 본질적 선성을 확인한다(제4절).

### 4. 쾌락의 도덕성(제34문)

아퀴나스는 쾌락의 도덕성에 관해 논하는 제34문을, 고대 학파들의 가르침에 대한 주해에 기초해 구조화하고 있다. 모든 쾌락이 다 악하다는 스토아학파의 관점은 지성적으로 견지될 수 없고, 또 우리가 일상에서 겪는 생생한 경험에도 반대된다(제1절). 그러나 모든 쾌락이 다 선하다는 에피쿠로스학파의 정반대되는 관점에 대해서도 같은 말을 할 수 있다(제2절). 이 두 학파는 어떤 쾌락은 선하지만 다른 어떤 쾌락은 그렇지 않다는 플라톤의 관점에 의해 수정될 수 있을 것이다. 하지만 플라톤은 그 어떤 쾌락도 최고선일 수 없다고 추론하는 오류에 떨어진다(제3절). 아퀴나스는 아리스토텔레스와 아우구스티누스를 조심스럽게 조화시켜, 어떤 특정 쾌락이 엄밀하게 인간의 궁극 목적[18]인 최고선 획득에 상응할 뿐만 아니라 쾌락 자체

---

*Summae Theologiae divi Thomae expositio(qq.XXII-XLVIII)*, Obras completas de Santiago Ramirez, V, Madrid, Instituto de Filosofia Luis Vives, 1973, p.256.

18. 제34문 제3절에서 말하는 '궁극 목적'(ultimus finis)은 단적으로 말해 최고선인 하느님 자신이나 또는 인간이 누릴 수 있는 선들 가운데 최선이라고 할 수 있는 쾌락인 하느님 향유(fruitio Deitatis sive divina)를 가리킬 것이다. Cf. Kevin White, "The Passions of the Soul(IaIIae, qq.22-48)", in Stephen J. Pope(ed.), *The Ethics of Aquinas*, Washington, Georgetown University Press, 2002, p.113.

가 도덕적 선과 악에 대한 최고의 척도[19]이기도 하다고 결론짓는다(제4절).

## 5. 고통과 슬픔의 본성(제35문)

특수한 정념들에 관한 모든 논의 가운데 슬픔에 관한 논의가 가장 길어, 다섯 개 문(問)에 이른다. 성 토마스에게는 모든 정념들 가운데 슬픔이 "가장 적절하게" 정념이다.[20] 영혼은 가장 고통스러울 때 가장 깊이 영향을 받는다. 논쟁의 역사도 복잡하다. 토마스 자신의 기여는 무엇인가?

우선 고통이 '육체의 정념들'(passiones corporis)이라고 불리는 물리적 감각이나 육체적 질병과는 종적으로 다른 '영혼의 정념'(passiones animae)임을 확인한다(제1절). 이어서 고통은 외적 감각들의 포착에 의해서 야기된 정념들을 가리키는 데 반해, 슬픔은 필연적으로 내적 감각에 의해서 야기된다는 사실을 밝힌다(제2절). 그리고 제3절부터 제6절까지 고통과 쾌락 사이의 형상적 대립과 질료적 연결을 조화시키는 작업을 하고 있다. 먼저, 서로 모순되는 것들이 다른 것의 '우유적' 원인이 될 수 있는데, 바로 슬픔이 그런 식으로 쾌락의 원인이 될 수 있음을 지적하며 갈증과 친구의 죽음을 예로 들고 있다(제3절과 제4절). 그리고 관상의 쾌락에 반대되는 슬픔이 있는지를 묻고, 관상만큼은 그것이 하느님의 무시간성에 참여하는 것이기 때문에, 그 어떤 슬픔도 포함하고 있지 않다고 지적한다(제5절). 이어서 적절한 선에 의해 야기되는 쾌락의 갈망이 슬픔의 기피보다 더 강렬하다는 두 가지 논거를 제시한다(제6절). 그리고 마지막

---

19. 실상 도덕적 선성의 척도는 올바른 행동에 뒤따르는 쾌락이다(I-II, q.34, a.4). 노리에가, 『쾌락의 수수께끼: 음식, 욕구 그리고 성(性)』, 이윤이 옮김, 사랑과사람, 2017, 187-190쪽 참조.
20. "unde tristitia magis proprie est passio quam laetitia."(그러므로 슬픔이 기쁨보다 '더 적절하게' 정념이다: q.22, a.1) Cf. q.41, a.1.

두 절에서는 섬세한 구별을 하는 것으로 마무리한다. 그는 먼저, '외적 고통'과 '내적 고통' 사이를 구별하며, 동물들도 내적 고통을 느끼지만 '마음의 슬픔'(tristitia cordis)은 인간만이 느낀다는 사실을 강조한다(제7절). 그런 다음에 역사적으로 확인된 슬픔의 네 종류, 곧 자비(misericordia), 질투(invidia), 근심(anxietas), 나태(acedia)를 검토하며 그것들이 육체적 고통과는 달리 과거, 현재, 미래의 악으로 확장될 수 있다고 지적한다. 슬픔을 느끼는 역량이야말로 인간됨의 한 조건인 것이다(제8절).

### 6. 슬픔의 원인(제36문)

슬픔의 기본적 원인은 어떤 현존하는 악에 대한 포착이다. 먼저 제1절부터 제3절까지는 슬픔의 주체적 원인들을 고찰한다. 만일 어떤 사람이 어떤 선을 상실하고 또 그 손실을 하나의 악으로 포착한다면, 슬픔의 정념이 필연적으로 뒤따르게 된다. 상실된 선을 악으로 포착하는 것이 슬픔이 산출되는 데 필수적이지만, 정작 슬픔이나 고통의 원인은 상실된 선이라기보다는 결합된 악이다(제1절). 이어서 증오가 없이는 고통도 없고 또 사랑이 없으면 증오도 없기 때문에, 사랑(amor)이 "고통의 보편적 원인"임을 밝힌다(제2절). 해로운 것의 욕망, 원하는 선을 얻지 못함, 누리던 선의 상실이라는 세 가지 경우에 갈망은 모두 슬픔을 낳지만, 그 가운데 '결합의 욕구'(appetitus unitatis)가 특히 강렬하다(제3절). 불가항력은 욕구의 경향이 존속하고 있는 한 슬픔의 원인이 되지만, 그 경향이 제거된다면 저항은 무너지고 슬픔이 사라지게 된다(제4절).

### 7. 고통과 슬픔의 결과(제37문)

토마스는 먼저 고통이 학습 능력을 약화시키고 그것이 강렬할 때는 심지어 그것을 완전히 제거할 수도 있다는 점에 주목한다(제1절).

고통과 슬픔은 영혼을 무겁게 짓누르고, 때로는 그 사람의 지체들을 마비시킬 수도 있으며(제2절), 모든 활동 능력을 위축시킬 수도 있다(제3절). 고통과 슬픔은 다른 어떤 '영혼의 정념들'보다 더 육체에 해를 끼친다(제4절). 그렇기 때문에 누구나 고통 또는 슬픔을 피하고 싶어 하지만, 아퀴나스는 슬픔이 올바르게 조절되기만 한다면 상당히 유용하다는 점을 지적한다.[21] 고통은 학습 능력을 파괴한다. 학습은 영혼의 총체적 집중을 요구하는데, 고통이 그것을 파괴하기 때문이다. 그러나 고통으로부터 물러서지 않고 오히려 가까이 다가갈 때, 영원의 위로를 받을 자격이 있다(q.35, a.3, ad1). 슬픔은 사랑할 수 있는 인간적 역량으로부터 흘러나오는 것이다.

### 8. 고통과 슬픔의 치료제(제38문)

제38문에서 성 토마스는 쾌락이, 그것이 어디에서 오든 지속되는 한 슬픔의 치료제임을 강조한다(제1절). 마음속에 있는 모든 해로운 요소는 영혼의 주의가 그리로 쏠릴 때 더욱 고통스럽게 되지만, 바깥으로 확산될 때는 주의가 분산되어 내면의 고통이 감소된다. 따라서 슬픔에 시달리는 사람들이 눈물, 탄식, 하소연 등으로 자신의 슬픔을 표출할 때 슬픔은 완화된다(제2절). 그리고 슬픔은 영혼에 짐이 되는데, 다정한 친구들의 위로를 받을 때 마치 그들이 자신을 도와 짐을 나누어 지는 것으로 느끼게 되어 그를 짓누르던 짐이 가벼워지게 된다(제3절). 이런 일시적인 완화와는 달리 보다 강렬한 쾌락을 포함하는 보다 지속적인 치료제가 있는데, 바로 "진리 관상"(contemplatio veritatis)이다. 인간의 지성적 능력에 자리 잡고 있는 이 관상의 쾌락은 흘러넘쳐(redundat) 감정에 자리 잡고 있는 고통까지도

---

21. 피해야 할 악, 곧 죄와 그 기회들을 피하도록 촉구하는 데 유용한, 과거의 죄에 대한 슬픔인 참회(poenitentia)는 하나의 덕이기도 하고 또 성사이기도 하다. 이것은 제3부 제84-85문에서 본격적으로 논의될 것이다.

완화시켜준다(제4절). 그리고 마지막으로는 다시 지상적인 치료제로 돌아서서, 잠과 목욕이 기쁨을 주고 슬픔을 완화시켜준다는 점을 강조한다(제5절). 이 모든 경우에 슬픔을 치료하는 열쇠는 '쾌락'이다.

### 9. 고통과 슬픔의 도덕성(제39문)

슬픔은 추상적으로 고찰될 때 악의 근거를 지니고 있다. 왜냐하면 본성상 추구하는 선 안에서 욕구의 휴식을 저해하기 때문이다. 따라서 슬픔은 형상적으로는 악하지만, 질료적으로는 선할 수도 있다(제1절). 그렇다면 슬픔이 정당선일 수 있을까?[22] 이성에 의해서 올바르게 지각되고 의지의 혐오에 의해서 결과되는 슬픔은 정당선의 근거를 가지고 있다. 이성의 규제에 따르는 것이 정당선의 뿌리이기 때문이다(제2절). 그러면 조절된 슬픔이 유익선일 수도 있을까? 일단 악이 현존하게 되면 슬픔은 필연적 결과다. 슬픔의 유용성은 스스로를 제거하는 데서 성립되는 것이 아니라, 악의 기회가 되는 활동들과 그 자체로 악한 활동들을 피하는 데 도움을 주는 한에서 성립된다(제3절). 많은 이들이 내세우듯이 육체적 고통은 최대악인가? 성 토마스는 실제적 악과 외양적 악을 구별한다. 실제적 악이

---

22. 앞 절(a.1)에서 아퀴나스는 슬픔에 자연적 선성이 있을 수 있다는 점을 시사하였다. 분명 거기에는 유익함(bonum utile)이 있다. 그런데 그것은 내밀한 가치, 곧 정당선(bonum honestum)도 지니고 있는가? 슬픔이 의지의 경향에 반대되는 현존하는 악에 대한 올바른 판단에서 올 수 있다. 이 경우에 슬픔을 느끼는 것 자체는 도덕적으로 선하지만(bonum honestum), 다른 정념들이 이성에 복종해야 하듯이, 결국 이성의 규제와 척도에 복속된 채로 남아있어야 한다. "Omnes passiones animae regulari debent secundum ragulam rationis quae est radix boni honesti"(영혼의 모든 정념은 '정당선'의 뿌리인 이성의 규제에 따라 규제되어야 한다: I-II, q.39, a.2, ad1). Cf. Vernon Bourke, *Ethics: A Textbook in Moral Philosophy*, New York, Macmillan, 1951, pp.92-93; Leo J. Elders, SVD, *The Ethics of St. Thomas Aquinas*, Washington, Catholic University of America Press, 2019, pp.121-122. '정당선'에 관한 상세한 설명을 보기 위해서는: Cf. David Decosimo, *Ethics as a Work of Charity: Thomas Aquinas and Pagan Virtue*, Stanford(CA), Stanford University Press, 2014, pp.177-197.

최대악일 수 없는 이유는 참으로 악한 것을 악이라고 판단하지 않거나 악을 거절하지 않는, 그보다 더 악한 것이 남아있기 때문이다. 그리고 외양적인 악이 최대악일 수 없는 이유는 진정한 선으로부터 소외되는 것이 그보다 더 나쁘기 때문이다(제4절).

  슬픔이 인간의 최대악일 수 없다는 부정적 명제는 모든 슬픔이 어떤 선을 포함하고 있다는 긍정적 귀결을 시사하고, 쾌락과 슬픔 사이의 불균형을 알려주는데, 이 불균형은 고통과 슬픔에 대한 논고 전체를 활성화하고 있는, 악에 대한 선의 우위를 반영하고 있다. 성 토마스는 이렇게 이성의 정치적(政治的) 규제를 받을 때 슬픔이 이성적 피조물의 '목적을 향한' 움직임을 촉진하는 긍정적인 측면을 밝히고 있다.

## 10. 마무리

즐거움의 원인이 외부적 선에 있는 데 반해, 기쁨은 내면적 요인에서 기인한다. 그것은 우리가 택한 선택, 어떤 결단, 진리와 선에 대한 감수성과 연결되어 있다. 이렇게 이해될 때 기쁨은 한 사람의 도덕성의 척도 역할을 할 수 있고, 우리에게 참다운 덕을 식별할 수 있도록 허용해주며, 참행복에 이르는 길, 하느님께로 인도하는 소로(小路)를 보여준다.[23]

  그리고 성 토마스에게 슬픔이란 쾌락이 선의 한 표지이듯이, 우리 안에 있는 악의 한 표지이다. 즐거움과 고통은 하느님께서 우리를 당신께 인도하시기 위해 사용하시는 두 손이라 할 수 있다. 우리의 삶 속에 오직 즐거움만 있었더라면, 우리는 그것들을 누리는 것으로 만족하고 거기에 머물렀을 것이다. 또 만일 고통밖에 몰랐더라면, 우리는 우리의 머릿속을 온통 두려움이나 도피로 가득 채우

---

23. Cf. Pinckaers, *Passions & Virtue*, pp.42-47.

고 풀이 죽어 있었을 것이다. 그러나 즐거움과 고통의 교차는 우리로 하여금 한 가지를 피하고 다른 것 안에서 진보할 수 있기 위해서 천천히 나아가도록 촉구한다. 우리에게 상처를 끼침으로써 고통은 우리로 하여금 감각 세계를 뛰어넘기 위해 단순한 외양을 넘어 보다 심층적으로 사물들의 존재에 이르도록 촉구한다.

고통은 그것에 저항하는 우리 자신의 존재에로 눈길을 돌려 그것이 변할 수 있다는 것, 그것이 소유에서 상실로, 즐거움에서 고통으로 넘어갈 수 있고, 마침내 비존재로 추락할 수 있다는 것을 깨닫게 만든다. 이런 고통에 대한 새로운 자각은 우리의 심층부에 가려져 있던 새로운 존재, 우리의 영적 존재를 깨달을 수 있게 해준다. 이리하여 기쁨과 고통은 생물학적으로 영적 삶 안에서 결합되고, 고통은 기쁨에 봉사하게 된다. 고통은 기쁨을 정화시킨다.

이 기쁨과 고통의 결합이야말로 사랑의 특성이다.[24] 우리가 진정 사랑한다면, 우리는 사랑하는 그 대상을 위해서 기꺼이 고통을 겪을 수 있다. 우리의 사랑이 우리로 하여금 진정한 존재를 살도록 부르는[25] 참사랑의 수준으로 정화되고 성장하기 위해서는 고통의 시련이 필요하다. 이리하여 우리는 몸소 사랑의 화신(化身)이 되어 온 인류를 참사랑의 삶으로 초대하는 구세주의 표지인 '십자가'의 놀라운 신비와 마주하게 되는 것이다.[26]

---

24. "현재의 애도(luctus praesens)는 내세의 위로로 인도한다. 왜냐하면 인간이 자신의 죄에 대해서나 영광의 지체(遲滯)에 대해서 슬퍼해야 한다는 사실에 의해서, 그는 영생의 위로를 받을 자격이 있기 때문이다. 마찬가지로 사람은 고통으로부터 물러서지 않고 오히려 가까이 다가갈 때, 영원의 위로를 받을 자격이 있다"(I-II, q.35, a.3, ad1).
25. "ex amore enim quo aliquis habet alium gratum procedit quod aliquid ei gratis impendat."(왜냐하면 누군가가 다른 사람을 어여쁘게 여기는 사랑으로부터 그에게 어떤 것을 거저로 주는 일이 발생하기 때문이다: I-II, q.110, a.1).
26. Cf. Pinckaers, *Passions & Virtue*, pp.54-57.

# 03. 성 토마스의 '습성론' 입문

『신학대전 제22권(I-II, 49-54): 습성』, 졸역, 한국성토마스연구소, 2020, xxxviii-xliv쪽.

『신학대전』 제2부에서 성 토마스는 주로 인간의 행복, 곧 사람들이 만물의 최종 목적인 하느님과 결합되는 일에 관심을 기울인다. 그는 먼저 두 종류의 행복을 구별한다. 곧 1) 이 지상에서 누리는 불완전한 행복(felicitas)과 2) 그것을 넘는 완전한 참행복(beatitudo)이다.[1] 이 각각의 행복에 도달하기 위해서는 무엇이 필요한가? 이에 대한 아퀴나스의 기본 답변은 '이 세상에서의 행복을 위해서는 우리 자신이 스스로 획득할 수 있는 덕(virtus)이 필요하고, 내세에서 행복하기 위해서는 오직 하느님만이 우리 안에 주입할 수 있는 덕들 또는 선물들이 필요하다'는 것이다.[2] 첫 번째 종류의 덕들에 대해서는 제2부 제1편 제55-67문에서 일반적 기초를 다진 후, 이어서 개별 덕들과 악습들을 논하고, 두 번째 종류의 덕들은 제2부 제2편에서 상세하게 다뤄진다.[3]

그런데 '덕'이란 과연 무엇인가? 아퀴나스는 덕을 일종의 '습

---

1. Cf. I, q.62, a.1; I-II, q.5, a.5; q.62, a.1.
2. Cf. I-II, q.3, a.6, ad2; *ScG* III, c.48.
3. 그렇지만 '자연적 덕들'과 '초자연적 덕들'에 이르게 될 때 제2부 제1편(I-II)과 제2부 제2편(II-II) 사이에는 상당량의 중첩이 있다. 왜냐하면 제2부 제1편 제68-70문에서 아퀴나스는 초자연적인 것들로 간주하는 '성령의 선물들'에 대해 논하고, 또 반대로 제2부 제2편 제45-170문에서는 그가 이승에서 우리를 완성시켜주고 우리의 노력으로 획득될 수 있다고 생각하는 '사추덕'과 관련된 덕들에 대해 논하기 때문이다.

성'(habitus)이라고 생각하여, 제2부 제1편 제49-54문에서 '습성' 관념에 관해 먼저 성찰하는 것으로 덕과 악습들에 관한 긴 논의를 시작한다. 그는 이에 앞서 인간의 행복(I-II, 1-5),[4] 인간적 행위들(I-II, 6-17),[5] 그 도덕성의 원리(I-II, 18-21),[6] 그리고 인간의 정념(I-II, 22-30)[7]을 논하였고, 뒤에 이어지는 제55-89문에서는 덕과 악습, 그리고 그와 연관된 도덕적 주제들을 다루게 될 것이다. 본 논고(제22권)를 구성하는 문제들에서 성 토마스는 인간 행위들[8] 자체에 대한 고찰로부터 그 원리들(principia actuum)에 대한 숙고로 넘어가고, 그래서 독자로 하여금 이 두 개념을 포괄하는 보다 일반적인 개념, 곧 '습성' 개념에 대한 분석을 통해 덕과 악습에 관한 고찰을 준비시키고 있다.

논의에서는 신학 작업보다는 철학 작업이 더 두드러진다. 성경은 그 전반에 걸쳐서 겨우 세 번 인용되는 데 반해, 아리스토텔레스는 면면마다 언급되고 있다. 이교인 심플리치우스가 아우구스티누스와 디오니시우스만큼이나 자주 인용된다. 이것은 '독창적'인 작품

---

[4] 토마스 아퀴나스, 『신학대전 제16권(I-II, 1-5): 참행복』, 정의채 옮김, 바오로딸, 2000.
[5] 토마스 아퀴나스, 『신학대전 제17권(I-II, 6-17): 인간적 행위』, 이상섭 옮김, 바오로딸, 2019.
[6] 토마스 아퀴나스, 『신학대전 제18권(I-II, 18-21): 도덕성의 원리』, 이재룡 옮김, 바오로딸, 2019.
[7] 토마스 아퀴나스, 『신학대전 제19권(I-II, 22-30): 정념』, 김정국 옮김, 바오로딸, 2020.
[8] 우리의 행위(actus)는 우리 삶이 항구적이지 못하다는 것을 알려주는 결정적인 표지다. 왜냐하면 삶이란 부단한 생성(fieri) 속에 있는 것이기 때문이다. 그러나 우리 활동의 지속적인 변화에도 불구하고 그 안에서 우리 각자의 인격과 결부되어 있는 부단한 반복을 마주치게 된다. 그런데 칭찬이나 비난을 받을 수 있는 한 사람의 영적인 태도를 이루는 우리 행위의 이런 특수성과 다양성은 어떻게 설명될 수 있을까? 이것들은 분명 어떤 특정 태도를 신속하게 만들거나 그 반대되는 태도를 어렵게 만드는 역량 또는 특수한 기능들과 관계된다. 그러나 그것은 자연적 능력들이 아니다. 만일 그랬더라면 모든 사람이 다 같은 종류의 능력을 가지고 있었을 것이기 때문이다. 따라서 그 열쇠는 '덕'과 '악습'으로 세분되어 잘 알려져 있는 작용적 습성(habitus operativus)이다(Cf. Tito S. Centi, OP, "Introduzione", in S. Tommaso D'Aquino, *La Somma Teologica*, vol.X: *Le Virtu(I-II, 49-70)*, Bologna, Edizioni Studio Domenicano, 1970, pp.7-8).

이다.[9] 그것이 포함하고 있는 소재들은 성 토마스의 다른 작품 어디에서도 발견되지 않는다.[10] 아마도 특별히 『신학대전』만을 위해 편찬된 것으로 보인다.[11] 아퀴나스는 논의 과정에서 아리스토텔레스에 관한 그리스와 아랍 주해자들을 혼란스럽게 만들었던 수많은 해석의 난관들에 연루된다.[12]

---

9. "비록 대철학자들도 때로는 거의 이 사실을 깨닫지 못했던 것처럼 보이지만, 습성 개념은 특히 인간적 행위와 경험을 규정하는 데 본질적 요소이다. 성 토마스는 그 개념의 중요성을 포착하고 그것에 대한 충분한 규모의 분석을 시도한 최초의 대철학자라는 공로를 지니고 있다."(Anthony Kenny, "Introduction", in St. Thomas Aquinas, *Summa Theologiae*, vol.22(I-II, 49-54): *Dispositions for Human Acts*, London, Blackfriars, 1964, pp.xxx-xxxi) '습성' 연구에서 성 토마스의 독창성을 강조하는 다른 학자들을 보기 위해서는: Cf. Bernard Inagaki, "Habitus and Natura in Aquinas", in John Wippel(ed.), *Studies in Medieval Philosophy*, Washington, Catholic University of America Press, 1987, p.159; Leo Elders, SVD, *Ethics of St. Thomas: Happiness, Natural Law and the Virtues*, Washington, Catholic University of America Press, 2019, p.135; Otto H. Pesch, OP, "Die bleibende Bedeutung der thomanischen Tugendethik", *Freiburger Zeitschrift fuer Philosophie und Theologie* 21(1974), 359-391; Nicholas Austin, SJ, *Aquinas on Virtue: A Causal Reading*, Washington, Georgetown University Press, 2017, pp.xviii-xix.
10. 사실 덕 일반에 관해 다루는 작품은 『신학대전』 외에도 우선 『신학대전』 제2부와 거의 동시대 작품으로 인정되는 『덕에 관한 토론문제』(*Quaestioni Disputatae De virtutibus*)가 있다. "『신학대전』에서 발견되는 덕 일반에 관한 논술은 『덕에 관한 토론문제』와 동시대 작품이다. 따라서 텍스트의 상응은 풍부하게 확인된다. 그렇지만 모든 사정이 이 경우에 『토론문제』가 그의 주저(主著)를 위한 스케치 역할을 했다고 가정하게 만든다. 그 완벽성 때문에도 『대전』은 그 주제에 관한 저자의 대가적 강독들을 가리키는 『토론문제』를 능가한다"(Tito S. Centi, OP, "Introduzione", p.17). 그리고 초창기 작품인 『명제집 주해』 제3권도 있지만, 주세페 아바는 『대전』의 논거들이 그 규모나 깊이에서 『명제집 주해』 등 이전 작품에 비해 크게 발전되고 체계화되었다는 사실을 광범위하게 입증하면서, 그것이 인간의 의지와 활동 역량에 대한 새로운 통찰과 개체화의 원리에 관한 보다 심화된 이해 덕분에 가능했던 것이라고 지적한다. Cf. Giuseppe Abba, *Lex et virtus. Studi sull'evoluzione della dottrina della morale di san Tommaso d'Aquino*, Roma, LAS, 1983, pp.174-225.
11. 논고는 겸손하게 그것이 실제로 그러한 것보다 더 아리스토텔레스적인 것으로 자처하고 있다. 『영혼론』과 『니코마코스 윤리학』에서 아리스토텔레스가 가볍게 언급하던 것들이 여기서는 『범주론』 제8권과 『형이상학』 제5권의 철학적 용어 사전에 의해서 시사되고 있는 노선을 따라 체계적으로 작업되고 있다.
12. 성 토마스는 성질의 4중 분류에 관한 심플리치우스와 포르피리우스의 논쟁(제49문 제2절, 제50문 제1절), 건강의 본성에 관한 알렉산더(제50문 제1절), 신념의 위치에 관한 아베로에스(제50문 제4절), 그리고 형상들의 대단히 거대함에 관한 플로티누스(제52문 제1절)와의 논쟁 등에 가담한다. 습성과 덕에 관한 스콜라학적 논의의 발전에 대한 철저한 연구를 보기 위해서는: Cf. Jean Porter, *The Perfection of Desire: Habit, Reason, and Virtue in Aquinas's Summa Theologiae*, Milwaukee, Marquette University

인간은 습성의 피조물이라 해도 크게 지나치지 않는다. 그는 장차 발전될 거의 무한에 가까운 잠재 능력을 갖추고 태어난다. 그러나 그 능력들 자체는 다만 완성될 수 있는 씨앗에 불과해서, 그것들이 성장하고 성숙하여 결실을 풍부히 내기 위해서는 적절하게 훈련되어야 한다. 훈련을 통해 획득되는 이 특별한 성질이 바로 우리가 '습성'이라고 부르는 그것이다. 그러므로 발달의 질서에서 능력(potentia)은 활동(actio)을 낳고 활동은 습성을 낳는다.[13]

능력은 본질적으로 타고난다. 곧 기본적으로 모든 사람 안에 동일한 어떤 원초적 재능이다. 반면에 습성은 획득된 것이다. 그것은 그것을 획득하기 위해 흘린 개인적인 땀방울의 흔적을 달고 있다. 그리고 이 때문에, 그것은 어떤 사람에게서는 다른 사람에게서보다 더 강하다. 더욱이 습성이 발생학적으로 활동의 산물이기는 하지만, 그것 자체가 다시 행동의 원리가 되고, 능력이 그것을 통해 작용할 수단이 된다. 이것이 습성의 고유 기능이다. 왜냐하면 만일 그것이 어떤 행동의 원천이 아니었더라면, 인간 발전에 그리 큰 도움이 되지 못했을 것이기 때문이다. 그런데 습성은 어떻게 행동의 주요 동인이 되는 것일까? 그것은 능력으로 하여금 활동하도록 규정함으로써이다. 그러므로 습성은 작용을 위한 능력과 행위 사이의 중간 자리를 차지한다.[14]

여기서 우리는 그 관계를 명료화하기 위해 질료형상적 개념들을

---

Press, 2018, p.15; Odon Lottin, OSB, "Les premieres definitions et classifications des vertus au moyen age" & "Les vertus cardinales et leurs ramifications chez les theologiens des 1230 a 1250", *Psychologie et morale aux XIIe et XIIIe siecles*, vol.3, 2.1, Louvain, Abbaye du Mont Cesar, 1948, 100-150; 154-193.

13. Cf. Robert Brennan, OP, *Thomistic Psychology*, New York, Macmillan, 1941, pp.260-261.

14. Cf. Anthony Kenny, "Introduction", p.xxi. 예컨대 갓난아이는 누구나 헤엄을 칠 수 있는 가능성 또는 능력(potentia)을 지니고 태어난다. 하지만 실제로 학습이나 경험을 통해 헤엄을 어떻게 칠 수 있는지 배워 강물이나 바다에서 헤엄을 칠 줄 아는 사람은 소수에 지나지 않는다. 이 소수의 사람이 지니고 있는 (갓난아기의 단순한 가능성 또는 능력과는 다른) '헤엄을 칠 줄 아는 능력'을 '습성'이라고 부른다.

활용할 수 있다. 실상 습성과 능력 사이의 관계는 형상과 질료의 관계와 같다. 그런데 형상은 질료의 완성이다.[15] 그래서 습성 역시 능력의 완성이다. 더욱이 형상은 질료에, 존재의 질서에서 그것에 부족한 것을 제공한다. 그러나 그 어떤 단일 형상도 그것이 활성화하는 질료의 모든 잠재력을 남김없이 다 소진할 수는 없다. 마찬가지로, 어떤 단일 습성도 그것이 완성하는 능력의 가려져 있는 모든 가능성을 남김없이 다 소진하지는 못한다.

인간은 소우주다.[16] 그에게서는 그의 본성의 범위 내에서 육체적 존재의 위계 전체가 각기 적절한 비율로 표상된다. 그렇지만 그의 모든 능력이 다 엄밀하게 그에게 고유한 것은 아니다. 그는 생장적 능력들을 식물들과 공유하고 있고, 감각적 능력들은 동물들과 공유하고 있다. 오로지 그의 이성적 능력만이 뚜렷하게 그에게 고유한 것이다. 그렇다면 이성(ratio)은 인간의 특징적 속성이다. 이성은 방대한 인간적 역량 전체의 바로 정상을 차지한다. 그 탁월한 위치로부터 인간 본성에 속하는 다른 모든 능력에 대해 크고 작은 정도로 그 영향력을 행사할 수 있다. 더욱이 인간의 능력들은 인간의 인격성 전체와 통합되어야 하는데, 그 통합이라는 중요 직분을 수행하는 것은 이성이어야 한다. 그런데 통합은 능력들의 훈련, 발전, 성숙을 함축하고 있다. 그리고 능력들은 습성에 의해서 확장되고 완성되어야 한다. 그러므로 모든 습성 형성 밑에는 이성이 있어야 한다.[17]

---

15. 물질적 사물들을 이해하는 아리스토텔레스-토마스적 기본 방식인 '질료형상론'(hylomorphism)을 보기 위해서는: Cf. John Wippel, *The Metaphysical Thought of Thomas Aquinas: From Finite Being to Uncreated Being*, Washington, Catholic University of America Press, 2000, pp.295-375; Jeffrey E. Brower, "Matter, Form, and Individuation", in Brian Davies & Eleonore Stump(eds.), *The Oxford Handbook of Aquinas*, Oxford, Oxford University Press, 2012, pp.85-103; ID., *Aquinas's Ontology of the Material World*, Oxford, Oxford University Press, 2014(Part III: "Hylomorphism", pp.103-184).
16. Cf. Marie-Dominique Chenu, OP, *Nature, Man, and Society in the Twelfth Century*, Toronto, University of Toronto Press, 1997, pp.24-37.

성 토마스에 따르면, 습성은 능력과 행위의 중간에 있는 어떤 것이다. 그리고 바로 그러한 것으로서 인간의 조건을 자기 나름으로 특징짓는다. 신에게는 습성들이 없다. 왜냐하면 '순수 현실'(actus purus)이기 때문이다. 동물들과 이성을 결(缺)하고 있는 모든 존재자 안에서 습성들은 개념될 수 없다. 왜냐하면 그것들은 자연에 의해서 그 행위들이 완전하게 규정되기 때문이다. 천사(angelus)들 안에서는 단지 초자연적 질서의 습성들만 전제할 수 있지만, 그것들 안에서 자연적인 진정한 도덕적 습성들을 어떻게 정당화해야 할지를 알지 못한다. 대신에 인간은 부단한 생성 중에 있는 존재이고 자기 자신의 운명의 창조자다. 그리고 그 발전의 단계들은 습성들의 구성과 역량화를 통과하며 전개된다.[18]

---

17. Cf. Robert Brennan, OP, *Thomistic Psychology*, pp.261-262. 일본의 저명한 토마스주의자 이나가키 료스케는 성 토마스의 이 독창적인 습성 개념 속에 토마스 사상 전체의 기조가 되는 경험주의적 입장과 형이상학적 입장 사이를 절묘하게 조화시킬 수 있는 열쇠가 담겨 있다고 본다: "우리는 이 두 가지, 곧 경험(또는 경험주의)과 형이상학이 그의 철학사상 안에 아무런 긴장도 없이 공존하고 있다는 인상을 받는다. 그[성 토마스]는 오컴이나 로크 못지않은 경험주의자이며, 동시에 자신의 형이상학적 사변에 완전히 능통하고 있다. 그렇지만 일단 우리가 아퀴나스 안에서 경험과 형이상학의 공존 가능성 또는 토대 문제를 탐구하기 시작하자마자, 우리는 엄청난 난관에 충격을 받게 된다. 이 종합의 궁극적 토대는 그의 '존재' 이해에서 찾아져야 한다. 그렇지만 나에게는 습성 개념이 이 두 가지 일견 모순되는 듯한 (경험과 형이상학의) 요구와 필요들 사이를, 엄밀하게 경험 영역에 속하는 습성 개념으로부터 출발해서, 할 수 있는 한 본성(자연)을 형이상학적인 차원에서, 즉 존재의 측면에서 바라본 본성을 이해할 수 있는 한에서, 중재할 수 있는 것으로 보인다. 다시 말해, 나에게는 습성 개념을 도입함으로써 아퀴나스의 철학사상 안에서 경험주의와 형이상학의 조화로운 결합을 가능하게 만들 수 있는 것으로 보인다"(Bernard Inagaki, "Habitus and natura in Aquinas", in John Wippel(ed.), *Studies in Medieval Studies*, Washington, Catholic University of America Press, 1987, pp.159-160). [*이나가키 료스케의 이 논문은 졸역으로 학술지에 실렸다: 『사목연구』 50(2023/여름), 118-139쪽.]
18. Cf. Tito Centi, "Introduzione", p.13. 바티스타 몬딘, 『전환기의 새로운 문화 모색』, 이재룡 옮김, 가톨릭출판사, 2006, 27-54쪽; 318-326쪽 참조. 아랍 철학자들의 이론은 가능 지성과 능동 지성에 관한 본래적 아리스토텔레스의 가르침의 한 중요한 발전을 대변한다. 성 토마스가 아비첸나와 아베로에스를 읽었을 때, 그는 아리스토텔레스 사상의 그런 확장을 만났고, 그것을 이용하였다. 그것은 그에게 '습성'이라는 역동적인 관념을 제공하였다. 그의 아베로에스 인용(I-II, q.49, a.3, sc)이 이것을 가리키고 인정하고 있다. '습성'은 '습관'이라는 현대적 용어가 함축하고 있듯이 어떤 능력의 한 단순한 자동 조건화가 아니라 어떤 기본 능력의 작용을 위한 형이상학적

인간에게 있어서 습성은 하나의 발달된 능력이다. 그것은 작용할 수 있는 능력과 그 실제 행위 사이의 중간에 있다. 습성은 능력에 비해서는 하나의 행위이지만, 행위에 비해서는 하나의 능력이다. 그것은 작용의 한 결과이기도 하고, 또 작용의 원인이기도 하다. 습성은 어떤 특정 능력으로부터 전개되고, 어떤 특정 본성의 행위들에 의해서 형성된다. 이처럼 습성에 의해서 활성화된 능력은 똑같은 특정 본성의 추후의 행위들을 더 잘 수행할 수 있다. 처음에는 우리의 능력이 가까스로 힘겹게 할 수 있던 것을 이제는 그것들이 습성의 원리에 의해서 완성되었기 때문에, 무상성과 용이성과 신속함과 더불어 수행할 수 있다. 습성적 행위들은 우리의 능력에 의해서 그토록 즉시 산출되기 때문에 유쾌하다.[19] 이런 종류의 행위들은 본성의 행위들이 보여주는 예술성에 근접하고, 그런 행위들의 원천인 습성은 옳게도 '제2의 본성'으로 간주된다.

아퀴나스의 전통적 가르침에서 습성 관념은 이성적 능력들을 그 직접적 주체로 삼고 있거나 그 육성에서 이성적 능력들이 직접 연루되는 영속적인 성향적 성질들로 축소된다. 습성은 상태(dispositio)와는 구별된다. 그것은 둘 다 성질의 종들이지만, 전자가 상대적으로 어떤 불변적인 원인을 가지고 있어서 쉽게 바뀌지 않는 데 반해, 후자는 아주 쉽게 변할 수 있다. 하나의 동일한 육체가 여러 성향의

---

발전이 된다. 그것은 지성의 활동을 감소시키거나, 습관화에 관한 최근의 많은 문헌에서 시사되고 있듯이 어떤 통상적인 활동의 습관화된 반복을 향하는 것이 아니다. 다시 말해 의도적 통제의 요소를 감소시키거나, 비의도적이고 자동적인, 그래서 비인간적인 활동에 근접하는 것이 아니다. 오히려 그것은 지성과 의지의 능력 강화, 본래 불완전한 능력의 활기찬 성장을 표상한다. 그것은 인간의 이성적 역량들을, 습성화된 지성과 의지로 행동함으로써 인간 존재자의 역량을 최대한 발휘하도록 완성시키고 고양시키는 것이다. (Cf. Vernon Bourke, "The Role of Habits in the Thomistic Metaphysics of Potency and Act", in Robert Brennan, OP(ed.), *Essays in Thomism*, Eugene(Oregon), Wipf & Stock, 1942, pp.106-107; Brian Davies, *Thomas Aquinas's Summa Theologiae: A Guide & Commentary*, p.189.)

19. Cf. Bernard Inagaki, "Habitus and Natura in Aquinas", pp.159-175; Robert Brennan, OP, *Thomistic Psychology*, pp.267-268.

주체가 될 수 있는 것처럼, 하나의 동일한 능력이 여러 습성들의 주체가 될 수 있다.

우리는 습성이 가능태의 불완전성과 현실태의 완전성 사이의 중간 역할을 한다는 것을 살펴보았다. 그것은 현실성과 가능성 양자의 본성에 참여하는, 유연한 형이상학적 원리이다. 그것의 본질에 관한 연구는 우리를 토마스 형이상학의 바로 핵심으로 인도한다.[20] 그 적용들에 관한 탐구는 우리로 하여금 성 토마스의 철학적 인간학을 넘어, 은총에 의하여 새로운 차원으로 고양된 인간의 초자연적 영역, 곧 주입된 도덕적 덕들과 대신덕들, 그리고 성령의 선물들을 갖추고 있는 영적 존재자로서의 인간과 그 운명에 관한 신학으로 데려갈 것이다.

---

20. Cf. Vernon Bourke, Ibid., p.109.

# 04. 성 토마스의 '덕론' 입문

『신학대전 제23권(I-II, 55-67): 덕』, 졸역, 한국성토마스연구소, 2020, xl-lviii쪽.

## 1. 논고의 자리매김

덕(virtus) 개념은 성 토마스의 사상 전체에서 중심적 역할을 차지하고 있다.[1] 잘 알려져 있다시피, 성 토마스의 사상과 체계를 종합하고 있는 그의 웅장한 걸작『신학대전』은 총 3부로 구성되어 있는데, "인생의 궁극 목적과 덕과 악습을 고찰하는"(consideratio ultimi finis humanae vitae et virtutum ac vitiorum)(제3부 머리말) 제2부는『신학대전』전체의 절반을 넘는 도덕 신학(theologia moralis)의 영역으로서, 성 토마스가 차용하고 있는 신플라톤주의의 근본 원리인 '발원(exitus)-귀환(reditus)' 도식에서 '귀환' 과정에 해당된다(제1부 머리말).[2]

성 토마스의 신학 전체에서 덕이 차지하는 위상을 가늠하기 위해 제2부의 이제까지의 논의를 요약해 보자. 하느님의 모상(imago Dei)으로 창조된 인간 존재자의 궁극 목적은 행복, 곧 만물의 궁극 목적인 하느님과 결합되는 것이다. 그런데 행복에는 두 종류가 있다. 이 지상에서 누리는 불완전한 행복(felicitas)과, 내세에서 누리게 될 참

---

1. Cf. Jean Porter, "Virtues and Vices", in Brian Davies & Eleonore Stump(eds.), *The Oxford Handbook of Aquinas*, Oxford, Oxford University Press, 2012, p.265.
2. 토마스 오미어러, OP,『신학자 토마스 아퀴나스』, 이재룡 옮김, 가톨릭출판사, 2002, 130-144쪽. Cf. Marie-Dominique Chenu, OP, *Toward Understanding Saint Thomas*, Chicago, Regnery, 1963, pp.304-310.

행복(beatitudo)이다(제16권).³ 지상의 행복을 위해서는 우리가 스스로 획득할 수 있는 덕들이 필요하고, 내세의 참행복을 위해서는 은총으로 주입되는 덕들 또는 선물들이 필요하다. 성 토마스는 먼저 두 가지 덕에 공통되는 토대를 다진(I-II, 49-67) 다음에, 제2부 제1편의 나머지 부분에서 첫 번째 종류에 속하는 개별적인 덕과 악습들을 논하고, 두 번째 종류의 덕과 악습들에 대해서는 제2부 제2편 전체에 걸쳐서 상세하게 논한다.⁴

우리는 우리 자신의 다양한 활동들을 통해 지상에서 누리는 행복에 다가갈 수 있다. 영혼과 육체로 합성된 인간의 행위는 이성의 지배를 받는 인간적 행위(actus humani, 제6-21문)와 감각적 욕구에 속하는 정념(passiones)의 세계(제22-48문)로 나뉜다. 성 토마스는 인간적 행위와 그 도덕성에 관해 분책 제17권과 제18권에서 다루고,⁵ 정념의 세계에 관해서는 제19권부터 제21권에 걸쳐서 상세히 다루었다.⁶

이어서 성 토마스는 인간적 행위의 원리들(principii)에 대해 내적 원리와 외부 원리의 순서로 검토한다. 먼저 내적 원리는 능력과 습성의 두 가지인데, 인간의 능력들에 대해서는 제1부(I, 75-89)에서

---

3. 토마스 아퀴나스, 『신학대전 제16권(I-II, 1-5): 참행복』, 정의채 옮김, 바오로딸, 2000.
4. 아리스토텔레스의 『니코마코스 윤리학』에 대한 정밀 주해는 차치하더라도, 토마스가 자기 자신의 설명에 입각해서 덕에 관해 논술하고 있는 분량은 실로 어마어마하다. 한 가지 간단한 사실 확인이 이 점을 잘 보여줄 것이다. 성 토마스는 자신의 가장 방대하고 영향력 있는 작품인 『신학대전』에서, '다섯 가지 길'(quinque viae)로 알려진 자신의 대단히 유명한 신 존재 증명을 단 하나의 절(articulum)로(I, q.2, a.3) 요약하고 있는 데 반해, 자신의 덕 이론을 체계적으로 펼치기 위해서는 『신학대전』 전체 3,110절(보충부 포함)의 거의 1/3에 해당하는 무려 1,004개의 절을 배당하고 있다(실상 제2부 제1편 제55문부터 제89문까지 모두 189절과 제2부 제2편 전체 170문에 걸쳐 815절을 덕 해명에 할당한다). Cf. Andrew Pinsent, *The Second-Person Perspective in Aquinas's Ethics*, New York-London, Routledge, 2012, pp.1-2.
5. 토마스 아퀴나스, 『신학대전 제17권(I-II, 6-17): 인간적 행위』, 이상섭 옮김, 바오로딸, 2019; 『신학대전 제18권(I-II, 18-21): 도덕성의 원리』, 이재룡 옮김, 바오로딸, 2019.
6. 토마스 아퀴나스, 『신학대전 제19권(I-II, 22-30): 정념』, 김정국 옮김, 바오로딸, 2020; 『신학대전 제20권(I-II, 31-39): 쾌락』, 이재룡 옮김, 바오로딸, 2020; 『신학대전 제21권(I-II, 40-48): 두려움과 분노』, 채이병 옮김, 바오로딸, 2020.

이미 다루었기[7] 때문에, 곧바로 덕과 악습으로 세분되는 습성들(I-II, 49-89)에 대해 다룬다.

　덕과 악습은 둘 다 습성(habitus)의 일종이기 때문에, 먼저 덕과 악습에 공통적인 습성 일반에 관해서 고찰하고(제22권),[8] 이어서 덕 일반에 대한 논의(제23권)에 들어간다. 바로 이번 논고, 본 분책의 주제다. 앞서 제22권으로 출간된 "습성론"은 제2부 제1편과 제2편 전체에 걸쳐 전개되는 덕과 악습에 대한 방대한 논의의 서설이자 토대 역할을 한다.

## 2. 약사

덕에 관한 논고는 아리스토텔레스와 아퀴나스의 윤리학에서 중심을 차지하고 있다. 덕이란 우리로 하여금 지성의 올바른 통찰에 따라 우리의 궁극 목적에 부합하게 행동하도록 촉구하는 우리의 기관들 또는 능력들 안에 있는 지속 가능한 상태(성향)이다. 덕들은 도덕적 행위의 수행을 용이하게 해주고 우리에게 특정 쾌락을 제공한다. 덕에 따른 삶에 의해서 사람은 그가 하느님의 모상을 따라 지음을 받았다는 것과 자신의 궁극 목적을 향해 가는 도중에 있다는 것을 보여준다.[9] 그리스인들에게 있어서 덕의 수련은 교육의 가장 중요한 목적 가운데 하나였고, 아퀴나스의 윤리학 역시 상당 부분 어떻게 덕에 따라 살 것인가에 대한 연구로 구성된다.

　덕을 가리키기 위해 플라톤과 아리스토텔레스가 사용한 '아레테'(arete)라는 용어는 긴 역사를 가지고 있다. 본래 그것은 호메로스

---

7. 토마스 아퀴나스, 『신학대전 제10권(I, 75-78): 인간』, 정의채 옮김, 바오로딸, 2003; 『신학대전 제11권(I, 79-83): 인간 영혼의 능력』, 정의채 옮김, 바오로딸, 2003; 『신학대전 제12권(I, 84-89): 인간의 지성』, 정의채 옮김, 바오로딸, 2013.
8. 토마스 아퀴나스, 『신학대전 제22권(I-II, 49-54): 습성』, 이재룡 옮김, 한국성토마스연구소, 2020.
9. 월터 패렐, 『성 토마스 아퀴나스의 신학대전 해설서 II』(『신학대전』제2부 제1편 제1-114문), 안소근·조규홍 옮김, 수원가톨릭대학교출판부, 2020, 240-305쪽 참조.

시대부터 탁월함과 힘을 의미했다.[10] 플라톤의 대화에서 그 단어의 의미는 무엇을 해야 하는지에 관한 정확한 지식의 의미로부터 도덕적 태도의 의미로 진화하였다. 『고르기아스』(503 D 이하)에서 덕은 어떤 활동이 균형을 잡도록 만드는 관계 또는 질서화로 묘사된다. 플라톤은 상이한 덕들을 언급하고, 신들의 선물인 완전한 덕과 습관화에 의해서 획득할 수 있는 불완전한 덕을 구별한다.[11]

아리스토텔레스는 '아레테'가 육체적 힘의 의미로 사용된다는 것을 알고 있지만,[12] 엄밀한 의미에서 덕이란 '정신의 습성'이라고 말한다.[13] 그는 지성적 덕과 도덕적 덕을 구별한다. 지성적 덕에는 다섯 가지가 있지만, 지혜(sophia)와 현명(phronesis)으로 환원될 수 있다.[14] 그는 도덕적 덕을, 우리로 하여금 숙고하며 행동하도록 만들고 우리의 선택들을 지도하는 상태(성향)라고 정의한다. 그것은 지혜로운 사람이 이것을 결정하는 것처럼 지나침과 모자람 사이의 중도이다.[15] 정확한 중용은 산술적으로 계산될 수는 없지만, 서로 다른 개체들에 적용되어야 한다. 아리스토텔레스는 자연적 자원(선)들의 사용에서도 우리의 정념과 갈망들의 정확한 중용을 발견하기가 쉽지 않다는 것을 인정한다. 그의 윤리 이론에서 덕들은 인간 활동의 전폭을 다 포용하지 않고, 다만 정념들과 사회적 의무들의 영역만 포용한다.[16] 우리는 도덕적으로 올바른 활동을 수행함으로써 덕

---

10. 소크라테스 이전 고대 그리스에서의 덕 이해에 관해: Cf. Alasdair MacIntyre, *After Virtue*, ch.10, pp.121-130(이진우 옮김, 『덕의 상실』, 문예출판사, 1997, 182-196쪽); Roger Crisp, "Homeric Ethics", in ID.(ed.), *Oxford Handbook of the History of Ethics*, Oxford, Oxford University Press, 2015, pp.1-21.
11. 플라톤의 덕 개념에 관해: Cf. MacIntyre, *After Virtue*, ch.11, pp.131-145(이진우 옮김, 197-217쪽); Nicholas White, "Plato's Ethics", in Roger Crisp(ed.), *Oxford Handbook of the History of Ethics*, pp.21-43.
12. *Rhetorica*, 1360b20ff.
13. *Ethica Nic.*, I, c,13, 1102a16.
14. Ibid., VI, c.3, 1139b17.
15. Ibid., II, c.6, 1106b36ff.
16. 아리스토텔레스의 덕 개념에 관해: 강상진, 「아리스토텔레스의 덕론」, 『가톨릭철학』 9(2007), 11-39쪽 참조. Cf. MacIntyre, *After Virtue*, ch.12, pp.146-164(이진우 옮

들을 획득한다.

덕에 관한 스토아학파의 가르침은 기원 초세기 동안, 그리고 중세기에 이르기까지 상당한 영향을 미쳤다. 스토아학파의 일원주의(monism)에서 덕은 어떤 근본적 노력(orme)의 생생한 힘과 형식들이다. 비록 제논이 여러 덕에 대해 말했지만, 그는 그것들을 영혼의 동일한 근본적 역동성에 대한 표현으로 간주하였다. 이리하여 하나의 덕을 소유하고 있는 사람은 또한 다른 덕들도 가지고 있다.[17] 이것은 지혜로운 사람이 자신의 온 삶이 이성에 의해 지배되기 때문에 소유하고 있는 단 하나의 완전한 덕만 있다는 것을 함축한다. 따라서 그는 자신의 활동에 일관되며, 우주 및 자기 자신의 본성과 완벽한 조화 속에 살고 있다.

아우구스티누스는 자신의 잘 알려져 있는, 참사랑(caritas)에 관한

---

김, 218-244쪽). 아리스토텔레스의 덕 개념에 관한 최근의 연구들을 보기 위해서는: Cf. R. Bosley, R. Shiner, and J. Sisson(eds.), *Aristotle, Virtue and Mean*, Edmonton, Academic, 1999; Gerald J. Hughes, *The Routledge Guide Book to Aristotle's Nicomachean Ethics*, London, Routledge, 2013; D. S. Hutchinson, *The Virtues of Aristotle*, London, Routledge, 1986; Terence Irwin, *The Development of Ethics: A Historical and Critical Study*, vol.1: *From Socrates to the Reformation*, Oxford, Oxford University Press, 2007(ch.8: "Aristotle: Virtue", pp.153-197; ch.9: "Aristotle: Virtue and Morality", pp.198-229); Gavin Lawrence, "Human Exellence in Character and Intellect", in Georgios Anagnostopoulos(ed.), *A Companion to Aristotle*, Oxford, Blackwell, 2013, pp.419-441; Gabriel R. Lear, "Aristotle on Moral Virtue and the Fine", in Richard Kraut(ed.), *The Blackwell Guide to Aristotle's Nicomachean Ethics*, Oxford, Blackwell, 2006, pp.116-136; Michael Pakaluk, *Aristotle's Nicomachean Ethics: An Introduction*, Cambridge, Cambridge University Press, 2005. 아리스토텔레스의 덕 이론을 둘러싼 더 이상의 현대적 연구 실태를 보기 위해서는 파울라 고틀립의 다음 논문 말미에 소개되어 있는 풍부한 참고문헌들을 참조하라: Cf. Paula Gotlieb, "Aristotle's Ethics", in Roger Crisp(ed.), *The Oxford Handbook of the History of Ethics*, 2015, pp.44-72(Bibliography: pp.62-72).

17. 스토아학파의 덕 개념에 관해: 이창우, 「신을 닮는 것: 스토아 윤리학 및 자연철학에 전해진 플라톤의 유산」, 『가톨릭철학』 15(2010), 5-33쪽 참조. Cf. M. Spanneut, "Stoicism: Influence on Christian Thought", in *New Catholic Encyclopedia*, 2a ed., Detroit, Tompson-Gale, 2003, vol.13, pp.534-539; Leo Elders, SVD, *Thomas Aquinas and His Predecessors*, Washington, The Catholic University of America Press, 2018, pp.67-83. Terence Irwin, *The Development of Ethics, vol.1, From Socrates to the Reformation*, Oxford, Oxford University Press, 2007, pp.312-359.

가르침을 다양한 덕들의 뿌리로 발전시켰다.[18] 아우구스티누스에 의지해서 롬바르두스는 덕을 그 사람으로 하여금 올바르게 살도록 만들고 악한 활동들을 위해 사용할 수 없게 만드는 정신의 선한 습성이라고 정의한다. 그것은 하느님으로부터 우리에게 온 것이다.[19] 그러나 그보다 조금 전에 아벨라르두스는 덕들을 인간 자신에 의해 획득된 습성들로 묘사했고[20] 이에 반해, 후고 생비토르는 덕들을 또다시 신적 은총과 결부시키며 신학적 맥락 속에 위치시켰다.[21]

 자신의 텍스트를 조직화하는 데 있어서 토마스는 물질적인 것들에 대한 이성적 질서화만큼 신학적 원리들을 따르지 않는다. 토마스는 덕과 악습 일반에 관한 텍스트의 보다 많은 부분에서 인간이 스스로 획득할 수 있는 덕들에 관심을 기울인다. 그러나 그는 또한 그리스도인들의 초자연적 삶에 본질적인 주입된 덕들도 취급한다. 그는 획득된 자연적 덕들을 인간의 도덕 생활의 본질적 부분으로

---

18. 아우구스티누스의 덕 개념에 관해: 문시영, 『아우구스티누스와 행복의 윤리학』, 서광사, 1996, 69-112쪽; 에티엔느 질송, 『아우구스티누스 사상의 이해』, 김태규 옮김, 성균관대학교출판부, 2010, 250-279쪽 참조. Cf. Alasdair MacIntyre, *Whose Justice? Which Rationality?*, London, Duckworth, 1988, pp.146-163; Leo Elders, SVD, *Thomas Aquinas and His Predecessors*, Washington, Catholic University of America Press, 2018, pp.101-126; Terence Irwin, *The Development of Ethics, vol.1, From Socrates to the Reformation*, pp.397-433; Bonie Kent, "Augustine's Ethics", in E. Stump & N. Kretzmann(eds.), *Cambridge Companion to Augustine*, Cambridge, Cambridge University Press, 2001, pp.205-233; John M. Rist, "Augustine, Aristotelianism, and Aquinas: Three Varieties of Philosophical Adaptation", in Michael Dauphinais, et al.(eds.), *Aquinas the Augustinian*, Washington, The Catholic University of America Press, 2007, pp.79-99.
19. Petrus Lombardus, *Sententiae* II, d.27, c.5. 롬바르두스의 사상사적 위치에 관해: 바티스타 몬딘, 『신학사 2: 스콜라학 시대』, 이재룡 옮김, 가톨릭출판사, 2017, 329-336쪽 참조. Cf. K.F. Drew, "Lombards", in *New Catholic Encyclopedia*, vol.8, pp.767-770.
20. 아벨라르두스의 윤리학에 대한 요약적 평가를 보기 위해서는: 요한네스 힐쉬베르거, 『서양철학사, 상권: 고대와 중세』, 강성위 옮김, 이문출판사, 1999, 522-531쪽; 아먼드 마우러, 『중세철학사』, 조흥만 옮김, 서광사, 2007, 89-101쪽 참조. Cf. Alasdair MacIntyre, *After Virtue. A Study in Moral Theory*, Notre Dame(IN), University of Notre Dame Press, 3a ed., 2007, pp.168-171(이진우 옮김, 249-254쪽); Mario Dal Pra, "Introduzione", in Abelardo, *Conosci Te Stesso o Etica*, Firenze, La Nuova Italia, 1976, pp.V-LVII.
21. Hugo de St. Victor, *De sacramentis christianae fidei*, I, 6, 17.

간주한다.[22]

## 3. 덕 윤리의 실종과 최근의 복귀

그렇지만 토마스 이후 세기에서는 법, 의무, 인간의 자유에 관한 고찰들이 지배적이었다. 도덕적 신학에 관한 논고들에서 덕은 거의 다루어지지 않았다.[23] 20세기 중반 이후에 상황은 변했고, 어떤 학자들은 도덕 생활을 위해 덕에 관한 연구의 중요성을 강조하기 시작하였다. 특히 앤스콤(Elisabeth Anscombe),[24] 피퍼,[25] 매킨타이어(Alaisdair MacIntyre),[26] 핑케어스,[27] 포터(Jean Porter)[28] 등 가톨릭 학자

---

22. Cf. Leo Elders, SVD, *The Ethics of St. Thomas Aquinas*, Washington, The Catholic University of America Press, 2018, pp.145-147. 획득된 덕들에 관한 논의는 그 본성적 질서에서 획득된 덕과 유사한 주입된 덕의 본성을 규정하는 것을 가능하게 만든다.
23. Alasdair MacIntyre, *After Virtue*, pp.ix-xv; Dorothea Frede, "The Historic Decline of Virtue Ethics", in Daniel C. Russell(ed.), *The Cambridge Companion to Virtue Ethics*, Cambridge, Cambridge University Press, 2013, pp.124-126; 133-135. 랄랑드는 '덕'(vertu)이라는 용어가 아예 일상언어로부터 사라지고 있다고 지적한다: A. Lalande *Vocabulaire technique de la philosophie*, Paris, Presses Universitaires de France, 5a ed., 1947, p.1203.
24. 현대 윤리의 카오스적 상황에 대해 통렬히 비판하며 덕 윤리 회복 운동을 확산시킨 매킨타이어의 선구자는 엘리자베스 앤스콤과 피퍼이다. 앤스콤은 「근대 윤리철학」(1958)이라는 유명한 논문에서 현대 윤리학의 결함들을 지적한다. 그녀는 19세기 말과 20세기 초반에 주로 옥스퍼드와 케임브리지에서 벌어졌던 도덕적 논쟁들이 토대를 가지고 있지 않았다는 것을 보여주려고 한다. 왜냐하면 '도덕적 의무', '의무', '당위'와 같은 핵심 용어들이 도덕적인 의미에서 더 이상 이해되지 않는 윤리학의 초창기 개념들의 단순한 잔재이기 때문이다. Cf. Elisabeth Anscombe, "Modern Moral Philosophy", *Philosophy* 33(1958), 1-19; Timothy Chappell, "Virtue Ethics in the Twentieth Century", in Daniel Russell(ed.), *The Cambridge Companion to Virtue Ethics*, 2013, pp.149-171.
25. 제2차 세계대전을 전후해서 발표된 도덕적 덕들에 관한 피퍼의 논고들은 잘 알려져 있다: Josef Pieper, *The Four Cardinal Virtues*, Notre Dame(IN), University of Notre Dame Press, 1966; *Faith, Hope, Love*, San Francisco, Ignatius, 1986. 최근에 덕에 관한 짧지만 피퍼의 깊은 통찰을 압축해서 담고 있는 소책자 『그리스도교 인간상』(*The Christian Idea of Man*, 1949)이 김형수 신부의 번역으로 가톨릭대학교출판부에서 출간되었다(2018).
26. Alasdair MacIntyre, *After Virtue. A Study in Moral Theory*, London, 1981; *Whose Justice? Which Rationality*, London, Duckworth, 1988; *Three Rival Versions of Moral Enquiry: Encyclopedia, Geneology and Tradition*, Notre Dame(IN), University of Notre Dame Press, 1990.

들은 덕을 윤리학의 중심에 올려놓은 공로를 인정받을 만하다.[29]

호메로스로부터 중세에 이르는 인류의 도덕 역사에 관한 매킨타이어의 재구성은 일관성 있고 전반적인 조화로운 그림을 제시하고 있다. 이 발전의 일관성은 "만족스러운 인생에 관한 공유된 관점"에 기초하고 있는데, 그 삶은 사회적 역할과 그 시대 전반에 걸쳐 문화적 전통을 대변하는 일반적 설화에 의해서 잘 규정된다. 매킨타이어에 따르면 이런 공유된 관점은 호메로스의 영웅으로부터 아테네의 신사를 거쳐 이 지상의 삶에서 천상의 삶으로 넘어가는 중세의 '나그네'에 이르기까지 다양하다. 이 공유된 관점 속에서 덕은 결정적인 역할을 하였다. 왜냐하면 그것은 훌륭한 삶의 본질적 조건을 구성하기 때문이다. 처음에 특수한 사회적 역할들에 대한 단순한 실천으로 출발했던 것이 점차 인생의 의미 깊은 질서라는 설화로 변형되고, 마침내 다가올 여러 세기를 위한 확립된 도덕 전통이 되었다.[30]

매킨타이어에 따르면, 한때 일관되었던 체계 가운데 남겨져 있는 모든 것은 그 낡은 전통의 그림자 영상과 일관성을 상실한 어휘의 잔재들뿐이다. 따라서 이 상황은 왜 현대 윤리적 논쟁들이 공통의

---

27. Servais Pinckaers, OP, *Les sources de la morale chretienne*, Fribourg/Paris, 1985.
28. Jean Porter, *Recovery of Virtue: The Relevance of Aquinas for Christian Ethics*, Louisville(KY), Westminster John Knox, 1990; *Nature as Reason: A Thomistic Theory of the Natural Law*, Grand Rapids(MI), Eerdmans, 2005; "Virtue Ethics in the Medieval Period", in Daniel Russell(ed.), *The Cambridge Companion to Virtue Ethics*, pp.70-91; *The Perfection of Desire: Habit, Reason, and Virtue in Aquinas's Summa Theologiae*, Chicago, Marquette University Press, 2018.
29. 덕 연구에 대한 관심의 부흥에 관한 연구: Cf. Romano Cessario, OP, "Virtue Theory and the Present Evolution of Thomism", in D. Hudson and S. Moran(eds.), *The Future of Thomism*, Notre Dame(IN), University of Notre Dame Press, 1992, pp.291-299; Timothy Chappell, "Virtue Ethics in the Twentieth Century", in Daniel Russell(ed.), *The Cambridge Companion to Virtue Ethics*, pp.149-171.
30. Cf. Dorothea Frede, "The Historic Decline of Virtue Ethics", in Daniel C. Russell(ed.), *The Cambridge Companion to Virtue Ethics*, Cambridge University Press, 2013, p.124.

기초가 없고 수용할 만한 결단들이 무엇인지를 말해주는 척도가 없는 분열적 논쟁의 불협화음인지를 설명해준다. 칸트 류의 합리주의적 윤리학도 흄을 따르는 감정주의 윤리학도 벤담과 밀 이후의 공리주의적 윤리학도 도덕성의 결실 풍부한 논의를 위한 기초를 제공할 수 없다. 더더욱 도덕적이고 비도덕적인 문제, 질문, 결단들 사이에 어떤 구별이 있는지가 전혀 불분명하다. 이 곤경이 근대 윤리학의 대변자들에게 명백해지지 않았고, 매킨타이어에 의해서 옛 도덕체계의 일부 잔재들과 그 가치들의 보존에 돌려진다.[31]

근대 이전의 가장 중요하고 영향력 있는 두 명의 철학자인 아리스토텔레스와 아퀴나스의 전망에서 볼 때, 근대와 더불어 시작된 단절은 정확히 자연(본성, natura)으로부터의 도피에서 성립된다.[32] 성 토마스는 이렇게 말한다. 인간의 영혼은 "영적 세계와 물체적 세계의 경계선"에 자리 잡고 있다(I, 77, 2). 인간 인격은 영적인 질서와 물질적 질서 양자의 완전성이 합류하는 우주 전체의 소우주(microcosmos)이다. 성 토마스는 인간 존재자를 영-육 합성체로 보는 아리스토텔레스의 설명을 계승한다. 여기서 영혼과 육체의 관계는 형상과 질료의 관계에 해당된다. 질료와 형상으로 합성된 인간 존재자들은 다른 모든 자연적 실체와 유사하다. 그러나 인간 영혼의 최고 역량은 비물질적 능력인 지성이기 때문에, 인간 존재자들은 질료-형상 합성의 특수 사례들이다.[33]

아퀴나스에게 있어서 인간 본성에 관한 연구는 핵심적 연구이

---

31. Cf. Dorothea Frede, "The Historic Decline of Virtue Ethics", p.125.
32. 덕 윤리의 역사적 쇠퇴에 관해: Cf. Dorothea Frede, "The Historic Decline of Virtue Ethics", pp.124-148.
33. 앤서니 케니, 『아퀴나스의 심리철학』, 이재룡 옮김, 가톨릭대학교출판부, 1999, 205-228쪽; 소피아 로비기, 『인간과 자연: 철학적 인간학 스케치』, 이재룡 옮김, 가톨릭대학교출판부, 2018, 164-171쪽 참조. Cf. Thomas Hibbs, "Introduction: Obstacles to the Recovery of Aquinas's Teaching on the Human Good", in ID., *Virtue's Splendor: Wisdom, Prudence, and the Human Good*, New York, Fordham University Press, 2001, pp.9-16.

다.³⁴ 그것은 핵심적 자기 인식을 제공하고, 우리로 하여금 의식적으로 우리의 본성에 적합한 목적들을 스스로 깨닫고 실현하도록 다그친다. 이리하여 그것은 자연철학으로부터 윤리학과 정치학으로의 전이를 의미한다. 실상 인간 본성에 관한 토론은, 인간 존재자들의 선한 생활에 관한 검토의 테두리 안에서 전개된다.

최근에 인간 존재자가 선한 삶을 영위한다는 것이 무엇을 의미하는지에 대한 고전적 개념에 대한 관심이 주목할 만하게 고조됐다. 비록 고전적 사고로의 전환의 일차적 초점은 덕에 관한 아리스토텔레스의 설명이었지만, 아퀴나스의 윤리학도 상당한 주목을 받았다.³⁵ 아퀴나스 사상의 통합성에 대한 우리의 이해는 분명 덕 윤리학의 복원에 힘입은 것이다. 그 복원 이전에는 아퀴나스의 윤리학에 관한 거의 모든 작품이 자연법 위주로 짜여 있었다. 하지만 법에 관한 가르침은 당연히 그의 윤리학의 중요 요소임이 분명하지만, 그것은 실제로 선한 삶에 관한 그의 가르침에서 상대적으로 작은 몫을 구성할 뿐이다. 토마스는 그의 대부분의 주의를 법이 아니라 덕들에 기울였다.³⁶ 법과 덕 사이의 연결고리 복원은 하나의 중

---

34. Cf. Robert Pasnau, OP, *Thomas Aquinas on Human Nature: A Philosophical Study of Summa Theologiae Ia 75-89*, Cambridge University Press, 2002.
35. 최근 어원은 2,700쪽이 넘는 방대한 윤리학 역사를 편찬하면서 놀랍게도 토마스 아퀴나스에게 2500년 역사에서 가장 많은 지면(220쪽)을, 아리스토텔레스(120쪽)나 칸트(172쪽)보다도 월등히 많은 지면을 할애하고 있다. Terence Irwin, *The History of Ethics, vol.1, From Socrates to the Reformation*, Oxford, Oxford University Press, 2007, pp.434-652.
36. 법으로부터 덕으로 균형추를 옮기려는 최근의 시도는 다음 두 권의 작품에서 발견될 수 있다: Daniel M. Nelson, *The Priority of Prudence*, University Park, Pensylvania State University Press, 1992; Daniel Westberg, *Right Practical Reason*, Oxford, Clarendon, 1994. 비록 이 사상가들은 옳게도 덕들의 우위를 강조하였지만, 그들은 아퀴나스의 윤리학을 위한 계명들의 중요성을 평가절하하려는 경향이 있다. 웨스트버그는 넬슨보다 이 점에 관해 좀 더 신중하다. 계명들과 현명을 결합하는 아퀴나스에 대한 개진을 보기 위해서는: Cf. Ralph McInerny, *Ethica Thomistica*;, Washington, Catholic University of America Press, 1982; Pamela Hall, *Narrative and the Natural Law: An Interpretation of Thomistic Ethics*, Notre Dame(IN), University of Notre Dame Press, 1994; Jean Porter, *Nature as Reason: A Thomistic Theory of the Natural Law*, Grand Rapids (MI), Eerdmans, 2005.

요한 시작임에 틀림이 없지만, 법과 덕은 둘 다 맥락적으로, 첫째로는 상식의 정치학에 비추어서, 그리고 둘째로는 아퀴나스 윤리학의 전체적 신학적 구조에 비추어서 이해될 필요가 있다. 로마노 체사리오가 제시하듯이, "결국 아퀴나스는 덕의 실천을, 복음적 영광에 대한 현세에서의 충만한 실현보다 조금도 못하지 않은 것으로 이해한다."[37] 그렇다면 아퀴나스의 윤리적 가르침에 대한 완전한 복원은 신학적으로 활성화된 그의 덕에 관한 설명과, 자연이 초자연적인 것에 의해서 복원되고 고양되는 방식을 포함시켜야 한다.[38]

## 4. 토마스의 종합

덕과 관련하여 성 토마스는 가톨릭 신학이 대립적 입장으로 갈라져 전해지고 있음을 발견하였다. 성 아우구스티누스의 권위와 함께 덕은 다음과 같은 용어로 정의되었다. "덕이란, 올바로 살아가게 만들어주고 아무도 그것을 악용할 수 없으며 하느님이 우리 안에서 우리 없이 작용하시는, 우리 정신의 선한 성질이다."[39] 그리고 이교도들이 표방하는 덕에 관해서는 매우 완고한 말을 하였다.[40] 균형을

---

37. Romanus Cessario, OP, *The Moral Virtues and Theological Ethics*, 6. 토마스 오미어러는 "은총을 입은 인간학"의 우위가 덕에 관한 아퀴나스의 성찰의 토대임을 논증하고 있다. Cf. Thomas O'Meara, OP, "Virtues in the Theology of Thomas Aquinas". 토마스 윤리학의 신학적 구조에 대한 이제까지 최선의 작품을 보기 위해서는: Cf. Servais Pinckaers, OP, *The Sources of Christian Ethics*. Edinburgh, T&T Clark, 1995; Jean Porter, *The Recovery of Virtue: The Relevance of Aquinas for Christian Ethics*., Louisville(KY), Westminster John Knox, 1990.
38. Cf. Thomas Hibbs, "Introduction: Obstacles to the Recovery of Aquinas's Teaching on the Human Good", in ID., *Virtues Splendor: Wisdom, Prudence, and the Human Good*, New York, Fordham University Press, 2001, pp.1-25.
39. Cf. I-II, 55, 4: "Virtus est bona qualitas mentis, qua recte vivitur, qua nullus male utitur, quam Deus in nobis sine nobis operatur."
40. "초자연적 질서에 따라 영원한 행복에 이르기 위해서는 대신덕들, 특히 참사랑이 불가결하다. 그러나 토마스는 (아우구스티누스와 달리) 신앙과 은총의 덕을 받지 못한 사람이 자연적 윤리학에 따라 도덕적 덕들을 실천하며 살아갈 수 있다는 것을 배제하지 않는다. 토마스에게는 그리스도교적 도덕 외에 자연적 윤리학을 위한 자리도 있다. 아퀴나스는, 속세적 윤리학이 불가능하다고 판단하고 이교도들의 덕을 두고 아우구스티누스가 했듯이 '찬란한 악습'이라고 낙인을 찍던 당시 널리 통용되던 반-

재확립할 필요가 있었다. 천사적 박사는 본질적으로 성 아우구스티누스와 그 제자들의 입장을 타당한 것으로 인정하였다. 오늘날 가톨릭 윤리신학자들은 이런 입장으로부터 최대한 거리를 두며 '자연적'인 도덕적 덕에 대해서 말한다.[41] 그러나 천사적 박사는 그것들의 실존을 인정하는 데 매우 신중하였다. 다시 말해 그는 유보 없이는 절대로 그것들을 받아들이지 않는다. 실상 덕 개념을 추상적으로 정의하는 데 있어서 '하느님이 우리 안에서 우리 없이 작용하신다'는 저 마지막 표현을 피상적인 것으로 인정한다면, 주입된 도덕적 덕들에 견주어볼 때, 획득된 덕들은 덕의 완전한 근거(ratio)에 도달하지 못한다고 명시적으로 주장하고 있다.[42]

순수한 아리스토텔레스주의를 극복하는 복잡한 그의 이론을 제대로 이해하기 위해서는, 성 토마스에게 있어서 오로지 주입된 덕들만이 도덕 영역에서 진정한 덕을 위해 요구되는 조건들을 만족시킨다는 사실에 주목해야 한다. 실상 습성과 상태들은 '성질'(qualitas) 범주의 첫 종류로 분류된다. 습성들은 지속되는 성질이지만, 상태는 지나쳐 가는 성질 또는 태도이다. 그런데 상태가 지속적인 것이 될 수 없을 정도로 온통 일시적인 것만은 아니다. 그것이 그렇게 되는 경우에 내밀하게는 일시적임에도 불구하고, 규정하는 원인들의

---

인도주의적 입장들에 반응해서 『니코마코스 윤리학』의 기획 전체를 자신의 것으로 삼음으로써 아리스토텔레스의 명예를 복권시켰다"(바티스타 몬딘, 『신학사 2: 스콜라학 시대』, 이재룡 옮김, 가톨릭출판사, 2017, 736쪽).
41. Cf. F. Roberti et P. Palazzini, *Dizionario di Teologia morale*, Roma, 1954, p.1440.
42. 아퀴나스는 계속해서 이 정의를, 덕을 '습성'의 일종으로 보는 분석(곧 그 사람을 어느 한 가지로 행동하도록 기울이는 지성, 의미, 정념의 항구한 상태)에 토대를 둔, 단호하게 아리스토텔레스적인 의미로 해석한다(I-II, 55.1). 우리가 활동할 수 있어야 한다면 이런 상태들은 필수적이다. 예컨대 연설을 할 수 있는 어린이의 타고난 역량은 그 아이가 실제로 말할 수 있기 전에 어느 특정 언어의 '습성'(habitus)을 통해 발달되어야 한다(I-II, 49.4). 정념들과 의지와 지성을 활동들로 정향되는 한에서 꼴지우는 이 덕들은 필연적으로 도덕적 의미가 있다. 왜냐하면 그것들은 어떤 성격 규정 없이 절대적으로 좋은 그런 활동을 향해 기울기 때문이다(I-II, 58.1). Cf. Jean Porter, "Virtue Ethics in the Medieval Period", in Daniel C. Russell(ed.), *The Cambridge Companion to Virtue Ethics*, pp.80-81.

변화 가능성이던 상태에서부터 배치된 습성으로 넘어간다. 예컨대 열광이나 고집스런 완고함 때문에 어떤 견해가 하나의 습성이 될 수 있다. 반면에 다만 결핍된 습성들 또는 형성 중에 있는 습성들인 채로 남아있는 상태들이 있다. 왜냐하면 변할 수 없는 원인에 의존하고 있음에도 불구하고 주체들 안에 불충분하게 배치되어 있기 때문이다. 그리고 이것이 바로 게으른 학생의 학문의 경우다. 이 학생에게서 진정한 학문적 전개 과정을 통해 획득된 관념들은 일시적인 상태에 있다.[43]

이 두 가지 경우에 우리는 아직 완전하고 진정한 덕을 만나보지 못한다. 완전한 덕은 오직 결함이 없는 원인에 의해서 어떤 잘 준비된 주체 안에 산출된 덕뿐이다. 그런데 아주 엄격하게 말하면 진지한 학자들의 학문적 습성들과 은총 중에 있는 영혼들의 도덕적 습성들, 그리고 특히 주입된 덕들만이 저 범주에 들어간다. 어쩌면 덜 준비된 자만이 우리 결론을 역설적인 것으로 볼 것이다. 그런데 이것이 성 토마스의 사상이라는 사실에는 의심의 여지가 없다. 실상 그에게 자연적 질서 전체는 초자연적 질서에 대한 예비(성향)이다.[44]

주입된 도덕적 습성을 부정하는 사람들은 문제의 이 일반적인 착수를 고려하지 않았다. 하지만 성 토마스가 위에서 지적한 신학적 도식으로부터 거리를 두려는 생각은 추호도 없었다는 사실은 잘 알려져 있다. 아니, 은총에 관한 논고에서 그는 자신의 사상을 더 잘 간명하게 표명하게 될 것이다.[45] 성 토마스는 직접적으로 거룩한 성

---

43. Cf. Tito S. Centi, OP, "Introduzione", in S. Tommaso d'Aquino, *La Somma Teologica*, vol.10(I-II, 49-70), Bologna, ESD, 1984, pp.13-14.
44. Cf. I-II, 65, 2-3; II-II, 23, 7.
45. "신이 사랑하시는 피조물들이 자연적 선을 얻게 되기를 바라시는 마음보다 초자연적 선을 얻게 되기를 바라시는 마음으로 제공하는 것이 더 적어야 한다고 생각하는 것은 적합하지 않다. 그런데 그분은 자연의 피조물들을, 자연적 활동들로 움직임으로써만 보살피시는 것이 아니라, 또한 그것들 스스로 이런 종류의 움직임으로 기울도록 그들에게 활동의 원리들의 기원이 되는 형상들과 능력들을 부여함으로써도 보살피신다. 이리하여 그것들이 신에 의해서 움직여지는 그 움직임들은 지혜서의 텍

경을 활용했다.⁴⁶ 『덕에 관한 토론문제』에서 성경 인용들은 순전히 필요한 경우로 한정되는 것이 아니라 매우 빈번하다. 실상 성 토마스는 거룩한 텍스트에서 추요덕(virtutes cardinales) 목록을 만나는 것 이외에도 그로부터 세 가지 대신덕(v. theologales)과 주입된 도덕적 덕들(v. morales), 성령의 선물들(doni Spiritus)과 열매들, 그리고 마지막으로 참행복들을 명시적으로 도출하고 있다. 최근의 몇몇 윤리학자들에게는 이 목록이 너무 복잡하게 느껴져, 주입된 도덕적 덕들을 자연적 도덕적 덕들이나 성령의 선물들과 동일시하여 그것들을 제거하려 들지 모른다. 어떤 신학자들은 성 토마스가 부여한 전문적 의미를 지니고 있는 참행복이나 열매들의 실존에 대해 회의적인 태도를 노골적으로 드러낸다. 대단히 많은 사람들이 그것들을 얼마든지 무시할 수 있다고 생각하여, 실제로 그리스도교 도덕의 목록으로부터 제거해버렸다. 심지어는 대신덕을 단순한 행위들이라고 주장하는 자들까지 생겨났다. 그러나 이런 단순화는 성 토마스와는 이질적인, 아니 정확히는 대립되는 염려들에 기인하는 것이다.

반대로, 성 토마스는 계시의 모든 내용을 선임자들, 곧 거룩한 교부들의 가르침을 충실하게 따르며, 일관된(균질의) 체계로 작업해내야 한다고 생각하였다. 따라서 그는 성 아우구스티누스⁴⁷와 성 그레고리우스⁴⁸의 성경 주해서들로부터 많은 가르침을 인용하였다. 반

---

스트에 따르면 그것들에게 자연스럽고 용이하다. "지혜는 만물을 달콤하게 질서 지운다"(지혜 7,1). 더욱이 그분은 초자연적 형상 또는 성질들을, 영원하고 초자연적인 선을 취득하는 데로 움직이는 자들에게 주입하는데, 그렇게 되면 그들은 그분에 의해서 달콤하고 즉각적으로 영원한 선을 취득하는 데로 움직여지게 될 것이다"(I-II, 110, 2).

46. 매우 일반적이고 개론적 성격을 지닌 습성에 관한 논술에서 인용구들은 덜 빈번하다. 그렇지만 특히 습성들의 증가와 감소에 관한 문들에서 거룩한 텍스트와 계시로부터 멀어지지 않으려는 신학자의 한결같은 염려를 알아챌 수 있다. 철학적 언어와 성경적 언어 사이에 비교된 어의학(filologia)의 전형적인 경우를 '도덕'(mos)이라는 용어의 함의를 간명화하는 자리에서(제58문 제1절) 보게 된다.

47. Cf. Leo, Elders, *Thomas Aquinas and His Predecessors*, pp.101-126.
48. Cf. Ibid., pp.193-219.

면에 우리 논술에서 키케로, 마크로비우스, 심플리치우스 등은 다만 2차적 중요성을 지닐 뿐이다. 하지만 이 이름들은 우리에게 『대전』의 저자가 어떻게 모든 사상 조류에 문을 활짝 열었는지, 그리고 고전 사상의 발굴 과정을 따르는 데 있어 얼마나 신중한 주의를 기울였는지를 말해준다. 실상 그는 중세 사상가들 가운데에서 심플리치우스의 작품에 대한 번역본을 활용한 첫 번째 사상가였다.[49]

이런 문학적 의존성에도 불구하고 천사적 박사는 뚜렷한 독창성을 보여준다. 이미 말한 것처럼, 그의 윤리학(도덕)은 본격적인 신학적 차원 위에서 착수되었다. 그러나 작업 범위는 고대 사상으로부터 당대에 전해진 그 어떤 인간적 가치들도 배제하지 않을 정도로 광범위하다. 철학자들이 제시하는 덕들은, 비록 복음적 완덕에 도달하는 데 투신하는 그리스도인을 충분히 만족시킬 수는 없지만, 그렇다고 경시되지 않는다.

후대의 윤리학자들은 그의 덕 이론에 아무것도 덧붙일 줄을 몰랐다. 아니, 그 재료들을 성사적 실천을 위해 정돈하는 데 지나치게 몰두한 나머지 아퀴나스의 가르침은 오히려 빈곤화되었고, 그래서 결의론(決疑論, casuistica)으로 전락하고 말았다. 그리스도교적 윤리적 종합에 그 찬란한 광채를 돌려주기 위해서는 단순화를 포기해야 한다. 천사적 박사의 모범 위에서 교육학, 곧 영적 양성에 기대를 걸고 거기에 그리스도교적 성화와 완덕을 포함시킬 필요가 있다.

이로써 성 토마스의 덕에 관한 논술이 절대적으로 완전하다고 말하려는 것이 아니라, 다만 아쉬운 공백은 (최근의 논술들과 연결되는 것이 아니라) 오직 천사적 박사의 체계적 구도와 연관되어서만 추구되어야 한다고 말하고 싶은 것이다. 이것은 놀랄 일이 아니다. 왜냐하면 성 토마스는 자신의 논술들을 완벽한 단행본들로 생각한 것이

---

49. Cf. M.-D. Chenu, OP, *Toward Understanding St. Thomas*, Chicago, Regnery, 1964, p.215.

아니고, 또 자신의 『신학대전』 전체도 부족함이 없는 완벽한 개진으로 이해한 것이 아니라 하나의 "요약"(summa)으로 이해하였기 때문이다. 이것은 누구나 다 알고 있는, 너무도 통속적인 관찰인 듯 보일지 모른다. 그러나 불행하게도 심지어 (약간의 노력만으로도 한 논거의 텍스트들을 다른 작품들이나 아니면 동일 작품의 다른 부분들의 텍스트들과 통합하는 것이 가능한 곳에서 재고인지 아니면 모순인지를 알아보고자 했던) 몇몇 학자들에게조차도 언제나 존중되는 것이 아니었다.

『신학대전』에서 발견되는 덕 일반에 관한 논술은 『덕에 관한 토론문제』와 동시대 작품이다. 따라서 텍스트의 상응은 풍부하게 확인된다. 그러나 모든 것은 이 경우에 토론문제가 그의 주저를 위한 스케치 역할을 했다고 가정하게 만든다. 그 완벽성 때문에도 『대전』은 그 주제에 관한 저자의 대가적 강독의 결실인 『토론문제』를 능가한다. 그럼에도 불구하고 이어서 개진하도록 유보되고 있는 것을 미리 언급하지 않기 위해서 성 토마스는 덕들의 그리스도론에 대해서는 전혀 언급조차 하지 않는다. 우리 영혼 속에 덕을 주입한 것이 "자신의 은총을 덕, 선물 등과 같은 은총의 모든 결과로 확장하는 한에서" 그리스도 덕분이라고 명시적으로 말하는 것(제3부 제7문 제9절)을 듣기 위해서는 '제3부'를 기다려야 한다.[50] 이제 덕 일반론에 관한 토마스의 가르침을 요약하기로 하자.

---

50. Cf. Tito S. Centi, OP, "Introduzione", pp.16-18.

# 05. 성 토마스의 '새 법 논고' 입문

『신학대전 제30권(I-II, 106-114): 새 법과 은총』, 졸역, 한국성토마스연구소, 2021, xxxviii-xliv쪽.

이번에 『신학대전』 제30권으로 발간하는 분책은 비교적 짧은 세 문으로 구성된 '새 법'(lex nova) 논고와 여섯 문으로 구성된 '은총'(gratia) 논고가 합쳐진 것이다. 성 토마스가 법, 특히 은총의 새 법의 본성을 분석하는 방식은 놀랄 만큼 정교하고 날카롭다. 이 점은 은총에 관한 논의에서도 그대로 이어진다.[1] 우리는 『신학대전』 전체 안에서 이 두 논고의 위치와 역할을 각각 개관한 다음에 두 논고의 핵심 내용을 요약할 것이다.

## 새 법의 『신학대전』 내 자리매김

성 토마스의 윤리적 가르침 안에는 거의 하늘에 맞닿을 듯이 치솟은 세 가지 절정이 있다. 1) 하느님 직관에서 절정에 이르는 인간의

---

1. 제임스 와이스헤이플, OP, 『토마스 아퀴나스 수사: 생애, 작품, 사상』, 이재룡 옮김, 성 바오로, 2쇄, 2012, 400-401쪽: "불행히도 현대의 많은 주석가들은 토마스의 '자연법'(lex naturalis) 이론을 따로 [떼어내어 그것만 강조함으로써] 결국은 왜곡시켜버리고 말았다. 이것은 은총론의 경우에도 마찬가지다. 토마스가 그 문제를 다루는 방식은 아우구스티누스의 『영과 문자』와 『자연과 은총』에 의존하고 있다는 사실을 많은 학자들은 놓쳐버리고 있다. 법 일반론과 자연법에 관한 논의는 자연법의 토대에 관한 성 토마스의 완전한 이론을 충만히 다 담고 있지 못하다. 제2부 제1편 속에서 다뤄지고 있는 논의들은 '하느님과 백성 사이에 맺는 옛 법과 새 법'이라는 그의 더 큰 관심에 견주어볼 때, 단지 예비적 물음에 불과하기 때문이다."

행복 추구 여정, 2) 하느님을 우리에게 현존시키는 대신덕들의 길, 3) 하느님의 지혜로부터 흘러나와 인간에게 선사되는 모든 법제화의 토대인 복음적 법. 이 가운데 가장 소홀히 취급되어온 것이 마지막에 지적한 복음적 법에 관한 논고이다. 하지만 이 논고는 성 토마스의 도덕적 가르침이 지니고 있는 근본적으로 그리스도교적인 성격을 가장 명료하게 드러내는 논고이다.[2]

우선 지적할 것은 '새 법'에 관한 짧은 논고가 '법 일반론'(제28권)과 '옛 법'(제29권)으로 이어지는 '법'에 관한 성 토마스의 논의를 마무리하는 마지막 논고이기도 하고, 동시에 옛 법의 시대를 마감하고 새 시대를 시작하는 첫 논고이기도 하다는 점이다.

성 토마스에게 법[3]은 영원법(lex aeterna)과 같은 그 최고의 의미에서는 하느님 섭리의 한 측면과 동일시되기도 한다. 이성적 피조물들은 이 영원법을 '이성적'이라는 그들의 본성 속에 반영하고 있고(자연법), 창조적으로 그것을 구체적인 역사 현장에 적용한다(실정법). 하느님은 신법(神法, lex divina)에 따라 인간을 영원한 삶이라는 초자연적 목적으로 인도하시는데, 신법은 인류의 두 '상태'에 따라 구별된다. 즉 어린이와 같은 불완전한 상태에는 옛 법이 상응하고, 어른의 완전한 상태에는 새로운 법이 상응한다.[4]

성 토마스는 법에 관한 논고에서 먼저 영원법, 자연법, 실정법을 다루고[5] 이어 신법을 다루는데, 옛 법[6]과 새 법의 순서로 논한다. 아

---

2. Cf. Servais Pinckaers, OP, *The Sources of Christian Ethics*, Washington, Catholic University of America Press, 1995, pp.172-174.
3. 성 토마스는 법(法, lex)을 "덕 훈련을 통해 도덕적 자유를 성숙으로 안내하는 데 필요한 하나의 후견(後見, tutor)"으로 이해하고 있다(Pinckaers, *The Sources of the Christian Ethics*, p.185).
4. I-II, q.91, aa.1-5. Cf. Cornelius Ernst, OP, "Introduction", in ID.(ed.), *St. Thomas Aquinatis Summa Theologiae, vol.30(1a2ae, 106-114): The Gospel of Grace*, New York, McGraw-Hill, 1972, pp.xxiii-xxiv; and "Appendix 1: Grace and Saving History", pp.232-235.
5. 토마스 아퀴나스, 『신학대전 제28권(I-II, 90-97): 법』, 이진남 옮김, 바오로딸, 2020.
6. 옛 법에서는 옛 법 자체의 본질에 대한 규정(q.98)과 옛 법 규정들의 구분(q.99)을 논

퀴나스에 따르면 네 가지 이유로 인간에게 신법이 필요하다. 1) 자연법 자체가 인간을 그 최종 목적인 하느님과의 결합으로 인도하기에 불충분하므로 은총이 필요하다. 2) 인간적 행위의 선과 악에 대한 궁극적 판단 기준이 요구된다. 3) 인간적 행위를 향상시키는 덕의 완성을 위해 필요하다. 4) 실정법의 규제와 그것을 넘는 것까지 포함된 모든 죄를 단죄해야 한다.[7] 옛 법과 새 법은 인간을 하느님께 인도하는 신법의 연속적 단계들이다. 새 법은 자연법의 표현들인 옛 법의 윤리적 계명을 변경시키는 것이 아니라 완성한다. 옛 법과 새 법은 공동체 내의 삶의 길인 덕(virtus)을 떠받치고 촉진한다.

아퀴나스에게는 은총과 새 법이 함께 간다. 왜냐하면 그의 사상에서 새 법은 사람들이 신적 본성에 참여함을 포함하고 있기 때문이다. 그런데 하느님의 본성에 참여하는 것이 인간의 자연적 역량에 개방되어 있는 것이 아니기 때문에, 그것은 오직 하느님의 도우심에 의해서만 가능할 수 있다.[8]

성 토마스는 새 법 논고를 비교적 간략하게 기술한다.[9] 하지만 이 새 법에 관한 논고는 새 법의 핵심을 이루는 은총에 관한 논고(I-II, qq.109-114)로 이어지고, 은총의 삶 안에서 펼쳐지는 덕들을 대가답게 고찰하고 있는 제2부 제2편의 전체 논의로 확장된다. 다시 말해, 새 법에 대한 설명은 그가 명시적으로 이 주제를 다루는 이 세 문에 걸친 논고가 아니라, 오히려 『신학대전』 제2부의 나머지 부분들에 광범위하게 들어 있다고 보아야 한다. 본 짧은 논고에서 논의의 초

---

한 다음에, 도덕 규정(q.100), 예식 규정(qq.101-103), 사법 규정(qq.104-105)을 차례로 다룬다. 『신학대전 제29권(I-II, 98-105): 옛 법』, 이경상 옮김, 한국성토마스연구소, 2021.
7. 파멜라 홀, 「옛 법과 새 법(I-II, qq.98-108)」, 스테픈 포프(편), 『아퀴나스의 윤리학』, 이재룡 · 김도형 · 안소근 · 윤주현 옮김, 한국성토마스연구소, 2021, 265쪽.
8. Cf. Brian Davies, OP, *The Thought of Thomas Aquinas*, Oxford, Clarendon, 1992, p.262.
9. 성 토마스는 옛 법 논고에 총 8개 문(問) 48절을 할당하고 있는 데 반해, 새 법 논고에는 3개 문 12절밖에 할당하고 있지 않다.

점은 새 법과 옛 법 사이의 차이에 집중되어 있다. 삶의 길로서 새 법이 차지하고 있는 의미와 역할은 제2부 나머지 부분의 긴 줄거리를 구성하게 될 것이다.[10]

새 법과 옛 법 사이의 근본적 차이점은, 옛 법의 외적이고 억압적인 성격과 새 법의 내적이고 자유로운 특성에 있다. 새 법은 사랑과 자유의 법이고, 옛 법은 두려움과 예속의 법이다. 하지만 두 법의 공통점은 인간을 하느님께로 인도하는 하느님 섭리의 서로 연결된 수단으로서, 옛 법이 새 법의 교육자 역할을 하며, 많은 측면에서 새 법의 예표와 준비가 되고, 새 법은 그것의 실현이자 완성이라는 데 있다.[11]

그리스도는 세 가지로 옛 법을 성취한다. 1) 외적 행위뿐만 아니라 내적 행위까지 지적하심으로써 옛 법의 의미를 더욱 완전하게 표현한다. 2) 하느님의 법을 좀 더 안전하게 준수하는 길을 제시한다. 3) 옛 법에, 산상설교에서 펼치는 "완덕의 권고들"을 덧붙인다. 새 법은 자유의 법으로서 복음적 권고들을 받아들일 때 인간을 현세적 선들에서 멀어지게 만들고 영적인 선에 대한 결합을 강화할 수 있다.[12]

성 토마스가 새 법을 논하는 첫머리에서 제시하는 정의는 다음과 같다: "철학자의 『니코마코스 윤리학』 제9권에 따르면, '어떤 사물의 본질(essentia)은 그것 안에서 가장 우세한 것(potissimum)에 의해서 규정되는 것으로 보인다.' 그런데 신약의 법에서 가장 우세하고 그 힘 전체가 거기서 성립하는 것은 바로 그리스도께 대한 신앙을 통해서 주어지는 성령의 은총이다. 그러므로 새 법은 일차적으로

---

10. 파멜라 홀, 「옛 법과 새 법」, 277쪽.
11. I-II, q.107, a.1, ad2-3. 바티스타 몬딘, 「새 법」, 『성 토마스 개념사전』, 이재룡·안소근·윤주현 옮김, 한국성토마스연구소, 2021, 296쪽 참조.
12. I-II, q.107, a.2. Cf. Anton Klooster, *Thomas Aquinas on the Beatitudes*, Leuven, Peeters, 2018, esp. pp.124-202; Pinckaers, *The Sources of the Christian Ethics*, 1995, pp.172-190.

그리스도를 믿는 신앙인들에게 주어지는 성령의 은총 자체이다."[13]

새 법은 "은총의 선물을 통해 본성에 부가되며 무엇을 해야 할지를 지적하고, 그것을 완성하도록 돕는다."[14] 새 법은 단적으로 의화시키는 성령의 은총이다. 새 법은 하느님이 의화된 이들 안에 머무시는 것이다. 옛 법은 새 법을 위한 길을 준비했지만, 새 법은 세상 종말 시까지 그 활력을 잃지 않을 것이다. 옛 법과는 다른 새 법의 특징인 완성은 목적의 성취이고, 따라서 활력을 불어넣는 참사랑(caritas)의 표현이다. 이 참사랑이 신앙인의 영혼 자체를 변화시킨다.[15]

그런데 13세기라는 역사적 맥락에 관한 연구는 복음적 법에 관한 논고가 대체로 당대의 산물이라는 것을 보여준다. 그것은 프란치스코 회원들과 도미니코 회원들의 강력한 복음주의에 대한 신학적 표

---

13. "unaquaeque res illud videtur esse in ea est potissimum, ut Philosophus dicit, in IX *Ethic*. Id autem quod est potissimum in lege novi testamenti, et in quo tota virtus eius consistit, est gratia Spiritus Sancti, quae datur per fidem Christi. Et ideo principaliter lex nova est ipsa gratia Spiritus Sancti, quae datur Christi fidelibus"(I-II, q.106, a.1). 핑케어스는 이 정의에 대해 찬탄하며 이렇게 평가한다: "복음적 법에 대한 정의 전체가 놀랄 만하다. 그것은 일단 독창적이고, 심지어 대담하기까지 하지만, 대단히 풍요로운 성경과 교부 전통으로 되돌아감이다"(Pinckaers, OP, *The Sources of Christian Ethics*, p.174). 그리고 이에 대한 상세한 주석을 한 다음에 이렇게 결론짓는다: "분명히 그 정의의 순간부터, 비단 윤리학뿐만 아니라 신학 전체가 복음적 법에 관한 논고로 수렴되고 있다"(Ibid., p.178). 따라서 "복음적 법은 그 모든 지체들을 관통하고 (구체적 활동들을 규제하고 그것들을 약속된 행복으로 향하도록 질서 짓는) 모든 덕들 안에서 활동하는, 성 토마스의 도덕적 가르침의 머리 또는 영혼"이다(Ibid., p.180). "그러므로 우리는 다양한 종류의 법들에 의해 지도되는 모든 도덕적 가르침이 복음적 법으로 정향되어 있다는 것을 다시 한 번 알게 된다. 성 토마스가 이 주제에 할당하고 있는 문들은 참으로 그 그리스도교적 차원을 보장하는 『신학대전』 제2부의 절정이다"(Ibid., p.182).
14. I-II, q.106, a.1.
15. 참사랑에 관해서는: 에버하르트 쇼켄호프, 「대신덕: 참사랑(II-II, qq.23-46)」, 스테픈 포프(편), 『아퀴나스의 윤리학』, 333-352쪽; 바티스타 몬딘, 「참사랑」, 『성 토마스 개념사전』, 716-719쪽 참조. Cf. Josef Pieper, *Faith Hope Love*, San Francisco, Ignatius, 1997, pp.139-281; Romanus Cessario, OP, *The Virtues, Or the Examined Life*, London, Continuum, 2002, pp.61-95; Paul Wadell, "Friendship with God: Embodying Charity as a Way of Life", in Harm Goris et al.(eds), *Faith, Hope, and Love: Thomas Aquinas on Living by the Theological Virtues*, Leuven, Peeters, 2015, pp.199-214.

현이었다. 알렉산더 할레스의 『신학대전』은 복음적 법에 관한, 성 토마스의 것보다 훨씬 더 길고 세밀한 연구를 포함하고 있다. 그러나 성 토마스는 알렉산더의 작품의 장점을 활용하면서도, 이 방대한 분량의 소재들을 세 개의 문 속에 응축시킴으로써. 그리고 특히 복음적 법에 관한 새로운 정의를 작업해내고 그것을 도덕적 가르침의 진정한 초석으로 삼음으로써 자신만의 독창적 작품에 이르게 되었다. 성 토마스의 연구는 사도 바오로의 로마서를, 아우구스티누스의 『영과 글자』 및 산상설교에 관한 주해와 함께 다시 읽은 재독서의 결실이다. 그의 작품은 이 법의 영적 차원을 더욱 명료하게 부각시켰다.[16]

『신학대전』에서 3개 문(I-II, 106-108)으로 정리된 '새 법' 논고는 토마스의 도덕성의 특별히 그리스도교적인 특성을 가장 명료한 방

---

16. Pinckaers, *The Sources of Christian Ethics*, p.173. Cf. ID., "Beatitude and the Beatitudes in Aquinas's Summa Theologiae(1998)", in John Berkman & Craig Titus(eds.), *The Pinckaers Reader: Renewing Thomistic Moral Theology*, Washington, Catholic University of America Press, 2005, pp.115-129; W.C. Mattison III, "Beatitude and the Beatitudes in the Summa Theologiae of St. Thomas Aquinas", *Josephinum Journal of Theology* 17(2010), 233-249; Anton Klooster, *Thomas Aquinas on the Beatitudes. Reading Matthew, Disputing Grace and Virtues, Preaching Happiness*, Leuven, Peeters, 2018, esp., pp.124-202.
그러나 이와는 달리 새로울 것이 거의 없다는 것을 강조하는 학자들도 있다: Cf. Joseph Wawrykow, "Grace", in Rik Van Nieuwenhove & Joseph Wawrykow(eds.), *The Theology of Thomas Aquinas*, Notre Dame(IN), University of Notre Dame Press, 2005, p.192: "제2부 제1편 제106문에서 제108문까지가 중요하고, 그 이전에 오는 것과 이후에 오는 것(은총) 사이의 연결고리를 제공한다는 데에는 의문의 여지가 없다. 그럼에도 불구하고 저 문(問)들은 은총 자체의 개진에 덧붙이는 것이 거의 없고, 성령의 내적 자극으로서의 새로운 법의 내면성이라는 그 주요 통찰은 아퀴나스에 의해서 그의 세부적인 은총에 관한 가르침 과정에서 제시된 것이다. 그러므로 우리는 [새 법에 관한 논고를 건너뛰어] 제2부 제1편 제109편에서 안전하게 시작할 수 있다." Tito Centi, OP, "Introduzione", in *S. Tommaso d'Aquino, Somma Teologica*, Bologna, ESD, vol.13, 1984, p.8: "'새 법' 논고에서 진정한 독창성을 찾는다는 것은 헛일이다. 성 토마스는 사도 바오로, 아우구스티누스, 그리고 알고 있던 다른 교부들이 이미 낸 길을 따를 뿐이다. 두드러지는 것은 …그 정식들의 간결성과 정확성이다." 또한 몬딘, 「새 법」, 『성 토마스 개념사전』, 295쪽: "많은 학자들이 지적한 바와 같이, 이 짧은 논의에는 독창성이 적다. 여기에 제시된 주장들 가운데 어떤 것도 중세에 일반적으로 받아들여지던 학설과 차이가 없다."

식으로 표현하고 있는 "한 작은 걸작"[17]이다. 최근에 복음적 법에 관한 논고가 어떻게 마침내 신학사의 그늘로부터 솟아올라, 다시 가톨릭과 개신교 양측 윤리학자들의 주의를 끌게 되었는지를 보는 것은 대단히 흥미롭다.

---

17. Pinckaers, *The Sources of Christian Ethics*, p.174.

# 06. 성 토마스의 '은총론' 입문

『신학대전 제30권(I-II, 106-114): 새 법과 은총』, 졸역, 한국성토마스연구소, 2021, xlvii-lx쪽.

『신학대전』 전체는 "은총이 자연을 완성한다"(gratia perficit naturam)[1]는 아퀴나스 신학의 근본 공리를 펼치고 있다. 아퀴나스의 윤리학은 은총(恩寵, gratia)을 입은 인격이 무엇을 할 수 있고 또 행해야 하는지를 개진한다. 『신학대전』은 성삼위(聖三位, Trinitas)의 파견에 기초해서 그리스도의 구원 경륜을 내다보는 은총의 심리학이다. 아퀴나스의 사상은 철저하게 새로운 방식으로, 정확히 덕과 은총 사이의 관계를 숙고하는 은총의 신학이라고 할 수 있다. 그는 은총의 빛(lumen gratiae), 인격의 존재에 대한 새로운 조명, 지성의 빛과 영광의 빛에 모두 연관되는 빛에 대해 말하고 있다.[2] 법(lex)에 관한 논고

---

1. I, q.1, a.8, ad2.
2. 은총으로부터 흘러나오는 그리스도교적 삶을 위한 주입된 덕들은 우리가 심리학적으로 획득하는 습성들과의 일정한 연속성을 유지한다. 은총을 묘사하기 위해 아퀴나스는 공기를 관통하는 빛이라는 은유를 사용하였다. I-II, q.110, a.3; q.113, a.7. Cf. I-II, q.110, a.1, sc; a.2, sc; q.111, a.3, ad2; q.112, a.5, ad3. 토마스 오미어러, 『신학자 토마스 아퀴나스』, 이재룡 옮김, 가톨릭출판사, 2002, 247쪽 참조. 은총의 조명이 아퀴나스 신학 전체의 열쇠 개념이 된다는 점에 관해서는 최근의 연구 결과들이 잘 보여주고 있다: Cf. Matthew Cuddeback, *Light and Form in St. Thomas Aquinas's Metaphysics of the Knower*, Ph.D. Dissert., Washington, Catholic University of America, 1998; ID., "Thomas Aquinas on Divine Illumination and the Authority of the First Truth", *Nova et Vetera*(Eng.) 7(2009), 579-602; Michael M. Waddlell, "Aquinas on the Light of Glory", *Topicos. Revista de Filosofia* 41(July 2011), 105-132; David Whidden III, *Christ the Light: The Theology of Light and Illumination in Thomas Aquinas*, Minneapolis, Fortress, 2014.

가 창조에 관한 논의로부터 따로 분리되어 은총의 새 법으로 인도하는 것으로 자리 잡았을 때, 은총이 그 중심을 차지한다. 덕(virtus)의 윤리는 아직도 창조를 통해 부여받은 그 자연적 토대를 간직하고 있지만, 은총을 통해서 심화된 법 윤리의 변형이 된다.[3]

덕들은 아퀴나스 윤리학에 기본 구조를 제공한다. 은총의 습성(習性, habitus)인 덕들은 은총으로 활성화되는 '행위의 원리들'의 하위 구조이다. 우리의 궁극적 행복은 우리가 지금 당장 소유할 수 있는 어떤 것에 놓여 있는 것이 아니라, 하느님 자신께 놓여 있다. 그래서 우리는 신학적 덕들을 필요로 하는 것이다.

사람은 그가 행복을 추구하는 데 필요한 수단인 행위들을 향한 덕에 의해서 완성된다. …그런데 우리의 행복은 이중적이다. …하나는 인간 본성에 비례적이고, 우리는 우리 자신의 역량들을 통해서 그것에 도달할 수 있다. 다른 것은 우리의 본성을 능가하는 행복으로서, 우리는 오로지 하느님의 능력에 의해서만, 또는 일종의 신성에의 참여에 의해서만 그것을 얻을 수 있다. …그런 행복은 인간 본성의 범위를 넘어가기 때문에, …이 초자연적 행복에 도달할 수 있기 위해서는 어떤 부가적 활동 자원들을 하느님으로부터 부여받아야 한다.[4]

신약성경은 '카리스(charis)'에 관하여 말하는데, 그것은 라틴어로는 '그라시아'(gratia)라고 번역된다. 그러나 정확히 그것에 상응하는 개념이 구약성경에는 결핍되어 있다. 헬레니즘 세계에서 그것은

---

3. 토마스 오미어러, OP, 『신학자 토마스 아퀴나스』, 245쪽 이하 참조.
4. I-II, q.62, a.1. 여기서 지시하고 있는 성경은 베드로 2서 1장 4절이다: "욕망으로 이 세상에서 빚어진 멸망에서 벗어나 하느님의 본성에 참여하게 하셨다"(ut per haec efficiamini divinae consortes naturae, fugientes eius, quae in mundo est, concupiscentiae corruptionem). 이 구절에서 인간의 목적이 하느님의 모습과 같이 되는 것이라는 아퀴나스의 근본 입장은 가장 명료한 성서적 언명을 발견한다.

'호의'(favor)라는 의미를 가지고 있었고, 신약성경에서는 자주, 특별히 그리스도의 업적과 복음에서 '하느님의 자유로운 (자기)증여'를 가리키는 데 사용된다. 넓게 말해서 이것이 바로 아퀴나스가 은총을 개념하는 방식이다. '은총'으로써 그는 '우리를 그분과의 결합으로 인도하는 우리 안에 있는 그분의 활동'을 의미한다.[5]

구약과 신약성경의 계시 말씀에 뿌리를 두고 있는 은총은 도나투스파와 펠라기우스파의 오류를 논박하는 아우구스티누스의 작업 덕분에 처음으로 크게 심화되었다.[6] 아우구스티누스는 은총의 무상성(無償性)을 크게 강조한다. 은총을 받기 위한 어떠한 요구 조건도 없고 준비할 수도 없으며, 따라서 그 어떤 공로도 있을 수 없다. 그에 따르면, 은총은 '잘 행하도록 본성에 부가된 도움'(adiutorium bene agendi adiunctum naturae)이다.[7]

중세 초기의 스콜라 신학자들은 은총에 관한 교부들의 교리와 용어들을 대체로 물려받았다. 그들은 은총과 관련된 gratia, gratis, gratuita 같은 용어들이 우리의 공로가 될 수 없는 하느님의 선물을 가리킨다는 데 대체로 동의했다. 은총과 하느님의 다른 선물들과의 관계는 무엇인가? 이미 주어져(data) 있는 natura와 새로운 선물

---

5. Cf. Brian Davies, OP, *The Thought of Thomas Aquinas*, Oxford, Clarendon Press, 1992, p.262. "어떤 존재자도 그 종적 본성의 한계를 넘어 활동할 수 없다. 왜냐하면 원인은 언제나 그 결과보다 더 고등한 능력을 가지고 있어야 하기 때문이다. 그런데 은총의 선물은 다른 모든 본성을 능가하는 신적 본성에의 참여(participatio divina naturae)이다"(I-II, q.112, a.1).
6. 펠라기우스와 펠라기우스주의에 관한 충분한 설명을 보기 위해서는: 호세 사예스, 『은총론』, 윤주현 옮김, 수원가톨릭대학교출판부, 2010, 61-79쪽; 피터 브라운, 『아우구스티누스』, 정기문 옮김, 새물결, 2012, 483-518쪽 참조. Cf. Eugene TeSelle, "Pelagius, Pelagianism", in A. D. Fitzgerald, OSA(ed.), *Augustine through the Ages: An Encyclopedia*, Grand Rapid(MI), Eerdmans, 1999, pp.633-640.
7. 아우구스티누스의 은총론 일반에 관해서는: 앨리스터 맥그래스, 『하나님의 칭의론: 기독교 교리 칭의론의 역사』, 한성진 옮김, 기독교문서선교회, 2008, 64-85쪽 참조. Cf. J. Patout Burns, *The Development of Augustinian Doctrine of Operative Grace*, Paris, Etudes Augustinienne, 1980; David F. Wright, "Justification in Augustine", in Bruce L. McCormack(ed.), *Justification in Perspective: Historical Developments and Contemporary Challenges*, Grand Rapids(MI), Baker Academic, 2006, pp.55-72.

(donum)로 주어지는 gratia 사이의 뚜렷한 구별이 필요하다. 9세기의 스코투스 에리우게나는 자연적 질서와 초자연적 질서를 뚜렷이 구별하였고, 이후의 신학자들은 datum은 순수하게 자연적인 데 반해, donum은 순수하게 영적이라고 보았다. 특히 필립 총장(Philipus Chancellarius)은 이성의 자연적 질서보다 고상한 영역으로 신앙의 초자연적 질서를 대비시켰다. 따라서 은총의 효과는 이중적이다. 은총은 의지에 작용하여 도덕적 선에 효력을 미친다. 또한 인간의 공로적 행위에 효력을 미치고, 인간을 순수하게 자연적인 영역에서 초자연적 영역으로 고양시킨다. 12세기에 신학자들은 은총을 공로(meritum)의 관점에서 규정하려고 노력하였다. 공로는 어떤 행위가 은총 덕분에 도덕적으로 선한 자연 영역에서 초자연적인 영역으로 넘어간 결과로 받아들여졌다.[8] 롬바르두스[9]는 은총의 무상 수여자(gratia gratis dans)와 수혜자(gratia gratis data)를 구별하였고, 13세기가 시작될 무렵에는 하느님을 기쁘시게 만드는 은총(gratia gratum faciens)과 무상 은총(gratis data)의 구별이 대체로 확립되었다. 전자는 습성적 은총(gratia habitualis)으로서 존재적 개념인 의화(義化) 또는 성화(聖化) 은총이고, 후자는 하느님의 직접적 또는 간접적 도움(auxilium)으로 후대에는 현실적 은총(gratia actualis)이라고 불리게 된다.[10]

은총에 관한 현대의 논의들은 한결같이 일련의 긴 신학적 논쟁으로 시작되고 마무리된다. 그것은 하느님의 기동(起動, motio), 예정(豫定, praedestinatio), 원죄(原罪, peccatum originale) 같은 근본 문제들과 연관되기 때문에 대단히 복잡하다.

이에 비한다면 『신학대전』의 상대적으로 짧은 논고는 매우 간결

---

8. 버나드 로너간, 『은총과 자유』, 김율 옮김, 가톨릭출판사, 2005, 31-40쪽 참조.
9. 은총에 관한 롬바르두스의 기본 입장에 대한 상세한 해설을 보기 위해서는: 로너간, 『은총과 자유』, 24-31쪽 참조.
10. 맥그래스, 『하나님의 칭의론』, 182-187쪽; 로너간, 『은총과 자유』, 46-53쪽 참조.

하다.[11] 은총에 관한 논고는 6개 문 54개 절의 본질적인 문제들로 한정되어 있다: 먼저 은총의 필요성(q.109), 은총의 본성(q.110), 은총의 구분(q.111)을 확립한 다음에 은총의 원인(q.112)을 추적하고, 세 번째로 은총의 두 결과인 의화(q.113)와 공로(q.114)를 검토한다. 이 모든 것이 특수한 세부 사항에 이르기까지 완벽한 균형과 체계성을 갖추고 있다.[12]

성 토마스는 본질적으로 체계화에 주력했다. 은총론은 작품 전체 안에서 매우 분명한 핵심적 위치를 차지하고 있다. 곧 제2부 제1편의 마지막 논고로서, 『신학대전』의 근본 구도인 발원-귀환 도식에서 귀환 과정의 한가운데 위치하면서 제2부 제2편과의 연결고리 또는 교량 역할을 하고 있다.[13]

제2부 제1편 전체가 전혀 실천적 성격을 띠고 있지 않다. 그 본성

---

11. 하지만 섭리(攝理, providentia)와 관련해서는 이미 제1부의 '신론' 논고(qq.14-23)에서, 그리고 하느님의 기동(起動)에 관해서는 '우주 통치' 논고(q.103-104)에서, 하느님의 '내주'(內住, inhabitatio)에 관해서는 '삼위일체론'(q.43)과 '인간론'(q.93) 논고에서 논하였다. 그리고 '원죄'에 관해서는 제2부 제1편(q.81-83)에서 집중적으로 검토되었고, 은총에서 솟아나는 '덕'들에 관해서는 이미 '덕 일반론'(I-II, qq.55-67)과 '성령의 선물'(qq.68-70)에서 일반적으로 다루었고, 또 앞으로도 제2부 제2편 전반에 걸쳐서 광범위하게 논하게 될 것이며, 그리스도 및 성사와의 연관성도 제3부에서 충분하게 논의될 것이다.
12. Cf. Joseph Wawrykow, "Grace", in R. Van Nieuwenhove & J. Wawrykow(eds.), *The Theology of Thomas Aquinas*, Notre Dame(IN), University of Notre Dame Press, 2005, p.193; Tito Centi, OP, "Introduzione", in ID.(ed.), S. Tommaso d'Aquino, *La Somma Teologica*, vol.XIII: *La Legge evangelica & La grazia*, Bologna, ESD, 1987, p.82.
13. 『신학대전』의 기본 구조에 관해서는: M.-D. 슈뉘, OP, 「부록: 신학대전 연구 입문」, G. 달 사쏘(편), 『신학대전 요약』, 이재룡·이동익·조규만 옮김, 가톨릭대학교출판부, 1995, 591-616쪽; 레오나드 보일, OP, 「성 토마스 '신학대전'의 배경-다시 보기」, 스테픈 포프(편), 『아퀴나스의 윤리학』, 1-22쪽 참조. Cf. Brian Johnstone, "The Debate on the Structure of the Summa Theologiae of St. Thomas Aquinas: From Chenu(1939) to Metz(1998)", Paul van Geest et als.(eds.), *Aquinas as Authority*, Leuven, Peeters, 2002, pp.187-200; Inos Biffi, "Il piano della Summa Theologiae e la Teologia come scienza e come storia", in ID., *Sulle vie dell'Angelico: Teologia, storia, contemplazione*, Milano, Jaca, 2009, pp.269-358; Mark Jordan, "Structure", in Philip McCosker & Denys Turner(eds.), *Cambridge Companion to the Summa Theologiae*, Cambridge, Cambridge University Press, 2016, pp.34-47.

은 사변적이다.[14] 여기에는 인간적 행위의 외적 원리인 습성 및 덕들, 내적 원리인 법과 은총도 포함된다. 아리스토텔레스의 형이상학에서 하느님이 결국 세계에 대한 부동의 원동자로 나타나는 것과 마찬가지로, 행위의 형이상학에서도 하느님은 결국 의지를 움직이시는 분으로 나타난다. 곧 그분이 은총으로 나타나는 것이다.[15]

제2부 제1편의 인간적 행위에 관한 긴 논술에서 토마스가 신학적 형식 안에 새로운 문학형식을 창안했다는 사실을 부정할 수 없을 것이다. 여기서 인간 활동의 외적 원리를 추구하는 형이상학자에게 하느님은 자기 자신을 내어주는 자유 또는 은총이자 자유 행위를 가능하게 만들어주는 조건으로 제시된다. 따라서 토마스의 은총에 관한 가르침은 행위의 형이상학에 속하는 철학적 신학이다. 은총에 관한 논고는 자유로운 행위자의 조건을 논하는 제2부 제1편의 결론이라 할 수 있다. 이리하여 은총은 인간의 자유와 내밀한 관계를 맺고 있다.

토마스는 제2부 제1편의 '은총론' 부분과 다른 부분들을 파리 체류기 마지막 해인 1270년경에 집필하였을 공산이 크다.[16] 그는 동일한 문제를 초창기 강사 시절의 『명제집 주해』와 그 이후의 『진리론』에서도 산발적으로 다룬 바 있다.[17] 이탈리아 체류기(1259-68) 동안

---

14. "제2부 제1편 제18문부터 제22문까지의 도덕적 행위를 논하는 자리에서 토마스는 도덕적 존재자를 …자연 사물들에 반대되는 고유 대상으로 설정한다(I-II, q.21, a.2, ad2). 이런 의미에서 제2부 제1편 전체는 인간적 행위라고도 알려져 있는 도덕적 존재를 대상으로 삼고 있는 하나의 '보편적인' 곧 사변적인 도덕적 가르침이다"(T. 코부쉬, 「은총(I-II, qq.109-114)」, 스테픈 포프(편), 『아퀴나스의 윤리학』, 284쪽).
15. 성 토마스가 자신의 은총 신학에 아리스토텔레스의 철학을 채택한 것에 대한 균형 잡힌 설명을 보기 위해서는: Cf. Simon F. Gaine, OP, "Aristotle's Philosophy in Aquinas's Theology of Grace in the Summa Theology", in Gilles Emery, OP and Matthew Levering(eds.), *Aristotle in Aquinas's Theology*, Oxford, Oxford University Press, 2015, pp.94-120.
16. 와이스헤이플, 『토마스 아퀴나스 수사』, 540쪽. Cf. Jean-Pierre Torrell, OP, *Saint Thomas Aquinas*, vol.1: *The Person and His Work*, Washington, Catholic University of America Press, 1996, p.333.
17. 『명제집 주해』와 『진리론』에서의 토마스의 입장을 자세히 보기 위해서는: 로너간, 『은총과 자유』, 53-72쪽 참조.

에는 비교적 교수로서의 과제로부터 자유로웠기 때문에 이전에는 이차적 자료들을 통해서만 알고 있던 원천들을 직접 탐구하는 일에 매진했을 수 있다. 그때 그의 동시대인들은 전혀 알지 못했던[18] 제2차 오랑주 공의회(529)의 결정사항들을 알게 되었을 것이다. 그리고 역시 이 시기에 『대이교도대전』의 첫 세 권을 집필하였고, 사도 바오로의 서간에 대한 광범위한 주해서도 편찬하였다. 만일 카예타누스나 현대의 부이야르 등 여러 학자가 추정하듯이 성 토마스가 은총의 준비와 관련된 자신의 견해를 바꾸었다면, 그 전환점은 바로 이 시기의 작업에서 찾아야 할 것이다.[19]

따라서 성 토마스에게는 은총에 관한 신학적 종합이 사도 바오로의 서간에서 개진된 가르침에 대한 유기적 재구조화 외에 다른 것일 수 없다. 여기서 그는 직접적으로 계시의 원천에 도달하면서 자신의 사상을 심화시킬 수 있었다. 『신학대전』의 '은총론'은 그 길이가 짧음에도 불구하고, 사도 바오로의 서간을 (주요 구절의 반복은 제외하더라도) 무려 60회 이상이나 인용하고 있다. 그리고 이것들이 그 진정한 의미에 비해 근사치의 방식으로 활용되는 것도 아니다: 저자는 그 본원적 가치를 정확하게 알고 있음을 드러내고 있다.[20]

그래서 그는 "하느님은 당신 호의에 따라 여러분 안에서 활동하

---

18. Centi, "Introduzione", p.88: "실상 스콜라학의 황금기에 발전된 은총에 관한 가장 높은 수준의 사변들이 교도권의 대단히 중요한 문헌[제2차 오랑주 공의회]을 완전히 모른 채 전개되었다는 사실은 논란의 여지가 없는 것 같다." 오랑주 공의회 결정 내용들의 중요성을 좀 더 상세히 살펴보기 위해서는: 호세 사예스, 『은총론』, 윤주현 옮김, 수원가톨릭대학교출판부, 2010, 213-219쪽 참조.
19. Cf. Centi, "Introduzione", pp.82-83. 그리고 많은 연구자에 따르면, 성 토마스의 은총 이해는 청년기 작품인 『명제집 주해』부터 원숙기의 작품 『신학대전』에 이르기까지 입장 변화를 겪었다(로너간, 『은총과 자유』, 46-73쪽; 맥그래스, 『하나님의 칭의론』, 187-194쪽 참조). 그러나 이런 입장 변화설에 반대하며, 토마스의 다양한 전거(典據)들에 대한 좀 더 면밀한 조사와 집필 당시의 시대적 상황 등을 함께 고려하여 신중한 자세를 유지해야 한다는 웨스트버그의 논거를 보기 위해서는: 다니엘 웨스트버그, 「아퀴나스는 의지에 관해 생각을 바꾸었을까?」(이재룡 옮김), 『사목연구』 19집 (2007/ 겨울), 327-348쪽 참조.
20. Cf. Centi, "Introduzione", p.89.

시어 의지를 일으키시고 그것을 실천하게도 하시는 분이십니다."[21] 라는 사도 바오로의 필리피서 2장 13절의 구절을 주해하며, 이렇게 말하고 있다. "이렇게 말함으로써 사도는 네 가지 거짓된 견해들을 배제한다. 첫째는 인간이 하느님의 도움 없이 자유재량에 의해서 구원될 수 있다고 생각하는 사람들의 견해이다….[22] 둘째는 인간이 운명에 의해 또는 하느님의 섭리에 의해 필연적으로 지배된다고 말하면서 자유재량을 완전히 부정한다….[23] 펠라기우스주의자들에게 속하는 셋째는 첫째처럼, 재량이 나에게 의존하지만, 그 업적의 영광은 하느님께 속한다고 말한다….[24] 넷째는 [일단] 하느님이 우리 안에서 온갖 선을 수행한다는 것을 인정하며, 그 이유가 우리의 공로 때문이라고 말한다. 하지만 이것은 [즉시 이어지는] (우리의 의지가 아니라) '그분의 선한 의지 때문에'(pro bona voluntate)라는 구절에 의해서 배제된다. 즉 우리의 공로 때문이 아닌 것이다.[25] 왜냐하

---

21. "Deus est enim, qui operatur in vobis et velle et perficere pro bona voluntate"(*Phil.* 2,13).
22. 우리는 첫 번째 유형의 입장을 펠라기우스 이단(fl.409-415)에서 발견한다. 그는 언급된 원리에 일관되게 예정과 원죄의 실재를 부정하였다. 그리고 세례가 구원에 불가결하지 않다고 간주하였다. 그는 은총을, 죄에 대한 보충약으로, 특히 영혼의 한 장식쯤으로 생각하였다. 이 이단은 아우구스티누스에 의해서 촉진되고 주도된 416년의 카르타고와 밀레비의 두 지역 공의회에서 단죄되었다.
23. 아퀴나스가 죽은 지 두 세기가 지나 서구에서는 루터와 칼뱅 및 그들의 추종자들을 통해서 신학적 숙명주의(宿命主義)가 전개되었다. 『신학대전』의 저자는 이 오류를 예견하고 있었고, 특별히 그의 제자들이 토론과 저술을 통해서, 그리고 트리엔트 공의회(1545-64)에서 그 문제와 정면으로 대결하였다. 은총을, 하느님에 의해서 변덕스럽게 당신의 선민들에게 그들 구원의 필수불가결의 원인으로서 제공된 인간의 심리적 역동성에 이질적인 선물로서 개념하는 데에서 성립되는 그 오류의 위험한 흔적은 바이우스의 오류(1509년과 1579년에 단죄됨)와 얀센의 오류(1665년과 1690년에 단죄됨)로 이어진다.
24. 본질적으로 반(半)펠라기우스주의는 자유와 인간의 책임을 희석시키는 것으로 보이던 아우구스티누스의 대담한 정식들에 따라 하느님이 우리 안에서 '원욕함'(velle)과 '행함'(agere)을 작업하신다는 단호한 주장을 견지하였다. 이 새로운 이단의 가장 집요한 지지자들은 갈리아 지방에 거점을 두고 있었는데, 529년 오랑주 공의회에서 결정적으로 단죄되었다.
25. 네 번째이자 마지막 입장으로 아퀴나스는 "하느님이 우리 안에서 온갖 선을 행하지만, 우리의 공로 때문에 그렇게 한다"고 주장하는 자들의 견해를 지적한다. 만일 그런 표현으로 '당당한'(de condigno) 공로를 의도하고 있다면 반(半)펠라기우스주의

면 하느님의 은총 이전에는 우리 안에 그 어떤 선의 공로도 없기 때문이다."[26]

배제해야 하는 오류들에 대한 이 명료한 전망과 더불어, 아퀴나스는 아리스토텔레스의 형이상학과 논리학 등 신학이 활용할 수 있는 모든 수단을 활용하여 완벽한 종합을 이루어낼 수 있었다.[27] 이것은 왜 이어지는 논쟁들 속에서 가톨릭 신학자들이 그의 권위에 그토록 호소하는지를 말해준다.

성 토마스는 인간의 최종 목적인 참행복이 하느님과의 합일에 있다는 것과, 아담의 원죄가 인류에게 치명적인 붕괴를 가져왔음에도 불구하고 이 조건은 변경시키지 않았다는 것을 인정한다. 타락 이후의 인간 조건은 참행복에 이르기 위해서는 손상된 상처를 치유하는 은총(gratia sanans)을 받아야 하고, 본래의 인간 조건을 넘는 초자연적 상태로 고양시키는 은총(gratia elevans)을 입어야 한다. 치유은총이 바로 의화 은총(gratia iustificationis), 성 토마스의 용어로 '하

---

자들의 오류에 해당되고, 반면에 만일 어떤 특정 '적합한'(de congruo) 공로를 의도하고 있다면 몰리나주의, 즉 루도비코 몰리나(Ludovico Molina, SJ, 1536-1600)의 견해에 해당된다. 몰리나와 그의 이론을 보다 면밀히 살펴보기 위해서는: Cf. Kirk R. MacGregor, *Luis de Molina: The Life and Theology of the Founder of Middle Knowledge*, GGrand Rapids(MI), Zondervan, 2015.

26. "Deinde cum dicit 'Deus enim⋯', confirmat fiduciam et excludit quatuor falsas existimationes. Unam hominum credentium quod homo per liberum arbitrium possit salvari absque divino auxilio. ⋯Alii omnino negant liberum arbitrium, dicentes quod homo necessitatur a fato, vel a providentia divina. ⋯Tertia pelagianorum, sicut et primi, dicentium electiones esse in nobis, sed prosecutiones operum in Deo, quia velle est a nobis sed perficere a Deo. ⋯Quarta quod Deus facit omne bonum in nobis, et hoc per merita nostra. Hoc excludit, cum dicit 'pro bona voluntate', scilicet sua, non pro meritis nostris, quia ante gratiam Dei nihil boni meriti est in nobis"(*In Ep. ad Phil.*, c.2, lect.3, n.77: S. Tommaso d'Aquino, *Commento al Corpus Paulinum*, vol.4: *Lettera agli Efesini; Lettera ai Filippesi; Lettera ai Colossesi*, tr. Battista Mondin, Bologna, Edizioni Studio Domenicano, 2007, p.472).
27. 일반적으로 아퀴나스의 천재성은 아우구스티누스의 가르침을 아리스토텔레스적 심리학과 형이상학을 통해서 확대, 발전시킨 것이지만, 이 신학은 단시간 내에 이룩한 작품도 아니고 어떤 미숙한 젊은이의 작품도 아니며, 오랜 탐구와 명상 그리고 통찰의 결과였다(오미어러, 『신학자 토마스 아퀴나스』, 182쪽 참조).

느님을 기쁘시게 만드는 은총'(gratia gratum faciens), 또는 후대인들이 부르듯이 성화 은총(gratia sanctificans)이다.[28] 아우구스티누스보다 훨씬 더 낙관적인 인간관을 지니고 있던 성 토마스는 인간이 타락한 상태에서도 일상생활 영역에서 일하기, 친구 사귀기, 사회봉사 등 특수한 선들을 실천할 수 있지만, 유혹에 내몰리고 항구하지 못하기에 불완전하고 나약하다고 보았다. 따라서 본성을 치유한 다음에라도 영원한 생명에 합당한 행업들을 이행하기 위해서는 본성의 역량을 능가하는 초자연적 역량을 발휘할 수 있도록 고양 은총이 필요하다. 그것이 바로 무상 은총(gratia gratis data), 즉 인간 주체를 움직이시는 하느님의 도움(auxilium Dei movens) 또는 조력 은총으로, 구체적인 상황에서 하느님이 일시적으로 베푸시는 현실적 은총(gratia actualis)이다. 이것은 불경자를 의화로 인도하는 선행 은총(gratia praeveniens) 또는 어려움에 처한 이웃을 돕도록 자극하는 내적 작용이다.[29]

토마스 이후 논쟁의 역사에서 그의 가르침이 꾸준히 기준 역할을 했다는 사실은 천사적 박사가 현대 신학자들이 조력(助力) 은총이라고 부르는 '현실적 은총'에 대한 최초의 위대한 이론가라는 것을 확인시켜준다.[30] 그것을 무상 은총으로 모호하게 뭉뚱그려져 있던 데서부터 결정적으로 갈라냈기 때문이다.

그 문제는 다음과 같다. 그 효과를 얻게 되는 은총, 즉 의화를 가져오거나 공로가 되는 행위를 낳는 은총은 하느님이 인간에게 제공하는 유일한 현실적 은총인가, 아니면 그것을 수용하는 주체의 어

---

28. 보다 자세한 설명을 보기 위해서는: 로너간, 『은총과 자유』, 88-102쪽.
29. 권혁주, 「은총」, 6873-6874쪽; 그레사케, 『은총: 선사된 자유』, 73-95쪽; 맥그래스, 『하나님의 칭의론』, 190-194쪽 참조. Cf. Wawrykow, "Grace", pp.193-194.
30. Cf. Centi, "Introduzione", p.92. 현실적 은총(gratia actualis)에 대한 성 토마스의 가르침을 면밀히 살펴보기 위해서는: 로너간, 『은총과 자유』, 115-159쪽 참조. Cf. Mother M.C. Wheeler, "Actual Grace According to St. Thomas". *The Thomist* 16(1953), 334-360.

떤 상응의 부족 때문에 효력을 발휘하지 못하는 채로 남아있는 현실적 은총들이 있는가?

그에게는 항상 은총의 결핍이 분명 인간의 악한 의지에서 기인하는 것이다. 왜냐하면 하느님은 "그 자신에 관한 한 모든 이에게 은총을 나눠주기로 늘 준비되어 있기"[31] 때문이다. 그리고 그는 펠라기우스주의를 그 모든 측면에서 논박하고 있는 것과 마찬가지로, 숙명주의도 그 모든 조짐마저 강력하게 배격하고 있다.

잘 알려져 있다시피, 천사적 박사는 실재에 대한 낙관주의적 전망을 가지고 있다. 왜냐하면 인간에게는 구원에 도달하기 위해 하느님의 도움이 관대함으로 제공되었기 때문이다. "현세의 상태가 지속되는 동안 인간 안에는 선을 향해 움직이기에 적합함이 남아있다. 그 표지는 범죄 이후에도 사람 안에 아직 남아있는 선에 대한 갈망과 악에 대한 혐오다. 그리고 이렇게 은총의 도움으로 인간은 언제나 죄의 용서를 얻을 수 있다."[32]

하느님은 당신의 은총을 통해서 죄인을, 그 사람 자신을 배제한 채 의화할 수 없다. 즉 그 사람은 그의 주체적 자유의 움직임 없이 의화될 수 없다. 이 의지의 움직임은 하느님의 의로움에 대한 동의에서 성립된다.[33] 하느님의 움직임은 정확히 자유재량의 자기 운동에 선행하며 그것을 처음으로 가능하게 만들어주는 운동이다.[34]

---

31. "quantum est in se, paratus est omnibus gratiam dare"(ScG, III, 159).
32. "Quandiu status huius vitae durat, remanet in homine aptitudo ut moveatur ad bonum; eius signa sunt desiderium de bono, et dolor de malo, quae adhuc remanet in homine post peccatum… Et sic auxilio gratiae homo potest semper consequi remissionem peccatorum"(ScG, III, 156).
33. Cf. I-II, q.111, a.2, ad2.
34. 코부쉬, 「은총(I-II, qq.109-114)」, 296쪽 참조. 하느님의 선운동(先運動, praemotio)에 관한 토마스의 가르침을 보기 위해서는: 로너간, 『은총과 자유』, 102-112쪽; 김율, 「최초의 의지운동에 대한 은총론적 해석: 성 토마스 아퀴나스의 '신학대전' 제2부 제1편을 중심으로」, 『해석학 연구』 16(2005/가을), 249-279쪽; 「합리적 자발성의 신적 근원: 토마스 아퀴나스의 '의지의 신적 시동(始動)' 개념에 대한 심리학적 반성」, 『철학』 90(2007/봄), 49-74쪽 참조.

# 07. 성 토마스의 '희망론' 입문

『신학대전 제33권(II-II, 17-22): 희망』, 졸역, 한국성토마스연구소, 2022, lxxxviii-xlviii쪽.

## 1. 이제까지의 여정

잘 알려져 있다시피, 성 토마스는 초심자들이 편안하게 접근할 수 있도록 그리스도교 신학의 간결한 요약을 제공하기 위해 『신학대전』을 집필하였다. 그는 이 방대한 작품을 신플라톤주의의 발원-귀환이라는 순환 구도를 활용하여 구성하였다. 제1부는 만물이 창조주 하느님으로부터 나오는 발원 과정이고, 제2부는 만물이 하느님께로 되돌아가 완성되는 귀환 여정이며, 제3부는 그 귀환의 수단이 되어준 구세주의 위업(偉業)을 다루고 있다.[1]

덕을 통하여 인간이 하느님께 되돌아가는 과정인 제2부는 인간 존재자에 초점을 맞추고 있는데, 그 분석은 제1부의 제75문부터 제102문까지에서 다룬 인간론을 기초로 삼고 있다. 하느님과 인간은 본(本)과 모상(模像)처럼 유비적인 관계를 맺고 있다. 제1부에서 다룬 본(本), 곧 하느님과 그분의 창조 위업에 관한 개진은, 제2부에서 다루는 하느님의 모상인 인간의 본성과 그 행위들에 대한 개진과 병행적 구조를 이루고 있다. 그것을 질송은 다음과 같이 표현한 바

---

1. M.-D. 슈뉘, OP, 「신학대전 입문」, G. 달 사쏘(편),『성 토마스 아퀴나스의 신학대전 요약』, 이재룡·이동익·조규만 옮김, 가톨릭대학교출판부, 1995, 591-616쪽; L. 보일, OP, 「성 토마스 '신학대전'의 배경-다시 보기」, 스테픈 포프(편),『아퀴나스의 윤리학』, 이재룡 외 옮김, 한국성토마스연구소, 2021, 1-22쪽 참조.

있다[2]: "하느님께서 세상을 창조하셨듯이, 인간 존재자는 자신의 인생을 구성한다."

인간 본성과 행위에 관련된 일반적 기초를 다루는 제2부 제1편에서는 먼저, 인간의 참행복이 무엇인지(I-II, 1-5)를 밝힌 다음에, 이어 그것에 도달할 수 있는 인간적 행위들과 그 내밀한 원리들(능력과 습성들) 및 외부적 원인들(법와 은총)을 차례로 검토하였다.

제2부 제2편은 처음부터 끝까지 그리스도교적인 삶을 본질적으로 신앙, 희망, 참사랑 안에서 성장하는 삶으로 개념한다. 그리고 그러기에 대신덕들을 차례로 논한 다음에 사추덕으로 넘어가는데, 자연은 은총에 의해 완성되기에(I, 1, 8) 이성은 믿음에 의해, 의지는 희망과 참사랑에 의해, 그리고 사추덕은 대신덕들에 의해서 완성된다. 사람은 은총의 선물들의 도움을 받아서 덕 안에서의 성장을 통해, 궁극 목적인 하느님을 향해 나아간다(I-II, 68, 1). 그래서 성 토마스는 그리스도교 생활을 이끄는 일곱 가지 덕을 성령의 일곱 가지 선물과 조화를 이루도록 배치하고 있다.

대신덕 가운데 가장 짧게 논의되고 있는 희망론에서는 먼저 그 덕 자체(q.17), 희망의 주체(q.18), 두려움의 선물(q.19), 그리고 악습인 절망(q.20)과 자만(q.21)을 다룬 다음에 희망과 두려움에 관한 계명들(q.22)로 논고를 마무리하고 있다. 희망은 하느님을 향해 나아가는 여정에서 마주치는 모든 장애를 극복할 수 있게 해주는 미래를 향한 신뢰에 찬 움직임의 토대이다.

## 2. 희망에 관한 관심의 빈약

희망이란 신뢰를 가지고 미래를 기다리는 인간 고유의 감정이다. 단순히 인간적인 희망이 있고, 그리스도교적인 희망이 있다. 첫 번

---

[2] Étienne Gilson, *L'Esprit de la philosophie medievale*, Paris, Vrin, 1948, p.173.

째 희망은 인간적인 계산과 능력에 기대를 걸지만, 두 번째 희망은 하느님의 약속과 그분의 은총에 기대를 건다.

고대철학은 희망이라는 주제에 특별한 관심을 기울이지 않았다. 그리스 사상에는 이 덕을 향한 자리가 없었다. 플라톤은 이 주제를 명시적으로 다룬 적이 없고, 아리스토텔레스는 『기억론』에서 희망에 관한 단편적인 통찰을 전해줄 뿐이다. 그는 특히 희망을 감각과 대조시키며, 감각은 현재의 실재들을 대상으로 삼지만 희망은 미래로 향한다는 점을 지적한다.[3]

반면에 그리스도교에서는 희망이 상당히 두드러진 자리를 차지한다. 그리스도교에서는 근본적으로 인생을, 천국에서 참사랑이신 하느님과 결합하여 영원한 참행복을 누리도록 되어 있는데, 원죄로 말미암아 추락하여 유배생활을 하고 있는 중이라고 여겼다. 이처럼 인생을 본향인 하늘나라에서 영원한 참행복을 누릴 날을 희망하며 걷고 있는 '나그네'(viator) 여정으로 이해한다.

희망이라는 말은 성경에서 때로는 희망의 행위를 의미하고(콜로 1,23; 히브 3,26), 때로는 덕(1코린 13,13)이나 동기(시편 70[69],3.5; 콜로 1,27)를 의미하며, 또 때로는 희망되는 것 또는 대상을 의미한다(로마 8,24; 갈라 5,5).[4]

그러나 그리스도교 전통 내에서조차 희망에 관한 체계적 논의는 희박했다. 아우구스티누스가 말년에 지은 『신앙, 희망, 참사랑에 관한 길잡이』라는 소책자는 총 122개 장으로 구성되어 있는데 희망을 위해서는 그 가운데 겨우 한 페이지도 되지 않는 짧은 두 장(114장과 115장)을 할당하고 있을 뿐이다.[5] 중세 스콜라학자들의 기본 교재였

---

3. 바티스타 몬딘, 『성 토마스 개념사전』, 이재룡 · 안소근 · 윤주현 옮김, 한국성토마스연구소, 2020, 847쪽.
4. Cf. Santiago Ramirez, OP, "Hope", in *New Catholic Encyclopedia*, vol.7, pp.92-102.
5. Luigi Aici, "Introduzione", in *Opere di Sant' Agostino*. vol.VI/2: *La vera religione*, Roma, Citta Nuova, 1995, pp.451-468.

던 롬바르두스의 『명제집』에서도 단 하나의 구분(III, d.26)에 짧은 다섯 개의 장만 배정하고 있을 뿐이다.

## 3. 다른 작품에서의 논의들

성 토마스는 자신의 여러 작품에서 필요한 만큼 희망에 관해 논하고 있다. 가장 먼저 작성된 젊은 시절의 『명제집 주해』(In Sent., III, d.26)에서는 이미, 이제껏 그리스도교의 긴 역사를 통해 미미한 관심밖에 받아오지 못한 이 주제에 관해 논의를 체계화시키려 시도하고 있음이 드러난다. 병행되는 구조와 내용들은 그때그때 지적하겠지만, 이 초창기 작품을 눈앞에 참조하며 작업했을[6] 『신학대전』에서는 그 범위를 확장시켜 체계적인 논고를 완성한다. 짧게 다루고 있는 『대이교도대전』(ScG, III, c.153)에서는 이 덕이 은총으로 유래된다는 점을 힘주어 강조하고 있다. 그리고 바로 앞에서 지적한 것처럼 성경 안에는 희망에 관한 가르침이 매우 풍부하게 담겨 있기 때문에, 토마스도 여러 성경 주해서들, 특히 『바오로 서간 주해』(In Ep. S. Paul.)와 『시편 주해』(In Psalm.)를 하는 기회에 희망에 관한 논의를 다각적으로 전개하고 있다. 하지만 워낙 산발적으로 흩어져 있어서 수집해 조직화하는 작업이 쉽지 않아 학자들로부터 외면되어 왔는데, 라미레스가 이 어려운 작업을 한 권의 단행본에 담아 제공했기 때문에 토마스 연구자들이 유용하게 활용할 수 있게 되었다.[7] 그리고 토마스 자신이 『신학대전』과 병행작업을 한 것이 거의 확실한 『희망에 관한 토론문제집』에서는 『명제집 주해』보다 구조와 내용의 병행을 좀 더 분명하게 확인할 수 있다. 하지만 몇 가지

---

6. Tito Centi, OP, "Introduzione", in S. Tommaso D'Aquino, *La Somma Teologica*, Bologna, ESD, 1970, p.317.
7. Santiago Ramirez, OP, *La esencia de la Esperanza Cristiana*, Salamanca, 1963, Indices, p.342.

주제에 한정해서 주의를 집중하고 있고, 특히 마지막 제4항에서는 희망이 '나그네' 여정에 두드러진 덕임을 부각시키고 있다. 마지막으로 토마스는 비서 레지날도에게 헌정된 말년의 작품 『신학요강』(*Compendium Theologiae*)에서 "그리스도교 교리 요약"을 신앙, 희망, 참사랑이라는 대신덕의 틀 안에서 종합하려 시도한 것으로 보이지만, 제1부 신앙을 제246장에서 마치고 제2부를 막 시작하던 제10장에서 중단해버린 미완작품이다. 여기서라면 희망에 관한 논의를 가장 완벽하게 만나볼 수 있었을 터인데 아쉽기 짝이 없다.[8]

## 4. 『신학대전』 내에서 전제되고 있는 논의들

토마스는 『신학대전』에서 희망에 관한 논고를 체계화시켜 제시하고 있지만, 분량이 비교적 적은 편이다. 하지만 그의 사상은 이 짧은 논고에서 그치는 것이 아니다. 작품 전체의 짧은 머리말에서도 이미 밝힌 것처럼, 저자는 신학 전체의 체계적 종합 작업을 하고 있기 때문에, 특수한 논고들을 전개하는 데 있어서 "무익한 반복을 피하기 위해" 본질적인 것에 논의를 집중하고 나머지는 앞서거나 뒤에 이어질 논고들을 전제 또는 참조지시할 수밖에 없었다. 그래서 방금 전에 밝힌 다른 작품들 외에, 『신학대전』 내에서 긴밀하게 연관되는 몇몇 주제들을 적시할 필요가 있다.

가장 먼저 지적해야 할 부분은 덕론(I-II, 55-67) 가운데 대신덕에 관한 일반적 논의들이다.[9] 곧 신학적 덕 일반에 관해 다루는 제62문 전체와 대신덕 상호간의 관계를 논하는 제65문 제4-5절과 제66문 제6절, 그리고 '나그네'의 덕인 희망이 그 목적을 이룬 '달성자'(comprehensor)의 상태에서는 어떻게 되는지를 다루는 제67문 4-5절이

---

8. 이 작품은 이미 10여 년 전에 박승찬 교수에 의해 풍부한 해제와 각주를 곁들여 출간되었다. 『신학요강』, 박승찬 옮김, 나남, 2008.
9. 『신학대전 제23권(I-II, 55-67): 덕』, 이재룡 옮김, 한국성토마스연구소, 2020.

다. 이 부분은 토론문제집에서도 다뤘지만, 빠질 수 없는 본질적인 부분이기에 우리의 희망 논고에서도 반복을 피한다는 규칙을 희생하면서까지 재론하고 있다.

다음으로 전제되고 있는 부분은 제2부 제1편 제40문이다.[10] 여기서는 11개 정념에 관한 긴 논고를 전개하는 가운데, 덕이 아닌 정념으로서 희망을 4개 절에 걸쳐 다루고 있다. 자칫 덕이 아닌 정념을 논하기에 덕과는 상관없는 것으로 여겨 건너뛰기 쉽지만, 그것은 섣부른 판단이다. 왜냐하면 자연적이건 초자연적이건 모든 덕은 정념의 제어와 본질적으로 연결되어 있기 때문이다. 희망이라는 심리적 움직임은 특히 같은 종류로 분류될 수 있어 같은 이름을 달고 있지만, 이 세상의 실재들을 대상으로 삼고 있는 정념과는 달리 초자연적 하느님을 대상으로 삼고 있는 희망이라는 대신덕과 밀접히 연관된다. 이 대상의 초자연성은 그것을 추구하는 인간 주체의 동일한 심리적 움직임이 어떤 초자연적 질서에 속하는 원리에 의해 가동되어야 한다는 것을 깨달을 수 있게 도와준다. 이렇게 해서 하느님의 은총이 요구된다는 것을 알게 된다.

따라서 은총에 관한 논고(I-II, 109-114)[11]는 희망론의 직접적 전제이다. 어쩌면 천사적 박사는 이 의존성을 좀 더 강조하는 것이 좋았을지 모른다. 왜냐하면 이어지는 많은 신학자들이 희망의 형상적 대상, 곧 희망의 근본적 동기인 하느님의 전능에 관한 그의 사상을 이해하지 못할 정도로 이 유대를 제대로 포착하지 못했기 때문이다.[12]

---

10. 『신학대전 제21권(I-II, 40-48): 두려움과 분노』, 채이병 옮김, 바오로딸, 2020, 43-67쪽.
11. 『신학대전 제30권(I-II, 106-114): 새 법과 은총』, 이재룡 옮김, 한국성토마스연구소, 2021.
12. 참조: "인간은 '하느님의 은총이 곧 영원한 생명'(로마 6,23)이라는 사도의 말로 표현되는 최고선, 곧 영원한 참행복에 오로지 하느님의 도우심을 통해서만 도달할 수 있다. 따라서 영원한 생명에 도달하리라는 희망은 두 가지, 곧 그가 희망하는 영원한

그 밖에도 이 희망론은 간접적으로 정작 우리가 신적 속성들을 알게 되는 제1부의 '신론' 논고를 전제하며, '참행복'(I-II, 1-4)[13]과 '신앙'(II-II, 1-16),[14] 그리고 '참사랑'(II-II, 23-44)[15]과의 유대는 상기시킬 필요조차 없을 정도로 밀접하다. 그리고 제3부에서는 특별히 그리스도론적 실마리들을 탐구하는 것이 필요하다. 그것은 롬바르두스가 이미 했던 것처럼 단지 나그넷길의 그리스도 안에 형상적으로 이 덕이 있었는지 여부를 알기 위한 것만이 아니다(Cf. III, 7, 4). 또한 종말론도 희망을 위해 대단히 중요한 요소들을 제시하지만, 이와 관련해서는 '보충부'를 구성하는 토마스의 구절들의 모음으로 만족해야 한다. 갑작스런 죽음이 닥쳐왔을 때 저자의 작업은 제3부 제90문에 이르고 있었다.

## 5. 『신학대전』의 희망론

희망에 관한 아퀴나스의 가장 성숙하고 충분한 작품은 『신학대전』 제2부 제2편이다. 생애 말년에 아퀴나스는 그의 이전의 희망에 관한 작업들을 요약하고, 확장하고, 체계적으로 정리하고 있다. 참사랑이나 용기와는 달리 희망을 적절하게 규정하는 것은 어렵다. 그래서 아퀴나스는 희망에 대해 스콜라학적 간명화 작업을 한다.

그는 하느님이 신학적 희망의 대상이 되는 두 가지 의미를 구별하는 것으로 시작한다. 곧 그것이 획득하고자 지향하는 선과 그 선

---

생명 자체[목적인]과, 그것을 희망할 수 있게 해주는 하느님의 도우심[작용인]을 대상으로 삼고 있다. …그러므로 희망의 형상인은 하느님의 권능과 자비에 의해서 제공되는 도움이다"(*De Spe*, a.1). 산티아고 라미레스는 이렇게 말한다: "하느님을 주는 자가 바로 하느님 자신이다. 왜냐하면 아무것도 자신이 가지고 있지 않은 것을 줄 수는 없는데, 오직 하느님만이 신성을 지니고 있기 때문이다. 그리고 오직 하느님만이 하느님이시고, 다른 어느 것도 하느님일 수 없다. 그러므로 우리는 오직 하느님으로부터만 하느님 소유를 희망할 수 있다"(op. cit., p.97).
13. 『신학대전 제16권(I-II, 1-5): 참행복』, 정의채 옮김, 바오로딸, 2000.
14. 『신학대전 제31권(II-II, 1-7): 신앙』, 박승찬 옮김, 한국성토마스연구소, 2022.
15. 『신학대전 제34권(II-II, 23-33: 참사랑』, 안소근 옮김, 한국성토마스연구소, 2022.

을 획득할 수 있게 해주는 도움이다(17, 4). 전자는 그의 영원한 행복의 원천인 하느님에서 성립되는 희망의 목적인 또는 목적이고, 후자는 희망의 작용인 또는 수단으로, 최종 목적을 획득하는 데 요구되는 하느님의 도움(auxilium)이다. 목적인의 전망에서 볼 때 희망은 어떤 힘겨운 선을 향한 욕구의 움직임이지만(17, 3). 작용인의 전망에서는 하느님의 전능과 자비에 의탁함으로써(18, 4) 그분의 도우심 덕분에 하느님께 도달한다(17, 2). 그러므로 희망의 기본 활동은 하느님을 최종 원인으로 바라보는 데에서, 그리고 그 목적의 작용인이신 하느님께 의존하는 데에서 성립된다.

희망의 목적인은 하느님 자신을 향유하는 데서 성립되는 영원한 삶이다(17, 2). 이것은 신적 본질에 대한 지복직관, 곧 그 최고의 완전성 안에서의 행복의 활동인, 얼굴을 맞대고 보는 황홀한 하느님 관상(觀想)을 통해서 발생한다. 만일 희망이 추구하는 최종 목적이 그의 영원한 행복으로서의 하느님이라면, 이것은 희망이 현세의 행복에 무관심하거나 적대적이라는 것을 의미하는가? 천상의 약속된 땅에 열중하기 위해 세상을 경멸해야 하는가? 전통적으로 많은 이들이 그리스도인들을 두고 머리를 구름 속에 처박고 한 발은 무덤에 두고 있는 자들이라는 조롱조의 고정관념을 형성해 왔다.

성 토마스는 아우구스티누스의 전통에 따라 주님의 기도를 모델로 삼아 우리가 현세적 선익을 위해서도 기도해야 하지만 반드시 '영원한 행복과의 연관 속에서' 그렇게 해야 한다고 가르친다(17, 2).[16] 일용할 양식으로부터 대단히 절박한 사회정의에까지 이르는 지상의 선들은, 그것들이 덕스럽게 추구되는 한 신학적 희망과 충만하게 양립될 수 있다. 그것들은 우리의 궁극적 목적으로 질서 지어진 이차적 목적들로서 신학적 희망에 참여할 수 있는 것이다.

---

16. Dominic F. Doyle, *The Promise of Christian Humanism: Thomas Aquinas on Hope*, Crossroad, 2011, pp.119-144.

희망의 활동의 두 번째 부분은 그 작용인성이다(17, 4).[17] 아퀴나스는 희망하는 사람들이 자신들의 그리스도교적 여정을 지탱해줄 '도움'인 하느님의 은총에 의지해야 한다고 믿는다. 희망의 작용인이 필요한 이유는 습성적 은총 안에 있는 이들조차도 그들의 그리스도교적 소명에서 그 이상의 은총이나 '도움들'을 필요로 하기 때문이다(17, 1.4-5). 아퀴나스는 우리가 희망의 작동을 필요로 하는 존재론적이고 도덕적인 두 가지 의미를 구별한다. 존재론적으로, 습성적 은총은 하나의 능력으로서 '도움'에 의해 현실화된다. 이리하여 트리엔트 공의회 이후에는 '도움'을 '현실적' 은총으로 재평가한다. 이 점에서 '도움'은 '고양 은총'(gratia elevans) 역할을 한다. 아퀴나스는 우리가 그리스도의 구속 공로 덕분에 재탄생되었음에도 불구하고 도움이 필요한 '나약한 인간'(homo infirmus)이라고 묘사한다. 이 점에서 '도움'은 '치유 은총'(gratia sanans) 역할을 한다. 그러므로 희망의 작용인의 '도움'은 존재론적이기도 하고 도덕적이기도 하다. 그것은 우리가 피조물이기 때문이기도 하고, 또 우리가 죄인들이기 때문이기도 하다.[18]

희망의 효력은 우리를 협력 은총(gratia cooperans)이라는 주제로 데려간다. 행위자들은 그저 수동적으로 하느님의 '도우심'을 받기만 하는 것이 아니다. 그들은 하느님께 의탁하고 신뢰해야 하고, 그렇게 하기를 잊지 않고, 또 반드시 그렇게 한 뒤에 행동해야 한다. 하느님은 그 행위자의 의지에 연루되어 인간적 역량을 활성화시킴으로써 그 행위자가 초자연적 활동을 할 수 있도록 도와주신다(I-II, 111, 2).

---

17. Cf. Joseph Wawrykow, *God's Grace & Human Action: Merit in the Theology of Thomas Aquinas*, Notre Dame, University of Notre Dame Press, 1995, pp.130-134.
18. 이재룡, 「새 법과 은총론 입문」, 『신학대전 제30권: 덕』, 한국성토마스연구소, 2021, xlvii-lxxii쪽 참조. Wawrykow, *The Westminster Handbook to Thomas Aquinas*, John Knox Press, 2005, pp.63-67.

희망의 작용인으로서의 은총에 의탁한다는 것은 하느님께 자신의 본분을 다할 수 있도록 도와 달라든가, 용서를 구하거나 힘을 달라거나 치유를 청하는 것이다. 그런데 이것이 진정한 희망의 행위이기 위해서는 그것이 희망의 궁극 목적으로 이해된 하느님께로 질서 지어진 삶과 일치되거나 그것을 표현하는 것이어야 한다. 이 은총에 의해서 아퀴나스는 우리가 현세에서도 하느님께 다다를 수 있다고 말하기까지 한다(17, 1). 목적으로서의 하느님은 내세에나 이루어질 '미래의 선'일지 모르지만, 하느님의 도우심에 기도하는 마음으로 의탁함으로써 희망은 현세에 현존하는 하느님께 다다를 수 있는 것이다.

희망은 모든 주입된 습성들과 초자연적 삶 전체가 한데 모이는 핵심 접점이다. 우리는 희망으로 기도하고, 신뢰하며 하느님의 도우심에 의탁한다. 이런 확장적이고 직접적인 하느님 의탁을 놔두고 왜 우리가 초자연적 삶에서 어떤 피조물에 의존할 필요가 있단 말인가? 아퀴나스는, 그것은 하느님이 자주 은총을 전해주기 위해 도구인들을 통해 작업하시기 때문이라고 답한다: 창조주와 피조물 사이의 인과적 관계가 경쟁적이 아니고, 또 피조물 자신도 축복이 될 수 있다는 것이다. 가장 위대한 은총의 도구인은 그리스도의 인성과 그분의 수난이다. 다른 도움들은 성사들, 성인들의 기도, 진실된 우정, 우리의 나그네 여정을 도와주는 물질적 도움들을 두루 포함한다.[19]

희망과 거기에 상응하는 선물들 및 그 반대되는 악습에 연결되어 있는 주제들에 관해 간략히 언급하자. 두려움의 선물과 관련해서 저자 자신은 우리에게 자신이 이미 두려움의 정념을 제2부 제1편 제41문부터 제44문까지의 논고에서 다루었다는 사실을 상기시

---

19. Cf. David Elliot, *Hope and Christian Ethics*, Cambridge, Cambridge University Press, 2017, pp.61-65.

킨다. 그런데 성 토마스가 '자만'을 서로 다른 두 가지 덕, 곧 희망과 웅지에 대립시킨다는 사실(II-II, 130)에 대해 놀랄지 모른다. 그러나 희망에 관한 그의 사상을 더 잘 이해하고, 희망이라는 인간적이고 자연적인 덕에 관해 말하려는 유혹에 져버리는 신학자들에게 경종을 울리기 위해서는 그것을 염두에 두어야 한다. 이 자연적 질서의 신뢰는, 아퀴나스에 따르면 희망보다는 웅지(雄志)와 연결되어야 한다(II-II, 129, 6).

# 08. 성 토마스의 '정의론' 입문

『신학대전 제37권(II-II, 57-62): 정의』, 졸역, 한국성토마스연구소, 2023, xxxviii-l쪽.

## 1. '정의' 논고의 자리매김

비록 관습적으로는 『신학대전』 제2부가 윤리신학에 할당된 것으로 간주되지만, 실제로는 좀 더 넓고 깊은 영역을 탐색하고 있다. 성 토마스는 제2부 제1편에서 인간 활동, 정념, 습성화, 원죄, 은총의 신비 등을 인간의 행복 안에 받아들이는데, 이것들은 모두 그 관심사가 주로 윤리적이지 않은 주제들이다. 이에 반해, 선한 삶을 세밀하게 탐구하는 제2부 제2편에서는 오직 중간 부분에서만(qq.47-170) 성 토마스가 사용하는 그 단어의 엄밀한 의미에서 직접적으로 도덕 또는 윤리를 다루고 있다. 윤리가 제2부 제2편의 주요부를 구성하는 것은 사실이고, 따라서 그리 부적절하지 않게 '윤리신학'이라고 불릴 수 있을 것이다. 하지만 그의 관점에서 볼 때 도덕 이론은 (인간의 행복을 위한 필요와, 세상 도처에 현존하고 있으면서 그리스도 안에서 신앙에 당신 자신을 계시하시는 하느님께 대한 그의 응답이라는) 보다 넓은 영역에서의 준거틀을 제공하는 데 반해, 도덕 실천은 도덕 이전에 속하면서 도덕 이후에 속하는 목적들을 향해 흘러가는 갈망으로부터 솟아난다고 할 수 있다. 철학적으로 개념되었든, 아니면 신학적으로 개념되었든지 간에, 도덕성은 인간이 올바른 이성에 따라 숙고와 선택을 통해 삶에 관한 일에 스스로 적응하는 영역을 차지한다. 그것의 목적과 대상은 인간적 선의 획득이다.[1] 하지만 하느님 자신의 삶에 참여하기 때문에 좀 더 충만하고 좀 더 신비스러운 삶이 있다. 여기에 보다 높은 목적과 대상, 다시 말해 (대신덕들과 성령의 선물들에 속하지는 않으면서도) 도덕적 덕들이 도달할 수 있는 범위를 벗어나는 신적인 선이 있다.[2] 이 주제들은 제2부 제2편의 첫 번째 주요부(qq.1-46)에서 탐구되고, 따라서 도덕성의 범위를 벗어나 있다. 그보다는 좀 덜하지만, 예언과 은사(제45권), 활동과 관상(제46권), 사목과 수도생활(제47권)을 다루는 세 번째이자 마지막 주요부(qq.171-189)에 대해서도 같은 말을 할 수 있을 것이다.

논의되고 있는 요점들을 따로 갈라내기 위한 구별들의 복잡성과 그 체계적 적용에도 불구하고, 『신학대전』은 그 어떤 부분도 전체의 신학으로부터 동떨어져서는 제대로 평가될 수 없는 하나의 전체이다. 모든 것은 그리스도교 계시들로부터 전개하여 일관되고 통상적인 철학을 전반적으로 활용하는 논의 속에 통합되어 있다.[3] 그것은 하느님께 집중되어 있지만, 명백하게 하느님에 관해 생각하고 말하기 때문에, 그것을 '인간학적 신학', 또는 심지어 그것이 인간사까지로 범위를 확장할 때 '신학적 인간학'이라고까지 부를 수 있을 것이다.[4] 성 토마스 사상의 연속성은 이처럼 어디서 시작해서 어디서 끝나는지를 지적하는 것이 불가능할 정도이다.

정의에 관한 논고(II-II, qq.57-122)는 특수한 덕에 관한 논고 가운

---

1. Cf. Thomas Gilby, OP, Appendices 3("Placing Moral Good"), 5("The Subordination of Morals"), 6("Philosophical and Theological Morals"), 7("Morals and Religion"), in St. Thomas Aquinas, *Summa Theologiae, Vol.18: Principles of Morality(1a2ae, qq.18-21)*, London, Blackfriars, 1966.
2. I-II, q.62, aa.1-2; q.68, aa.1-2, & 8; II-II, q.81, a.5.
3. 참조: 레오나드 보일, OP, 「성 토마스의 '신학대전'의 배경-다시 보기」, 스테픈 포프 (편), 『아퀴나스의 윤리학』, 이재룡·김도형·안소근·윤주현 옮김, 한국성토마스연구소, 2021, 1-22쪽. Cf. Mark D. Jordan, *Rewritten Theology: Aquinas after His Readers*, Malden(MA), Blacwell, 2006, pp.116-135.
4. Cf. I, qq.1-4, 7-8.

데 가장 복잡하고 아마도 가장 어려운 부분이다. 정의는 추요덕 가운데 유일하게 의지의 덕으로서 이성적 갈망을 담당하는 뚜렷이 인간적인 역량에 직결된다. 그것은 외부적 활동들을 대상으로 삼고, 남들에게 해를 끼쳐서는 안 되고 존중해야 한다는 윤리신학의 핵심 규범 대부분을 포함하고 있다.

토마스가 아리스토텔레스의 텍스트를 사용하는 방식에 주목할 필요가 있다. 의심의 여지없이, 그는 그 원천을 최대의 존중심을 갖추고 지적하며 그것을 활용한다. 하지만 그것을 활용하는 것이 곧 토마스가 그것들을 최종적이고 결정적인 척도로 받아들이며 그에게 예속된다는 의미는 아니다. 그에게는 어떤 문학적 또는 학술적 모델을 충실히 따르는 문제가 아니라 실재와 일치하는지 여부가 중요했다.

이렇게 해서 아리스토텔레스가 정의를 용기나 절제와 동등한 일의적(一義的)인 덕으로 개념하는 데 반해, 성 토마스는 하나의 유비적(類比的)인 덕으로 개념한다. 그래서 정의를 단수로 말하기보다는 오히려 복수의 정의들에 대해 말할 필요가 있다. 예컨대 하느님을 향한 정의, 곧 종교의 덕은 (정확히 어느 특정인을 향한 '빚'[debitum]을 충족시키는 정당한 실재적 수단을 만나볼 수 없기 때문에) 교환정의나 분배정의라고 정의될 수 없다.

성 토마스가 정의를 길게 논하는 이유는 전해져 내려온 전통 자체가 복잡하기 때문이다. 따라서 토마스의 논고에 대한 질료적 분석도 우리로 하여금 아리스토텔레스의 것에 견주어본 이 전망의 광범위함을 이해할 수 있게 해주거나 혹은 적어도 의심하도록 만들기에 충분하다. 수적으로도 텍스트 안에 있는 성경의 인용구들이 아리스토텔레스에 대한 인용구들보다 훨씬 더 많다. 그리고 성경 가까이에는 가장 권위 있는 주석가들인 교부들이 있다. 이 마지막 범주에 매우 자주 호소되는 이름들은 아우구스티누스, 암브로시우스,

그레고리우스 마뉴스, 요한 크리소스토무스, 그리고 이시도루스이다. 토마스는 고전 사상가 가운데 아리스토텔레스는 물론이고 키케로와 다른 저자들을 폭넓게 활용하고, 로마법의 집대성인 『학설휘찬』(*Digesta*)도 활용함으로써, 법률가가 아니면서도 유스티니아누스 법전에 통달하고 있었음을 보여준다. 그리고 정의의 덕은 특수한 덕으로서 사추덕 가운데 하나지만, 다른 한편으로는 일반적 덕으로서 특히 토마스 시대에 강조되던 자연법과 직접적으로 연결되어 있다. 성 토마스의 정의 논고는 이 모든 전통과 개념을 활용하며 하나의 체계 안에 통합하려고 시도한다.

## 2. 논고의 구분

논고의 일반적 구분에 대해 성 토마스는 제57문 도입부에서 모범적으로 도식을 제시한다.[5] 구분의 근본적 네 부분 가운데 드러나는 불균형을 지적하는 것은 어렵지 않다. 두 번째 것이 논고의 거의 전체를 포괄하는 데 반해, 세 번째와 네 번째는 겨우 두 문으로 환원되고 있기 때문이다. 이 불균형은 의도적인 것이 명백하다. 왜냐하면 선물(donum, q.121)과 계명(praeceptum, q.122)들은, 비록 신학자가 이와 관련해서 논할 것이 그리 많지 않지만, 형상적 관점에서는 뚜렷이 구별되는 기능들을 담당하기 때문이다. 성 토마스는 사추덕을 포함하여 모든 덕들에 언제나 그에 상응하는 선물을 연결시키고 있다. 이것은 어쩌면 근대 신학자들을 설득하지 못할 수도 있다. 하지만 그것이 그에게는 덕들을 실행하는 데 있어서 수용적이고 신비적인 측면을 명백히 드러내는 기능을 담당한다. 다른 한편, 그런 도식을 통해 우리에게, 자연적 도덕성의 질서에서 소진되지 않는, 주입된 초자연적인 덕의 명확한 전망을 제공한다.

---

5. Cf. Dalmatius Mongillo, "La struttura del 'De justitia'. Summa Theologiae, II-II qq.57-122", *Angelicum* 48(1971), 355-377.

성 토마스는 분배정의를 매우 간략하게 다루는 것으로 그친다. 제61문의 네 절에서 정의의 종을 구분하는 기회에 언급된 것으로 그치고, 분배정의에 대립되는 악습으로 편애(acceptio personarum)를 제63문에서 다루는 것이 전부이다. 그리고 그 분석에서도 사회적 분배를 책임지고 있는 개인에게 제기될 수 있는 문제들에 집중하고, 분배정의 자체의 척도들에 대해서는 그저 전제되는 것으로 간주하고 있다. 이에 반해 교환정의에 대해서는 그 대표적 행위라 할 수 있는 배상(restitutio)에 관한 한 문(q.62)을 따로 배정할 뿐만 아니라, 그에 대립되는 악습에 대해서는 무려 열다섯 문(qq.64-78)이나 배당하고 있다. 여기서 신체적 상해나 불공정 거래, 법적 절차에서의 불의, 비방이나 '법정 밖 발언'을 통한 사회적 지위 훼손 등을 다루면서 살인, 절도, 강도, 중상 등 악행 금지 규범을 분석하고 있다.

분배정의와 교환정의를 다루는 중에, 성 토마스는 분배정의가 절대적이 아니라 기하학적 비례에 따라 사람들 사이의 평등을 보존하는 데 반해, 교환정의는 대수적 평균에 따라, 곧 사람들 사이에 교환되거나 각자에게 할당되는 이익이나 부담의 양에 따라 평등을 보존한다고 지적한다(q.61, a.2). 그리고 응보(contrapassum), 곧 한 사람의 고통이나 손실이 다른 사람의 고통이나 손실로 균형을 이루게 되는 상태는 분배정의가 아니라 교환정의에 속한다고 지적한다(q.61, a.4).

성 토마스의 논고는 비록 광범위하기는 하지만, 정의에 관한 현대의 논고들과 견주어볼 때 뚜렷이 불완전한 것으로 나타난다.[6] 아

---

6. 성 토마스 자신이 『(니코마코스) 윤리학 주해』의 "머리말"에서 소개하고 있는 아리스토텔레스 윤리학의 구도(schema)와 관련해서 성 토마스의 불완전성 문제는 좀 더 복잡하다: "윤리철학은 3부로 구분된다: 제1부는 목적으로 정향된 개별적 인간적 행위들을 고찰한다: '수도원적' 윤리학이다. 제2부는 가정 사회의 행위를 고찰하는데, '경제' 윤리학이다. 그리고 제3부는 시민사회의 행위들을 고찰하는데, 바로 '정치적' 윤리학이다"(*In Ethic.*, I, lect.1, n.6). 토마스 윤리학의 종합에서 나머지 두 부분의 흔적을 발견하는 것은 하나의 문제가 되었다. 실상 가정 윤리는 제57문 제4절에서 남편과

퀴나스가 대단히 복잡한 현대 경제 구조를 미리 내다볼 수 없었다는 사실과는 별도로, 그는 의도적으로 가능한 한 다양한 각종 계약들에 대한 분석을 제한하고자 하였다. 왜냐하면 그것들은 사변적으로 서로 구별되기는 하지만 도덕 영역에서 진정한 구별에 이르지 못하기 때문이다. 제61문 제3절에서 그는 의도적 교환들 가운데 매매, 용익, 차용, 임차, 토지임차, 기탁, 담보, 보증을 열거하지만, 그에 대한 상대적 악습들로는 매매를 망치는 사기(詐欺, fraus)와 임대인의 남용인 고리(高利, usura)를 검토하는 것으로 한정한다.

그는 잠재적 부분들에 관해서도 제80문에서 열거하는 악습들을 다 검토하지 않는다. 실상 제81문의 도입부에서는 축소된 작업 프로그램을 지적한 다음에, 명시적으로 이렇게 말한다: "앞 문(問)에서 기억된 다른 덕들에 관해서는, 우리는 이미 말했다: 부분적으로는 참사랑에 관한 논고에서, 즉 조화(concordia)와 다른 부수적 덕들에 대해 말했고, 또 부분적으로는 본 정의에 관한 논고에서, 예컨대 교환정의와 무죄(innocentia)에 대해 말했다. 반면에 법을 제정하는(legispositiva) 활동에 대해서는 현명에 관한 논고에서 말했다."

정의에 할당하는 66개 문 가운데 절반 이상(qq.80-120)이 정의와

---

아내, 아버지와 아들, 주인과 종이라는 세 가지 관계 속에서 강조된다. 반면에 정치적 윤리학에 대해서는 제47문(제10-12절)과 제50문(제1-2절)에서 관심을 기울인다. 성 토마스는 모르긴 몰라도 여기서 철학의 분석적 개진 방법과 신학의 종합적 방법을 뒤섞기를 원하지 않은 것인지 모른다. 후자는 철학 영역에서 다양한 형상적 대상들 아래 배당된 것으로 발견되는 모든 것을 하나의 형상적 대상, 곧 신성의 근거 아래 있는 신(Deus sub ratione deitatis)으로 통합하려는 경향이 있다. 성 토마스에게 그리스도교적 덕은 인간과 하느님 사이의 좀 더 완전한 유사성을 구현하는 발전 국면에 있다. 그리고 이 점에서 하느님을 향한 그들의 기울음은 인간 세계로부터 출발해서(정치적 덕들), 지상 재화에 대한 집착으로부터 정화와 하느님을 향한 점진적 접근(정화적 덕들)으로 발전되어, 성인들과 복된 이들 안에서 하느님 단일성의 완전한 모방에 이르게 된다(cf. I-II, q.61, a.5). 문제는 개방된 채로 남아있다. 왜냐하면 이 근거들은 신학적 측면 아래에서, 곧 유일한 형상적 대상인 하느님 아래에서 가정 윤리, 사회 윤리, 노동 윤리 등을 논할 가능성을 배제하는 것이 아니기 때문이다. Cf. Tito S. Centi, OP, "Introduzione", S. Tommaso d'Aquino, *La Somma Teologica, vol.17: La Giustizia(II-II, qq.57-79)*, Bologna, ESD, 1984, pp.13-20.

관련된 덕들과 그에 대립되는 악습들을 다룬다. 그는 정의와 관련된 덕 가운데 정의를 포함하는 모든 도덕적 덕에서 가장 탁월하다고 평가하는 종교(religio)의 덕과 그에 반대되는 악습들에 관해 다룬 (qq.80-100) 다음에, 연관된 다른 덕들과 그에 상응하는 악습들을 살핀다(qq.101-120). 여기에는 부모에 대한 효심, 은인에 대한 감사, 장상에 대한 순명, 친절과 아량 등이 포함된다.

정의에 관한 논고는 성령의 은사(q.121)와 그 덕에 해당되는 신법의 계명들(q.122)에 대한 논의로 마무리된다. 그가 정의와 연결시키는 성령의 은사는 효경(孝敬, pietas)이다. 이로써 사람은 하느님을 아버지로서 마땅하게 공경하게 된다(q.121, a.1). 그리고 신법의 계명들은 십계명과 동일시된다(q.122).

저자는 왜 이 논고를 '정의'에 관한 논의로 출발하지 않고 '권리'(jus)에 관한 논의로 시작하는 것일까? 먼저 구분을 보게 되면, 그는 네 개의 사추덕 모두를 통해, 이미 우리가 '현명'에 관한 논의(q.48, a.1)에서 말한 바 있는 세 가지 유형의 부분들에 호소한다. 하지만 그 어떤 논의에서도 '종속적' 부분들인 종(種)들과 '잠재적' 부분들에 대해서는 최소한의 관심으로 그치고 있다.

우리의 현재 관심사를 구성하는 종속적 부분들에 머물자면, 『니코마코스 윤리학』 제5권의 '정의론'이라는 주요 철학적 원천을 상기해야 한다. 아리스토텔레스는 성 토마스처럼 정의의 여러 유형을 전개하고 있지 않지만, 그 근본적인 3부 구분법을 제공하고 있다. 무엇보다 먼저 정의를 법적인 정의와 특수한 정의로 구분하고[7] 이어서 특수한 정의를 분배정의와 교환정의로 구분한다. 그뿐만 아니라, 교환정의의 다양한 유형들을 전개하지 않음에도 불구하고, 그것들을 의도성을 통해 구별할 기준을 제공한다.[8] 의도적 교환정의

---

7. *In Ethic.*, V, lect.1-3.
8. Cf. Aristoteles, *Ethic. Nic.*, V, c.5, 1131a.

와 비의도적 교환정의. 아퀴나스가 자기 논고의 제1부에서 활용하고 있는 이 구분 다음에, 철학자는 '응보'(contrapassum)를 길게 강조하기 위해 교환정의와 분배정의의 중용(medium)을 검토한다.

## 3. 일반적 정의와 특수한 정의

성 토마스 자신은 이 논고에서도 고대철학자들과 고대법률가들에게서 물려받은 문화적 유산 가운데 어느 것도 소홀히 하지 않은 채, 그리스도교 신학자로서 체계적인 종합을 시도한다. 제2부 제2편에서 논의되는 특수 윤리학은 성 토마스가 인간적 행위들과 작용적 습성들(덕과 악습)뿐만 아니라 그 원인인 법과 은총에 대해서도 말하고 있는 제2부 제1편에서 광범위하게 다뤄진 일반 윤리학에 의존하고 있다. 특수 윤리학, 곧 다양한 신학적 덕들과 추요덕(virtus cardinalis)에 대한 분석을 이 두 원리와 연관 지어 정리하면, 대신덕(virtus theologicus)들은 하느님과의 결합에 직접적인 방식으로 질서 지어져 있기 때문에 직접적으로 은총(gratia)과 연결되지만, 추요덕들, 특히 정의(justitia)는 법(lex)과 내밀하게 연결되어 있다고 말해야 할 것이다. 그런데 법은 주로 부정적인 과제를 가지고 있다. 다시 말해 장애물들, 곧 피조된 사물들에 대한 영혼의 무질서한 집착을 제거하려는 경향이 있다.

이런 전망에서 볼 때 신적 계시, 그리고 따라서 은총의 신학적 질서를 제외한다면, 정의가 현명(prudentia) 다음으로 인간의 주요덕이라는 것이 명백하게 나타난다. 실상 정의는 다른 모든 추요덕이 예속되어 있는 목적이다(Cf. II-II, q.123, a.12, ad3). 또한 정의는 인간 삶의 근본 규범인 십계명(Decalogus)에 표현되어 있는 자연법 규정들을 구현한다. 성 토마스는 정의의 계명들을 십계명의 계명과 동일시한다(Cf. II-II, q.122, a.1). 그리고 현명, 용기, 절제와는 달리 정의는 종적 부분들의 복잡한 분절화를 포함하고 있다. 인간의 삶이 본질적으로 사회적 삶이고, 따라서 이런저런 관계로 얽혀 있기 때문이다. 그래서 정의에는 다른 덕보다 두 배 이상이나 되는 분량이 할애되고 있다. 마지막으로 정의가 그 잠재적 부분들 가운데 최대의 자연적 덕인 종교를 포괄하고 있다는 점에 주목해야 한다. 체계적인 이유들 때문에 종교는 정의의 '불완전한' 부분 가운데 포함되지만, 도덕적 차원에서는 "정의의 가장 강력한 부분"(est potissima pars justitiae)(II-II, q.122, a.1)으로, 중추적이고 법적인 정의 자체보다도 고등하다.

성 토마스는 도덕적 덕들을 분석하기 위한 체계적 틀로서 전통적인 사추덕의 도식을 활용한다(I-II, q.61, a.4). 사추덕은 한편으로는 현명이 다른 세 덕과 구별되는 면이 있지만 네 덕 모두 인간 영혼의 일반적 조건을 대변하는 일반적 덕으로 볼 수도 있고, 다른 한편으로는 네 덕 모두 서로 종적으로 구별되며 각기 상이한 작용 영역을 가지고 있는 특수한 덕으로 볼 수도 있다.

정의는 적어도 두 가지 의미에서 일반적 덕이라 할 수 있다. 우선, 정의는 올바름 또는 도덕적 선성과 동일시될 수 있다(I-II, q.61, a.4). 또한 정의는 아리스토텔레스로부터 받아들인 의미로, 공동체의 공동선(bonum commune)을 대상으로 삼고 있다는 점에서도 일반적 덕이다(II-II, q.58, a.5). 정의는 다른 모든 덕이 공동선으로 향하도록 만드는 웅장한(architectonica) 역할을 하면서도(q.58, a.6), 개개인 사이의 관계를 올바르게 만드는 특수한 정의이기도 한 것이다(q.58, a.2; q.60, aa.2-3). 토마스는 일반적 정의를 법적 정의와 동일시한다(58, 5). 법적 정의는 공동선을 추구하는데, 이것은 공동체의 유효한 법률에 대한 존중을 통해 이루어진다(I-II, q.90, a.2). 특수한 정의를 통해 개인은 타인과의 모든 관계에서 올바르게 행동하려는 자세를 취하게 되고, 타인에게 그에게 마땅한 것을 주지 않거나 해치는 일을 저지르지 않게 된다(q.58, aa.7-11).

특수한 덕의 전형적인 활동은, 그 활동의 목적인 선의 형상적 특성에 따라 정해진다(I-II, q.54, a.2). 제2부 제2편에서는 개별 덕들을 분석하면서 늘 먼저 그 덕의 대상이 무엇이고, 그 대상에게 하려는 전형적 작용이 무엇인지를 규명한다. 성 토마스는 정의의 논고를 시작하면서 그 대상이 '권리'(jus)임을 밝힌다.[9] 그는 비잔티움 황제 유스티니아누스 1세의 명으로 편찬된 『학설휘찬』에 따라, 정의를 "각자에게 그의 권리를 주려는 항구하고 영구적인 의지"(Justitia est constans et perpetua voluntas jus suum unicuique tribuens)라고 정의한다. 여기서 권리는 자연법이나 실정법에 정해진 대로 공동체 또는 개인에게 마땅히 주어야 할 것으로 규정된다(II-II, q.57, a.2).

객관적 권리 관념에 관한 도입 문(제57문)은 대단히 중요하다. 특별히 근대 사상에서의 법적 주관주의에 직면해서 토마스의 개념의 독창성은 바로 이 관념에 근거하고 있고, 생명과 인격적 통합성에 대한 권리(qq.64-65), 소유의 권리(q.66), 그리고 사법적으로든 법 바깥에서든 인격적인 명예의 권리(qq.67-76) 등으로 이어지는 논의 전반에 스며들어 있기 때문이다.

성 토마스는 권리에 대해 살인, 불구화, 절도, 약탈, 그리고 명성, 우정, 명예에 관련된 모욕과 법적 불의 등 교환정의에 반대되는 악습과 죄들을 논하는 가운데 간접적으로 말하고 있다. 이 전개법은 오히려 부정적인, 법에 관한 통상적 정식화로부터 도출되는 일반 척도에 부합된다. 왜냐하면 실정법들은 '언제까지나'(pro semper) 의무를 지우는 것이 아닌 데 반해, 부정적인 법들은 '언제나 그리고 언

---

9. Cf. Romanus Cessario, OP, *The Virtues, Or The Examined Life*, New York-London, Continuum, 2002, pp.129-132; Angela M. Knobel, "Aquinas and Rights as Constrains", *The Thomist* 82(2018), 37-58; Anthony Lisska, "Human Rights Theory Rooted in the Writings of Thomas Aquinas", *Diametros* 38(2013), 134-152; Paul A. MacDonald, "Grounding Human Dignity and Rights: A Thomistic Reply to Wolterstorff", *The Thomist* 82(2018), 1-36.

제까지나'(semper et pro semper) 의무를 지우기 때문이다(q.79, a.3, ad3). 그래서 앞엣것들에 대한 위반은 '부작위'(omissio)를 촉발하지만, 두 번째에 대한 위반은 (조건들이 동일하다면) 더욱 심각한 법률 위반을 촉발한다(ibid., a.4, as2).

## 4. 정의와 참사랑

성 토마스는 이미 제2부 제1편에서 "인간의 애정을 하느님이나 이웃을 향하도록 질서 짓는" 특수한 덕으로 정의와 참사랑을 지적한 바 있다(I-II, q.56, a.6). 참사랑과 정의는 모두 의지의 덕이며, 이를 통해 개인은 자신의 사적인 선을 초월하는 선을 향하게 된다(II-II, q.18, a.1). 그리고 법적 정의와 참사랑은 모두 다른 덕들의 행위가 개인의 선을 초월하는 목적으로 향하도록 한다는 점에서 웅장한 덕의 역할을 한다. 그렇더라도 정의의 행위가 바로 참사랑의 행위인 것은 아니다. 성 토마스는 비록 은총 없이 획득된 덕들이 주입된 덕들에 비해 불완전하다고 하더라도, 은총 없이도 정의를 포함하여 참된 덕들을 획득할 수 있다고 본다. 그리고 정의의 행위들은 참사랑의 행위들과는 달리, 예컨대 배상의 경우에 잘 드러나듯이, 어떤 엄밀한 의무에 의해서 수행되는 것이다. 반면에 참사랑은 이웃에 대한 순전히 은혜로운 사랑에서 많은 선행을 기꺼이 어려워하지 않고 행한다. 그는 가난한 이들에게 물질적 도움을 아끼지 않고 좌절하는 사람에게 도움과 위로를 전한다. 그런데 특정한 이들은 참사랑에 전형적인 이런 행위를 특수한 의무로써 수행해야 하는데, 이렇게 되면 이것들은 주입된 정의의 행위들이 되고, 이는 다른 주입된 덕들의 행위와 마찬가지로 궁극적으로는 참사랑이라는 최종 목적에서 비롯되고 그것을 지향하는 것이다(II-II, q.58, a.1, ad6). 정의가 그리스도인에게 중요한 것은 정의의 규범들이 이웃의 행복을 보장하기 때문이다. 그러므로 그리스도인이 정의의 요구를 존중하는 동기는 참사랑의 기초인 이웃에 대한 사랑으로부터 나오는 것으로 보인다. 참사랑은 정의보다 더 큰 덕이고, 정의보다 더 웅장하다. 하지만 정의는 그 자신만의 독자적 내용을 지니고 있고, 이로써 참사랑에 한계를 설정한다.[10]

---

10. 참조: 잔 포터, 「정의의 덕(II-II, qq.57-122)」(안소근 옮김), 포프(편), 『아퀴나스의 윤리학』, 한국성토마스연구소, 2021, 384-387쪽.

# 09. 성 토마스의 '절제론' 입문

『신학대전 제43권(II-II, 141-154): 절제』, 졸역, 한국성토마스연구소, 2024, xl-liv쪽.

## 1. 자리매김

잘 알려져 있다시피, 성 토마스는 『신학대전』이라는 자신의 방대한 걸작의 기본 구도에 발원(exitus)과 귀환(reditus)이라는 웅장한 신플라톤주의적 도식을 활용하였다.[1] 제1부에서 원형(原型)이신 하느님과 그분으로부터 나온 모든 것에 대해 알아보았으니, 이제 제2부에서는 하느님의 모상(摸象, imago)인 인간에 대해 살펴보아야 한다. 곧 자유재량과 행동 통제력 덕분에 자기 행위의 원리를 지니고 있는 인간이 자신의 참행복을 찾아 하느님께 나아가는 여정을 잘 살펴야 한다.[2]

사람들은 자신이 무엇을 해야 할 것인지에 대해서보다는 오히려 어떻게 존재해야 할 것인지에 대해서 더 깊이 생각해야 한다. 이는 '보편 박사'(Doctor Communis)의 첫 번째 가르침이다. "윤리는 인간에 대해 올바로 아는 것이다. 당연히 그것은 또한 행위와 의무, 계명과 죄와 연관되어 있다. 하지만 윤리의 일차적 대상은 인간의 고

---

1. 마리 도미니크 슈뉘, 「'신학대전' 연구 입문」, G. 달 사쏘 · R. 코지(편), 『성 토마스의 신학대전 요약』, 이재룡 · 이동익 · 조규만 옮김, 가톨릭대학교출판부, 개정판, 1995, 591-616쪽; 토마스 오미어러, 『신학자 토마스 아퀴나스』, 이재룡 옮김, 가톨릭출판사, 2002, 127-145쪽; 장 피에르 토렐, 『아퀴나스의 신학대전: 배경, 구조, 영향』, 이재룡 옮김, 한국성토마스연구소, 2024, 29-30, 64-67쪽 참조.
2. 제2부 제1편 머리글.

유한 실존, 곧 선한 인간의 모습(imago)이고, 이것이 다른 모든 것의 토대이다."[3]

그런데 인간을 제대로 이해하기 위해서는 철학을 넘어 신학으로까지 탐구가 확장되어야 한다. 그래서 토마스는 행복을 찾는 여정 중에 있는(in via) 그리스도교적 인간의 모습을 다음과 같이 압축적으로 요약한다: "인간의 모든 윤리를 덕에 관한 고찰로 환원시켰으니, 이제 모든 덕은 다시 일곱 가지로 환원되어야 한다."[4]

첫째, 그리스도인은 '신앙'(信仰, fides)으로 삼위일체 하느님의 실재를 깨달을 수 있는 존재자이다. 둘째, 그리스도인은 '희망'(希望, spes)을 품고 영원한 삶 안에서 자신의 존재를 총체적으로 실현하려고 노력하는 존재자이다. 셋째, 그리스도인은 신적인 '참사랑'(caritas)의 덕 안에서 그 어떤 자연적 사랑의 힘도 능가하는 하느님과 이웃에 대한 긍정을 지향하는 존재자이다. 넷째, 그리스도인은 '현명'(賢明, prudentia)하다. 다시 말해, 그는 자신의 실재관(實在觀)이 자기 의지의 선택에 의해 규제되도록 허용하는 것이 아니라, 오히려 자신의 선택이 실재 사물의 진리(眞理, veritas)에 좌우되도록 만드는 사람이다. 다섯째, 그리스도인은 '정의'(正義, justitia)롭다. 곧 그는 진리 안에서 "남들과 더불어" 살아갈 수 있다. 그는 자기 자신을 교회, 민족, 그리고 공동체의 한 구성원으로 이해한다. 여섯째, 그리스도인은 '용기'(勇氣, fortitudo)가 있다. 다시 말해 그는 진리를 위해, 그리고 정의의 실현을 위해 어떤 불의(不義, injustitia)라도 겪을 용의를 가지고 있고, 필요하다면 죽음까지도 감수할 준비가 되어 있다. 일곱째, 그리스도인은 '절제'(節制, temperantia)할 줄 안다. 다

---

3. Josef Pieper, *The Christian Idea of Man*[1949], South Bend(IN), St. Augustine's, 2011, p.4.[=국역본: 김형수 옮김, 『그리스도교의 인간상: 덕에 대하여』, 가톨릭대학교출판부, 2018, 24-26쪽].
4. 제2부 제2편 머리글.

시 말해, 그는 자신의 소유욕과 쾌락욕(快樂慾)이 자신의 존재에 파괴적이고 적대적이 되는 것을 결코 허용하지 않는다.

인간의 모든 의무(義務, debitum)는 존재(存在, esse)에 기초를 두고 있다. 실재(實在, res) 자체가 윤리(倫理, ethica) 전체의 기초이고, 선성(善性, bonitas)이 실재의 표준이다. 선을 알고 행하고자 하는 사람은 누구나 대상의 세계로 향하는 자신의 눈길을 자기 자신의 '감정'이나 어떤 인위적으로 확립된 '이상'이나 '범례'로 향하도록 해서는 안 된다. 그는 자기 자신의 행업으로부터 멀리 떨어져서 실재 자체를 바라보아야 한다. 현명, 정의, 용기, 절제, 주님을 두려워함 등 덕 일반의 '건전함'은 그것들이 자연적이고 초자연적인 객관적 실재에 적합하다는 사실에 달려 있다. 실재와의 일치, 이성과의 일치, 그리고 한걸음 더 나아가 영원법(永遠法, lex aeterna) 또는 신법(神法, lex divina)과의 일치가 우리의 학문적 작업과 행위의 건전성, 진리성 그리고 선성의 원리다.[5]

## 2. 성 토마스의 절제 논고의 원천들

절제 논고의 개괄적인 내용을 살피기에 앞서 이 논고에서 천사적 박사가 인용하고 있는 주요 원천들을 전반적으로 살펴보자.

절제와 연관된 문제에서 가장 많이 인용된 텍스트는 아리스토텔레스의 『니코마코스 윤리학』이라는 것이 어렵지 않게 드러난다. 특히 논고의 얼개 자체의 중핵을 이루는 절주, 정결, 자제 등이 그 작품의 제7권으로부터 도출되었다. 하지만 연관된 다양한 덕들에 관한 고찰에서도 이 작품에 대한 참조는 대단히 잦다. 그리고 『신학대전』의 텍스트와 성 토마스의 이 작품에 대한 주해인 『윤리학 주해』

---

5. Cf. Josef Pieper, *A Brief Reader on the Virtues of the Human Hearts*[1941], Ignatius, 1991, pp.10-11; *The Four Cardinal Virtues*, University of Notre Dame Press, 1966, pp.145-206.

의 텍스트 사이에 완전한 병행이 이루어지고 있다는 것이 명백하다. 일부 구절들은 글자 그대로 동일하기까지 하다. 반면에 아리스토텔레스의 다른 작품에 대한 인용은 매우 드물다.

아리스토텔레스 다음으로는 단연 아우구스티누스가 두드러진다. 특히 이 논고에서는 성인의 거의 모든 작품들이 인용되고 있어서, 토마스의 박식함이 놀라울 정도다. 그런데 여기서 롬바르두스의 수집본이 활용되었다고 말할 수 없다. 왜냐하면 그 수집본은 사추덕과 관련해서 대단히 짧은 '구분'(divisio)(*In Sent.*, III, d.33)으로 만족하고 있기 때문이다. 바로 이 공백을 메꾸기 위해서 토마스는 아주 어린 시절부터 연구에 깊이 투신했고, 다른 무엇보다도 자신의 『명제집 주해』에서 절제에 관한 첫 논고의 초안을 우리에게 제공하고 있다. 매우 일반적인 차원에 머물고 있는 다른 초안은 천사적 박사가 다른 기회에 편찬한 『사추덕에 관한 토론문제』에서 발견할 수 있다.

아우구스티누스 이외의 교부들은 논고 전체에서 거의 찾아보기 어렵다. 하지만 몇몇 교부들은 어떤 특정 주제와 관련해서 당당한 권위로 인용된다. 동정에 관해 논하는 제12문에서 히에로니무스와 암브로시우스가 그러하고, 그레고리우스 마뉴스는 탐식, 색욕, 분노라는 치명적 악습들을 논할 때 등장하며, 베네딕투스는 제161문의 겸손에서 등장하는데, 이는 토마스가 그의 『규칙서』의 12단계와 일치시키기를 선호하기 때문이다. 절제 논고에서 개진되는 개별 문(問)들에 특히 관심이 가는 작품은 세네카의 『분노에 대하여』(*De Ira*)와 『너그러움에 대하여』(*De Clementia*)인데, 제2부 제1편의 정념에 관한 논고에서는 건너뛰었다. 다른 인용구들은 성 토마스가 여기서 개진하고 있는 가르침에 아무런 영향도 미치지 못하는, 온통 산발적인 것들로 간주될 수 있다.[6]

---

6. f. Tito Centi, OP, "Introduzione", in San Tommaso d'Aquino, *La Somma Teologica*, vol.21, Bologna, ESD, 1969, pp.8-11

반면에 성경에 대해서는 별도의 언급을 할 필요가 있다. "성 토마스 사상의 핵심을 관통하고 있는 제1원천인 성경"[7]은 끊임없이 인용되고 있고, 거의 모든 절에서 명칭과 주제를 제공하고 있다. 특히 지혜문학과 사도 바오로 서간들의 교훈적인 구절들이 선호되고 있다. 이 작품들에 대한 주해 속에서 많은 절들의 유일한 병행구들을 찾을 필요가 있다.

아퀴나스의 정결 신학은 신약성경의 성적인 가르침과 정교하게 조율되어 있다. 정결, 동정, 그리고 정결에 반대되는 악습들에 대한 그의 논고는 성경을 55회나 인용하고 있고, 전승 속에 전해지는 성서적 가르침을 최고의 규범적 권위를 지니고 있는 것으로 받아들인다.[8] 슈뉘는 이렇게 말한다: "『신학대전』은 성경에 관한 지속적인 연구 안에서 착상되었고, 그 연구로 배양되었으며" 그 목적은 언제나 "하느님 말씀을 더 잘 알아듣는 것"이다.[9] 아퀴나스의 관점에서 볼 때, 성윤리에서의 구약과 신약의 차이는 그리스도의 가르침에 의해서 해명되고, 성령의 인도 아래 사도 바오로에 의해서 확장되었다.

그밖에 가려진 원천들이 있다. 원천들이 갖고 있는 권위를 지니고 있지 않은 동시대인들의 견해를 언급하는 경우에 성 토마스는 '어떤 이들'(aliqui)이라고 부른다. 어떤 경우에는 이들을 좀 더 세분해서 '옛 사람들'(antiqui)과 '근대인들'(moderni)로 나누기도 한다. 전

---

7. 세르베 팽케어스, 「성 토마스 아퀴나스 윤리학의 원천들」, 스테픈 포프(편), 『아퀴나스의 윤리학』, 이재룡 외 옮김, 한국성토마스연구소, 2021, 38쪽. Cf. Étienne Gilson, *Les tribulations de Sophie*, Paris, Vrin, 1967, p.47: "성 토마스의 신학 전체는 성경에 대한 하나의 주해이다. 그는 그 어떤 결론도 그것을 어떻게든 성경의 말씀, 곧 하느님의 말씀에 정초하지 않고서는 내놓는 법이 없다." Cf. Ceslao Pera, OP, *Le fonti del pensiero di Tommaso d'Aquino nella Somme Teologica*, Torino, Marietti, 1979, pp.19-28.
8. Matthew Levering, *Aquinas's Eschatological Ethics and the Virtue of Temperance*, Notre Dame(IN), University of Notre Dame Press, 2019, p.90.
9. Marie-Dominique Chenu, OP, *Toward Understanding Saint Thomas*, Chicago, Regnery, 1964, p.68.

자는 파리대학 초창기로부터 1220-30년까지 활동했던 롬바르두스나 아벨라르두스 같은 스승들을 가리키고, 후자는 로베르투스 그로싸테스타나 알렉산더 할레스, 그리고 알베르투스 마뉴스와 같이 아리스토텔레스의 지성적 혁명 이후 새로운 철학 시대의 스승들을 가리켰다.[10] 성 토마스는 절제 논고를 위해서 쾰른 시절부터 많은 가르침과 영향을 받은 스승 알베르투스 마뉴스의 작업 방식과 주요 관련 작품들, 특히 『선론』(*De Bono*) 또는 『덕론』(*De Virtu*)이라고 줄여 불리기도 하는 『피조물 대전』(*Summa de creaturis*)을 참고했을 가능성이 매우 높다. 그리고 그보다는 가능성이 좀 떨어지지만, 알렉산더 할레스의 『신학대전』도 눈앞에 두고 참조했을 것이다. 하지만 그 선배들의 작품들 속에서 발견되는 중복과 누락으로 인한 불완전성과 불균형, 그리고 그에 대한 불만족 때문에 『대전』 전체의 머리말에서 밝히는 편찬의 직접적 동기가 되었을 것이다.[11]

핑케어스는 이런 문헌적이고 외부적인 원천들보다 더 중요한 "내면적 원천들"을 강조한다: "이 외부적 원천들은 신학 형성에 주도적인 역할을 하는 내면적이고 영성적인 원천이 없이는 그 효과를 기대하기 어려울 수 있다." 토마스의 개인적 천품은 수집한 자료들을 가지고 새로운 종합, 독창적인 웅장한 건축물을 형성하기 위해 그것들을 조직하고 배열하는 방식에서 뚜렷이 드러난다. 그는 실상 아리스토텔레스나 아우구스티누스와 대화를 통해 동시대인이 된다. 하지만 이보다 더 높고 더 내밀한 원천이 있는데, 바로 성령의 은총을 수반하는 하느님의 말씀이다. 천사적 박사는 이 원천의 주도적 활동을 완전히 인정한다. 이것을 그는 "신앙을 통해 우리를 관통하고 참사랑을 통해 작용하는 성령의 은총"이라고 규정한다.

---

10. Cf. Chenu, Ibid., pp.136-139.
11. 레오나드 보일, OP, 「성 토마스의 '신학대전'의 배경-다시 보기」, 스테픈 포프(편), 『아퀴나스의 윤리학』, 1-22쪽 참조.

따라서 전통 사상에 대한 이런 풍부한 참조들에도 불구하고, 특히 방금 지적한 내면의 원천들 덕분에 성 토마스의 『신학대전』에서 유기적으로 노작된 '절제' 논고는 독창적인 작품으로 간주되어야 한다. 실상 아리스토텔레스와 아우구스티누스의 실마리들은 그토록 복잡한 체계적 구성을 위해서는 충분하지 못하다. 그리고 토마스가 그것들을 선의로 교부들이나 고대철학자들에게 돌릴 때조차도, 형상적으로 원천들 안에서 기본 문제들을 해결하는 데 있어서 저자를 인도하는 심층적 근거들을 만나볼 수 있는 것도 아니다.[12]

## 3. 절제의 덕의 근본성

이제 절제 논고의 얼개를 개관하기로 하자. 지혜, 정의, 용기와 결합되어 마지막 추요덕을 이루는 절제는 우리로 하여금 우리의 갈망, 좀 더 구체적으로는 먹기, 마시기, 그리고 성행위에서의 감각적 욕구들을 올바른 이성의 질서와 신법(神法)의 노선에 따라 유지함으로써 조절할 수 있게 해준다.

감각적 욕구란 우리가 유쾌한 것으로 감각하는 구체적 대상들을 향해 기우는 힘이다. 감각적 욕구는 욕정적 욕구와 분노적 욕구로 대별된다. 욕정적 욕구는, 그로써 우리가 감각적으로 유쾌한 것을 추구하는 쪽으로 기울고 감각적으로 고통스러운 것을 회피하는 쪽

---

12. 핑케어스, 「성 토마스 아퀴나스의 원천들」, 37-38쪽. Cf. Paul Gondreau, "The Passions and the Moral Life: Appreciating the Originality of Aquinas", *The Thomist* 71 (2007), 450: "실천적으로, 이것은 사람이 후덕해질수록 자기 주변 사람들과 사건들에 대한 자신의 감정적 반응을 더 신뢰할 수 있고, 자신의 저급한 짐승 같은 충동과 덜 투쟁하게 되리라는 것을 의미한다. 그의 감정은 그로 하여금 그에게 도덕적으로 선한 것을 향해 기울도록 할 것이다. 분명 거기에는 언제나 그의 감정이 이성적 선으로부터 그를 멀어지게 만들 가능성이 남아있다. 하지만 후덕한 개인에게는 그의 정념들이 진정 이성의 선에 참여하는 창조된 육체적 선으로 이끌어갈 더 큰 유사성이 있다. 더 큰 유사성이 있을 때 그것들은 그가 자기 고유의 인간적 번영을 이룩하도록 도와줄 것이다. 어쨌든 이것이 도덕 생활에서 정념들의 역할에 관한 아퀴나스의 '놀랄 만큼 천재적인'(remarkably ingenious) 가르침이 우리에게 결론짓도록 허용하는 내용이다."

으로 기울게 되는 힘이다. 분노적 욕구는 감각적 쾌락을 추구하고 감각적 고통을 피하는 길에서 얻게 되는 것에 저항하는 데로 기우는 힘이다. 용기는 분노적 감각 욕구를 대상으로 삼는 추요덕이고, 절제는 욕정적인 것에 대한 추요덕이다.

우리는 먹기, 마시기, 그리고 성행위에서 감각적인 쾌락을 경험한다. 육체적 쾌락은 우리의 물리적 유기체의 고유 기능에 수반되는 느낌이다. 우리가 음식, 음료, 성을 개인적 종의 건강과 보존을 위해 사용하는 것이 적절한 것처럼 음식, 음료, 그리고 성행위에서 쾌락을 느끼는 것은 자연적이고 적절하다. 우리가 육체적으로 건강하다면, 더더욱 그러하다. 그런데 우리는 단지 물리적 유기체이기만 한 것이 아니다. 우리는 인간이고, 그래서 우리가 음식, 음료, 성행위에서 느끼는 쾌락은 올바른 이성의 규칙과 궁극적으로는 신적 이성의 규칙에 따라 살아가는 인간 존재자에게 적절해야 한다. 우리가 먹기, 마시기, 성행위에서 경험하는 감각적 욕구가 그 자체로 강력하고, 우리의 욕구적 구전성과 감정적 안정성을 위협할 수 있기 때문에, 우리는 이 감각적 욕구들이 우리를 위해 우리의 삶 안에서 인간적 존재자이자 하느님의 아이들로서 잘 작용하도록, 그것들을 올바른 이성과 같은 노선에 서게 함으로써 인간화할 필요가 있다. 이것을 위해 우리에게 절제라는 추요덕이 필요하다.

성 토마스는 절제를 먹기, 마시기, 그리고 성행위에서 너무 적거나 너무 많은 극단 사이의 중도와 일치하도록 행동하고 느끼기로 선택하는 데 관련된 습성으로 이해한다. 중도는 우리의 실천적 지혜에 의해서 규정된다. 주입된 덕으로서의 절제는 실천적 지혜와 일치하는 중도를 선택하는 데 집중하는 은총을 입은 습성이다. 이 덕은 궁극적으로 신적 지혜와 일치된다. 절제라는 추요덕은 음식, 음료, 성의 사용과 향유에서 올바르게 기뻐하는 습성이다. 그 사용이 올바른 이성과 신법에 일치되기 때문이다. 이 덕과 더불어 우리의 음식, 음료, 그리고 성의 사용에서 평온의 경험이 찾아온다. 평온함은 스트레스로부터 자유롭고 또 우리의 욕구가 '우리가 그렇게 살리라고 가정되는 방식'과 조화를 이룬다는 것을 알게 되어 기뻐하는 상태를 묘사한다.[13]

## 4. 절제 덕의 3부 구분과 구전적 부분

아퀴나스는 절제의 덕이 "직접적으로 선," 주로 "촉각의 갈망과 쾌락을 향해 기우는 욕정적인 정념들을 조절한다"고 말한다. 이리하여 절제의 부분들은 절식, 단식, 절주, 정결, 동정 같은 명시적으로 육체적인 덕들뿐만 아니라 겸손, 너그러움, 온유, 근면성 같은 덕들도 포함한다. 아퀴나스는 이 덕들을 종속적 부분들, 구전적 부분들, 그리고 잠재적 부분들로 구분한다. 사추덕 각각에 대해서 스콜라 신학자들은 부분들의 세 분류를 규정한다. 세 분류는 우리가 사추덕에 연결되어 있는 다양한 덕들을 조직화하는 데 도움을 준다. '구전적'(俱全的, integralis), '종속적'(subjectiva), '잠재적'(potentialis)이라는 용어는 전체의 세 부분으로부터 온다. 특히 이 세 부분은 다음과 같은 기능을 담당한다. "어떤 유기적 물체의 구전적 부분들과 같이 덕의 구성적 부분들이 있다. 어떤 덕의 구성에 본질적으로 속하는 것이면 무엇이든 '구전적 부분'이라고 부른다. 어떤 유(類)에 포함된 종들처럼 어떤 일반적 덕의 종적 유형들이 있다. 이것들이 바로 '종속적 부분들'이다. 마지막으로 어떤 살아있는 실체의 다양한

---

13. 성 토마스의 절제 논고 전반에 관한 철저한 분석을 보기 위해서는: 「21. 절제의 덕 (II-II, qq.141-170」, 스테픈 포프(편), 『아퀴나스의 윤리학』, 435-459쪽 참조. 더 이상의 참고문헌을 보기 위해서는: Cf. Christopher Kaczor & Thomas Sherman, SJ, *Thomas Aquinas on the Cardinal Virtues*, Washington, Catholic University of America Press, 2008, pp.296-298; Romanus Cessario, OP, *The Virtues, Or The Examined Life*, London, Continuum, 2002, pp.177-186; Leo Elders, SVD, "St. Thomas Aquinas's Treatise on Temperance and Aristotle", *Nova & Vetera* 16(2018), 465-487; Matthew Levering, *Aquinas's Eschatological Ethics and the Virtue of Temperance*, University of Notre Dame Press, 2019.

활동적 능력들처럼, 주요 덕에 부속 또는 동맹하고 있는 덕들은" 바로 그것의 "잠재적 부분들이다."[14]

성 토마스는 먼저 절제의 '구전적 부분'(pars integralis)으로 부끄러움과 정직함이라는 두 덕을 묘사한다. 부끄러움(verecundia)은 '잘못된 것 또는 도덕적으로 낯 뜨거운 것을 행하기와, 우리 자신과 남들에게 도덕적으로 천박하고 조사를 받아야 하는 것으로 지각되기를 건강하게 두려워함'을 의미한다(q.144, a.1).[15] 절제를 완성하는 또 한 가지 구전적 부분은 정직함(honestas)이다. 정직함은 주로 우리의 갈망 및 감정과 관련해서 도덕적 올바름 때문에 영예를 받을 만한 상태에 있음을 가리킨다. 정직함은 우리 욕구들이 올바른 이성과 일치되기 때문에 그것들의 내적 아름다움에 대한 깨달음의 상태에 있는 것이다. 이 자각은 우리로 하여금 선한 것을 개방적으로 표현하는 데에서 기쁨을 느낄 수 있게 해주고, 불명예에 대한 두려움에서가 아니라 절제의 아름다움에 대한 사랑 때문에 절제할 줄 아는 사람으로 준비시켜준다.[16]

## 5. 절식과 절주

부끄러움과 정직함이라는 구전적 부분들 외에, 성 토마스는 절제라는 추요덕이 여러 가지 '종속적 부분'(pars subjectiva) 또는 종(種)을

---

14. Romanus Cessario, OP, op. cit., p.115.
15. 성 요한 바오로 2세는 자신의 역작 『몸의 신학』에서 '부끄러움'의 근원이 바로 죄와 함께 오게 된 것임을 강조한다: 이동호 옮김, 가톨릭대학교출판부, 2015, 178-191쪽. 부끄러움에 관한 좀 더 상세한 정보를 위해서는: Cf. Gabriele Taylor, *Pride, Shame, and Guilt: Emotions of Self-Assessment*, Oxford, Oxford University Press, 1985; Robert Karen, "Shame", *Athlantic Monthly*(February 1992), 40-70; Jerome H. Neyrey, *Honor and Shame in the Gospel of Matthew*, Louisville, Westminster John Knox, 1998; Herbertus D. Kristanto, SJ, "Aquinas on Shame and Virtue", *The Thomist* 84(2020), 263-291.
16. 영예에 관한 좀 더 상세한 정보를 위해서는: Cf. Cajetan Chereso, OP, *The Virtue of Honor and Beauty according to St. Thomas Aquinas*, River Forest(IL), Aquinas Library, 1960; David A. DeSilva, *Honor, Patronage, Kinship and Purity: Unlocking New Testament Culture*, Downers Grove(IL), InterVasity Press, 2000.

가지고 있는 것으로 이해한다. 절제의 이 종속적 부분들은 절식, 절주, 정결로 각각 음식, 음료, 성행위라는 감각적 성들을 다룬다.

절식(節食, abstinentia)은 음식에 대한 갈망과 그 사용 및 향유에 관련되는 절제의 종속적 부분이다. 절식은 음식에 대한 잘 질서 지어진 갈망과 쾌락이다. 이 덕에 의해 우리의 음식 욕구는 잘 질서 지어져서, 먹기와 관련된 모든 생각, 느낌, 활동들이 신앙과 하느님 사랑을 통해 그리고 흡족한 마음으로 실행되는 이성에 의해 지배된다. 절제는 주로 내적 감정들의 습성이지만, 단식에 의해서 표현되고 배양된다. 성 토마스는 단식을 어떤 합리적인 목적을 위해 음식을 적절하게 끊는 것으로 이해한다. 예컨대 우리 생활 속의 소비라는 악습을 근절하거나, 우리 자신을 관능적인 것 일반에 대한 유착으로부터 해방하거나, 죄를 보속하기 위해서. 이것들은 모두 하느님과의 올바른 관계를 재정립하는 방법들이다. 우리는 그런 행위들을 특히 이성, 주입된 덕의 실행, 성경의 지혜, 그리고 교회의 계명들에 의해서 지도되는 절식을 통해서 수행해야 한다.[17]

반면에 절제에 대립되는 악습들은 한편으로는 음식이라는 선을 너무 적게 갈망하고 사용하고 향유하는 무감각(insensibilitas)과, 다른 한편으로는 훨씬 더 흔한 악습인 탐식(貪食, gula)이다. 탐식을 통해서 우리는 먹는 쾌락을 위한 갈망에서 올바른 양을 알면서 초과

---

17. 절식의 덕과 단식과 관련해서 좀 더 많은 정보를 얻기 위해서는: Cf. Leon R. Kass, *The Hungry Soul: Eating and the Perfecting of Our Nature*, Chicago, University of Chicago Press, 1999; Kent D. Berghuis, *Christian Fasting: A Theological Approach*, Richardson(TX), Biblical Studies Press, 2007; Stephen Loughlin, "Thomas Aquinas and the Importance of Fasting to the Christian Life", Pro Ecclesia 17(2008), 343-361; Scot McKnight, *Fasting: Fasting as Body Talk in the Christian Tradition*, Nashville: Thomas Nelson, 2009; Robert B. Kruschwitz, "Gluttony and Abstinence", in Kevin Timpe and Craig A. Boyd(eds.), *Virtues and Their Vices*, Oxford, Oxford University Press, 2014, pp.137-155; M. V. Dougherty, "Moral Luck and the Capital Vices in De malo: Gluttony and Lust", in ID.(ed.), *Aquinas's 'Disputed Questions on Evil': A Critical Guide*, Cambridge, Cambridge University Press, 2016, pp.222-234.

한다.

주로 알코올 음료의 사용과 향유를 다루는 절제의 종속적 부분을 성 토마스는 절주(節酒, sobrietas)라고 부른다. 절주는 알코올의 쾌락에 적절하게 응답하는 덕이다. 이 덕을 통해 우리는 알코올 음료를 적절한 사용으로 즐길 수 있게 된다. 우리는 실천적 지혜라는 덕을 통해 그 중용을 규정한다. 절주에 대립되는 두 가지 악습은 알코올에 대한 습성적으로 결함이 있는 갈망, 사용, 향유로서의 무감각, 취하게 되는 알코올에 대한 갈망과 사용을 향한 특징적 태세로서의 숙취(熟醉)이다.[18]

## 6. 정결과 색욕

정결(貞潔, castitas)은 성관계에 대한 감각적 욕구와 관련되는 절제의 종속적 부분이다. 성 토마스는 정결과 순결(純潔, puritas)을 구별한다. 전자는 성행위와 관련된 갈망과 쾌락에 관한 덕이지만, 후자는 성행위의 외적 표지라고 부르는 눈길, 입맞춤, 애무와 연관된다. 음식과 음료에 대한 감각적 욕구보다 성에 대한 통제되지 않는 감각적 욕구는 우리 정신의 평화를 더 파괴할 수 있고, 그래서 우리가 하느님 자녀로서의 평화와 자유 속에 살아가는 것을 차단하게 된다. 정결의 덕을 통해 우리는 성령의 성전인 자로서의 아름다운 방식으로 성적 갈망과 쾌락을 경험하기 위해 성행위에 대한 감각적 욕구에서 우리 자신을 단련하고 억제할 수 있다.[19]

---

18. 음료와 절주, 그리고 음주와 알코올 중독에 관해 좀 더 알아보기 위해서는: Cf. L. William Uhl, "The Virtue of Sobriety in Aquinas's Summa Theologiae" MA Thesis, School of Philosophy of Catholic University of America, 1994; James Nelson, *Thirst: God and the Alcoholic Experience*, Louisville, Westerminster John Knox, 2004; Christopher C. Cook, *Alcohol, Addiction and Christian Ethics*, Cambridge, Cambridge University Press, 2006.
19. 정결의 덕에 관해 좀 더 깊이 알아보기 위해서는: Cf. Elizabeth M. Anscombe, *Contraception and Chastity*, London, Catholic Truth Society, 1975; Parick Riley, *Civilising Sex: On Chastity and the Common Good*, Edinburgh, T&T Clarck, 2000; Jean Porter,

절제의 다른 종속적 부분들과 관련해서는 정결의 덕에 대립되는 두 가지 악습이 있다: 하나는 혼인한 부부에게서 발생하는데 이 점과 관련된 적법한 관계를 서로 거절하는 불감증(insensibilitas)이고, 다른 하나는 성행위의 소재에서 적절한 것을 넘어가는 습성으로서의 색욕(色慾, luxuria)이라는 악습이다. 곧 잘못된 사람과 잘못된 근거로 성을 갈망하고 즐기는 태세이다.

'색욕'이라는 용어는 성적 갈망과는 다른 무질서한 갈망을 표현하는 데 사용될 수 있지만, 아퀴나스는 그것이 두드러지게 무질서한 성적 갈망에 적용된다는 데 주목한다. 먹고 마시는 것의 쾌락에 대한 충분히 인간적인 갈망이 육체적 삶을 좋게 유지하기 위한 적절한 관계를 가져야 하는 것과 마찬가지로, 성의 쾌락에 대한 충만히 인간적인 갈망도 출산이라는 목적에 대해 고유한 관계를 지니고 있어야 한다. '모든 이가 자기 자신에게 속한 것을 적법하게 사용할 수 있는지', 또 그래서 "육감적인 행위들에는 죄가 있을 수 없다"는 반론에 대한 해답에서 아퀴나스는 하느님 나라 안에서나 '바깥'에서 자기 자신의 몸에 대한 자율적인 소유[권]이 없다고 주해한다. 왜냐하면 창조주 하느님은 "우리 몸의 최고의 주님"이시기 때문이다. 물론 하느님은 우리의 성기관들을 어떤 방식으로든 우리가 좋아하는 방식으로 사용하는 것을 인위적으로 거절하는, 제멋대로의 지고한 주님이 아니다. 오히려 하느님은 공동선을 향한 참사랑 안에서의 질서화와 일치하는 우리의 번영을 추구한다. 자비로운 성행위들은 그것에 수반되는 쾌락들과 함께 합리적이고, 그것이 또한 우리 가족과 공동체의 공동선에 도움이 되기도 하는 한에서 우리의 사적인 선에 봉사한다. 이와는 대조적으로 "색욕은 육감적인 행위들이라는 소재에 있어서 본질적으로 이성의 질서와 한계를 넘어가는 데

---

"Chastity as a Virtue", *Scottish Journal of Theology* 58(2005), 285-301.

에서 성립된다." 호색적인 사람은 어떤 사람이 그 쾌락을 즐기고자 하는 무질서한 "현세 사랑"과 함께 또한 "갈망하는 쾌락을 하느님이 금하시기 때문에 하느님을 미워함"과 "내세에 대한 절망"에 떨어지게 된다. "왜냐하면 육적 쾌락에 뒤로 물러섬을 통해 그는 매력 없는 영적 쾌락들을 획득하고자 하지 않기 때문이다." 충만하게 인격적이지 않은 방식들로 성적 쾌락을 얻으려는 갈망으로 가득 찰 때, 우리는 하느님과 친지들을 향한 우리의 관계적 정체성의 중핵과의 접촉을 상실한다.[20]

---

20. 정결에 반대되는 악습인 색욕에 관해 좀 더 살펴보기 위해서는: Cf. Simon Blackburn, *Lust*, Oxford, Oxford University Press, 2004; Randall G. Colton, "Two Rival Versions of Sexual Virtue: Simon Blackburn and John Paul II on Lust and Chastity", *The Thomist* 70(2006), 71-101; Colleen McCluskey, "Lust and Chastity", in Kevin Timpe and Craig A. Boyd(eds.), *Virtues and Their Vices*, Oxford, Oxford University Press, 2014, pp.115-135; M. V. Dougherty, "Moral Luck and the Capital Vices in *De malo*: Gluttony and Lust", in ID.(ed.), *Aquinas's 'Disputed Questions on Evil': A Critical Guide*, Cambridge, Cambridge University Press, 2016, pp.222-234.

제3부
# 서평, 추천사, 논평 훑어보기

# 01. 서평_둔스 스코투스의 철학 사상

김현태, 『둔스 스코투스의 철학 사상』, 가톨릭대학교출판부, 1994, 319쪽.

이 저술은 저자의 학문적 노력의 첫 결실인 석사논문 「Joannnes Duns Scotus의 제일원리 연구」(가톨릭대학, 1981)로부터 시작된 지속적인 관심과 탐구의 결실이다. 저자는 프란치스코회 전통에서 자라나서 한결같은 애정과 존경을 가지고 스코투스의 사상을 연구해 왔다. 이 책은 우리말로 된 최초의 스코투스 연구서이다.

  그간 학술지에 발표했던 논문들을 기초로 작성된 이 책은 총 7개 장으로 구성되어 있다. 먼저 스코투스의 생애와 작품들을 소개하고 그를 당대의 역사적 맥락 가운데 자리매김하는 작업을 시도한 다음(제1장), 난해하기로 이름난 스코투스 사상의 특징과 기본 개념들을 해설함으로써(제2장) 차츰 독자들을 깊은 물가로 안내한다. 이어서 스코투스 사상의 핵심부로 뛰어들어 그의 철학 체계를 인식론, 형이상학, 심리학, 윤리학으로 대별해서 해설하고(제3장), 저자가 특별히 관심을 기울이고 있는 인간학을 프란치스코회 전통이라는 맥락에서 다시 한번 더 조명한 다음(제4장), 스코투스의 궁극적 관심사인 신 실존 증명을 두 장을 통해서 충분히 논의하고 있다(제5-6장). 그리고 마지막으로 비록 '스코투스의 철학'을 취급하는 책이기는 하지만, 스코투스 자신이 다른 모든 중세 사상가의 경우처럼 철학자이기 이전에 신앙인이고 신학자였기 때문에 스코투스의 신학적 관심사들을 개괄적으로 소개(제7장)하는 것으로 마무리하고 있다. 특히 저자에게 감사해야 할 것은, 분야별로 나누어 상세히 소개하고 있는 '참고문헌'이다(285-319쪽).

이제 저자의 안내를 따라 다음 몇 가지 스코투스의 고유한 철학적 가르침들을 살펴보자.

첫째로 살펴보고 싶은 것은 스코투스의 '존재 일의성'(univocitas entis) 개념이다. 형이상학의 대상은 '존재로서의 존재'(ens inquantum ens)이다(97쪽). 존재 개념은 모든 개념 가운데 가장 단순한 개념으로서 자명하며 정의될 수 없다. 존재 개념은 "단순히 그 자체 안에 모순을 포함하지 않는 것"(106쪽)으로서 "존재하거나 혹은 적어도 존재할 수 있는 것"을 의미한다(105쪽). 그러므로 존재는 정신 밖의 존재와 정신 내의 존재를 모두 포함하며, 존재가 존재인 한에서는 아무런 실재적 구별이 있을 수 없다. 구별이 있다면 단지 형상적 구별만 있을 뿐이다(107쪽). 한마디로, 스코투스에게 있어서 존재는 일의적(一義的)이다.

그렇다면 존재의 차이성은 어디서 기인하는 것일까? 그것은 바로 형상성들(formalitates)에서 기인한다(53쪽). 즉 서로 다른 형상성들이 존재에 부가되면서 그것을 점차로 최종적인 구별, 다시 말해 그 마지막 형태인 '이것임'(haecceitas) 또는 개체성에 이르기까지 규정하게 된다.

스코투스는 신과 피조물이 일의적 존재 개념을 지니지 않는다면, 우리가 신에 대한 형이상학적 인식을 가질 수 없다고 보았다(109쪽). 일의성 개념의 도움 없이 인간 지성이 신과 실체를 진실로 인식하기란 불가능하다(117쪽). 그래서 스코투스는 일의적 개념을 '신과 신이 아닌 모든 존재가 존재의 영역에서 공통적으로 갖는 것'이라고 정의한다(110쪽). 일의적 개념은 "비존재(non-ens)가 아닌 것"을 의미한다(112쪽). 이처럼 스코투스는 '존재한다'는 것을 단지 무 혹은 비존재의 반대로만 의미한다면, 신이나 피조물이 무에 반대된다는 의미에서 존재란 말을 똑같은 의미로 사용할 수 있다고 생각한다.

그러나 스코투스는 성 토마스의 가르침인 '유비'(analogia) 이론도 어느 정도 비판적으로 수용한다. 그는 실재 질서(ordo realis)에 있어서는 신과 피조물이 서로 완전히 다르다는 것을 인정하고 있다(113쪽). 그러나 유비는 존재의 일의성 개념을 전제로 한다. 그 이유는 우리가 두 개의 실재에 공통적인 개념을 갖지 못한다면 신과 신의 결과인 피조물간의 관계를 결코 제대로 표현할 수 없기 때문이다(118-119쪽).

우리가 살펴볼 두번째 주제는 '형상적 구별'에 관한 가르침이다. 모든 구별은 "비-동일성"(non-identitas)이다(51쪽). 두 개의 사물 혹은 두 사람, 예를 들어서 소크라테스와 플라톤이 임의로 구별되는 경우, 이 두 사람 간에는 두 개의 존재가 있다는 사실에 기초한 '실재적 구별'(distinctio realis)이 있다(47쪽). 실재적 구별은 정신 작용에 구애됨이 없이 객관적으로 존재하는 구별이다. 예컨대 인간에게 있어서 머리는 다리와 구별된다. 반대로 '사고상의 구별'(distinctio rationis)은 객관적 실재 속에는 존재하지 않지만 정신이 실재 자체를 더 잘 이해하기 위하여 실재에 부과하는 구별이다. 예를 들어 인간에게 있어서 합리성과 동물성은 실제로 구별되지 않는다(48쪽). 그러나 실재 속에는 더 많은 차이들이 있다. 스코투스는 이를 '형상적 구별'(distinctio formalis) 혹은 '본질에 따른 실재적 구별'(distinctio realis secundum quid)이라고 부른다(49쪽).

형상적 구별은 사물과 사물 사이의 구별을 바라보는 실재적 구별과는 달리 형상들 간의 구별에 주목한다. 사물 자체는 하나지만 사물의 완전성은 여럿이기 때문이다. 이러한 형상적 구별의 기초는 실재의 본성 자체에 자리하고 있는 것이지 지성의 분석적 능력에 달려 있는 것이 아니다. 따라서 두 개 혹은 그 이상의 완전성 내지 존재방식들은 형상적으로만 서로 구별된다(49-50쪽).

스코투스는 이 형상적 구별을 무엇보다도 존재자의 구성원리인 존재와 본질 사이의 구별에 적용한다. 즉 그는 존재는 본질에 부가되는 어떤 것이 아니며(50쪽), 존재와 본질은 실제로 구별되지 않고 다만 형상적으로만 구별된다고 주장한다(250쪽).

스코투스의 또 하나의 특징적 가르침은 '개체화의 원리'(principium individuationis)에 대한 이론이다. 그리스 철학에서 평가절하되었던 개체(individuum)는 그리스도교 세계에서 복원되고 특히 스코투스에게서 그 원천적인 품위로 격상된다(119쪽). 개체는 형이상학적 실체의 궁극적 완전성이고 그 충만한 현실성이다. 개체는 진정하고 고유한 의미에서의 존재자이다(120쪽). 아리스토텔레스에 따르면, 존재자를 규정하고 구별짓는 것은 결국 존재, 즉 현실이다(121쪽). 반대로 스코투스는, 그 자체로 구별되지 않는 것은 다른 것을 구별할 수 없으며, 실존의 존재는 그 자체로 본질의 존재와 구별되지 않는다고 주장한다(121쪽). 개체를 차이나게 하는 것은 실존 사실이 아니기 때문에 개체들간의 구별의 기초는 그들의 본질 내부에서 찾아야 한다는 것이다(122쪽). 따라서 스코투스는 질료와 양(量)에 개체화의 원리가 있다는 주장들을 배격한다.

스코투스는 개체화의 원리가 어떤 긍정적인 존재성에 의존해야 한다는 데 동조한다. 그는 이런 긍정적인 존재성을 형상(forma)과 동일시한다. 형상이 어떤 사물의 종적 본성을 규정짓는 것이다. 그러나 후기 작품에서는 긍정적 개체화의 존재성은 질료도 형상도 아니며, "그것은 존재의 궁극적 실재로서 이러한 복합물들 안에서 질료와 형상의 일치에서 결과되는 것"이라고 주장하고 있다(123쪽). 이런 긍정적 존재성 또는 개성(haecceitas)은 종적 본성(natura specifica)과는 형상적으로 구별된다(124쪽).

마지막으로 '형상의 다수성'에 관한 주장을 살펴보자. 물체는 질료와 형상으로 합성되었다. 그러나 스코투스는 질료를 순수 가능성으로만 생각하지 않는다(155쪽). 오히려 어떤 적극적 존재성을 지니는 것으로 간주한다(150-151쪽).

그러나 생명체의 내부 구성 문제에 있어서 스코투스는 '육체성의 형상'(forma corporeitatis)이라는 독특한 이론을 내세운다. 인간에게는 종적 형상인 하나의 이성적 영혼이 있다. 그러나 거기에는 또한 육체적 형상도 있다. 생명체에는 육체를 육체이게끔 하는 형상과 육체에 생명을 부여하는 형상이 분명히 따로 있다(157쪽). 이렇게 형상을 이중화하는 것은, 생명이라는 것이 근본적으로 물질과 다르고 오히려 어떤 면에서 질료와 반대된다는 것으로, 영혼은 그 반대되는 것의 이유나 원인이 될 수 없다는 사실에 입각한 것이다(125쪽). 아리스토텔레스나 성 토마스가 주장하듯이 영혼이 육체의 형상에 불과하다면, 그 구성물인 육체가 파괴되는 경우 그 형상이 어떻게 파괴되는지 알 수가 없게 된다는 것이다(127-128쪽). 그래서 두 가지 형상의 현실성이 존재한다. 하나는 최하위적이고 비규정적인 것으로서 물질과 부합하며, 다른 하나는 가장 완전하고 규정된 것으로서 형상과 부합하는 것이다. 결국 물질과 형상은 두 개의 본성이고 존재성이며 이들 사이에는 존재 질서에 있어서 완전성의 상이한 강도만이 존재할 따름이다(151쪽).

따라서 합성체로서의 인간은 그것을 그것이게끔 해주는 하나의 존재 혹은 하나의 실체적 형상만을 가지나, 동시에 그러한 제1차적 존재에 종속되는 제2차적 존재 내지는 제2차적 형상을 가지며, 이러한 두 개의 존재는 위계질서를 이루고 있다(154쪽). 요컨대 인간은 영혼과 육체가 하나의 실체적 단위를 형성하게 된 합성체이며 영혼은 제1질료와 지성적 영혼 사이의 연계 역할을 하는 육체적 형상을 통하여 육체에 의지를 전달한다. 육체적 형상은 생성의 과정에서 변환되며 육체의 물리화학적 구조를 규정한다. 육체적 형상은 지성적 영혼에 본성적으로 종속되기 때문에 지성적 영혼과 함께 있을 동안만 그 완전한 능력을 발휘할 수 있다(159쪽).

스코투스는 이런 근본적인 주제들을 엄밀성과 정직성을 가지고 탐구함으로써 새로운 형이상학의 가능성을 모색했다(iv쪽). 그의 이런 철저한 학문적 태도 때문에 '치밀한 박사'(Doctor subtilis) 또는 '중세의 칸트'(2쪽, 94쪽)라고 불리지만, 그의 논술은 간결하고 명료한 성 토마스의 문체와는 달리 까다롭고 난해하여 독자를 괴롭힌다(viii쪽과 20-21쪽).

이런 스코투스의 철학 작업은 흔히 두 가지 상반되는 평가를 받아왔다. 근대 및 현대철학을 '일탈의 역사'로 보는 입장에서는 그 일탈의 첫 발자국을 바로 스코투스가 내디뎠다고 보는가 하면(질송), 근대 및 현대철학을 '철학사의 발전'으로 보는 입장에서는 스코투스를 근대의 선구적 사상가로 높이 평가한다. 저자의 입장은 대체로 후자이다.

현대의 신스콜라 철학 부흥운동 덕분에 일반 사상계에서는 중세사상에 대한 관심이 점차 증대되고 있다. 우리나라에서도 하루빨리 중세 사상가들의 원전 번역 작업과 이 책과 같은 훌륭한 안내서 출판작업이 활발히 진행되어 이 땅의 철학도와 신학도들이 건전하고 균형 잡힌 감각을 가지고 학문에 임할 수 있는 날이 왔으면 좋겠다.
(『중세철학』 창간호(1995), 한국중세철학회, 229-233쪽)

## 02. 서평_유와 본질에 대하여

토마스 아퀴나스, 『有와 本質에 대하여』(라틴-한글 대역), 정의채 옮김, 서광사, 1995, 93쪽.

최근 서광사에서 라틴-한글 대역판(對譯版)으로 출간한 토마스 아퀴나스의 『有와 本質에 대하여』(De ente et essentia)는 옮긴이가 1975년에 번역했던 것을 20년 만에 다시 손질하여 출간하는 것이다. 옮긴이 정의채 신부는 토미즘과 형이상학 분야에 정통한 분으로, 이미 오래전부터 성 토마스의 방대한 걸작 『신학대전』 번역 작업에 착수하여 상당한 진척이 이루어지고 있다. 이 대역판은 비록 썩 매끄러운 것은 아니지만, 엄선된 용어를 일관되게 사용하고 있기 때문에 빈틈없이 정확하다. 특히 귀중한 고전에 대한 번역일 경우, 막힘없는 유려한 문장보다는 엄밀한 정확성이 훨씬 더 유익하고 커다란 장점이 된다는 것은 상식에 속하는 일이다. 고희(古稀)라는 노령에도 불구하고 중단없이 학문에 정진하고 있는 옮긴이의 자세는 젊은이들의 귀감이 아닐 수 없다.

이 유명한 소책자는 토마스 아퀴나스가 정식 신학교수(Magister)가 되기 전인 1256년 3월경에 아직 롬바르두스의 『명제집』을 후배들에게 강독하던 강사(Sententiarius) 시절 쓴 '존재 형이상학의 개요'(M.-D. 슈뉘)로서, 아마도 그가 쓴 최초의 학술적 작품인 것으로 추정된다. 따라서 이 책은 성 토마스의 후대의 성숙한 형이상학적 관점을 충분히 다 담지는 못한다. 그러나 순전히 독창적으로 작성한 체계적인 '형이상학 개요'(metaphysicae compendiolum)이다.

이 작품의 수신인은 당시 관행대로 제목 말미에 붙어 있다: '형제들과 동료들에게'(ad fratres et socios). 이 문구를 통해 분명히 알 수 있듯이 토마스는 이 작품을 통하여 동료와 후학들의 철학 공부를 도와주려고 꾀하고 있다. 젊은 토마스는 당시 통용되고 있던 학자들의 저술과 대학 강의실에서 유행하고 있었으나 학자마다 서로 다른 의미로 사용되어 정확한 의미를 포착하기가 매우 어렵던 형이상학의 근본 개념들, 즉 유(有) 또는 존재자(ens)와 본질(essentia), 그리고 그와 연관된 개념들을 자기 나름대로 체계적으로 정리하여 후배들의 학문 탐구에 도움을 주려고 한 것이다.

따라서 이 작품은 비록 분량은 짧아도 내용은 대단히 풍부하며, 또한 평생 학문에 몸담기로 마음먹은 한 젊은이가 형이상학의 근본적인 관념들을 어떻게 이해하고 또 어떻게 체계적으로 구성했는지를 알 수 있는 귀중한 작품이다. 성 토마스는 이 근본 개념들과 주제들을 평생 꾸준히 발전 심화시켜 나감으로써 '존재 철학'을 완성하게 된다.

이 책은 7장으로 구성되어 있다. 몇몇 극소수의 학자는 제1장과 제2장을 하나로 합쳐 6장으로 구분하지만, 대다수의 학자는 성 토마스가 원래 구분했던 대로 7장으로 구분하는 데 동의하고 있다. 그는 짧은 "머리글"에서 이 작품의 목적과 의도를 다음과 같이 밝히고 있다: 지성에 제일 먼저 포착되는 것은 존재자(혹은 有)와 본질이기 때문에, 올바른 철학의 길로 접어들기 위해서는 무엇보다 먼저 존재자와 본질이 각기 무엇을 의미하는지를 물어야 하고, 다음에는 그것들이 다양한 사물들 가운데서 어떤 모양으로 발견되는지, 그리고 그것들이 논리적 개념들, 즉 유, 종, 차이 등과는 어떤 관계에 있는지를 물어 나가야 한다.

본론에서 성 토마스는 먼저 유(有)와 본질이 무엇을 뜻하는지 설명하고, 이 개념들이 실재 세계에 대해서도 사용될 수 있고 또 논리 또는 인식 세계에 대해서도 사용될 수 있지만, 일차적이고 본래적인 의미로는 실재 세계에서 그 개념들이 의미하는 것임을 밝힌다(제1장). 그리고 실재 가운데서 실체(substantia)가 일차적이고 본래적이기 때문에 이차적이고 부수적인 우유(accidens)보다 당연히 먼저 취급되어야 함을 지적하고(제2장), 먼저 실체 가운데 경험적으로 쉽게 관찰할 수 있는 복합 실체들(substantiae compostae)의 존재론적 내면 구성을 밝힌다(제2-4장). 이어서 경험적 관찰에서 멀리 떨어져 있으나 경험적 사물들의 본성에 대한 면밀한 탐구로부터 밝혀질 수 있는 단순 실체들(substantiae simplices)의 (복합 실체들과는 다른) 내면 구성을 해명한 다음 제1실체(substantia prima) 또는 제1원인(causa prima)인 신이 다른 모든 사물을 존재하게 만든 원인임을 논증하고 있다(제5-6장). 그리고 이렇게 실체들에 관해 남김없이 다 검토하고 나서, 마지막으로 우유(偶有)들의 본성에 관해 검토하는 것으로 마무리한다(제7장).

우리는 여기서 이미 원숙기의 성 토마스의 '존재 형이상학'의 토대를 이루는 1) 피조물에 있어서의 존재와 본질의 실재적 구별, 2) 존재를 가능성인 본질의 현실력(actus)으로 보는 통찰, 3) 본질에 대한 존재의 우위, 4) 그 본질이 존재 자체(ipsum esse)인 신의 실존 증명 등에 대한 암시들을 감지할 수 있다.

그는 관찰과 분석을 통해 학문을 구성해 나가는 아리스토텔레스의 경험적 방법론을 받아들여 기본으로 삼고, 결국 경험 세계를 설명하는 데 머물고 만 아리스토텔레스의 자연주의의 한계를 신플라톤주의의 '참여'(participatio) 이론과 그리스도교의 '창조'(creatio) 가르침에 힘입어 극복하고, '존재' 관념을 중심축으로 삼아 당시까지 발전되어 온 인류의 학문적 보화 전체와 그리스도교의 가르침을 통합하여 하나의 단일한 체계로 구성하는 데 성공하게 된다. 이렇게 해서 다양한 각각의 실재는 웅장한 단일 구도 속에 적절한 위치를 배정받고 질서 있게 조화를 이루게 된다. 이것은 존재 자체이면서 존재하는 모든 것의 원인인 신에 얼마나 더 밀접하게 참여하느냐에 따른 위계질서이다.

이 책은 저자가 당대의 젊은이들을 겨냥하여 목표했던 대로 오늘날에도 철학 또는 학문에 임하는 젊은이들이 철학적 기본 개념을 올바로 이해하고 철학적 사고의 기초를 다지기에 더없이 좋은 안내서이다.

따라서 편견 없이 오직 진리만을 추구하는 성 토마스의 학문하는 자세를 잘 반영하고 있는 '간결하고 명확한' 라틴어 원문과 함께 대역판으로 출간되는 『有와 本質에 관해서』를 크게 환영하며, 이제 막 전공 분야에 입문하는 철학도, 신학도, 인문학도들이 이 짧은 한 권의 소책자를 깊이 연구함으로써 엄정한 사고력과 통찰력을 얻게 되기를 바라는 마음이다.

다만 한가지, 지금으로부터 700년 이상이나 거슬러 올라가는 중세대의 저술에 익숙하지 못한 현대의 독자가 놀랍도록 짧고 풍부한 귀중한 이 문헌을 좀 더 잘 이해할 수 있도록 각주를 통해 충분한 설명을 곁들였더라면 더 좋았겠다는 아쉬움이 남는다. (『가톨릭 신학과 사상』 15(1996/봄), 296-298쪽)

# 03. 서평_존재란 무엇인가

É. 질송, 『존재란 무엇인가』, 정은해 옮김, 서광사, 1992, 418쪽.

1. 저자 에티엔 질송은 19세기 말과 20세기 초에 광범위하게 전개된 중세철학 부흥운동에 힘입어 수 세기 동안 '암흑기'라는 혹평과 경멸의 대상이 되어 오던 중세철학을 밝은 빛 속으로 끌어내 정당한 평가를 받을 수 있게 만든 탁월한 철학사가이자 동시에 이론 철학자이기도 하다. 그의 이론적 철학서적들도 철학사적인 기초를 토대로 전개한다. 철학사라는 토대가 그의 이론 체계의 틀을 형성하고 있는 것이다.

질송은 실증주의 일색으로 교육되고 있던 소르본대학에서 레비브륄의 지도로 학위논문으로 데카르트 사상의 근거를 연구하는데, 그는 이 연구를 통해서 근대 사상이 낡은 중세 스콜라철학과 결별하고 새로운 방법으로 새로운 사상 세계를 열었다는 일반의 통념과는 달리, 오히려 그것이 중세의 풍부한 원천에 깊이 뿌리를 내리고 있음을 발견하고 본격적으로 중세사상을 연구한다.

중세사상 전반에 관한 오랜 탐구는 질송에게 다음과 같은 사실들을 발견하게 해주었다. 첫째, 당당히 그리스도교 철학이라고 부를 수 있는 중세철학이 실존한다는 사실이다. 둘째, 이 그리스도교 철학은 그리스도교 계시를 통해 알려진 창조(creatio) 사실에 토대를 두고 신플라톤 전통의 참여(participatio) 개념과 아리스토텔레스가 발견한 유비(analogia) 개념에 대한 심화 작업을 통해 도달하게 된 존재 형이상학이다. 셋째, 이 존재 형이상학은 유일하게 타당한 실재주의(realism)이다.

질송의 이론적 작품들은 한결같이 '그리스도교 철학'의 타당성을 입증하려는 노력이다. 그의 논술은 1) '방법적 실재주의의 옹호'와 2) '존재자-본질-존재의 변증법의 심화'라는 두 개의 근본적인 동기에 입각하고 있다. 이 가운데 첫 번째 계기는 「방법적 실재주의」(1935)와 「토미스트 실재론과 인식 비판」(1939)에서 전개된다. 실재주의는 다음 두 가지 사실에 기초하고 있다. 첫째, 우리의 인식은, 실재가 우리 인식의 원인이기 때문에 실재를 참으로 취득한다. 그러나 본질 영역에 속하는 것들은 개념화될 수 있으나 존재는 개념화되지 않는다. 둘째, 우리의 지성이 감성 덕분에 실재 속에 담겨 있는 가지성을 포착하기 때문에 우리의 인식은 비록 직관은 아니지만 실재를 '실제 있는 그대로' 포착한다.

실재주의의 시금석은 인간의 본질이 이성적 동물이라는 정의에서 찾아볼 수 있다. 이성과 경험의 상호협력을 통해 그것을 씨줄과 날줄로 삼아 인식과 학문이라는 천이 짜이게 되는 것이다. 그러므로 진리 인식의 궁극적 기초는 본질이 아니라 바로 존재자의 존재현실력이다. 개념되는 존재자가 직관적으로 지각된 어떤 감각적인 것의 존재자이기 때문에 존재자 개념은 인식에 하나의 '직관적 지각'처럼 나타난다. 실재주의는 진정한 철학의 유일 타당한 방법이다.

질송 철학의 두 번째 계기, 즉 존재 형이상학의 심화 작업은 특히 『존재자와 본질』(1948)에서 체계화되고 『그리스도교 철학 입문』(1960)과 유작으로 출판된 『존재 철학의 향수』(1983)에서 계속된다. 그는 본질주의 계열이 전개하는 '가능 존재'(posse esse)의 학문에 철저히 반대하고, '존재현실력으로서의 존재'(esse ut actus essendi)의 형이상학을 옹호한다.

2. 『존재란 무엇인가』는 질송이 64세의 원숙기에 집필한 주저라고 할 수 있는 『존재자와 본질』을 기초로 삼고 저자 자신이 약간 변형시켜 이듬해에 직접 영어로 출판한 『존재와 몇몇 철학자들』(*Being and some philosophers*, 1949)에 대한 개정 증보판(1961)의 완역이다. 이 책은 철학사적인 틀을 지니고 있는데도 저자가 "머리말"에서 강조하고 있듯이 철학서적이다. 오직 진리만을 추적하고 있기 때문이다. 그는 역사적 실험들을 면밀히 검토하는 중에 형이상학의 토대를 확고히 다지고 있다.

철학에서 가장 중요한 질문이 있다면 그것은 '존재란 무엇인가?'이다. 파르메니데스로부터 시작해서 오늘날에 이르기까지 역사상 모든 위대한 철학자는 궁극적으로 바로 이 문제를 해결하려고 안간힘을 썼다.

질송은 철학사 전체에 걸쳐서 이 질문에 대한 네 가지 대답을 추려낸다: 첫째는 플라톤에서 플로티누스, 아우구스티누스, 위-디오니시우스를 거쳐 마이스터 에카르트에 이르는 플라톤 계열의 대답으로서, 존재자를 '자기동일성'(identitas)으로 해석한다(제1장). 둘째는 아리스토텔레스, 아베로에스, 시제 브라방 등의 입장으로서, 존재자를 '실체'(substantia)로 이해한다(제2장). 셋째는 아비첸나, 스코투스, 수아레스, 데카르트, 볼프, 칸트, 헤겔에 이르는 아비첸나 계열의 입장으로서 존재자를 '본질'(essentia)로 해석한다(제3-4장). 키에르케고르가 헤겔을 거슬러 실존을 내세웠지만, 그의 실존은 아직도 본질의 일종이다. 넷째는 성 토마스의 입장으로서, 존재자의 존재를 '존재현실력'(actus essendi)으로 이해한다(제5장).

다시 정리하면, 존재가 무엇인지를 해명하는 데 있어서 우리는 우선 '본질주의'와 '실존주의'라는 두 가지 대립적인 입장을 들 수 있을 것이다: 1) 본질주의자들은 존재자를 주로 본질 혹은 보편자, 즉 개념화할 수 있고 정의할 수 있는 것으로 이해한다. 2) 반면, 실존주의자들은 존재자를 개념화할 수 없고 정의할 수 없는 '현존재'(Dasein)로, 즉 구체적인 개별적 실존으로 이해한다. 첫 번째 부류의 사람들은 개별적이고 역사적인 실재를 무시하고 실재의 가지성(intelligibilitas)을 그 보편적 요소 안에서 이해하고자 노력하는 합리주의자들이지만, 두 번째 부류의 사람들은 구체적 실존의 현상학에 몰두하여 여하한 형태의 보편적 가지성도 배격함으로써 비합리주의에 떨어진다. 우리는 이 두 가지 가운데 하나의 입장을 선택할 수밖에 없는가? 그렇지 않다. 이 대립은 가짜 대립이다.

그렇다면 3) 실체를 본질(forma)과 개별적 실존(materia)의 통합으로 개념하는 아리스토텔레스의 체계가 이 두 극단적 대립을 뛰어넘는 균형 있는 종합으로 간주될 수 있을 법하다. 그는 무엇보다도 신을 순수 현실인 실체로 개념했다. 그렇지만 질송이 밝히는 바에 따르면 아리스토텔레스의 신은 '존재' 현실이 아니라 '사고'의 현실, 즉 본질의 영역에 속하는 하나의 규정된 존재 방식의 현실이다. 그러나 4) 토마스 아퀴나스의 형이상학에서 정식화되어 나타나는 유다-그리스도교적 계시의 신은 무한하고 제약이 없는 존재현실력, 즉 모든 존재자의 제일원인(창조주)이다. 이제 본질과 존재 사이의 실재적 구별을 통해서 성 토마스는 피조된 존재자를 하나의 본질(순수 논리적 가능성으로서, 그 가지성이 개념으로 표현된다)로 개념할 수 있었다.

이렇게 철학사의 흐름을 계열별로 철저하게 검토하고, 제5장에서 성 토마스가 이룬 놀라운 종합과 균형 감각을 충분히 확인한 후에, 질송은 마지막으로 존재의 인식 문제를 둘러싼 논쟁을 검토하며, 제기되는 여러 문제를 다시 한번 성 토마스의 실재주의적 해결책을 통해 해결하고 있다(제6장).

실상 이 책의 목적은 '사유와 실재 사이의 관계'를 해명하는 것이다. 왜냐하면 결국 우리의 모든 앎은 사유 속에서 이루어지기 때문이다. 그러나 역사상 그토록 많은 철학자가 '존재'를 잘못 이해하여 사고와 실재를 혼동함으로써 본질주의적 경향으로 빠져들었다. 따라서 원리 중의 원리가 있다면, 그것은 바로 '어떤 철학자라도 실재에 있어서 현실적으로 최초인 것, 즉 존재자를 그의 마음속에서도 항상 처음에 놓아야 한다'는 실재주의의 원리다.

우리가 실재를 그 본성상 보편적인 명석 판명한 관념들로 환원하고자 한다면, 우리는 개별 사물의 현실인 존재현실력을 기각시키게 된다. 질송에 따르면, 이 현실력은 개념화될 수 없다. 왜냐하면 존재는 본질이 아니라, 본질이 바로 그것 덕분에 실존하게 되는 현실력이기 때문이다. 그런데 존재는 본질 안에서 본질을 통해서만 본질의 현실력으로서 포착될 수 있다. 다시 말해, 존재는 실존 판단에 의해서 긍정된다. 질송에 따르면, 실존하는 실재를 탐구하는 토미즘은 본래적인 '실존주의'이다. 그것은, 오늘날 실존주의자라고 지칭되는 철학자들처럼 '실존'을 좁은 의미로, 즉 인간에게만 국한된 어떤 것으로 해석하지 않는다. 그렇다고 본질을 배제하지도 않는다. 토미즘은 주로 실존하는 그대로의 실재를 탐구하고, 존재를 수용한 현실과 그렇지 않은 무한 현실 사이의 관계를 탐구한다.

이 책에는 비판적 논평들에 응답하는 부록이 실려 있다. 이 부록에서는 '존재자', '존재', '본질' 같은 용어들을 그 어원에 입각해서 상세히 논하고 있다. 그 밖에도 불어판에는 하이데거와의 토론을 담고 있는 부록이 함께 실려 있으나, 애석하게도 영어판과 이 영어판으로부터 번역된 국역판에는 그것이 빠져 있다.

3. 개인적인 이야기를 하자면, 서평자는 수년 전부터 이 책을 '형이상학' 강좌의 교재로 사용하고 있다. 저자가 제공하고 있는 역사적으로 빈틈없는 구성과 집요하리만치 철저한 분석이 참으로 고맙기 때문이다. 그러나 번역용어에 대해서는 아쉬움이 크게 남아있기 때

문에 이 책의 핵심인 제5장 부분은 따로 사역(私譯)을 해서 가르치고 있다.

번역자는 "이 책을 옮기면서"에서 자신이 옮긴 몇 가지 근본적인 형이상학적 개념들을 밝히고 있다(400쪽): being→'존재', existence→'실존', ens→'있는 것', esse→'있음', actus essendi→'실존함의 현실', term(terminus)→이름 등.

이런 번역은 부분적으로는 원본에서 저자가 사용하고 있는 언어의 결함에 기인하고 있다. 이 책 전체의 주제에 해당하는 불어의 l'etre와 영어의 being은 서로 뚜렷이 다른 의미를 가지고 있는 라틴어의 esse와 ens를 둘 다 지시하는 용어로 쓰이고 있기 때문에, 그때마다 조심해서 그것이 ens를 의미하는지 아니면 esse를 의미하는지를 구분하여 번역하지 않으면 안 된다. 그러나 이것은 그리 쉬운 일이 아니다. 왜냐하면 이 책이 집중적으로 추궁하고 있듯이 철학자마다 그 용어의 의미를 다르게 사용하고 있고, 또 나중에는 그 용어에 해당된다고 사용하는 각국의 용어가 이미 다른 오해 가능한 함축들을 담고 있는 채 사용되기 때문이다.

그렇기는 하더라도 이런 용어 사용은 철학계에서 엄밀하게 구분하여 사용하는 개념들과는 차이를 보이고 있고, 이런 용어의 혼란스러운 사용이야말로 이 책이 일관되게 지적하고 있는 것처럼 철학 자체의 치명적인 일탈을 초래하는 주범일 수 있다는 사실을 명심해야 할 것이다. 따라서 위에 예시된 용어들은 다음과 같이 번역되었어야 한다고 생각된다: ens(being)→존재자(存在者) 혹은 유(有), esse(to be)→존재(存在) 혹은 있음, existentia(existence)→실존(實存), actus essendi(act of existence)→존재현실력(存在現實力) 혹은 존재현실 혹은 존재현실태, terminus(term)→항(項) 또는 관계항 등(정의채, 『형이상학』 참조).

4. 질송의 형이상학 안에서 '존재현실력'의 존재론과 '방법적 실재주의'의 인식론 및 '그리스도교 철학'에 대한 역사적 강의는 우리가 '가지적인 것은 모두 존재의 신비로부터 나온다'라고 요약할 수 있는 하나의 단일한 이론적 구상의 여러 측면이다.

『존재란 무엇인가』의 가장 현실감 있는 메시지는 '신비의 의미와 합리성 사이의 균형'이다. 여기서 신비란 인간 이성이 자기 자신 안에서 발견하는 한계의 의식이다. 그러나 이 한계 내에서 (비록 형언할 수 없고 해독할 수 없다고는 하지만) 확실히 현존하고 있고 또 어느 정도 확실히 포착할 수 있는 것을 결코 평가절하하지 않는다. 경험의 실재는 철학으로 하여금 존재자들의 논란의 여지 없는 '현존'과 (또한 존재자들 자체의 기본적인 합리적 암호이며, 그들의 특수한 본질의 '포착 가능성'으로 환원될 수 없는) 존재의 '포착 불가능성'을 받아들이는 데에서 역동적 균형을 발견하도록 강요한다.

질송은 형이상학적 이성, 즉 고전적이고 객관적인 이성의 복권을 통해서 현대 합리성의 위기로부터 빠져나올 수 있는 길을 제시하고 있다. (『가톨릭 신학과 사상』 18(1996/겨울), 175-179쪽)

# 04. 서평_중세철학 이야기

K. 플라시, 『중세철학 이야기』, 신창석 옮김, 서광사, 1998, 364쪽.

1. 중세는 다른 어느 시기보다도 길고 독특한 시기다. 그 독특함의 원천은 바로 그리스도교 진리에 대한 신앙이다. 중세인들은 신앙인으로서 세계와 인간을 바라보았다. 그리고 경험과 이성을 통한 이 세상 지식이 일반적으로 신앙으로 받아들인 진리와 상치될 경우에는 기꺼이 이 세상 지식을 희생시키려는 용의를 갖고 있었다. 그들은 신앙의 가르침을 이해하고 전달하는 데 도움이 되는 한에서, 자연적 이성을 통해서 알려지는 이 세상 지식을 활용했다. 즉 철학을 '신학의 시녀'(ancilla theologiae)로 삼았다. 그러나 이것은 첫인상처럼 비천한 역할이 아니라 영광스러운 역할이었다(레오 13세, 『영원하신 아버지』, 10항). 교황 요한 바오로 2세는 최근에 발표된 한 회칙에서 이렇게 설명하고 있다. "교부시대 이래로 철학이 '신학의 시녀'라고 불린 것은 그 고상하고 필수불가결의 공헌 덕분이었습니다. 이 칭호는 신학에 대한 철학의 굴욕적인 복종이나 순수 기능적인 역할을 지칭하려는 것이 아니었습니다. 오히려 그것은 아리스토텔레스가 경험과학들을 '제일철학'에 대해 '시녀적'(ancillis)이라고 말했던 것과 같은 의미로 사용된 것이었습니다"(『신앙과 이성』, 77항).

중세의 역사는 길다. 중세는 그리스도교 탄생부터 친다면 무려 1400년간을 포괄하는 시기이고, 이 책에서 시작하고 있는 카를 대제의 문예부흥운동부터 계산하더라도 600년에 걸친 시기다. 그런데도 근대, 현대에 비해 상대적으로 연구가 미진하다. 그 자연적인 이유로는 1) 현대와의 시간적인 간격, 2) 언어상의 어려움, 3) 학문 방법의 차이 등을 들 수 있을 것이다. 그러나 그뿐일까? 만일 그것뿐이라면, 고대철학의 경우에는 더 심했어야 하는데, 사실 고대철학은 충분히 그리고 끊임없이 연구의 대상이 되고 있다. 그렇다면 다른 이유는 무엇일까? 이 또 다른 이유는 4) 중세에 대한 경멸이다. 인문주의자들과 종교개혁자들에게서 비롯되어 오늘날까지 이어지는, 가톨릭교회의 지배에 대한 경멸과 반감이 중세와 결부되어 있기 때문이다.

그래서 현대의 대다수 철학자들은 예컨대 금세기 초의 옥타브 아믈랭(Octave Hamelin)처럼 "처음에 그리스 철학이 있었고, 다음에 근대철학이 왔다. 그 중간 시기 동안에는 신앙과 권위에 기초한 신학(이것은 철학 자체를 부정한다) 이외에는 아무것도 없었다"고 강변하였고(É. Gilson, *Le philosophe et la theologie*, 97-98쪽), 오늘날까지도 많은 학자가 기원전 322년에 죽은 아리스토텔레스에서 껑충 뛰어 16세기 후반에 태어난 베이컨과 데카르트로 옮겨가는 것이 정당하다고 간주하는 것 같다(코플스톤, 『토마스 아퀴나스』, 19쪽).

그러나 데카르트나 로크, 그리고 그들의 근대적 후예들이 공언하는 것과는 달리 그들이 고대철학자보다는 스콜라철학자에게 훨씬 더 의존해서 철학을 전개하고 있다는 것을 질송이 입증했다. 그리고 금세기 초 질송을 포함해서 보임커, 에를레, 망도네, 그랍만, 드 불프, 펠처, 방 스텐베르겐 등 역량 있는 중세사가들에 의해 중세가 얼마나 풍부하고 활력있는 시기였는지가 입증되었다.

2. 우리는 이미 일반 철학사 내에서 중세 부분을 다루는 책들 외에도 코플스톤, 질송, 와인버그, 패터슨, 정의채·김규영 등이 쓴 단

행본으로 된 중세철학사 또는 중세철학 입문을 가지고 있다. 그런데 최근 중세철학 연구의 전문가로서 보쿰대학에서 교편을 잡고 있는 쿠르트 플라시(Kurt Flasch)가 쓴 새로운 중세철학 입문서가 신창석 교수의 번역으로 발간되었다. 연구와 교육으로 분주한 가운데서도 동료와 후학들을 위해 귀중한 시간을 할애하여 그 결실을 나누어준 신 교수님께 감사드린다. 여기서 '새롭다'고 표현한 것은 최근에 또 하나의 책이 새로이 나왔다는 것뿐만 아니라, 특히 중세를 바라보는 시각이 이제껏 우리가 접하던 것들과는 판이하게 다르다는 것을 뜻하기도 한다. 역자는 중세철학 '이야기'라고 했지만, 원제는 중세철학 '입문'(*Einführung in die Philosophie des Mittelalters*, Darmstadt, Wissenschaftliche Buchgesellschaft, 1987)이다.

저자는 짧은 머리말에서 "중세의 철학적 사유를 생성(生成)의 과정에 맞추어" 보여줌으로써 "중세의 갈등과 발전의 추진력"을 부각시키려 한다고 집필 의도를 밝히고 있다(6쪽). 그는 다른 곳에서 그 이유를 다음과 같이 설명하고 있다. 사상사란 추상적인 윤곽을 그려놓은 미술전람회가 아니라 살아 움직이는 것이며, 이 사상사와 직결되는 전통적 자료들도 늘 변화하는 상황 속에서 새로운 빛을 띠고 대두되기 때문이다(145쪽). "과거 철학에 대한 입문은 어떤 문명에 존재했던 바로 그 긴장을 보여주지 않으면 안 되며, 이런 긴장의 연구로 인도하는 이론적이고 실천적인 필요성을 분석하지 않으면 안 된다"(146쪽). 그리고 알찬 사상사적 분석이란 중세 전통의 온전히 무르익지 못한 면모와 완전히 해결해내지 못한 단절을 드러내야 한다. 그렇지 않으면 중세가 이룩한 실제 "역사적이고 이성적인 혁명"의 단절음은 우리의 의식에 등장할 수 없기 때문이다.

따라서 그는 사상체계들의 전개를 추상적으로 종합하는 것은 효과적인 입문이 될 수 없다는 판단 아래, "중세의 결정적 진보가 이루어진 열린 상황의 순서에 따라" 중세사상의 역사의 흐름을 경직

되지 않은 방식으로 제시함으로써 중세의 사유가 "현실적이고도 극적인 역사를 가지고 있다"는 것을 보여주고자 한다(6-7쪽). 독자의 흥미를 끌기에 충분한 환영할 만한 시도다.

플라시는 제2장 1절에서 중세철학사에 대한 자신의 방법론적 입장을 밝히고 있다. 그에 따르면 윌리엄 오컴 이전까지의 "중세철학은 신과 영혼과 세계 전체에 대한 이론적 인식이고자 했다. 다시 말해, 중세인들은 결국 철학을 형이상학으로 이해하고자 한 것이다"(40쪽). 이것은 올바른 지적이다. 그러나 그는 한걸음 더 나아가 다음과 같이 주장하고 있다. "그들은 그들 자신에게 유한한 것만 주어져 있는데도 불구하고 무한한 것을 알고자 했기 때문에 실패할 수밖에 없었다"(40쪽). 그들에게는 "이성의 한계에 대한 인식"이 없었기 때문이다(플라시에 따르면, 이성의 한계를 처음으로 드러낸 것은 칸트의 『순수이성비판』이었다). 따라서 "중세철학은 스스로 제기했던 문제들을 원칙적으로 풀 수 없었다"(41쪽). 과연 올바른 지적일까? 아니, 오히려 교부들과 스콜라학자들이야말로 자연적 이성의 한계를 강조하고, 그래서 인간 이성의 능력을 넘는 궁극적이고 영원한 진리는 하느님의 계시를 통해 알려질 수밖에 없다고 강조하지 않았던가? 그리고 근대철학자들이야말로 이성의 능력을 절대적으로 신뢰하지 않았던가?

저자는 중세철학을 바라보는 다른 관점이 있다는 것을 알고 있다. 예컨대 토마스 아퀴나스의 후예들은 토마스 아퀴나스야말로 사람들이 800년부터 1250년까지 다루어 왔던 문제들을 처음으로 해결했다고 믿는다. 그들에게 토마스 아퀴나스 이후의 시대는 분열의 시대로 보였을 뿐만 아니라 달성된 종합에 대한 범죄적 파괴로 보였다. 칸트학파의 경우도 비슷하다. 칸트학파와 토마스학파에서는 "초시간적이라고 간주되는 구조의 관점에서" 역사의 흐름을 고정시키고, 토마스나 칸트 이전의 철학적 시도들은 모두 원칙적인 오류를 포함하고 있는 연습장이었다고 간주한다(42-43쪽).

그러나 플라시에 따르면, 척도는 경직된 것이어서는 안 되며 유연해야 한다. 토마스와 칸트를 비롯한 모든 철학자들은 "그들의 고유한 시대에 속한다." 그들의 위대성은 인간적 삶이 지니고 있는 현실적 조건들을 파고들어가는 활력에 있다. 철학은 삶의 현실적 조건들과 상호 침투되어야 한다. 학문, 철학, 예술 등을 농업사, 도시사, 무역로, 기술적 작업방식 등과의 상호연관 속에서 고려하게 될 때 삶과 구체적인 연관을 맺을 수 있고, "영원주의적 허식으로 인해 잃어버린 것"을 되찾을 수 있다(44쪽).

3. 이런 관점을 가지고 저자는 13개 장으로 나누어 중세철학사를 살피고 있다. 중세철학사를 다루는 데 있어서 학자들은 일반적으로 세 시기를 분류한다: 1) 예비기(12세기까지), 2) 황금기(13세기), 3) 쇠퇴기(14세기 이후).

이런 일반적인 분류법에 따르면 '예비기'에 해당되는 시기를 위해서 저자는 먼저 카를 대제의 유럽 복원 작업 당시 유럽이 처해 있던 정치적·문화적 상황과 그것을 헤쳐나간 대제의 전략 등을 첫 3개 장에 걸쳐서 대가답게 진술한다. 그리고 이어서 11세기에 변증론에 입각해 그리스도의 몸이 성체 안에 물리적으로 실존하지 않고 다만 상징적으로만 실존할 뿐이라고 주장하던 베렌가리우스의 실패담(4장), 실패하지는 않았지만 성서나 교부 인증을 경시하고 이성의 논리적 논증에 입각하여 신 실존을 증명한 안셀무스의 작업(5장), 경제 부흥에 따라 자연스럽게 개발된 새로운 합리성에 기초를 둔 논리적 방법을 신앙 내용들에 적용하고자 했던 스콜라철학 방법의 창시자이며 "중세의 가장 중요한 사상가"(149쪽)인 아벨라르두스의 개혁 정신(7장), 그리고 아리스토텔레스의 자연주의를 무기로 오직 이성의 진리에만 충실하려다 말년에 이슬람교로부터 단죄받고 그가 죽은 후에는 그의 사상이 서구 중세 사상사에 뇌관으로 등장하게 되는 아랍 철학자 아베로에스의 이야기가 두 개 장(제8장과 제9장)에 걸쳐 길게 취급되고 있다.

그러나 정작 중세 스콜라철학의 '황금기'에 해당하는 13세기에 대해서는, 교황파와 황제파 사이의 오랜 세력 다툼을 논하는 것으로 대신하고 있다. 그리고 이 기회에 일반적으로 중세 최대의 스콜라학자요 스콜라학의 완성자라고 인정받는 토마스 아퀴나스를, 겨우 정치 분야에만 한정해서, 그것도 교황의 앞잡이 노릇을 하는 권력의 하수인으로 간략히 묘사하는 것으로 그치고, 오히려 이후 시기에 속하는 황제파 단테 알리기에리와 파도바의 마르실리우스가 '국민 주권' 이념을 제창했다가 아쉽게도 실패했다고 묘사하고 있다(10장).

'쇠퇴기'에 해당되는 나머지 장들에서는 (현대철학의 중심 주제인) 언어 분석 작업을 통하여 '옛 길'(via antiqua)을 끝장내고 '새 길'(via moderna)을 연 윌리엄 오컴의 면도날이 얼마나 예리했는지(11장), 그리고 역시 성서와 신앙의 가르침을 "철학의 자연적 근거(rationes naturales)에 의해"(286쪽) 해설하며, 사람이 되신 하느님이 예수라는 개인 속에서 창조되는 것이 아니라 인류 전체 속에서 탄생한다고 과감히 주장(296쪽)하다가 단죄된 마이스터 에크하르트의 이야기(12장), 그리고 마지막으로 "무지의 지"(docta ignorantia) 사상으로 아리스토텔레스의 변증법적 논리 시대를 끝장내고 무한과 유한의 통일을 주창한 니콜라우스 쿠사누스 추기경의 이야기를 비교적 상세히 전해주고 있다(13장).

4. 다시 정리하자면, 플라시는 이 책을 통해서 카롤링거 문예부흥(9세기)부터 교황권이 확립되는 12세기의 르네상스, 13세기 스콜라철학의 전성기를 거쳐 14-15세기의 휴머니즘적 운동 태동기에 이

르는 정치적 배경을 강조하고 있다. 이런 정치사적 배경 아래 대립적인 사상적 동기들이 충돌하고 그 가운데 학문적 역량이 발전하게 되었음을 잘 밝히고 있다. 그러나 코플스톤은 이런 정치·경제 중심의 철학사 서술의 위험에 대해서 경계하고 있다(코플스톤, 『중세철학사』, 30쪽 참조).

일반적인 철학사와는 달리, 이 책에서는 저자의 독특한 관점에 따라 선별된 특정 인물과 특정 주제들을 집중적으로 조명하고 있다. 일반 중세철학사는 교부철학에서 시작한다. 왜냐하면 중세인들의 가슴속에 살아있던 그리스도교 신앙을 외면한 채 중세사상을 이해하려 드는 것은 가장 중요한 핵심을 놓칠 위험이 있기 때문이다. 그리고 본격 중세철학 또는 스콜라철학에서도 일반철학사에서는 대체로 1) 카를 대제의 문예부흥 시기(앨퀸과 에리우게나), 2) 안셀무스, 3) 보편논쟁, 4) 아벨라르두스, 5) 대학의 발달, 6) 아리스토텔레스 철학의 등장, 7) 아랍과 유다 철학자들, 8) 탁발수도회 운동, 9) 프란치스코회 스승들(알렉산더 할레스, 보나벤투라), 10) 도미니코회 스승들(알베르투스 마뉴스, 토마스 아퀴나스), 11) 둔스 스코투스, 12) 윌리엄 오컴, 13) 에카르트, 14) 쿠사누스 등을 취급한다.

그러나 플라시는 이 가운데서 1), 2), 4), 7), 10)(일부), 12), 13), 14)를 취급하고, 나머지는 간단한 언급 정도로 지나치고 있다. 그 대신에 카를과 동로마제국의 대결, 황제와 교황 사이의 권력 다툼을 부각시키고, 잘 알려져 있지 않은 상당수의 사상가들(고트샬크, 베렌가리우스, 란프랑크, 마네골트, 볼프헬름, 마크로비우스, 루테렐, 벵크 등)을 비중 있게 논하고 있으며, 무엇보다도 대부분 이단으로 단죄받은 사상가들을 중심으로 사상사의 흐름을 엮고 있다. 말하자면 약자의 편에서 새로 쓴 역사라고나 할까?

이러한 사실들은 물론 기존의 철학사에 담겨 있는 내용을 보충해 주는 귀중한 자료임에 틀림이 없다. 그리고 저자의 해박한 지식과 독자를 긴장으로 몰고 가는 능숙한 필치 때문에도, 일반 중세철학사가들의 논술에 비하면 참신하다는 느낌을 주는 것이 사실이다. 그러나 다른 일반 중세철학사를 읽고 나서 이 책을 접한다면 모를까, 처음부터 이 책을 통해 중세철학에 접근하게 될 때, 대체로 초심자일 독자로 하여금 자칫 형평과 균형을 잃게 만들지 않을까 우려된다.

5. 책을 다 읽고 나서 가장 먼저 떠오르는 인상은 마치 예언자나 순교자 또는 '민주투사'들의 핍박받는 이야기를 읽은 것 같다는 느낌이다. 이제까지의 중세철학사가 플라시의 표현을 빌리자면 지배권력인 교회의 이데올로기, 즉 세속 황제와 군왕들을 거슬러 권력 투쟁을 벌이는 중세교회의 이데올로기에 부합되는, 말하자면 성공한 학자들의 이야기를 중심으로 전개되었다면, 플라시의 책은 '해방된 새 시대', 즉 근대를 열려고 투쟁하다가 교회 권력으로부터 탄압받아 실패하고 역사의 그늘에 묻혀버린 패배자들을 중심으로 이야기를 전개하고 있다는 인상을 강하게 받는다.

둘째, 중세의 독특한 특성인 '그리스도교 신앙'이라는 맥락을 배경에 깔고 사상사를 살피는 다른 일반적인 중세철학사와는 달리, 이 책은 철학적 주제들에 관한 논쟁을 저자의 해박한 지식을 바탕으로 하여 '정치문화사'라는 맥락 한가운데 편입시키고 있다. 초월을 배제하고 내재의 관점을 취하는 근대적 사고방식을 가지고 중세에 접근하는 것이다.

셋째, 일반 철학사에서는 상대적으로 소홀히 취급되어온 인물들을 크게 부각시키며, 그들과 잘 알려진 철학자들 사이에 벌어지는 대결 구도로 몰고 가고 있다. 왜냐하면 그는 "중세철학자의 사상은 반대파에게 비친 것보다 더 풍부하고 복잡했다"고(284쪽) 보기 때문이다. 그래서 그는 대다수 중세철학 사가의 평가를 뒤집어 그 반대

편에 있는, 중세의 지배적 권력구조인 교회로부터 단죄받은 사람들의 입장을 옹호하고 있고, 독일 철학자의 입지를 크게 부각시키고 있다. 그것은 그가 통일적 지배 구조를 위하여 "자유 정신의 형제들"을 박해하고 "다양성"을 희생시키는 것을 중대한 퇴보로 염려하고 있기 때문이다(283쪽).

넷째, 그래서 앞에서도 지적했듯이 중세철학의 가장 중요한 사상가들, 예를 들면 일반적으로 중세철학 또는 스콜라철학의 완성자라고 평가받는 토마스 아퀴나스에 대해서는 기껏 정치론 분야에서만, 그것도 교황 정치의 앞잡이로 묘사하는 것으로 그치고, 보나벤투라, 알렉산더 할레스, 둔스 스코투스 등 프란치스코회의 유명한 학자들에 대해서도 그저 지나가는 언급으로 그치고 있다. 요컨대 일반적으로 중세 황금기라고 알려져 있는 시기에 관한 핵심적인 논의가 빠져 있다고 해도 과언이 아니다.

앞의 세 가지 지적에 대해서는 역사가의 때로는 불가피한 선택 권리에 따른 것으로 간주할 수도 있지만, 네 번째 지적에 대해서는 아무리 좋게 보더라도 독특한 장점이라기보다는 약점으로 간주되어야 할 것이다.

마지막으로 '결론' 또는 '종합'이나 '마무리' 부분이 없다는 다소 뜻밖의 사실을 지적할 수 있겠다. 다른 어느 중세철학사에 관한 책보다도 정치경제사적 연관 속에서 중세 600년간의 긴장과 갈등을 숨막히게 추적해 왔기 때문에, 끝머리에서 차분히 정리하며 돌아볼 여유가 필요하다고 생각되는데, 그런 자리가 마련되어 있지 않다. 이미 충분히 다 말했기 때문일까? 아니면 마지막 몇 개 장을 통해서 이미 새 시대 또는 근대시대(epoca moderna)로 진입했다는 것을 암시하려는 것일까? 어쨌든 정리는 고스란히 독자의 몫으로 남겨져 있다. (『중세철학』 5(1999/12), 237-244쪽)

# 05. 서평_천사론

이나가키 료스케, 『천사론』, 김산춘 옮김, 성바오로출판사, 1999, 180쪽.

어떤 독자가 서점에서 이 책의 제목을 보게 된다면 '요즈음 학문이 하도 세분화되더니, 심지어는 이런 책까지 나오는구나' 하고 개탄할지도 모른다. 그러나 초면의 거부감을 극복하고 이 책을 사서 읽는다면, 뜻밖의 엄청난 횡재를 했을 때의 벅찬 기쁨과 지적 만족감을 느끼며 저자에게 감사하게 되리라고 믿는다.

저자는 국제적으로도 인정받는 일본의 대표적인 토미스트로서, 자신이 '천사적 박사'(Doctor Angelicus), 즉 천사들에 관하여 깊은 관심과 애정을 가지고 많은 논술을 통해 천사론을 종합 완성시킨 중세 최대의 스콜라학자 성 토마스 아퀴나스의 한 제자로서 천사론을 현대인들에게 소개하는 것이 도리라고 생각하여 이 소책자를 집필하게 되었다고 말하고 있다(9쪽).

저자가 반복해서 지적하고 있는 것처럼, 천사라고 하면 현대인들은 우선 화려한 날개를 어깨에 달고 수금이나 비파를 타는 젊은이 또는 작은 날개를 달고 날아다니는 꼬마 천사들의 형상을 떠올리기 쉽다(16쪽). 이는 신화나 동화, 문학이나 미술 영역에 나타나는 천사들의 모습이다. 그리스어 angelos에 뿌리를 두고 있는 천사(angel)라는 말은 주로 신들의 뜻을 이 세상에 전달하는 사명을 띤 사자(使者) 또는 고지자(告知者)를 가리키는데, 동양에서도 비슷하게 하늘의 뜻을 인간 세상에 전하는 존재자를 '선녀'(仙女)라고 불러 왔다.

전통적으로 우주 안에 존재하는 각종 존재자들을 대별하여, 인간을 중심으로 인간 이하의 방향으로는 온갖 종류의 동물, 식물, 무생물이 있고, 인간 이상의 방향으로는 천사들과 신이 있다고 보았다. 인간은 이 두 세계, 즉 물질세계와 비물질적 영의 세계 사이를 연결짓는 연결점이다(50-55쪽). 실상 인간은 육체를 지니고 있는 한 이 세상 사물들 가운데 하나지만, 육체의 이런저런 기관(器官, organs)에 종속되어 있지 않은 지성적 사고와 지성적 욕구를 펼치는 비물질적 영혼을 지니고 있는 한, 그는 비물질적 정신의 세계에도 참여하고 있는 것이 확실하다. 그러나 근대 이후, 특히 계몽주의 이후로 인간은 점차 비물질적 영의 세계에 대한 감각을 상실해버렸다.

이 책의 근본 동기는 천사 연구를 통해서 인간 자신의 영적 측면을 해명할 실마리를 찾자는 것이다. 인간이 무엇인지, 아니 보다 정확하게는 육체를 지닌 인간 존재자가 무엇인지를 더 잘 이해할 수 있기 위해서 우리와 유사한 생명의 메커니즘을 가지고 살아가는 동식물을 연구함으로써 인간 자신을 이해하는 데 큰 도움을 받아왔듯이, 인간의 정신이 무엇인지를 보다 잘 이해하기 위해서 '육체 없는 정신'이라고 규정할 수 있는 천사에 관해 연구하는 것이 큰 도움이 되리라는 것이 저자의 확신이다.

하긴 각종 식물이나 동물을 연구하는 주체도 인간이고 신학의 주체 역시 인간이다. 즉 동식물이나 신을 인간의 이해 능력으로 이해할 수 있는 한에서 연구하는 것이다. 이제 저자가 전개하는 천사론도 인간의 이해 능력에 드러나는 대로 천사의 모습을 그려보자는 것이다. 그래서 저자는 자신이 쓴 글을 천사들이 보고 어떻게 생각할지가 가장 걱정스럽다고 말하고 있다(5쪽). 만일 제대로 묘사한 것이 아니라 엉터리로 묘사했다면, 영적 존재자들인 천사들이 저자를 두고 얼마나 비웃겠느냐는 것이다.

이처럼 저자는 천사를 '영적 사귐'이 가능한 존재자들이라고 전제하고 논의를 시작하면서, 무엇보다도 천사에 관한 논의를 상상력의 활동이 두드러지는 동화나 전설 또는 문학이나 예술 등의 세계로부터 본격적인 학문의 세계로 끌어올리고자 노력하고 있다. 저자는 신학(神學, theology), 인간학(人間學, anthropology), 생물학(生物學, biology) 등에 조금도 뒤지지 않는 "천사학"(天使學, angelology)이 가능하다고 믿고 있기 때문에, 먼저 제1장에서 학문으로서의 성립 가능성을 충분히 다진 다음에, 이어지는 장(章)들을 통해서 마치 인간학을 전개하듯이, 천사의 실존 문제, 천사의 인식 문제, 천사의 언어 문제, 천사의 사랑 문제, 천사의 죄 문제, 그리고 마지막으로 천사의 사회 문제 등의 주제를 차례로 해명해 나가고 있다.

저자의 논술 방식은, 비록 쉬운 언어를 사용하며 충분한 설명을 제시하고 있지만 형이상학적이다. 형이상학적 가능성을 제시하고 반론들에 대한 엄정한 논박의 근거들을 제시하면서 인간의 지성이 이해할 수 있는 한도까지만 말하고, 우리의 이해 능력을 넘는 사정들에 대해서는 여지를 남겨두는 방식을 취하고 있다. 이런 비유가 어떨지 모르지만 손쉬운 예를 들어, 만일 개미가 나름대로 인간을 이해할 수 있어서 자기들이 이해한 인간에 대해서 묘사한다면, 즉 (저자가 천사에 대해서 하고 있듯이) 그들이 '인간학'을 전개한다면, 그들의 진술 내용은 인간이 스스로 이해하는 대로의 인간의 풍부하고도 넓은 참모습과는 상당한 거리가 있을 것임에 틀림이 없다. 이처럼 자기 능력의 한계를 인정하면서 전개하는 연구는 건강하고도 유익하다.

르네상스 시대의 거장 미켈란젤로는 맑고 아름다운 천상의 세계를 수많은 화폭에 담아낸 도미니코회의 위대한 화가 프라 안젤리코(Fra Angelico)가 1430년에 그린 〈성모영보〉(*Annunciazione*)를 감상하고는 "저런 그림을 그릴 수 있는 화가는 그가 이 땅에서 저토록 아름답게 창작해낸 것을 직접 바라볼 수 있기 위해서 마땅히 하늘나라에 갈 수밖에 없다"고 찬탄했다고 한다. 화폭에 담겨 있는 아름다운 천사들의 모습을 화가들은 도대체 어떻게 알아낸 것일까? 그저 단순한 상상력의 소산일까, 아니면 혹시 직접 보기라도 한 것일까? 천사들은 과연 우리 인간의 눈에 보일 수 있는 것일까?

그러나 이런 질문들은 몇 가지 단서를 달 때만 의미있는 질문들이 될 것이다. 먼저, 천사는 육체를 지니고 있지 않은 순수 정신이기 때문에 인간이나 다른 사물처럼 '형체'나 '모습'(figure)을 지니고 있지 않다. 둘째, 모습을 지니고 있지 않기 때문에 인간의 눈에 보일 수 없다. 우리 눈은 감각 능력(시력)을 통해 색깔과 형체를 지니고 있는 물체를 알아볼 수 있는데, 물질도 지니고 있지 않고 색깔이나 형체도 없다면, 그런 존재자가 설령 있다고 하더라도 알아볼 수 없기 때문이다.

그렇다면 화가나 작가는 존재하지도 않는 천사의 모습을 순전히 상상의 세계 속에서 그려낸 것일까? 과연 천사들이 존재는 하는 것일까? 그 실존이 확인된 연후에야 비로소 천사가 어떠한 존재인지를 논할 수 있다. 그래서 저자는 어떤 것이 존재한다는 사실을 확인하는 여러 방식에 대한 비교분석 작업을 통하여(43-46쪽), 눈에 보이지 않는 실재들의 실존을 확인할 때의 확인 방식은 일반적인 물체들을 확인할 때와는 크게 다르다는 점을 강조한다. 그리고 이 문제를 해결하는 실마리를 찾기 위해서 '나는 어디에 있는가?'라는 질문을 면밀히 검토해볼 것을 제안하면서(59-63쪽), 이렇게 해서 실존 가능성이 확인되는 천사들은 (신의 실존처럼 필연적으로 논증되는 것은 아니지만) 우주 전체의 조화와 완성을 위해서 강력하게 요구된다고 말한다(50-55쪽).

이어서 천사의 인식 활동을 논하는 자리에서는 천사의 지성이 정신세계에서 최하위를 차지하는 불완전한 인간의 지성과 완전한 신의 정신 사이의 중간을 차지한다(『신학대전』 제1부 제51문 제1절)고 지적하면서, '비교인식론'을 전개할 것을 제안하고 있다. 즉 잘 알려져 있는 인간의 인식 활동과 천사의 인식 활동을 비교 검토해봄으로써 공통점과 차이점들을 밝혀내자는 것이다. 육체의 감각기관들에 묶여 있는 인간의 지성은 추상작용을 통한 논술적 인식(cognitio discursiva)을 수행할 수밖에 없는 데 반해, 육체를 지니고 있지 않은 천사의 경우에는 직관적 인식(cognitio intuitiva)을 수행함으로써 사물들에 대한 완전한 인식에 이를 수 있다. 인간은 언제나 인식하고 있는 것이 아니라, 인식 가능한 능력을 지니고 있다가 그때그때 필요에 따라 현실적으로 인식을 수행하는 데 반해, 천사들의 경우에는 신이 각인시켜준 '사물의 상들'(species rerum)을 통해서 언제나 중단 없이 인식 활동을 수행하고 있기 때문이다.

이러한 천사들은 인간이나 다른 천사들 또는 신과 같은 다른 정신적 존재자들에게 말을 건넬 수 있을까? 천사들은 자신이 소유하고 있는 진리 또는 지혜를 하위 존재자들에게 전달하려는 강한 욕구를 가지고 하위 존재자들을 조명할(illuminare) 수 있고, 하위 천사들은 이 조명을 받음으로써 지혜가 성장하게 된다. 이것을 저자는 스승이 제자에게 진리를 일깨워주는 것과 같은 '학습' 관계라고 설명하고 있다(99-100쪽). 하위 존재자가 상위 존재자로부터 이렇게 조명을 받게 되면, 능력의 강화 현상이 일어난다(106쪽). 하위 천사들은 신을 포함한 상위 존재자에게 가르침 또는 조명을 청하는 방식으로 말을 건넨다. 그리고 하느님을 알면 알수록 그분의 위대하심과 아름다움에 사로잡히게 되어 끊임없이 찬미의 노래를 부르게 된다. 이처럼 늘 하느님을 찬미하며 살아가는 천사들의 생활 때문에, 화가들은 천사들을 그릴 때 주로 수금과 나팔을 불며 춤추는 모습으로 묘사하고 있는 것이다.

천사의 사랑을 논하는 부분에서도 저자는 인간의 사랑과 천사의 사랑에 관한 비교 작업을 펼치고 있다. 사랑은 사랑하는 자와 사랑받는 자가 어떤 식으로든 일체가 되는 것을 의미한다. 인식에서는 인식 대상의 형상을 인식 주체 안으로 잡아당기지만, 욕구에서는 오히려 욕구 대상이 욕구 주체를 대상 쪽으로 끌어당긴다. 욕구의 한 활동인 사랑이란, 사랑하는 이가 자기 자신 바깥으로 나가 사랑의 대상에 도달하여 하나가 될 때까지 계속되는 운동인 셈이다(114쪽). 천사의 사랑은 "순수하게 지적 인식에 기초한 것이며, 지적 인식은 사물의 존재 자체에 도달해 있으므로, 천사의 사랑은 사물의 중핵인 존재 자체에 도달하는 인식 덕분에, 항상 사물의 존재(그 넘쳐흐르는 아름다움)에 관련되어 있다"(119쪽). 천사는 자기 자신, 즉 하느님의 상으로서의 정신을 완전히 인식할 수 있기 때문에, 자기 본질이라는 거울에 비치는 한에서 하느님의 본질을 직관할 수 있다.

그리고 천사의 죄와 타락을 다루는 부분에서는 이 문제가 이성이 풀기에는 대단히 어렵다는 것을 지적하면서, 계시를 통해 알려진 천사의 타락의 궁극적 원인은 신의 의지가 담겨 있는 영원법(lex aeterna)을 무시하고 스스로 그 위에 서려는 교만이라고 말하고 있다(145-146쪽). 저자는 여기서 현대인이 스스로 도취되고 있는 '자기 신화'(自己 神化)와 그 결과 빠져들고 있는 '자기소외'(自己疎外)에 대한 강력한 경종을 울리고 있다(150-152쪽).

천사의 사회학을 논하는 부분에서는 개체(individuum)를 넘어 인격(persona)으로서 타자와의 사귐이 천사들 사이에서도 있으며, 이 사귐은 자신이 지니고 있는 선을 이웃에게 나누어주는 선행의 기회라고 강조한다.

요즘 현대인의 삶이 복잡한 만큼 각종 필요를 충족시켜준다고 선전하는 상품 광고들이 그야말로 홍수를 이루고 있다. 현대 세계가 '소유' 개념에 기초하고 있는 소비사회인 까닭이다. 그러나 저자는 우리 사회가 '존재' 중심의 사회가 되어야 한다는 점을 역설하고 있다(176-177쪽). 육체와 영혼으로 구성되어 있는 인간도 다른 동물들과 마찬가지로 생존에 필요한 물질적 필요들을 충족시켜야 한다는 것을 부인하지 않지만, 인간의 경우에는 영혼 또는 정신도 함께 지니고 있기 때문에 물질적 조건의 충족으로 만족할 수 없다. 아니 오히려 인간이 인간인 이유는 정신에 있기 때문에, 참으로 '인간답기' 위해서는 물질적 소유는 최소한으로 한정하고, 오히려 정신 또는 영혼을 살찌우는 데 더 큰 노력을 기울여야 할 것이다.

육체를 지니고 있지 않은 순수 영적 존재자들인 천사들이 서구 사상사에서 추방되어버린 것은 최근의 일로서, 계몽주의의 결과 때문이다. 하늘을 버리고 땅을 움켜쥔 것이다. 그러나 천사의 추방으로 현대 인류의 정신적 삶은 그 어느 시대보다도 빈곤해지고 고갈되었다.

이제, 저자가 희망하고 있는 것처럼, 갈수록 더욱 풍요로운 물질문명에 푹 젖어 눈에 보이지 않는 정신세계를 등한시하고 있는 현대의 독자들이 이 책을 읽고 천사들과 깊이 사귀며, 눈에 보이지 않는 세계에 대한 감각을 회복하는 기회가 되었으면 좋겠다. (『가톨릭 신학과 사상』 33(2000/가을), 220-225쪽)

# 06. 서평_인간: 철학적 인간학 입문

B. 몬딘, 『인간: 철학적 인간학 입문』, 허재윤 옮김, 서광사, 1996, 332쪽.

1. 이 책은 이탈리아의 대표적 토미스트로서 우르바노대학 철학과 교수로 재직하고 있는 바티스타 몬딘 신부가 '철학적 인간학' 교재용으로 1983년에 이탈리아어로 출판하고(*Antropologia filosofica*), 1985년에 그의 한 제자에 의해서 번역된 영어판(*Philosophical Anthropology. Man: An Impossible Project?*)을 번역한 것이다.

이 책을 번역한 허재윤 교수님은 평생 철학적 인간학 연구에 몸 바쳐온 몇 안 되는 철학자 가운데 한 분으로, 그 자신 이미 철학적 인간학 교재를 집필하기도 하고 여러 권의 귀중한 번역서를 내기도 하였다. 개인적으로는 서평자의 학위논문 지도교수 가운데 한 분이었던 몬딘 신부의 책을 국내에서 처음으로 번역하여 소개한 옮긴이에게 고마운 마음과 더불어 게으른 제자로서의 부끄러운 마음이 엇갈린다.

우르바노대학 유학시절 저자로부터 이 책의 원본을 교재로 철학적 인간학 수업을 듣던 기억이 되살아난다. 몬딘 신부는 강의시간에 가끔 '이탈리아에 파브로가 있더니, 이제는 몬딘이 있다'고들 평한다고 스스로 말하곤 했다. 코르넬리오 파브로(Cornelio Fabro) 신부는 이탈리아를 대표하던 토미스트로서 당시에도 연구를 근근이 발표하고 있는 팔순의 고령이었다. 사베리오 선교수도회 소속인 몬딘 신부는 미국의 하버드대학에서 '가톨릭과 개신교 신학에서의 신학적 언어'에 관한 논문으로 철학박사 학위를 취득한 이래, 철학과 신학 두 분야에 고루 걸쳐 어림잡아 70-80권 이상이나 출판한 왕성한 저술가이다. 이제 몬딘 자신도 팔순을 바라보고 있는 나이지만, 그의 왕성한 저술 능력은 시들기는커녕 오히려 가속도가 붙어, 최근에도 『철학, 신학, 윤리학 백과사전』(1989), 『성 토마스 아퀴나스 사상 백과사전』(1991) 외에 7권으로 된 신학 교재들(1992-96), 4권으로 된 두툼한 『신학사』(1996-97), 그리고 3권으로 된 방대한 『형이상학사』(1998)를 출간했으며, 6권으로 된 이론철학 교재를 집필 중에 있다.

2. 인간의 모든 활동이 마찬가지지만, 그 가운데 하나인 학문활동과 그 다양한 결실들은 모두 "인간과의 연관성" 때문에(sub ratione hominis) 나름대로 인간학에 기여할 수 있다. 그러나 개별 학문들은 인간에 관해 단편적이고 피상적인 지식만을 제공할 뿐이고, 심지어 생물학, 인류학, 심리학, 의학, 역사학, 사회학, 교육학 등 인간을 직접적인 대상으로 삼고 있는 학문조차도 인간 존재의 모습을 있는 그대로 온전하게 그려낼 수 없는 데 반해, 철학은 실재의 가장 깊은 근거 또는 궁극적 원리를 탐구하기 때문에, 인간에 관하여 "전체적이며 완전하고 결정적인 해답"을 추구한다.

올바른 철학적 인간학은, 현대 인간학자들이 우주 안에서 인간의 지위를 확정하려 하거나(셸러), 생물학적 관점에서 동물과의 비교를 통하여 인간의 특성(포르트만, 겔렌)을 추구한 것을 넘어, 인간 존재 전체의 궁극적 해명을 시도해야 한다. 그러기 위해서는 최근 이나가키 료스케가 『천사론』(성바오로출판사, 1998)에서 제언하고 있듯이, 인류가 수많은 인력과 장비를 동원하여 동물에 대한 관찰과 실험을 계속함으로써 인체의 신비 해명에 커다란 도움을 받아오고 있는 것처럼, 육체를 지니고 있지 않은 "순수 영체"인 천사(天使)에 관해서도 그에 못지않은 깊은 학문적 관심을 기울임으로써, "육화(肉化)된 정신"인 인간 해명에 빛을 비출 수 있어야 할 것이다.

이 책의 저자인 몬딘 신부는 철학적 인간학의 올바른 탐구방법으로 오늘날 널리 활용되고 있는 현상학적 방법과 전통적인 형이상학적 방법을 병행할 것을 제안하고 있다. "나의 판단으로는 철학적 인간학은 두 가지 측면, 즉 현상학적 측면과 선험적[초월적] 측면이 함께 사용되는 매우 복잡한 방법을 요구하는 듯하다. 현상학적 단계에서는 인간 존재와 관련되는 모든 자료들이 수집되고, 초월적 단계에서는 이 자료들의 궁극적 의미, 즉 이 자료들에 의미를 부여해 주고 또 그것들을 가능하게 해주는 심오한 의미가 추구된다"(19쪽).

이 접근법은 이미 현상학적 단계에서부터 실험과학의 방법과 구별된다. 왜냐하면 인간의 활동이 신체적이고 외부적인 측면과 정신적이고 내면적인 두 측면을 지니고 있어서 '객관적 관찰'뿐만 아니라 '내성'(內省, introspection)의 방법을 함께 사용할 수밖에 없기 때문이다. 그러나 초월적 단계를 통하여 철학적 인간학은 더욱 실험과학으로부터 구별된다. 실상 과학의 탐구 방법은 본질적으로 수평적이어서 하나의 현상에서 다른 것으로 나아가 그것들을 분류하고 체계화하는 것이지만, 철학적 인간학은 본질적으로 수직적이어서 현상들로부터 그 원리로 나아가 현상의 궁극적 근거를 해명하고자 하기 때문이다.

이것은 유일하게 타당한 방법이다. "인간이 무엇인가를 알아낼, 그리고 그의 존재의 신비를 탐지할 길은 하나밖에 없는데, 그것은 그의 활동 또는 행동을 연구하는 방법이다. 그의 행동으로부터, 그의 여러 행동들의 성질과 차원으로부터, 우리는 그것들의 근원인 인간 존재 자체로 소급해 갈 수 있고, 인간 존재의 위대성, 그 특성, 그 차원, 그 숭고성, 그 가능성을 미루어 알 수 있다"(35쪽).

3. 이러한 방법론에 따라 자연스럽게 이 책의 기본 구조도 밝혀진다. 즉 제1부에서는 인간의 다양한 활동들에 대한 현상학적 분석 작업이 펼쳐지고, 제2부에서는 현상학적 분석을 통하여 밝혀져 나오는 결실들을 기초로 삼아, 형이상학적 해명 작업이 전개된다. 그것은 우선 인간 활동의 특성들을 그 원리로부터 포괄적으로 설명하기 위한 것이며, 동시에 인간 존재 전체를 그 근본에서부터 해명하려는 것이다.

제1부에서 저자는 생명, 지식, 자의식, 자유, 언어, 문화, 노동 등의 핵심적 주제들을 선택하여, 각각의 주제에 대해서 사상사 전반에 걸친 해박한 지식을 유감없이 발휘하며 격렬한 논쟁들의 숲을 헤쳐 그 핵심적 의미와 가치를 밝혀내고 있다.

저자는 현상학적 분석을 통해 인간 활동이 다음과 같은 기본 특성을 드러내고 있다고 관찰하고 있다. 첫째, 인간의 활동은 모든 표현 형태, 즉 생명, 지식, 자의식, 의지, 언어, 문화, 노동 등에 있어서 물리적 기관을 통해서 전개되며(신체성), 따라서 감각기관에 의하여 파악될 수 있다. 둘째, 인간만이 지니고 있는 이성적 능력에 기초하고 있는 다양한 비물질적 활동들(정신성 또는 영성)은 인간을 다른 여타의 존재자들로부터 확연히 구분시킨다. 셋째, 이러한 인간의 활동은 동물의 행동과 비교하여 볼 때 무한히 우월하다(우월성). 넷째, 인간은 기존의 것들을 넘어 무한을 향해 나아가려는 끝없는 충동에 몰리고 있다(초월성)(235-236쪽).

제2부에서는 토마스 아퀴나스의 가르침에 따라 형이상학적 논의를 전개하여 인간 존재가 드러내는 초월성, 비물질적인 지성적 활동의 근거로서 영혼의 영성(spirituality), 육체와 영혼의 단일한 실체적 결합, 인격성, 그리고 마지막으로 인간 영혼의 불멸성 등을 존재론적으로 확증하고 있다.

인간 활동에 관한 현상학적인 연구는 우리에게 인간 활동의 다차원성, 다양성을 확인시켜준다. 그러나 동시에 여러 상이한 활동들이 서로를 포함하고 있음도 알려준다. 인간 존재의 통일성을 노정시키는 것이다. 생명, 신체성, 사고, 의지 등의 현상들은 그것들이 모두 동일한 근원, 즉 인간 존재에 의해 생겨난 것이기 때문에 모두 단일한 주체로 귀속된다. 이렇게 해서 인간은 단순 실체가 아니라 신체적 요소와 정신적 요소라는 두 요소가 긴밀하게 결합되어 이루어진 복합 실체라는 것이 드러난다(261쪽).

4. 제1부 인간의 특징적 활동들에 대한 현상학적 분석 부분도 해당 주제에 관한 대단히 흥미롭고 값진 통찰을 담고 있지만 지면 관계상 생략하기로 하고, 제2부 형이상학적 논술 부분을 잠시 살펴보기로 하자. 저자는 이 부분에서 인간 존재 자체의 궁극적 근거, 즉 그의 본성, 기원, 그리고 궁극적 목적을 해명하고자 시도하고 있다.

  인간 기획 또는 인간의 기본 구조는 확실히 모순처럼 보인다. 왜냐하면 그것은 물리적 차원에서는 시간과 공간적 한계 내에 갇혀 있고 역사적 충동력의 지배를 받는 한편, 정신적 차원에서는 이러한 시간, 공간, 역사의 모든 제한들 바깥에, 그리고 그 너머에 있기 때문이다(235쪽).

  저자는 인간의 정신적 활동들이 드러내고 있는 공통의 특성으로 "자기초월성"을 들고 있다. 자기초월이란 인간이 끊임없이 자기 자신을, 즉 그의 현재의 모든 조건, 그가 지니고 있는 것, 그가 원하고 있는 것 모두를 넘어 무한을 향해 나아가는 인간 특유의 운동이다. 이 자기초월을 해석하는 세 가지 방법이 있다(240-254쪽). 첫째, 자아중심적 해석에 따르면, 자기초월 운동의 목적은 인간 개개인의 자기실현이다(니체와 실존주의자들). 둘째, 사회중심적 해석에 따르면, 이것은 사회 전체의 완성과 실현, 즉 완전한 사회복지를 추구한다(마르크스와 실증주의자들). 셋째, 신 중심적 해석에 따르면, 이 자기초월의 의미는 오직 신 안에서만 주어질 수 있다. 즉 인간은 초월적 의지인 신에 의해서 그러한 충동을 받기 때문에, 끊임없이 자기 자신 밖으로 나가고 그 자신의 한계를 넘어선다는 것이다(칸트, 헤겔, 베르그송, 라너, 로너간, 판넨베르크, 코레트 등).

이 인간 기획의 의미를 밝히기 위해서는 무엇보다도 비물질적 활동을 펼치고 있는 인간의 영혼, 그 기원, 그것과 육체의 관계, 그것의 본성 등을 따져 물어야 한다.

인간은 하나의 실체인가? 스피노자, 흄, 칸트, 헤겔, 베르그송, 하이데거, 사르트르 등은 인간의 실체성을 부인한다(260쪽). 인간은 전통철학에서 가르치는 실체의 모든 특성들, 즉 항상성, 안정성, 동일성, 자율성, 원인성 등을 지니고 있고, 또 여러 현상들의 근원이며 지속적인 중심이다. 인간은 다양한 활동들의 우연한 다발(흄)이 아니라, 그 모든 활동을 하나로 통일하는 근원적 에너지, 즉 존재현실력(actus essendi)을 지니고 있는 것이다(토마스 아퀴나스). 인간의 생명, 신체, 사고, 의지 등의 모든 활동은 모두 인간의 존재라는 동일한 근거에서 생겨난 것이기 때문에, 모두 단일 주체인 인간에게로 귀속된다.

그런데 인간은 단순 실체가 아니라 육체적 요소와 정신적 요소로 구성된 합성 실체(compositum)이다. 인간을 구성하고 있는 영혼과 육체 사이의 관계라는 인간학의 핵심적 문제에 대해서 저자는 이원주의적 입장에서 영혼을 육체와 대립 관계에 있는 독립적인 실체로 보거나(플라톤, 데카르트 등), 아니면 영혼을 육체의 부수 현상으로 간주하는(유물주의자, 실증주의자) 입장을 거슬러서, 영혼이 고유의 활동 능력을 갖추고 있는 실체이지만 본성상 육체와의 결합을 지향하고 있기 때문에, 그 자체만으로는 불완전한 실체라고 보는 아리스토텔레스와 토마스 아퀴나스의 입장에서 이 문제를 해결한다(263-267쪽).

영혼과 육체의 "실체적 결합"(unio substantialis)이 해결의 열쇠이다. 인간은 영혼과 육체라는 두 개의 근본적으로 상이한 실체적 요소들로 구성되어 있다. 그런데 인간의 실체성은 영혼과도 또 육체와도 동일시되지 않는다. 육체는 자기 고유의 존재현실력을 지니고 있지 못하고 따라서 자립적이지 못하기 때문에 그 자체만으로는 실체가 아니다. 그리고 영혼도 비록 나름대로의 실체성이 주어져 있기는 하지만, 그 자체로 자율적 존재를 이룰 수는 없다. 왜냐하면 영혼 고유의 활동들을 수행하기 위해서는 적어도 처음에는 육체 작용의 도움을 받아야 하기 때문이다. 그러므로 영혼과 실체는 두 개의 불완전한 실체로서, 둘이 하나로 결합하여 비로소 인간이라는 단일한 완전 실체를 구성한다. 인간의 두 구성요소 사이의 실체적 결합은 영혼이 지니고 있는 단 하나의 존재현실력이 육체에게도 수교되어 단일한 인간 존재를 구성하게 만든다는 사실 때문에 발생한다(285-287쪽).

이렇게 해명된 인간 존재자를 몬딘은 "인격"(persona humana)이라고 부르고 있다(288-307쪽). 그리스도교 이전의 이교 문화 속에서는 개개인의 절대적 가치를 인정할 줄 몰랐고, 다만 본질적으로 계급이나 신분 또는 종족의 관점에서 개인의 가치를 평가했다. 맹목적인 운명이 우주 만물과 인간을 지배하고 있었다. 인격의 단일성, 독특성, 반복 불가능성, 평등한 존엄성 등은 그리스도교에 의해서 밝혀지고 전파된 진리다. 보에티우스는 인격을 "이성적 본성을 지닌 개별 실체"(rationalis naturae individualis substantia)라고 정의하고, 토마스 아퀴나스는 이것을 더욱 단순화시켜 "이성적 자립체"(subsistens rationale)라고 정의했다. 이것을 다시 저자는 "자의식, 통교, 자기초월의 능력을 지니고 있는 한 자존적 존재자"라고 정의하고 있다. 이렇게 인격으로 이해된 인간은 현실적으로 절대적 존재는 아니지만, 그런데도 절대적 가치를 지니고 있다. 그러나 인간의 가치는 근원적 절대성이 아니라 파생적 절대성이다. 인간의 절대성의 기초에는 당신의 절대성에 참여하도록 허용하는 신적 절대성이 자리 잡고 있다.

그런데 죽음으로 우리의 인생이 끝장나는 것이라면, 이 모든 논의에도 불구하고, 인간이 평생에 걸쳐 노력하고 성취한 것들은 결국 허무로 돌아가고 마는 것이 아닌가? 저자는 마지막 장에서(308-329쪽) 죽음과 불멸의 희망에 대해 논의하고 있다. 저자는 다른 모든 생물처럼 인간도 죽음으로 완전히 소멸하고 만다는 유물주의적이고 허무주의적인 태도나 힌두교와 불교에서 말하는 환생(還生) 이론을 배격하고, 육체의 그 어느 기관에도 의존함이 없이 펼칠 수 있는 인간의 정신적 활동에 근거하여 영혼불멸성을 옹호하고 있다.

이렇게 해서 저자는 육화된 정신으로서 인간이 끊임없는 자기초월의 충동으로 펼쳐 나가는 인생설계가 결국에는 허무의 나락으로 쓰러져버릴 "무익한 열정"(사르트르, 카뮈)에 지나지 않는 것이 아니라, 자신의 무한 잠재력이 실현되어 한층 고양된 존재자로서 누리게 될 영원한 복된 삶을 위한 귀중한 한 단계임을 밝혀내고 있다.

5. 이 책의 특징을 다음 몇 가지로 정리할 수 있다. 첫째, 역자도 지적하고 있는 것처럼 이제까지의 선배들의 결실을 균형 있게 종합하고 있다는 점이다. 특히 제1부에서는 현대철학자의 다양한 연구방법과 그 결실들 가운데 긍정적인 부분들을 수용하면서도, 그 한계와 결함들을 날카롭게 지적하고 있다. 둘째, 그렇지만 단순한 종합에 그치는 것이 아니라 자신의 일관된 방법론적 원리에 근거하여 종합하고 있다. 그것은 현상학적 방법들을 활용하되, 그것을 넘어 전통철학에 입각한 존재론적 정초작업으로 심화시켜 나가는 것이다. 이것은 저자가 이미 아리스토텔레스가 제안하고(예컨대 『영혼론』 제2권 4장 415 a14-22) 토마스 아퀴나스에 이르러(예컨대 『진리론』

10문 8항) 체계화된 실재주의적 학문 방법론을 충실히 계승하고 있다는 의미다. 셋째, 저자는 영혼과 육체의 실체적 결합으로 구성되어 있는 인간을 현대의 인격주의 철학자들(무니에, 부버, 마리탱, 바르보탱 등)과 같은 노선에 서서 전통적인 "인격" 개념으로 종합하여 인간 존엄성의 근거를 확고히 다지고 있다. 넷째, 인간의 초월성을 기피하거나 부정하고 경험적 현실에만 집착하는 현대의 내재주의적인 일반 사조와는 달리, 제2부 첫 장에서 인간의 자기초월 현상을 부각시키고, 마지막 장에서는 인간 영혼의 불멸성(immortality)에 관한 논의를 전개하고 있다. 이는 현대를 무겁게 짓누르고 있는 허무주의라는 유령을 추방하기 위한 토대를 마련하는 것으로서, 이 책의 뛰어난 장점 가운데 하나다.

한 가지 아쉬운 점은 인간이 영혼과 육체의 결합체임을 강조하는 저자가 인간의 육체에 관해서는 지면을 조금밖에 할애하고 있지 않다는 사실이다. 이 교재의 원천이 되는 『인간, 그는 누구인가: 철학적 인간학의 기본 요소들』(*L'uomo: Chi è?: Elementi di antropologia filosofica*, 1977)에서는 제1부 현상적 진술의 첫 번째 장에서 인간의 육체성(homo somaticus)을 논의했으나, 아마도 (1977년 판에서는 이어지는 장인) 생명 부분(homo vivens)과 제2부 존재론적 해명의 '영-육 결합체' 부분에서 다시 취급된다고 보아 교재용 판본(1983)에서는 생략한 것 같다. 실제로 저자는 인간의 '신체성' 외에, 1977년 판에서 다룬 '놀이'(homo ludicus), '예술'(homo aestheticus), '종교'(homo religiosus) 등에 관한 논의를 1983년 판에서는 간소화를 위해 생략하고 있다.

이렇게 '신체성'을 생략한 이유는 아마도 대다수 현대철학자들(포이어바흐, 다윈, 프로이트, 니체, 겔렌, 플레스너, 포르트만, 사르트르, 메를로퐁티 등)이 인간의 육체에 관심을 집중하는 것에 대한 반발로서, 인간의 정신성 또는 영성을 강조하기 위한 것일지도 모른다(19쪽: "실험적 인간학은 영혼을 다룰 수 없다. 그러나 영혼은 철학적 인간학의 고유 주제이다"). 그렇지만 인간의 육체가 지니고 있는 깊고도 복잡한 차원들에 대한 논의가 지나치게 빈약하다는 아쉬움은 그대로 남아있다.

6. 마지막으로 눈에 띄는 몇 가지 오식을 지적한다. 첫째, 전통철학자들이 비유적으로 '특수 이성'(ratio particularis)이라고까지 부르는 (번역자는 이것을 '특수적 이유'라고 번역하고 있다!) 'vis cogitativa'를 '인식적 능력'이라고 번역하고 있으나(71쪽), 이것은 동물에게 있는 'vis aestimativa'([감각적] 평가능력)에 상응하여 인간의 감각 영역 테두리 내에 있는 능력으로서, (인간의) "(감각에 있어서의) 평가능력"으로 번역해야 한다.

둘째, "전자의 것은 동반적 의식이라고도 불린다"(109쪽)에서 '전자'는 분명히 '반성적 의식'을 가리켜야 하나, 번역문에는 '직접적 의식'을 가리키는 것으로 되어 있다. 그러나 이것은 이탈리아어 원본과 영역본에서도 마찬가지로 되어 있어서, 번역자의 잘못이라기보다는 원본 편집과정에 끼어든 오류로 보인다.

셋째, 공동번역 성서에서 올바르게 "나는 내가 해야 하겠다고 생각하는 선은 행하지 않고, 해서는 안 되겠다고 생각하는 악을 행하고 있습니다"(7,19)라고 번역한 사도 바오로의 「로마서」 구절을 잘못된 의미로 번역하고 있다(151쪽).

넷째, 154쪽 하단에서는 철학사에서 흔히 주지주의자들과 주의주의자들로 분류되고 있는 사람들의 명단이 온통 뒤바뀌어 주지주의자들이 주의주의자들로, 주의주의자들이 주지주의자들로 되어 있는데, 이것은 명백한 오식이다.

다섯째, 177쪽에서는 'incommensurability'를 '불가소통성'이라고 번역하고 있으나, 단어의 의미로 보나 그 문맥으로 보아 "너무도 커서 측량할 수 있는 수단이 없음" 또는 "측량할 수 없을 정도로 광대

무변함" 정도의 의미로 번역되어야 한다.

　마지막으로, 이 책 전반에 걸쳐 사용되고 있는 'transcendental'이라는 수식어를 역자는 '선험적'이라고 번역하고 있으나, 저자는 칸트가 비판철학의 방법론적 열쇠 개념으로 사용하는 용어들("a priori"[선험적]와 "transzendental"[초월적 또는 초월론적])의 의미와 달리 전통적인 의미로 사용하고 있기 때문에(특히 20쪽 및 237쪽 참조), '초월적'으로 번역하는 것이 더 타당하지 않을까 사료된다. (『인간연구』 2(2001/12), 216-224쪽)

# 07. 서평_철학과 신의 존재

김현태, 『철학과 신의 존재』, 철학과현실사, 2003, 580쪽.

1. 김현태 신부가 최근에 600쪽에 가까운 방대한 『철학과 신의 존재』를 출간하였다. 저자는 1996년에도 같은 주제라고 할 수 있는 『종교철학』을 출판한 바 있다. 그러나 이번 저술에서는 종교철학의 핵심 주제들 가운데서도 가장 기본이 되는 '신의 존재'에 관한 철학적 공방만을 따로 갈라내어 긴 호흡으로 넉넉한 지면을 통해 추적하고 있다.

신의 존재 문제에 대해서는 크게 세 가지 답이 가능하다. 1) 신은 존재하지 않는다(무신주의), 2) 신은 존재한다(유신주의), 3) 신에 대해 우리는 알 수 없다(불가지주의). 저자는 먼저, 현대에 광범위하게 퍼져 있는 무신주의적 분위기 때문에도, 무신주의를 내세우는 다양한 학파들의 논거를 상세하게 분석하고 비평하고 있다. 그리고 불가지주의에 대해서도 마찬가지다. 그런 다음에 이 문제에 대한 가장 중요한 긍정적 해결책인 존재론적 증명과 우주론적 증명에 상당히 많은 지면을 할애하며 상세히 다루고 있다. 그리고 그밖의 몇몇 대안을 권말에 덧붙이고 있다.

2. 이 책의 주요 부분 가운데 무엇보다 먼저 두드러지는 부분은 현대의 무신주의적·불가지론적 풍토와 그 계보에 대한 저자의 관심

과 분석이다. 이는 이미 우리말로 번역되어 있는 1970년대 H. 큉의 작품 『신은 존재하는가?』(성염 옮김, 분도출판사, 1994)와 1980년대 G. 하센휘틀의 『하느님: 과학시대를 위한 신론 입문』(심상태 옮김, 성바오로출판사, 1983)의 기본 동기와도 일치되는 기본 전망이다. 현대인의 의식 구조를 지배하고 있는 무신주의적 태도는 이 책 전체의 기본 틀로서 제1장과 제2장에서 집중적으로 논의되고, 또 제4장에서는 흄, 칸트 등 근대 사상가들에게서 비롯되어 콩트의 실증주의, 비트겐슈타인의 신실증주의, 마르크스의 유물주의, 니체의 허무주의 등 현대에 깊은 영향을 미치고 있는 주요 사상들로 이어진 그 사상적 계보를 착실하게 추적하고 있다.

신 존재 문제는 인간의 본질적이고 근원적인 문제로서, "문제 중의 문제"이다(75쪽, 251쪽). 저자는 신의 존재라는 형이상학의 영원한 주제를 근대 이후부터 계속되고 있는 '신의 침묵' 또는 '신의 부재(不在)'라는 전망으로부터 착수한다. 사실 근대철학의 아버지인 데카르트 이래로 철학자들은 이성만을 도구로 삼아 자신들의 새로운 철학 탐구를 열정적으로 추진하면서도, 미궁에 빠질 적마다 신의 전능 또는 신의 선성에 호소함으로써 위기를 모면하곤 하였다(Deus ex machina). 하지만 계몽주의를 거친 다음부터는 좀 더 대담해져서 '신의 죽음'을 선포하며 신 없는 독자적인 세상 건설을 추구하였다.

저자는 오늘날 현대인의 의식을 깊이 지배하고 있는 이런 세속화 과정을 긴 호흡으로 추적하며 비판하고 있다. 근대인은 신을 등지고 세계를 혼자만의 힘으로 감당하겠다고 나섬으로써 형이상학과 종교가 퇴색하고 신비 의식이 상실되었으며 진리에의 용기가 부족하게 되었다.

신으로부터 도주하고 신들로부터 도피함으로써 인간은 홀로 남겨져 있는 것 같지만 실상은 그렇지 못하다. 그들은 다른 대용품들을 신처럼 섬기고 있을 뿐이다(32-33쪽). "자기네 뱃속을 하느님으로 삼는 자들"(필리 3,19)은 동물들처럼 삶의 최종 목표를 자기들의 배를 채우는 일에 두고 있다.

하지만 철학은 인간 이성으로부터 출발하여 신에 이른다. "종교의 목적은 세계의 근원에 관한 이성적 지식이 아니라 신과의 삶의 나눔을 통한 인간의 구원, 즉 신화(神化)이다"(막스 셸러). 인간은 구조적으로 초월을 향해 개방된 존재이고 존재론적으로는 신과 묶여진 존재이다. 따라서 인간이 신이라는 존재론적이고 역동적인 실재를 부정하는 경우 자신의 가장 심오한 차원들 가운데 하나를 상실하게 된다. 인간은 신을 떠나서는 더 이상 자기 자신이 누구인지조차 알지 못하게 되어버리고 만다.

3. 저자는 가톨릭 신부로서, 당연히 예상되듯이 그런 불가지주의적이고 무신주의적인 논거들이 부실하다는 점을 적시하며, 토마스 아퀴나스, 보나벤투라, 둔스 스코투스 등 위대한 중세 스콜라학자들이 제시하는 신 존재 가능성과 그 필요성에 관한 논거들을 옹호한다(제3장). 그리고 이어 저서의 나머지 대부분을 신 존재와 관련된 역사상 가장 주요한 두 가지 핵심적 방법, 즉 '존재론적 증명'(제5장)과 '우주론적 증명'(제6장 및 제7장)에 할애하고 있다.

먼저, 120쪽에 이르는 방대한 분량의 제5장에서는 보편 개념으로서 인간의 의식 안에 형성되어 있는 신 개념에 기초하여 논의를 전개하는 안셀무스의 존재론적 논증과 그 이후의 발전을 길게 추적하고 있다. 안셀무스는 영혼 안에서 직접적으로 발견되는 '그것보다 더 큰 것을 생각할 수 없는 어떤 것'(id quo maius cogitari nequit) 관념에 기초해서 사변적 직관을 통해 신이 존재하지 않을 수 없다는 결론을 도출해내고 있다. 그 논거는 두 가지로, 먼저 지성은 물론 실재 속에도 존재하는 것이 지성 속에만 존재하는 것보다 더 크다는 것이고, 둘째는 더 큰 것을 생각할 수 없다는 것을 부정한 것은 모순에 떨어지게 된다는 것이다(참조: 최근에 박승찬 교수에 의해서 번역된 안셀무스의 『모놀로기온 & 프로슬로기온』, 아카넷, 2002). 안셀무스의 이런 논증 방식은 보나벤투라, 알렉산더 할레스, 둔스 스코투스 등 프란치스코 학파로 계승되는데, 먼저 보나벤투라는 신의 존재를 확인하기 위해서는 신 관념을 가지는 것으로 충분하다고 보았다. 존재는 주어인 신 개념 속에 이미 포함되어 있기 때문이라는 것이다. 그는 신이 영혼과 그 작용을 살펴봄으로써 얻어지는 선천적 직관이라고 보았다. 그러나 둔스 스코투스는 신이 존재한다는 명제가 자명하지 않고 논증을 필요로 한다고 보았다. 스코투스는 안셀무스의 논증에서 '비-모순'(non-contradictio) 개념이 핵심 역할을 한다는 점에 주목하여, 다음과 같이 보충하고 있다: "신이 모순없이 사유 가능하다면, 신은 그보다 더 큰 어떤 것도 모순없이 생각될 수 없는 존재이다."

안셀무스에서 시작된 이러한 존재론적 논증 방법은 약간의 변형과 더불어 근대철학으로 수용된다. 데카르트는 신의 존재에 관하여 다음과 같은 논거를 편다: "어떤 것의 불변적이고 참된 본성과 본질에 고유한 것으로서 우리가 명석 판명하게 이해하는 것은 완전한 진리다. 그런데 명석 판명하게 신이 존재한다는 것을 검토한 다음에 그 존재가 참되고 불변적인 신적 본성에 고유한 것이라고 이해하는 경우에 우리는 신이 존재한다는 것을 완전한 진리로 파악할 수 있다." 라이프니츠는 데카르트의 논증이 불완전하다고 보아 그것에 수학적 명증성을 부여하고자 하였다. 그 논증이 유효하려면 무엇보다 아무런 모순도 포함하지 않는 관념이어야 한다: "필연적 존재자가 존재한다는 것은 가능하다. 필연적 존재자는 아무런 모순도 포함하고 있지 않기 때문이다. 그런데 필연적 존재자가 가능하다면, 그것은 반드시 존재해야만 한다. 왜냐하면 존재는 필연적 존재자의 본성의 일부이기 때문이다. 따라서 필연적 존재자는 존재한다." 헤겔도 존재론적 논증을 즐겨 인용하며, 그것이야말로 신 존재에 관한 가장 심오하고 참된 유일한 논증이라고 평가하고 있다. 그는 신 개념 속에서 개념과 존재가 일치한다는 점을 강조한다. 이런 신 개념은 충만하고 완전하고 절대적인 자기 규정이라는 의미에서 무조건적이고 완전한 개념이다. 그러나 이런 개념화의 바탕에는 개념과 존재를 동일시하는 범논리주의가 자리 잡고 있다.

이런 존재론적 논증은 현대에도 많은 동조자를 확보하고 있다. 저자는 존재론적 논증을 선호하는 학자로 신학 분야에서 코이레(A. Koyre)와 바르트(K. Barth)의 입장을 검토하고, 분석철학 전통에서는 말콤(N. Malcom), 플랜팅가(A. Plantinga), 하츠혼(C. Hartshorne) 등의 입장을 검토한 다음에, 존재론적 논증에 대한 유명한 반대자들인 가우닐로(Gaunilo), 토마스 아퀴나스, 칸트의 입지를 다시 한번 더 개괄하고 종합적으로 요약하며 장을 마무리하고 있다.

이어서 제6장에서는 존재론적 논증 방법과는 반대로, 그리스의 우주관 및 아리스토텔레스의 자연주의적 배경 위에서 경험으로부터 다섯 가지 방식으로 신 존재를 입증하는 성 토마스의 '우주론적 논증'을 검토하고 있다. 이 다섯 가지 '길들'(viae)의 구조는 동일하다. 첫째, 다섯 가지 논증은 모두 경험에서 확인되는 사실들(운동, 능동인, 우연성, 완전성의 등급, 목적 지향)을 논의의 출발점으로 삼고 있다. 둘째, 인과율을 도입하고 있다. 셋째, 무한 소급은 불가능하다는 원리를 적용하고 있다. 넷째, 길들의 종착점은 사람들이 신이라고 부르는 존재자의 존재이다. 이렇게 토마스의 다섯 가지 길은 모두 우리가 경험하는 존재자의 존재로부터 출발해서 존재의 순수 현실로 나아가며, 유한한 존재자로부터 무한한 존재자로 나아가고 있다. 제7장에서는 오늘날의 과학시대라는 전망 속에서 신 문제에 관한 자연과학의 한계를 적시하고, 우주론적 논증의 가능성과 현대적 의미를 부각시키고 있다.

그리고 제8장에서는 우주론적 증명에 대한 보충으로서 인간학적 논증을 현대적인 관점에서 제시하며 보나벤투라와 둔스 스코투스의 자유론을 개진하고 있다.

4. 몇 가지 아쉬운 점들이 두드러진다. 먼저, 신의 존재 문제와 관련해서 끊임없이 토론되어온 악의 문제라든가 목적론적 논증, 또는 라너, 벨테, 바이스마르 등 현대 가톨릭 초월주의자들이 선호하는 인간학적 논증과 같은 시도는 거의 언급되고 있지 않다.

둘째, 일관성과 체계성이 부족하다. 예컨대 제9장에서는 "고전적 논증들"이라는 제목으로 주로 아우구스티누스의 인간학적 논증 시도를 검토하고 있지만, 왜 존재론적 논거나 우주론적 논거는 '고전'이 아니고 아우구스티누스의 논거는 고전인지를 해명하지 않고, 무엇보다도 왜 역사적으로 훨씬 더 오래전에 제시된 그야말로 '고전'적인 논거를, 존재론적 논증과 우주론적 논증 이후에 권말에 가서야 검토하는지 납득하기 어렵다.

셋째, 이런 방대한 글을 단숨에 몇 달 만에 썼을 것 같지는 않다. 머리말쯤에서 집필과정이나 경과, 그리고 만일 내용 일부가 학술지에 발표되었다면 어떤 학술지들에 실렸는지 그 전거 등을 제시할 수 있었다면, 체제성의 부족감이나 얼마간의 중복성 등을 이해하는 데 도움이 되었을 것이다.

넷째, 직접적으로 연관되지 않는 논술들이 섞여 있다. 첫 번째는 제8장 인간학적 탐구 부분에서는 보나벤투라와 스코투스의 '자유론'이 길게 논의되고 있는데, 우리 주제와의 직접적 연관성을 찾기 어렵다. 두 번째는 제10장 현대문화와 신을 향한 인간은 이 저서의 결론을 대신하는 마지막 장이지만, 문화를 직접적 주제로 다루고 우리의 주제는 간접적으로만 언급하고 있기 때문에 독자로서는 어리둥절하게 된다.

다섯째, 방대한 연구의 결실을 정리하는 '결론' 부분이 없다는 점이 아쉽다.

마지막으로, 참고문헌에는 외국 문헌들도 마찬가지이지만, 특히 국내 연구논문이나 주요 저술들이 포함되어 있지 않다. 그리고 오랜 사상사와 날카롭게 대립되는 다양한 입장을 다루고 있기 때문에, 참고문헌이 시대별이나 노선별로 분류되어 있지 않은 점이 아쉽다.

5. 이런 뚜렷한 한계와 약점들에도 불구하고, 이 책이 철학의 근본문제들 가운데서도 가장 심오하고 또 가장 중요한 '신의 존재' 문제에 대한 국내 최초의 본격적인 저술이라는 점에는 변함이 없다. 이 저술을 기초로 더 상세하고 세부적인 논의들이 활발하게 전개될 수 있으리라 기대된다. (『가톨릭철학』 6(2004), 315-320쪽)

# 08. 추천사_덕행 교리서

프란치스코 빨라우, 『덕행 교리서』, 전교가르멜수녀회 옮김, 전교가르멜수녀회, 2012, 3-12쪽.

빨라우 신부님은 덕행학교를 통해 당시 어지러운 사조가 난무하는 혼란 속에서 가톨릭 신앙인들이 진리의 올바른 방향을 확립하고, 무엇보다 실생활에 직결되어 있는 도덕적 원리들을 정립하고 덕을 체득하는 것이 시급하다고 보았다. 이런 목적으로 집필된 『덕행 교리서』는 성 토마스 아퀴나스의 걸작인 『신학대전』에서 그리스도교 도덕 원리 전반을 다루는 제2부를 모형으로 삼고, 그 순서를 충실히 따르며 압축적으로 요약한 것이기에, 먼저 성 토마스의 작품에 대한 간략한 소개가 이 작품을 이해하는 데 도움이 될 것이다. 그리고 나서 그가 덕행학교를 열게 된 동기가 그릇된 사조들의 교회 내 침투와 만연에 효과적으로 대처하려는 것이기 때문에 그 시대의 사상적 배경과 당대의 사조들을 살펴보면 조금이라도 도움이 될 것이다.

## 1. 성 토마스 아퀴나스의 『신학대전』 제2부

"대전"(大全, summa)은 12세기와 13세기 중세 스콜라학자들의 주도적인 문학 형식이었다.[1] 그들은 계시 진리의 내용들을 아리스토텔레스 학문의 틀 속에 접목하는 작업과 씨름하였다. 아리스토텔레스

---

1. M.-D. 셰뉘, "『신학대전』 연구 입문", 『신학대전 요약』, 가톨릭대학교출판부, 1995, 591-616쪽 참조.

에 따르면 학문의 요체는 체계적인 구조이기에, 우연성에 매여 있는 역사적 사건들은 이 학문의 체계에서 배제되어야 했다. 그러나 성 토마스가 스콜라학 최대의 완성자로 추앙받고 있는 이유는 바로 구원의 역사를 학문의 구도 속에 일관되게 통합한 데에 있다.

성 토마스는 신플라톤주의가 강조했던 '발원-귀환' 도식에 호소하였다.[2] 신학은 신에 관한 학문이기에, 모든 것은 그 기원이나 최종 목적에 있어서, 즉 발원과 귀환에 있어서 신과의 연관 속에서 연구되어야 한다. 이 도식은 역사에도 어울릴 수 있었다. 그 웅장한 구원 역사의 개막은 바로 세계 창조이고 그 전개는 신의 피조물 통치이며, 그 결말은 인간이 행복을 추구하며 처신하는 방식에 의해 결정된다. 이런 궤도 위에 신과 인간의 자유의지에 의지하고 있는 우연적인 우리 구원 역사의 사실과 업적들이 배열될 수 있다.

이리하여 성 토마스의 『신학대전』의 기본 구도는 다음과 같다: 원리인 신으로부터의 만물 발원(제1부), 목적인 신을 향한 만물의 귀환 여정(제2부), 그리고 이 귀환 과정에서 수단이자 '길'[道]이 되어주신 예수 그리스도(제3부). 결국 『신학대전』 전체는 형이상학을 전개하는 것이 아니라 은총의 도움을 받는 존재자들의 역사를 다루고 있다.

제2부에서 다루는 윤리신학은 실천적 학문이다. 영적 유기체, 곧 인간이 그 주된 소재다.[3] 이 인간 본성이 바로 신을 향한 우리의 '귀환'의 원리이고, 또 이 귀환이 요구하는 모든 덕행(德行, virtus)의 원리다. 여기서는 이론, 진리, 사변이 중심이 아니라 구체적인 삶과 실천이 중심이다.

---

2. 이것은 페트루스 롬바르두스의 『명제집』을 주해하던 젊은 강사 시절부터 성 토마스 아퀴나스가 택한 기본 노선이다.
3. 성 토마스 아퀴나스, 『신학대전』 제2부 제1편 "머리말": "[이제껏 제1부에서] 원형(原型)인 신에 대해서, 그리고 신의 의지에 합치되는, 신의 능력으로부터 유래된 모든 것에 대해서 살펴보았으니, 이제는 그의 모상(模像)인 인간에 대해서 살펴볼 차례다."

성 토마스는 도덕 전체를 덕에 대한 숙고로 환원하고 있다.[4] 그에 따르면 덕은 어떤 능력의 완성이다. 모든 사물의 완성은 주로 목적과 관계되는데 능력의 목적은 행위다. 그러므로 능력은 행위로 발휘될 때 완전하다. 그런데 능력에는 두 가지가 있다. 하나는 존재를 향한 능력이고, 다른 하나는 행위를 향한 능력이다. 존재를 향한 능력은 질료의 측면에서 본 것으로 가능태로 있는 존재자이다. 행위를 향한 능력은 형상 측면에서 본 것으로 활동의 원천이다. 왜냐하면 모든 사물은 그것이 현실태로 있는 한에서 행동하기 때문이다. 인간의 본성에 있어서 육체는 질료이고 영혼은 형상이다. 습성은 행위를 현실적으로 선하게 만들고 그 습성을 가진 자를 단적으로 선하게 만든다. 예컨대 정의처럼 '단적으로 덕'인 습성이— 주체는 오직 의지일 뿐이다. 그러므로 실제적으로 선한 행위는 인간의 선한 의지로부터 비롯된다. 인간은 자신이 지향하는 목적과 올바른 관계를 맺기 위해서 도덕적인 덕을 지녀야 한다. 이 도덕적인 덕을 통해 인간은 자신의 목적에 대한 올바른 판단을 내릴 수 있다. 그의 목적이 무엇이냐가 그의 사람 됨됨이를 결정한다(qualis unusquisque est, talis finis videtur ei).[5]

덕은 행복과 밀접한 관계를 맺고 있어서, 덕을 통해 인간은 탁월하고 올바른 행동을 할 수 있고, 그런 행동을 통해 행복으로 나아간다. 그러나 인간의 본성을 넘는 초자연적 행복은 인간의 덕을 실행하는 것만으로는 얻을 수 없다. 그 행복은 오로지 하느님의 은총을 통해서만 가능하다. 성 토마스는 초월적이고 인격적인 하느님의 존재를 인정하고 그 하느님의 본질을 직관하는 것을 행복이라고 보았

---

4. 토마스의 덕 이론에 대해: 채이병, "성 토마스 아퀴나스의 덕론", 『가톨릭철학』 9(2007), 44-75쪽 참조.
5. 아리스토텔레스, 『니코마코스윤리학』, 이창우 외 옮김, 이제이북스, 2006, 제3권 제7장 1114 a32-b1.

다. 인간에게는 두 가지 목적이 있다. 하나는 궁극적 목적이고, 다른 하나는 가까운 목적이다. 먼저, 궁극적인 덕과 관련해서 인간의 궁극적이고 근원적인 선은 하느님 안에서 즐김이다. 인간은 사랑을 통해 이것을 도모한다. 부차적이고 개별적인 선은 두 가지인데, 하나는 그 자체 안에서 궁극적 목적인 근원적 선을 지향하지만, 다른 하나는 궁극적 선에서 벗어난다.

현세적이고 불완전한 선과 관련해서는 인간적인 덕, 곧 지성적인 덕과 도덕적인 덕만으로도 충분하다. 그러나 궁극적이고 완전한 선과 관련해서는 인간적인 덕만으로는 부족하다. 이 경우에 인간적인 덕은 다만 상대적으로 참된 덕일 뿐이다. 대신덕, 특히 하느님과 인간을 결합시키는 참사랑(caritas)만이 단적으로 참된 덕이다.

그러므로 여러 덕 사이의 상호 질서는 다음과 같다. 자연적인 덕 가운데에서, 지성적인 덕은 상대적인 의미에서의 덕이고, 도덕적인 덕은 절대적인 의미에서의 덕이다. 그러나 자연적인 덕과 대신덕의 관계에서는 지성덕은 물론 도덕적인 덕까지도 모두 상대적인 덕에 지나지 않고, 오직 대신덕, 특히 사랑만이 절대적인 의미에서 덕이며, 결국 사랑을 지닌 사람만이 단적으로 덕스러운 사람이 될 수 있다.

토마스의 덕 이론에 따르면, 진정한 덕은 재산이나 명예나 권력이 아닐 뿐만 아니라 외모도 건강도 아니다. 탁월한 지적 능력이나 뛰어난 기술도 상대적인 의미에서의 덕에 지나지 않는다. 그보다는 도덕적인 품성에 있어서의 고결함이 훨씬 더 값진 것이다. 그러나 이것만으로는 부족하다. 대신덕, 특히 사랑이야말로 인간을 보편적이고 궁극적인 선으로 인도할 수 있다.

## 2. 시대적 배경

우리는 "부록1"에 제시되어 있는 「덕행학교 제2부(호교론)」의 미완성 기본 구상을 통해서 빨라우 신부가 교회와 신앙생활을 위협한다고 보아 대적하고 있는 당시의 시대적 사조를 어떻게 바라보았는지 엿볼 수 있다. 그는 이 호교론을 통해서 덕행학교 학생들에게 이론적 무장을 강화하고자 했던 것으로 보인다.

이 「호교론」은 『덕행교리서』가 52과로 구성되어 있는 것에 호응해서 역시 52개 명제로 세분해서 제시하고 있다. 여기서 빨라우 신부가 대적하고 있는 사조들이 매우 광범위한 것들임을 알 수 있다: 절충주의, 회의주의, 무관심주의, 무신주의, 물질주의, 영성주의(또는 유심주의), 범신주의, 일위신주의(一位神主義, Unitarianism), 자연적 유신주의, 이신주의(理神主義), 개신교, 숙명주의 또는 결정주의, 자연주의(또는 내재주의), 유다교, 철학주의(또는 합리주의), 종교관용주의, 자유주의, 공산주의, 사회계약설, 반성직주의, 반권위주의, 반수도회주의 등. 그는 까다롭고도 교묘한 그릇된 입장들의 핵심 명제를 지적하고, 그에 반대하여 가톨릭의 정통 가르침을 적시하는 것을 목표로 삼고 있다.

여기서 근대철학의 흐름을 잠시 일별할 필요가 있다. 스콜라철학의 전성기가 지나자 여기저기서 상대주의적이고 회의주의적인 경향이 나타났다. 토마스 아퀴나스가 죽은 뒤 스콜라철학이 급속히 쇠퇴한 모습은 고대철학에서 플라톤과 아리스토텔레스가 죽은 뒤 탐구의 활력이 꺼져버린 것과 흡사하였다. 성 토마스의 위대한 공적은 신앙과 이성의 일치를 정립하였던 것이지만, 스코투스에 이르러서는 벌써 이를 의문시하였고, 오컴의 명목주의에 와서는 심지어 신앙과 이성이 서로 모순된다고까지 주장하게 되었다.

근대에 이르러 이성은 스스로 능력을 과신한 나머지 신앙과 결별한 채 자신만의 힘으로 만사를 해결하겠다고 나섰고, 새로운 철학을 한답시고 인간 인식의 능력과 한계에 관해서조차도 서로 모순되는 갖가지 주장들이 난무하게 되어 결국 상대주의와 회의주의로 넘어가게 되었으며, 이런 새 것을 추구하는 사조는 가톨릭 철학자들

사이에서도 번지고 있었다.[6]

종교개혁자 루터는 교황과 교계제도에 대해 억누를 수 없는 격렬한 증오심을 품고 있었고, 그래서 그는 부당한 모든 권위를 철폐하고 직접 그리스도께로 나아가야 한다고 주장하였다. 그리고 또 다른 종교개혁자인 칼뱅은 과학, 문학, 미술 등 근대정신의 산물을 매우 싫어하였다. 원죄 때문에 근본적으로 부패해버린 인간성에 대한 그의 증오는 극도에 달했다. 따라서 성상(聖像)을 파괴하고 청교도(puritanism) 사상을 내세웠다. 그는 인간의 자유의지가 하느님의 권능에 반대된다고 보아 부정하였다. 칼뱅의 인간상은 이성은 맹목이고, 감정은 부패하였으며, 의지는 자유가 없는 인간이다. 은총도 사람의 영혼 속에 들어가 그것을 고칠 힘이 없고, 다만 하느님과 인간 사이에 그리스도의 공로가 인간을 옹호할 수 있을 뿐이다.[7]

가톨릭 신학자들은 프로테스탄트들이 제기한 교리 문제들 때문에 성경과 사도전승, 그리고 신학 체계 등을 근본적으로 재고하지 않을 수 없었다. 이런 투쟁의 시기에 성 토마스의 업적들이 재평가되기 시작하였다. 트리엔트 공의회(1545-63)는 성 토마스의 가르침과 정신을 가지고 교회 내 쇄신 운동을 일으켰고, 가톨릭계 대학에서의 철학과 신학의 중요성이 강조되었다. 이 기간 중에 설립된 예수회를 비롯한 수도회들은 한결같이 성 토마스를 가톨릭교회의 공식 스승으로 추대하였다.

그러나 17세기의 새로운 과학(갈릴레이와 뉴턴)과 새로운 철학(데카르트)은 토미즘에 도전한 것을 넘어 그것을 고립시키고 말았다. 스콜라철학은 트리엔트 공의회 이후 채 한 세기도 지나기 전에 고유한 활력을 상실하고 있었다. 도미니코 회원들은 토마스의 가르침

---

6. 교황 레오 13세, 『영원하신 아버지』(1879), 28-29항.
7. 요셉 후우버, 『가톨릭사상사』, 강성위 옮김, 성바오로출판사, 2쇄, 1982, 176-182쪽 참조.

을 충실히 견지하였지만, 예수회원들은 점점 더 그들의 관심을 광범위하게 확장해 나갔다. 수아레스(1548-1617) 이후로 철학과 신학은 거의 완전히 분리되어버렸다. 17세기 말경 토미즘은 교회 계통의 학교들에서만 영향력을 미치고 있었다. 그 철학은 주로 신학 연구의 예비학 정도로 활용되고 있었고, 라이프니츠와 볼프의 '본질주의적' 정서로 기울고 있었다. 토미즘은 차츰 발전되어 가는 근대 과학과 철학으로부터 고립되었고, 성 토마스 형이상학의 핵심 가르침은 '존재'(esse) 관념을 상실함으로써 쇠퇴 일로를 걸어 17세기 말부터 19세기 중반 부흥운동에 이르기까지 거의 죽은 것이나 마찬가지였다. 이 시기에는 전통적인 이론들에 근대의 합리주의적 개념이나 감각주의적 주장을 섞어 혼합한 수준 낮은 절충주의로 겨우 명맥만 유지하고 있었다.

19세기 다양한 세속주의적 사조들의 뿌리에는 반형이상학적 태도가 자리 잡고 있다. 물질주의와 실증주의가 대세였다. 헤겔의 죽음(1831)과 더불어 고대철학부터 중세철학을 거쳐 (비록 변질 과정을 거치는 중이기는 하더라도) 칸트 이후 철학자들에 이르기까지 형이상학적 탐구라는 하나의 줄로 연결되어 있던 서구 철학 활동 전체가 일단락되는 것 같았다. 형이상학이 몰락하자 콩트, 마르크스, 프로이트, 니체 같은 사상가들이 정중하게 그 장례식을 치렀다. 쇼펜하우어는 절대자가 이성이 아니라 맹목적이고 비합리적인 의지의 충동이라고 주장하였고, 콩트는 과학의 이름으로 형이상학과 종교를 부인하고 대신에 인류교(人類教)를 세웠으며, 포이어바흐는 신학을 인간학으로 변형시켰고, 다윈은 기계론적 진화론을 제창하였다. 마침내 니체는 신의 죽음을 선포하고 인간 만세를 외쳤으며, 프로이트는 인간의 심리생활을 결정하며 움직이는 것은 맹목적 성욕인 리비도라고 주장하였다.

이리하여 19세기 말경 서구 세계 전체는 생활 전반에 걸쳐 총체적 위기에 빠진다. 그 시대를 사로잡고 있던 낙관주의적 진보주의가 더 이상 자명한 설득력을 잃고 말았다. 이런 위기의 뿌리는 그릇된 합리주의, 이성에 대한 맹신, 그리고 자기 자신에 대한 신뢰 상실에 있었다.[8] 당시 가톨릭 교수들은 일반적으로 현대철학이 제기하고 있는 문제와 요구들에 직면해서 갈피를 잡지 못하고 있었고, 따라서 스콜라철학과 데카르트 철학 및 관념주의 철학이 뒤범벅된 절충주의적 태도를 보이고 있었다.

교도권이 19세기 중반 이래로 더욱 자주 발언하게 된 것이 사실이지만, 그것은 그 시기에 적지 않은 가톨릭 신앙인들이 자기 나름의 철학을 지닌 채 다양한 철학 사조들을 맞닥뜨리고 있었기 때문이다. 이 점에서 교도권은 이 철학 체계들이 그 자체로 그릇된 길로 일탈하지 않도록 경계해야 했다. 한편에서는 맹신주의(fideism)와 급진적 전통주의(radical traditionalism)가 이성의 자연적 능력들에 대해 불신하였고, 다른 한편에서는 합리주의(rationalism)와 존재직관주의(ontologism)가 오직 신앙의 빛만이 전해줄 수 있는 지식들을 자연 이성에 돌리려고 하였다.[9]

교도권의 발언들은 개별 철학 주제들보다는 신앙을 이해하기 위한 합리적이고 철학적인 인식의 필요성에 역점을 두었다. 온갖 형태의 합리주의를 거슬러 신앙의 신비와 철학의 발견들 사이의 차이와, 철학적 발견들에 대한 신앙의 신비의 초월성과 우위성을 확인할 필요가 있었다. 신앙이 이성보다 상위에 있는 것은 사실이지만,

---

8. 교황 레오 13세, 『영원하신 아버지』 3항: "우리 시대의 서글픈 현실을 심각하게 바라보는 …사람이라면, 우리에게 덮쳐와 우리를 가슴 아프게 만들고 있는 해악들의 원인은 바로 신적이고 인간적인 것들에 관한 불경건한 이론들에 있음을 어렵지 않게 발견할 수 있을 것입니다. 이런 불경건한 이론들은 철학 학파들로부터 출발해서 사회 구석구석까지 미치고 있으며, 수많은 사람들이 그것을 무분별하게 받아들이는 실정입니다."
9. 교황 요한 바오로 2세, 『신앙과 이성』(1998), 이재룡 옮김, 한국천주교중앙협의회, 1999, 52항.

신앙과 이성 사이에 진정한 의미의 상위와 같은 것은 있을 수 없다. 진리는 진리에 모순될 수 없기 때문이다.

교도권이 철학 이론들의 오류나 일탈들만 지적한 것은 아니다. 진정한 철학 쇄신의 기본 원리들을 천명하기도 하였다. 교황 레오 13세는 회칙 『영원하신 아버지』에서 교회 생활을 위해 역사적으로 매우 중요한 일보를 내디뎠다. 이 위대한 교황은 철학적 사고가 신앙과 신학에 얼마나 깊이 공헌하는지를 보여주었다. 특히 성 토마스의 철학이 지니고 있는 그 어느 것에도 비할 수 없는 가치에 관한 강조는 여전히 유효하다. 천사적 박사의 형이상학적 사상을 쇄신하는 것이야말로 교황에게는 신앙의 요구들에 부합되는 철학의 활용을 활성화시키는 최선의 길로 여겨졌다.[10]

"성 토마스의 거룩한 가르침을, 가톨릭 신앙을 옹호하고 영예스럽게 만들며 사회의 선익이나 모든 학문을 증진시키는 데 다시 활용하고 또 그것을 널리 확산시키기를 간절한 마음으로 권고하는 바입니다."[11]

## 3. 마무리

인간에게 어울리는 삶은 관조적인 삶도 아니고 육체의 쾌락에 매여 사는 삶도 아니다. 관조적인 삶은 천사에게 어울리는 삶이고, 쾌락을 따르는 삶은 금수에게나 어울리는 삶이다. 인간에게 어울리는 삶은 도덕적인 덕을 실행하는 삶이다.

빨라우 신부님은 이렇게 말한다: "덕을 소유하기 위해서는 먼저 그것을 추구해야 하고, 추구하기 위해서는 사랑해야 하며, 사랑하기 위해서는 그 가치를 인정하고 귀히 여겨야 하고, 또 그럴 수 있기

---

10. 같은 회칙, 57항.
11. 레오 13세, 『영원하신 아버지』, 34항.

위해서는 덕이 무엇인지를 제대로 알아야 한다."[12] 덕이 무엇인지를 알고 그것의 소중함을 깊이 깨달아 그것을 위해 최선의 노력을 기울일 때 비로소 덕이 취득될 수 있다는 가르침이다.

『덕행교리서』는 가톨릭교회의 도덕 원리를 놀랄 만큼 압축적으로 요약하여 「문답교리서」의 형식으로 제시하고 있다. 요약은 언제나 장단점을 모두 지니고 있다. 단점이라면 무엇보다도 내용이 빈약하고 설명이 부족하다는 것이다. 그러나 그런 부족을 감수하면서까지 요약하는 작업 결과의 이점은 휴대가 간편하고 암기가 용이하다는 점이다. 그런 점에서 빨라우 신부님의 각고하는 수고 덕분에 수중에 넣게 된 이 『덕행교리서』를 통해 많은 이들이 우리 시대에 절실히 요청되는 덕(德)을 체득하는 기회가 되길 소망한다.

---

12. "머리말" 2항.

## 09. 추천사_그리스도론

올레가리오 곤잘레스, 『그리스도론』, 윤주현 옮김, 가톨릭출판사, 2023, 19-23쪽.

내가 윤주현 신부님을 처음 만난 것은 2007년으로 기억한다. 성지 순례팀에 끼어 가르멜 영성의 본산인 아빌라(Avila)에 이르렀을 때, 그곳 신비신학 대학원에서 강의와 연구준비로 정신없이 바쁜 중에도 귀한 시간을 내어 친절한 안내와 설명을 해주셨다. 젊은 신부님이 대학원생들을 상대로 외국어로 강의를 한다니 참 대단하고, 앞으로 큰일을 할 동량이라고 생각했다. 그 뒤에도 가톨릭출판사의 부탁으로 내가 주관하고 있던 '가톨릭 문화총서'에 번역서를 내는 등 학술활동을 하는 동안 몇 차례 더 접촉할 기회가 있었지만, 본격적으로 가까이 알게 된 것은, 2016년 한국성토마스연구소를 설립하고 〈천주교조선교구설정 200주년기념 신학대전간행사업(2019-2031)〉에 안소근 수녀님과 함께 셋이 주축이 되어 꾸려나가자고 부탁을 드렸을 때부터다. 이후 분책 여러 권의 번역을 직접 책임지는 것은 물론, 모든 분책의 번역 원고에 대한 감수작업과, 거기서 발생하는 크고 작은 어려움도 함께 해결해 나가고 있다. 자신의 수많은 책무 가운데서도 언제나 가능한 한 최우선의 비중을 두고 적극적으로 참여하는 자세가 너무 고맙다. 그 밖에도 두툼한 책 서너 권을 공동번역으로 출간한 적이 있는데, 좀 더 힘들고 어려운 부분은 늘 먼저 나서서 본인이 감당하고, 아무리 시간에 쫓겨도 반드시 원문 대조를 통해 확인하고 넘어가는 우직함이 몸에 밴 학자다. 사실 윤 신부님과 안소근 수녀님 같은 출중한 학자들의 협력이 없었더라면, 프로젝트의 기획과 추진은 정녕 이루어질 수 없었을 것이기에, 이 기회를 빌려 두 분께 마음에서 우러나오는 감사의 뜻을 표한다. 두 분의 협력을 얻을 수 있었던 것은 틀림없이 주님의 섭리의 손길 덕분이었다고 확신한다.

추천사를 써달라는 신부님의 부탁을 받고는 1970년대 학창시절이 떠올랐다. 그 시절은 제2차 바티칸 공의회가 끝난(1965) 직후였고, 유럽의 가톨릭교회는 완전히 현대식으로 탈바꿈하고 있었으며, 신학도 '신신학'(Nouvelle theologie)의 기조가 주류를 이루고 있었다. 교수님들은 거의가 다 유럽, 특히 독일에서 막 유학을 마치고 돌아와 교편을 잡은 대학자 신부님들이었다. 수업 시간은 거칠게 말하면, 필기 시간이라고 해도 과언이 아니었다. 두툼한 원서들을 교탁에 펼쳐놓고 칠판 가득 여러 외국어를 휘갈기며 유창하게 펼치는 강의에 우리는 그저 혀를 내두를 수밖에 없었다. 누군가는 칠판에 쓰인 언어가 8개국어라고 했다. 시험 때가 되면 서로 노트를 빌려 베끼고…, 으레 요약본을 만들어 돌렸다. 그리고 몇몇 인상적인 과목은 좀 더 정밀하게 정리하여 을지로 옵셋인쇄소에서 인쇄해 반원들끼리 나누고, 또 해당 교수님께 드리기도 하였다. 교재는 물론 참고할 만한 관련서적조차 전무하였다. 그래서 우리 몇은 특별외출 허락을 받고 용두동의 한신대학 출판부를 찾아가, 막 번역되기 시작한 성서주해서 번역 시리즈를 구입하고, 출간 예정 도서들을 미리 선주문하기도 하였다. 그리고 혹시 영어로 된 참고 텍스트 가운데 만만한 분량이 있으면, 몇이 나누어서 번역을 해 나누어보는 것은 물론 아랫반에도 전해주었고, 어떤 것은 광주의 신학생들과 공유한 적도 있었다.

학부논문을 써야 했을 때, 사제로 평생을 살아가는 데 가장 중요한 과목이 있다면 예수 그리스도를 가르치는 과목, 곧 그리스도론이라는 데 생각이 미쳐, 겁도 없이 그 과목을 가르치던 박상래 신부님을 찾아갔다. 신부님은 당시 막 카스퍼의 역작인 『예수 그리스도』를 번역 출간하고(1977), 그것을 기초로 그리스도론과 관련 과목들을 가르치며 최근 유럽 신학의 연구동향을 우리에게 소개하고 계셨다. 강의는 참으로 멋지게 하셨지만 내용이 하도 어려워, 시험을 보면 학년마다 최소 1/3, 많으면 2/3가 재시험을 보아야 했기에, 우리 학생들 사이에서는 '박살래'라는 별명으로 불리던 호랑이 신부님이었다. 학생들이 벌벌 떨며 기피하는 호랑이굴을 제발로 찾아간 나에게 신부님은 에드워드 스힐레벡스의 그리스도론을 써보라고 하셨다. 스힐레벡스는 영어로 막 번역된(1979) 700쪽에 가까운 『예수: 한 살아계신 분의 이야기』라는 책을 내셨는데, 그것은 그리스도론 3부작 가운데 제1권이었다. 제2권은 800쪽이 넘는 『그리스도』라는 독어역본이었고(1978) 영역본은 곧 번역되어 나올 것이라고 했다. 젊은 객기에 호랑이굴을 제발로 찾아갔던 값은 이후 3년 내내 톡톡히 치러야 했다. 학사논문을 내는 4학년 2학기는 물론 대학원 2년까지도, 그저 한숨과 자책으로 사전만 닳도록 뒤지며 지옥 같은 절망적인 세월을 보내야 했기 때문이다.

그 뒤 한 세대 이상이 훌쩍 지나 겨우 최근에서야 그리스도론 분야의 사정이 좀 나아졌다. 마치 봇물 터지듯 중요한 대작들이 한꺼번에 출간된 것이다. 먼저 슈낙켄부르크 신부의 마지막 역작인 『복음서의 예수 그리스도』가 2009년 김병학 신부에 의해 번역된 것을 시작으로, 2012년에는 페로 신부의 『예수와 역사』 증보판(박상래 신부), 아마토 추기경의 『예수 그리스도』(김관희 신부), 그리고 3권으로 된 베네딕토 16세 교황님의 『나자렛 예수』(박상래 신부, 이진수 신부, 민남현 수녀)가 한꺼번에 번역 출간되었다.

그로부터 다시 10년이 지나 곤잘레스 신부님의 두툼한 『그리스도론』이 윤주현 신부님에 의해서 번역되어 나오니, 경사가 아닐 수 없다. 이 책은 연구 역사 서술과 체계적인 논의 전개, 적절한 비율과 균형 등 훌륭한 교과서라면 갖추어야 할 기본 요건들을 충분히 갖추었다. 그래서 조심스럽지만, 이제껏 우리말로 출간된 다양한 그리스도론의 연구 결실들을 종합한 결정판이라 해도 크게 틀린 말이 아닐 것이다. 윤 신부님이 밝히는 것처럼, 먼저 원서로 2000쪽이 넘는 전문 학술서를 출간한 이후에 그것을 다시 학생들의 교과서용으로 요약하고 다듬는 작업을 거쳐 탄생한 작품이기에 어쩌면 당연한 결과인지도 모른다.

윤주현 베네딕토 신부님은 대전가톨릭대학과 수원가톨릭대학을 오가며 여러 교의신학 과목들을 가르치는 것은 물론, 관구장 소임을 역임하는 등 수도회 내 크고 작은 책무들을 담당하고, 남녀 수도회와 제3회 피정 프로그램들도 지도하는 등 이미 녹록지 않은 분량의 일상 업무를 수행하고 있다. 그런 중에, 예수의 성녀 데레사와 십자가의 성 요한을 비롯한 가르멜 영성의 위대한 스승들의 가르침을 벌써 수십 권째 발간해 오고 있고, 무엇보다 두툼한 교의신학 관련 교과서들을 꾸준히 번역해내고 계신다. 본인의 학위논문 주제인 신학적 인간학을 비롯해서 교회론, 은총론, 창조론, 종말론, 삼위일체론, 신학사 III(근대), 신학사 IV(현대) 등은 하나같이 1000쪽을 넘나드는 두꺼운 책이라 동료 교수들과 학생들은 (한여름에 원두막 같은데서 낮잠 잘 때 주로 사용되는) '목침'이라 부른다고 언젠가 안소근 수녀님이 귀띔해주신 적이 있다. 나 같은 평범한 사람 서너 명 이상이 덤벼들어도 감당하기 어려운 참으로 엄청난 지적 생산성이다! 아마 우리 가톨릭교회 내에서는 가장 왕성한 연구활동을 펼치는 몇 분 가운데 하나일 것이다. 우리 한국교회를 위해 참으로 커다란 축복이 아닐 수 없다. 이번 그리스도론 교과서의 출간으로, 윤 신부님의 손길이 아직 미치지 못한 교의신학 분야가 남아있다면 신론, 계시론, 성령론, 구원론, 성사론 정도랄까. 아마 신부님이 이미 작업 중이거나 계획 중에 계시리라 짐작하게 된다. 이렇게 되면 이 땅에서 신학교육이 시작된 지 거의 170년 만에 비로소 (비록 번역서이기는 하지만) 최초로 교의신학의 교과서다운 교과서들이 완비되는 셈이다. 그날이 하루빨리 오기를 기대한다.

# 10. 추천사_토마스 아퀴나스의 가톨릭 교리서

토마스 아퀴나스, 『토마스 아퀴나스의 가톨릭 교리서』, 정종휴 옮김, 이재룡 감수,
가톨릭출판사, 2025, 5-9쪽.

    토마스 아퀴나스 성인은 귀족 출신으로 다섯 살 때 전통 깊은 베네딕토 수도회의 몬테카시노 수도원에 '봉납자'(oblatus)로 맡겨져 기본교육을 받았지만, 가난한 삶을 방편으로 삼고 진리탐구에 전념하는 혁신적인 탁발수도회(도미니코회)에 입회하였다. 그는 13세기라는 역사상 드문 문화사적 격변기에 당시 막 창안된 '대학'(大學, universitas)이라는 획기적인 교육제도를 주요 수단으로 삼아, 교부들을 통해 전해진 그리스도교의 진리와 고대 그리스 철학, 스토아 윤리, 로마 법철학, 이슬람의 종교와 과학 등 당대 유럽에 알려진 인류문화 전체를 결합하여 체계적으로 종합하는 업적을 이루었다. 이는 '역사상 가장 위대한 혁명'(체스터튼)이자 하나의 '새로운 문명'(피퍼)이라 할 만하다. 이런 그에게 교회는 '천사적 박사'(Doctor Angelicus), '인류의 스승'(Doctor Humanitatis), '진리의 사도'(Apostolus Veritatis), '교회의 빛'(Lumen Ecclesiae) 등의 찬사를 아끼지 않는다.

    그는 49년이라는 길지 않은 생애 동안 엄청난 양의 진리탐구의 결실을 우리에게 남겼는데, 특히 제2차 파리대학 시절부터 나폴리로 이어진 생애 마지막 5년간은 사도적 소명감을 더욱 강하게 느꼈고, '음식과 수면을 위해서는 그야말로 최소한의 시간만 할애하

며'(토코) 마치 불꽃처럼 교육(lectio), 연구(studium), 토론(disputatio), 집필(compilatio), 설교(praedicatio) 등 전방위적 직무에 열정적으로 헌신하였다.

성인은 생애 마지막 시기인 1273년 사순절에 나폴리에서 시민을 상대로 매일 신앙강좌를 열었다. 50년 뒤에 이루어진 시성식 과정에서 이 강좌에 참석했던 증언자들은 한결같이, '구름떼처럼 몰려온 시민들의 반응이 참으로 뜨거웠다'고 전했다. 한 증언자에 따르면, "그것은 마치 하느님께서 토마스 수사의 입을 통해 직접 말씀하시는 것 같았다"고 한다. 방대한 분량의 저작을 통해 중세 스콜라학을 체계적으로 완성한, 2000년 그리스도교 역사에서 가장 위대한 신학자가 그리스도교 진리를 일반 신앙인을 상대로 간결하고 명료하게 전한 것이다. "먼저 관상(觀想)하고, 그것을 남들에게 전하라"(Contemplata aliis tradere)는 도미니코 수도회의 기본 모토가 수도자의 생애에 그대로 구현되는 모범적 사례를 토마스 성인의 생애와 활동에서 확인할 수 있다.

토마스 성인의 마지막 가르침이라 할 수 있는 『토마스 아퀴나스의 가톨릭 교리서』에서는 구원에 필요한 가장 기본적인 그리스도교의 핵심 교리를 다음과 같이 감탄사가 절로 나는 단 한 단락으로 압축하고 있다. "사람이 구원을 받기 위해 꼭 알아야 할 것이 세 가지가 있으니, 곧 마땅히 믿어야[신앙] 할 진리가 무엇인지를 알아야 하고, 마땅히 바라야[희망] 할 것이 무엇인지를 알아야 하며, 마땅히 행해야[사랑] 할 것이 무엇인지를 알아야 합니다. 첫 번째 진리는 그리스도교 신앙의 진수를 압축해 담고 있는 '사도신경'에서 가르치고, 두 번째 진리는 '주님의 기도'에서 가르치며, 세 번째 진리는 법, 곧 '참사랑의 두 계명'과 '십계명'에서 가르칩니다"(n.1128).

이 귀중한 작품을 번역하신 정종휴 교수는 일본 교토대학에서 법학박사 학위를 받고 평생을 전남대학에서 민법교수로 봉직했으며

주 교황청 대사를 역임했다. 본 추천자가 유학을 마치고 귀국하자마자 (교의신학을 전공하신 원주교구 조규만 주교님과 윤리신학을 전공한 이동익 신부님과 공동으로) 펴낸 책이 600여 쪽의 번역서 『성 토마스 아퀴나스의 신학대전 요약』이었는데, 정 교수는 그 책의 출간을 그토록 반가워하며, 일본의 토마스 연구 실태와 『신학대전』의 일어 번역 현황에 대해 소상히 알려주었고, 그 뒤로도 긴밀히 소통하며 우리나라에서 토마스 작품들의 번역 작업과 보급을 위해 적극적인 도움과 격려를 지속해 왔다.

정 교수는 법학과 신앙의 핵심 연결고리라 할 수 있는 '자연법' 사상을 해명하는 작업을 꾸준히 이어오는 것은 물론, '우리 시대 두 교황' 가운데 한 분, 즉 성 요한 바오로 2세 성인 교황님과 더불어 현대 가톨릭교회의 쌍벽을 이루는 신학자이자 최고 목자인 라칭거-베네딕토 16세 교황님의 시대 진단과 가르침이야말로 이 극심한 혼돈의 시대에 교회가 나아갈 올바른 방향이라 여겼다. 그래서 그분의 핵심 가르침을 담고 있는 『그래도 로마가 중요하다』(1994)를 필두로 『이 땅의 소금』(2000), 『하느님과 세상』(2004), 『전례의 정신』(2006) 등을 잇달아 번역하기에 이른다. 또 젊은 시절부터 복잡다단하고 세속화 일로를 걷고 있는 현대의 혼란스러운 사조를 헤쳐나가는 데 가장 강력하고 효과적인 도구가 있다면 그것은 성 토마스의 사상이라고 확신하고, 일본의 대표적인 토미스트로 세계적인 명성을 얻고 있던 이나가키 료스케(稻垣良典) 교수의 『현대 가톨리시즘의 사상』(박영사, 1980)을 번역하여, 관련 자료가 거의 전무하던 시절에 현대 가톨릭 사상의 기본 방향과 개요를 일괄할 수 있도록 큰 디딤돌을 놓았다. 그리고 1995년에는 이나가키 교수가 오랜 시간 연구하고 결과로 내놓은 『토마스 아퀴나스』(새남)를 번역했다. 비록 200쪽에 못 미치는 소책자이지만, 토마스 성인이 13세기라는 문화적 격변기 동안 인식론적-존재론적 실재주의라는 독창적이며 혁명적인 형이상학적 통찰을 무기로 당시 그리스도교가 처한 절박한 위기를 어떻게 극복할 수 있었는지를 대가다운 필치로 생생하게 해설하고 있는 명작이다. 이는 1879년 레오 13세 교황님의 회칙 『영원하신 아버지』를 기점으로 하여 20세기에 질송, 마리탱, 파브로, 루슬로, 슈뉘 등 저명한 토미스트들을 중심으로 폭발적으로 전개된 토마스 사상에 관한 연구 결실, 성 토마스 선종 700주년(1974)을 전후로 펼쳐진 제임스 와이스헤이플이나 마우러 같은 후속 세대들의 연구 결실을 총망라했다고 평가할 수 있다.

그로부터 30년이 지난 현시점에서 토마스 성인의 유작이라고 해도 과언이 아닌 『토마스 아퀴나스의 가톨릭 교리서』가 번역된 것은 여러모로 큰 의미가 있다. 라틴어로 번역되어 문자 속에 갇혀 있던 나폴리에서의 사순절 육성 설교를 우리나라 일반 대중이 알아들을 수 있는 쉬운 우리말로 다시 되살려낸 작업을 한 셈이니 말이다.

이 책은 인간과 인류의 구원을 위해 육화(肉化)되어 오셔서 말씀과 삶의 모범으로 가르쳐주신 예수 그리스도 복음의 진리와 기도하는 법의 요체를 간단명료하고 맛깔스럽게 해설한다. 신앙의 위기와 가치관의 혼란으로 심각한 위기를 겪고 있는 오늘날 우리나라 신앙인들의 재복음화 또는 새로운 복음화에 밝은 빛과 힘찬 활력을 전해주리라 확신하며, 탄생 800주년을 맞이하는 토마스 성인의 이 마지막 가르침을 기쁜 마음으로 추천한다.

## 11. 머리말_십자가의 길

박동균 · 이재룡 엮음, 『십자가의 길』, 가톨릭대학교출판부, 1996, iii-iv쪽.

이 기도서는 가톨릭대학교 신학대학 내에 자리 잡고 있는 사목연구소의 적극적인 후원으로 출판되었다. 사목연구소는 일선 사목자들에게 필요한 이론적이고 실천적인 자료들을 제공하기 위하여 연구 노력하는 실천신학의 여러 분야에 종사하고 있는 학자들의 모임이다.

이 책에 실려 있는 12편의 십자가의 길은, 최양업 신부님의 서한에서 뽑아 구성한 한 편을 제외하고는 모두, 교황 요한 바오로 2세께서 매년 성 금요일에 하나의 텍스트를 선정하여 초대교회 순교자들의 피로 물들어 있는 로마의 성지 콜로세움(원형 경기장)에서 거행하는 십자가의 길 전례(典禮)이다. 이 예절은 요한 바오로 2세 교황 즉위 초기부터 거행되어 오고 있으며, 전 세계 신도들도 함께 참여할 수 있도록 TV를 통해 전 세계로 위성 중계된다.

우리는 경신성사성과 긴밀한 협약으로 매년 거행된 이 텍스트들을 묶어서 출판하고 있는 몇몇 출판사들의 책자들을 통해 그 텍스트를 얻을 수 있었고, 그 가운데 11편을 가려뽑았다. 그리고 여기에 평생토록 목자로서의 사도적 열정을 다 기울여 신자들의 영혼 구원을 위해 몸바치신 한국의 두 번째 방인 성직자 최양업 신부님의 서한 가운데서 예수 수난에 직접 관련되는 내용들을 뽑아 십자가의 길 기도 형식으로 재구성하여 덧붙였다.

또한 십자가의 길 기도의 유래와 역사적 발전 과정, 그리고 성청의 최근의 새로운 시도 등을 간략히 정리하여 '서론'을 대신했다. 이 서론에는 전통적으로 각 처마다 다른 적절한 가사로 불러온 통고의 성모 마리아 찬가 전문과 목포의 이 스테파노라는 분이 지어 한국 초대교회 신자들이 불러온 오래된 성로신공가의 원문도 함께 소개되어 있다.

여기 실린 전례 기도문의 저자들은 고전적인 성인 성녀들, 깊은 영성을 지닌 신학자와 철학자들, 교황과 추기경들, 그리고 열심한 사목자들이다. 따라서 수준 높은 묵상과 영성의 깊이 때문에 다소 어려운 감이 없지 않으나, 각 텍스트의 묵상과 기도문 안에는 우리로 하여금 주님의 형언할 수 없는 사랑의 깊이를 깨닫고 거기에 감사하며 보답하려는 열정을 불태울 수 있도록 자극하는 깊은 통찰들이 담겨 있다.

낱권으로 된 훌륭한 십자가의 길 기도문들이 이미 우리말로 여러 권 출판된 것을 모르는 바 아닌데도 우리가 이 책을 묶어내며 의도한 것은, 열심한 한국 신자들이 7주간의 사순절을 보내면서 함께 모여 십자가의 길 기도를 바치게 될 때 풍부하고 다양한 묵상과 기도를 봉헌할 수 있도록 여러 텍스트를 한 권의 책으로 묶어냄으로써, 본당 공동체나 각 신심 단체들이 사순절 매주(그리고 피정이나 필요시 어느 때건) 알맞은 텍스트를 새로 선택해서 사용할 가능성을 제공하자는 것이다.

우리의 부족한 번역과 편집에도 불구하고, 사순절을 맞이하는 신심 단체들이나 신자 개개인이 조금이라도 더 주님의 수난 속에 담겨 있는 이루 형언할 수 없는 하느님의 '인간을 향한 사랑'을 깨닫고 회개의 삶을 살아갈 수 있기를 바라는 소망에서 이 부족한 책자를 엮어낸다. 아낌없는 질정을 바란다.

끝으로, 이 책이 출판되기까지 커다란 도움을 주신 분들께 감사의 말씀을 전한다. 먼저 구세주의 수난을 깊이 묵상하고 그것을 혼신의 힘을 쏟아 돌로 표현해낸 각 처의 조각을 담은 14장의 귀중한 사진을 이 책에 사용할 수 있도록 기꺼이 내어주신 영원한 도움의 성모 수녀회 최봉자 수녀님께 감사드린다. 또한 사목 활동과 강연 등으로 분주한 가운데서도 우리의 어설픈 원고를 꼼꼼히 교열하고 다듬어주신 박규흠 신부님께 감사드린다. 그리고 표지 제작은 물론 처음부터 우리를 격려하고 많은 도움을 주신 신명우 선생님께도 이 자리를 빌려 감사를 전한다. (1995년 대림절에)

## 12. 머리말_3·1 운동과 한국천주교회: 교회의 응답과 진단을 엄숙한 성찰로

『3·1 운동과 한국천주교회』, 한국천주교중앙협의회, 2020, 397쪽.

한국천주교회는 3·1 독립운동이라는 우리 근대 민족사의 가장 엄중하던 순간에 어떤 선택을 했을까요? 지난해 3·1 독립운동 100주년을 맞아, 우리 교회가 당시 어떤 태도를 취했는지, 그리고 그에 대한 연구와 성찰은 얼마나 활발히 전개되었는지를 객관적이고 종합적으로 평가하기 위한 공모 사업을 펼쳤습니다. 주교회의 차원에서는 처음으로 실시하는 '열린 공모' 형식이었습니다.

　3월 말에 10여 건의 연구 계획서가 접수되었는데, 모두 단편적인 지역이나 단체 중심이어서, 당초 기대했던 것처럼 연구 활동 전체를 종합적으로 평가하는 제언서는 없었기에, 그 가운데 우선 3편을 가려 연구를 의뢰하는 한편, 이 아쉬운 종합 평가라는 과제를 위해서는 전문가를 엄선해 지명 위탁하는 방식을 택했습니다. 그래서 결과적으로 애초의 응모 과제 3편 가운데 2편이 연구 결과를 보고해 왔고, (뒤늦게 위촉했으니, 어쩌면 당연한 일이지만) 조금 늦게 지명 위탁 과제 결과물도 보고해 왔습니다. 충분하지 못한 연구 기간과 넉넉하지 못한 연구비에도 불구하고 응모하셨던 모든 분과, 끝까지 어려운 과제를 충실히 수행하고 결과 보고서를 제출해주신 세 분의 연구자들께 깊은 감사를 전합니다.

해당 분야 전문가이신 서강대학 최기영 교수님과 가톨릭대학 정연태 교수님 두 분의 주도 아래 중간 심사와 수정 요구, 그리고 최종 심사 과정을 거쳐 주교회의에 보고하고, 최종적으로 출간하기로 결정되었습니다. 바쁜 일정 중에도 연구 중간보고 내용과 최종 결과를 꼼꼼히 평가하고 지적하며 수정을 제안해주신 심사 위원님들의 귀중한 통찰과 제언에 존경과 감사의 말씀을 드립니다.

지난 100년간 관련 연구자는 모두 13명, 연구논문과 연구서는 모두 합쳐 34편인데, 2편 이상 발표한 연구자는 겨우 4명, 3편 이상 발표자는 1명이어서, 연구자층이 매우 얇고, 연구 실적도 상당히 빈약하다는 것이 드러납니다. 주요 원인으로는 공식 교회의 한결같은 무관심과 관련 자료 수집의 어려움, 그리고 주인공 후손들의 생생한 증언과 도움 자료들을 얻을 가능성도 점점 희박해진다는 점 등을 들 수 있습니다.

역사의 엄중한 순간에 바르지 못한 방향을 선택했던 뼈아픈 과거와, 이후에도 뼈저린 반성과 연구를 방치한 채 흘려보낸 지난 긴 세월을 뒤로하고 새로운 첫걸음인 101년 차를 살고 있습니다. 만시지탄이지만 이제부터라도 연구를 통해 밝혀진 과제들을 시급한 당면 과제로 받아들여 그 해결을 위해 집중적이고 체계적인 노력을 기울여야 하겠습니다.

자랑스럽지 못하고 충실하지 못했던 지난 발걸음을 되짚어 보는 것은 다시는 같은 잘못된 선택을 하지 않기 위해서일 것입니다. '코로나바이러스감염증-19'라는 범지구적 위기 속에서 국제질서 재편과 가치관의 극심한 혼란 등을 겪으며 문명사적 대전환기를 맞고 있는 이때, 민족과 시대에 대한 우리 교회의 진단과 응답이 이번에는 올바른 것인지 엄숙한 성찰로 자세를 가다듬어야 하겠습니다. (2020년 9월, 3·1 운동 100주년기념 연구논문 심사위원회 위원장 이재룡 신부)

# 13. 머리말_라-한사전

이재룡 편찬, 『라-한사전』, 한국성토마스연구소, 2023, 2단, vii-xvi쪽.

1. 저는 라띤어나 라띤문학 전공자가 아닙니다. 그리고 말할 필요도 없는 얘기입니다만, 더더욱 라띤어 사전을 만들어본 적도 없습니다. 저는 그저 중세 스콜라학의 체계적 완성자라는 평을 듣고 있는 성 토마스 아뀌나스의 대표작인 방대한 『신학대전』 대역판(對譯版) 완간 13년(2019-2031) 프로젝트를 4년째 추진하고 있는 사람입니다. 무릇 번역 작업을 위해서는 좋은 사전의 도움을 받는 것이 행운 가운데 행운이라 할 수 있겠습니다만, 저의 경우에는 사정이 그렇지 못합니다.

아시다시피 우리나라에서 지난 1995년부터 널리 독보적으로 사용되고 있고, 2000년쯤부터는 '다음'이라는 포털사이트에서 온라인으로도 제공되고 있는 라띤어 사전은 가톨릭대학교출판부에서 1995년에 출간한 『라틴-한글 사전』입니다.

1993년 여름 귀국하자마자 곧바로 모교에서 철학교수직과 함께 출판부장직도 수행했는데, 그때 평생을 라띤어 교육과 연구에 바치고 마지막 20년을 라띤어 사전 편찬작업에 몰두하다가 Sordesco 항에서 병마 때문에 손을 놓고 끝내 출간을 보지 못한 채 하느님 품으로 떠나가신 존경하는 은사 허창덕(許昌德) 신부님(1919-92)의 유작(遺作)을 제 손으로 출판하는 행운을 누릴 수 있었습니다. 정확히 얘기하면 허 신부님께서 계약을 맺었던 분도출판사에서 지적된 부분까지 이미 2000부 활판인쇄를 해놓았고(그 식자판은 시대에 한참 뒤처졌기 때문에, 이미 파기한 지 오래됐다고 했습니다), 그 뒷부분을 백민관 신부님을 비롯한 후학들이 허 신부님의 작업 카드를 기초로 보충 정리해서 완성한 '라띤어 사전' 전체 원고를 대학출판부가 넘겨받아 한정판으로 출간한 것입니다.

그로부터 20년이 지난 2016년 여름에 저는 교구장님의 명을 받고 토마스 아퀴나스의 『신학대전』 완간 사업에 본격적으로 돌입했습니다. 그런데 그전부터 어렴풋이 느끼던 사실입니다만, 토마스가 사용하는 대부분의 전문 신학용어는 기존 고전 라띤어 사전에는 거의 들어있지 않다는 사실을 깨달았습니다.

허 신부님의 사전은 국제적으로 널리 사용되고 있는 유사한 사전들에 견주어도 손색이 없는 훌륭한 사전으로 독보적인 장점도 많이 갖추고 있는 사전입니다. 하지만 전 세계 고전 라띤어 사전이 공통으로 안고 있는 기본적인 시대적 한계도 고스란히 안고 있는 사전입니다. 고전 라띤어 사전에는 4-7세기에 통용된 '대중 라띤어'(Latina vulgaris)나 그 뒤에 16세기까지 거의 1000년 가까이 이어지는 '중세 라띤어'(Latina Medioevalis) 또는 '스콜라 라띤어'(Latina Scholastica)가 거의 담겨 있지 않습니다. 이제 잠시 전문가들[1]의 도움을 받아 라띤어의 역사를 간략히 훑어보겠습니다.

세계 언어 분포상으로 인도에우로빠어계(Linguae Indo-europeae)에 속하는 라띤어(Lingua latina)는 처음에는 이딸리아 반도 서북부의 라찌움(Latium) 주민들의 방언이었는데, 이 라찌움족이 기원전 8세

---

1. 성염, 『고전라틴어』(*Latinum Classicum*), 성바오로출판사, 1994, 3-4쪽 참조. Cf. Philip Baldi, *The Foundations of Latin*, Berlin-New York, Mouton De Gruyter, 1999, pp.93-195; James Clackson et al., *The Blackwell History of the Latin Language*, West Sussex, Wiley-Blasckwell, 2011; P. Pocetti et als., *Una storia della lingua latina*, Roma, Carocci, 2008.

기경에 중부 지역에 정착하며 로마(Roma)를 창건하였습니다. 그 후 정치세력을 확장하면서 지중해 연안을 차례로 정복하고 기원전 27년에 로마제국(Imperium Romanum)을 건설함에 따라 라띤어는 제국의 언어로 통용되었고, 그것이 중세를 거쳐 에우로빠 대륙의 각 지역 종족 언어들에 깊은 영향을 미치게 됩니다.

라띤어 역사는 흔히 그 발전 단계에 따라 상고 라띤어, 고전 라띤어, 대중 라띤어, 중세 라띤어 또는 그리스도교 라띤어로 구분됩니다. 상고 라띤어(Latina antiqua)는 기원전 3세기 이전의 라띤어를 가리키고, 고전 라띤어(Latina classica)는 로마의 희극작가들로부터 비롯된 라띤어로서, 로마 문학의 최고봉이라 일컫는 치체로(Cicero, BC 106-43)에 의해서 확립되어 2-3세기까지 전성기를 누렸고, 적어도 상류층에서는 서로마제국이 멸망한 476년까지 사용되었습니다. 대중 라띤어는 로마제국이 수립되면서 제국에 흡수된 지중해 연안 주민들이 사용하기 시작한 일반 대중(vulgo)의 언어이지만, 4세기 이후에는 적어도 구어(口語)로는 제국의 언어로 통용되기에 이릅니다.

중세 라띤어는 바로 이 대중 라띤어가 전해진 것으로 에우로빠 대륙 전체의 공용어로서 통용됩니다. 중세 에우로빠는 4세기 이상에 걸친 북방 야만족의 문명 파괴라는 길고 긴 암흑기를 떨쳐내고 8세기 말에 까롤루스 마뉴스(Carolus Magnus)의 문예부흥의 기치를 시작으로 또다시 3-4세기 동안의 느리고 힘겨운 재건의 노력을 기울였고, 11세기 말부터는 새로 창안된 교육과 연구 제도인 '대학'(Universitas)을 중심으로 스콜라학(Scholastica)이 폭발적으로 피어남으로써 이슬람 문명에 비해 수백 년 이상 뒤처져 있던 문화적 열세를 극복하고 그것을 능가하며 마침내 찬란한 중세 문명을 꽃피워내게 됩니다.

그런데 라띤어는 중세의 여러 세기를 거치면서 다양한 지역 여건 및 방언들과 뒤섞이며 후반기로 갈수록 여러 변화를 겪음으로써 차츰 '로만스어계' 또는 '신-라띤어계'라고 불리게 될 뽀르뚜갈어, 히스빠니아어, 쁘로방스어, 프란치아어, 이딸리아어, 루마니아어 등으로 변모하게 됩니다.

르네상스 시대에 접어들면서 에라스무스(Erasmus)를 비롯한 많은 문인과 학자는 중세 라띤어를 거부하고 치체로와 베르질리우스의 고전 라띤어를 복원하려는 움직임을 점차 가속화합니다. 이때부터 라띤어는 가톨릭교회와 신학의 전 용어로 축소되면서 오늘날에 이르는데, 이 라띤어를 좁은 의미에서 '그리스도교 라띤어'(Latina Christiana)라고 부릅니다.

2. 새로운 소임을 맡았을 때, 마침 중세 어휘를 담고 있고 인용문도 그리스도교 문헌과 스콜라학자의 글에서 따온 라-불 사전을 발견하였습니다. 바로 브레뽈스(Brepols) 출판사에서 발간한 *Lexicon Latinitatis Medii Aevi*(중세 라띤어 어휘사전)였습니다. 그래서 2016년 12월 15일 혜화동 한 식당에서 7명이 모여, 우선 그 사전을 초벌 번역하는 것으로 출범에 뜻을 모았습니다. 그 사전이 스콜라학의 모든 전문 용어들을 포괄하고 있는 것은 아니었지만, 그럼에도 불구하고 치체로와 호라찌우스 등의 용례들만 담고 있던 고전 라띤어 사전과는 달리, 스콜라학자들의 구절과 전거들을 제공하며 중세문화 전반을 포괄하고 있는 고마운 사전이었습니다. 그런데 분량을 나누어 초벌 번역작업을 진행하면서 차츰 알게 된 일이지만, 그 사전은 고전 라띤어 사전을 기정사실로 전제하고 거기에 포함된 어휘들과 의미들은 원칙적으로 배제한 채 '고전 사전에 없는' 표제어와 의미들만을 담고 있는 철저한 '보충' 사전이었습니다.

해서, 저희는 작업 중반을 넘어서면서부터 여러 세기를 연면히 이어온 서구 문화 전통과는 비할 수 없을 정도로 열악하고 뒤늦은 우리나라의 학술적 여건과 사정을 감안할 때 중세 어휘만을 별도로 담고 있는 라띤어 사전보다는, 할 수 있다면 일반 언어와 중세 언어 전체를 종합할 수 있는 라띤어 사전을 편찬하는 것이 훨씬 더 시의적절하겠다는 생각을 굳히게 되었습니다.

그래서 특별히 허창덕 신부님의 역작과 다른 선배학자들의 단편적인 노력은 물론 얼마 전부터 꾸준히 번역되어 나오는 아우구스티누스를 비롯한 교부들의 고전 원전 작품들과 그리스도교 가르침의 마르지 않는 원천인 신구약성경, 최근의 공의회 문헌, 교리서, 교회법전 등을 포함하는 각종 교회 문헌으로부터 할 수 있는 만큼 기본 용어들을 채집하는, 표제어 확장작업을 병행하였습니다.

특히 성 토마스 번역작업의 필요 때문에 시작된 것인 만큼, 사전의 용례들은 주로 토마스의 주요 사상이 담긴 명제들을 활용하기로 하였습니다. 여기에는 데페라리(Roy Defferrari)가 책임 편찬한『토마스 렉시꼰』(*A Lexicon of St. Thomas Aquinas. Based on the Summa Theologiae and Selected Passages of his Other Works*, 1948)이 유용했는데, 이 작업에는 『신학대전』대역판 완간 프로젝트 간행위원으로 봉사하고 있는 임경헌 박사님이 큰 도움을 주었습니다.

이렇게 3년간의 예비 기초작업이 일단락되어 갈 즈음에 3년간의 국고지원을 신청했는데, 첫해에는 탈락되었지만 그 이듬해에 다시 신청했던 것이 다행스럽게 선정되었습니다. 3년이면 충분히 마무리할 수 있을 줄로 여겼습니다만, 그것은 사정을 면밀히 살피지 못한 섣부른 착각이었습니다.

그렇게 계속된 제2기 작업도 어느 정도 마무리될 즈음해서 모든 분야는 아니지만 주요 전문 분야의 외부 전문가들에게 해당 분야 어휘들의 감수작업을 의뢰하여 도움을 받았습니다. 주요 13개 분야를 선정하고, 내부적으로 검토할 수 있는 신학, 교회법, 스콜라학을 제외한 나머지 10개 분야는 외부에 의뢰하였습니다.

2021년 말에는 모두 합쳐 5년간의 편찬작업이 어느 정도 일단락

됨에 따라, 교정과 편집과 인쇄에 집중해야 하는 마지막 해(2022)를 맞이하면서, 추진팀의 대대적인 개편을 단행하였습니다. 그렇게 구성되어 본격적인 교정과 편집 작업에 들어간 편찬팀 3명과 편수팀 5명은 1월 1일부터 그야말로 숨돌릴 겨를조차 없이 빡빡한 1년 일정을 시작하였습니다. 8월 말까지 일단 철저한 초벌 교정작업을 해나가되, 워낙 많은 분량 때문에 A4용지 200쪽 정도씩의 작업이 마무리되는 대로 출판사 편집실로 보내는 과정을 계속하여 8월 말까지 일단락을 짓고, 9월부터는 인쇄에 넘기기 전까지 시간이 허용하는 범위 내에서 다시 2교나 가능하다면 3교까지 본다는 계획이었습니다.

그런데 우리 편수 작업팀의 계획과 출판사 편집팀의 작업 계획 사이에 2-3주 정도의 착시 오류가 발생하여, 본래 계획이 엉망으로 뒤엉키며 혼선을 빚었습니다. 무엇이 문제인지를 파악하고 수습하느라 그 절실한 시간 가운데 다시 얼마간의 시일을 낭비함으로써, 2차로 수정한 적지 않은 분량의 내용들을 과연 초벌 원고에 담아서 기한 내에 문화체육관광부에 보고할 수 있을지가 의문시될 정도로 심각했습니다. 하지만 그야말로 우여곡절 끝에, 본래 우리 편수팀이 8월 말경에 완성했던 초벌 교정원고에, 9월부터 새로 작업한 2차 수정내용을 그대로 적용하여 완성한 원고를 새로 편집한다는 절묘한 수습책이 주효하여, 위기를 가까스로 극복하면서 일정을 대체로 맞출 수 있었습니다.

저는 지난 6년 동안 숱한 파도와 곡절과 크고 작은 위기들을 헤쳐나오면서, 많은 분의 지지와 응원과 기도를 통해 하느님의 절묘한 섭리의 손길이 내내 함께 작용하며 이끌어주셨음을 굳게 확신하고 있습니다. 사전 끝부분에는 라띤어 및 라띤어 사전 그리고 고대와 중세 에우로빠와 연관된다고 생각되는 몇 가지 주요 사항들을 "부록"으로 실었습니다. 1) 복잡한 동사변화표를 성염 교수님의 문법서를 활용해서 실었고, 2) 고대 로마제국과 중세 에우로빠의 주요 정치-문화 연표를 제시하였으며, 3) 로마제국 황제 연표와 4) 교황 연표를 제시하였고, 5) 수사 일람표, 6) 로마의 도량형, 7) 중세 주요 대륙, 국가, 도시 이름, 8) 마지막으로는 백민관 신부님이 공들여 정리한 중세 스콜라학자들의 다양한 '박사'(Doctor) 칭호와 기타 칭호들을 보강하여 도표로 제시하였습니다. 편리하게 활용될 수 있었으면 좋겠습니다.

3. 이렇게 뭘 제대로 알지도 못한 채 쉽게 덤벼든 원죄와도 같은 기획 틀에 따라 수많은 곡절과 위기를 겪으며 추진하여 국고지원 시한에 맞추어 보고하면서 내놓는 이 사전은 여러 부족한 면도 많이 가지고 있지만, 기존 사전에 비해 내세워도 좋을 장점도 적지 않기에 우리 편찬·편수팀이 스스로 자평하는 장단점을 정리하겠습니다. 먼저 저희가 생각하는 이 사전의 몇 가지 특징적인 면을 짚어보겠습니다.

첫째, 이 사전은 한마디로 이제까지 우리나라에서 활용되어 온 사전의 한계를 넘어 그 지평을 획기적으로 넓힌 '실용적인 라띤어 종합사전', 또는 '중세문화로 특화된 실용적 라띤어 사전'입니다. 이제까지의 라띤어 사전이 지중해를 중심으로 그 연안에 자리 잡고 있던 종족들을 통합한 고대 로마제국 시대 500년의 삶과 문화를 담고 있었다면, 우리 사전에서는 그 폭을 이어지는 세계로 확장하여 중세 1000년간의 에우로빠 대륙 전체의 삶과 문화를 포괄하고 있습니다.

둘째, 중세 1000년간의 에우로빠 문화는 정치가 아니라 종교, 좀 더 정확하게 말하자면 그리스도교(Christianitas)가 중심이자 기초를 이루고 있는 문화입니다. 그래서 그리스도교의 생활, 관습, 전례, 사상, 제도 등을 담고 있는 문헌들로부터 어휘를 광범위하게 채집하였습니다.

 셋째, 위의 선택에서 파생되는 것입니다만, 사전 전체에 스콜라식 발음법을 일관되게 적용하였습니다. 영어식 발음 위주의 우리나라 외래어 표기법에 익숙한 대부분의 이용자에게는 상당히 귀에 거슬리겠습니다만, 불가피한 조치였다는 점을 양해해주시리라 믿습니다.

 넷째, 성 토마스 아퀴나스의 주요 사상을 담고 있는 3,000~4,000개쯤은 족히 될 주요 명제들을 용례로 적극 활용하였습니다. 보통 사전의 용례로 활용되는 짧은 어구 형태가 아니라 대부분 완전 문장으로 인용하였습니다.

 다섯째, 라띤어 전문가들이나 고전문학에 관심 있는 이용자들에게는 장점이라기보다는 오히려 단점이 될 수 있겠습니다만, 예컨대 기존 사전들에 실려 있던 용례들의 고대 전거들은 대부분 생략하여 간소화하였습니다. 2000년 가까운 세월을 거치면서 그 가운데 상당수는 얼마간의 변형을 겪으며 속담과 관용구로 굳어져 오기도 했고, 또 대다수의 일반독자로서는 접근할 수도 없는 고대문헌들이기 때문입니다.

 여섯째, 허창덕 신부님이 작업하시던 때로부터 40-50년이 훌쩍 지난 시대와 여건에 맞게 모든 표현을 최대한 현대화하고 한글 전용 방식을 택하려고 노력하였습니다. 그래서 애매한 어휘에는 한자나 원어를 병기했지만, 나머지 대부분의 설명은 한글 전용에 현대적인 표현을 원칙으로 삼았고, 인명과 각종 지명을 가리키는 모든 고유명사를 스콜라식 라띤어 발음법에 따라 음역화하였습니다.

4. 목마른 사람이 우물을 파는 심정으로, 전공 분야가 아닌 고전 언어 분야의 엄중한 사전 작업에 덤벼들다 보니, 장점보다는 한계와 부족이 더 많은 것처럼 느껴져 송구스러운 마음입니다.

첫째, 우리의 사전에서 가장 먼저 지적되어야 할 단점은 학술성과 전문성이 떨어진다는 사실입니다. 이것은 처음부터 제대로 자격을 갖춘 전문가들이 충분한 기간 동안 작업한 결실이 아니라, 다른 기획을 추진하는 데 필요해서 병행하게 된 부수 또는 종속사업이기 때문에 불가피한 결함이라 할 수 있겠습니다.

둘째, 체제의 통일성이 매우 허술합니다. 그 원인은 다양한 표제어들을 여러 방면으로부터 활짝 받아들인 점과 토마스의 긴 문장들을 줄이지 않고 인용한 데에 있습니다.

셋째, 그 누구의 눈에도 가장 먼저 들어올 심각한 결함으로, 표제어에 악첸뚜스나 장·단음 표시를 하지 못했음을 자백합니다.

넷째, 너그럽게 치자면 교정작업을 3-4교쯤은 본 셈이지만, 그것으로 충분하지도 않을뿐더러 그나마 짧은 시한 내에 서두를 수밖에 없었기 때문에, 오탈자나 다른 중대한 실수들이 아직도 제법 많이 남아있을 것입니다.

다섯째, 표제어를 8만여 개로 기존 사전들에 비해 두 배 이상 늘렸음에도 불구하고, 표제어가 아직도 충분하지 못합니다. 중세문화 1000년에 집중하다보니, 중세문화의 기틀을 이루고 고전 라띤어 시대와 상당 부분 겹치는 '교부시대'의 대단히 중요한 그리스도교 교리 정립과정과 그렇게 해서 창안되고 다듬어진 새로운 어휘나 어의들을 상대적으로 소홀히 취급하게 되었는데, 이는 너무 아쉽습니다.

여섯째, 설명문이나 용례에 대한 번역문이 부정확하거나 애매하거나, 심지어는 오역인 경우도 없지 않을 것입니다.

이 밖에도 더 많이 있을 여러 결함들, 곧 오탈자나 불분명한 문장이나 사실과 다르거나 명백한 오역 등을 발견하신 분께는 우선 대단히 송구하다는 말씀을 미리 드리고, 아울러서 우리 출판사나 보급처로 연락을 주시면 감사하겠다는 말씀을 드립니다.

반드시 지적하신 부분들을 포함하여 사전 전체를 면밀하게 검토해서 오탈자와 오식, 오역을 바로잡는 것은 물론, 향후 5-6년간 아직 실리지 못한 표제어들, 특히 교부시대의 주요 용어들을 철저하게 보강하는 대대적인 수정보완 작업을 통해 흔히 '중사전'(中辭典)의 기준으로 삼고 있는 표제어 15만 자에 육박하는 명실상부한 '중사전'으로 거듭날 수 있도록 노력하겠다는 말씀을 드립니다.

5. 이런 경과를 거쳐 이런저런 특징과 부족한 면들을 갖추고 있는 사전을 우여곡절 끝에 6년 만에 독자들 앞에 내놓으며 감사해야 할 분들이 참으로 많습니다.

그 누구보다 앞서, 크고 작은 일들의 아귀를 맞추시며 볼품없는 '몽당연필로도 세상을 향해 일편단심 당신의 연서(戀書)를 쓰시는 놀라우신 하느님'(콜카타의 성녀 데레사의 표현)께 감사와 영광을 돌리고 싶습니다. 주님께서는 일찍이 이 땅에 온 세계가 경탄하는 방식으로 복음의 진리가 전해질 수 있도록 안배하시고, 순교자들의 피를 자양분 삼아 오늘날에는 전 세계 교회가 미래의 희망을 걸 정도의 건실한 교회로 이끌어 오셨을 뿐만 아니라 조선교구설정 200주년을 더욱 뜻깊게 준비할 수 있도록 이 사전 편찬과 『신학대전』 대역판 완간을 차근차근 이루어주고 계시기 때문입니다.

그다음으로는 막강한 천상의 후견인들, 곧 우리 한국천주교회의 주보이신 원죄 없이 잉태되신 복되신 동정 마리아님과 우리 연구소 주보이신 '인류의 스승'(Doctor Humanitatis) 성 토마스 아퀴나스를 비롯해서, 진리 전파와 소통의 필수도구인 라띤어 사전 편찬을 위해 혼신의 힘을 다하다 병인년에 안타까이 순교하신 쁘띠니꼴라 신부님과 뿌르띠에 신부님, 암울하던 일본 제국주의 시절에 『라한사전(羅韓辭典)』을 발간하신 윤을수 라우렌시오 신부님, 그리고 라띤어 교육과 연구에 평생을 바치시고 오늘날까지도 널리 활용되고 있는 『라틴-한글사전』을 우리에게 남겨주신 존경하는 은사 허창덕 치루스 신부님께 감사의 큰절을 올리고 싶습니다.

'천주교 조선교구 설정 200주년 기념사업의 일환으로『신학대전』대역판 완간 13년(2019-2031) 프로젝트와 부속사업인 라띤어 사전 편찬 계획을 말씀드렸을 때 그토록 기뻐하시며 적극적인 격려와 지지를 아끼지 않으시고 국고지원 신청작업에도 흔쾌히 많은 시간과 노력을 기울여주신 염수정 추기경님과, 이 사업을 누구보다 반기시며 여러 차례 금일봉까지 건네시며 용기를 불어넣어주시고 강복해 주시던 정진석 추기경님, 이 사업을 고스란히 이어받아 한결같은 지지와 격려를 보내주시는 정순택 서울대교구 교구장주교님, 그리고 이 사업을 총괄 지휘하시며 어려움에 봉착할 때마다 기꺼이 해결사가 되어 물심양면의 지원을 아끼지 않으신 손희송 총대리주교님과 유경촌 주교님, 구요비 주교님, 마치 친동생을 대하듯 친근한 격려와 지원을 아끼지 않으신 이용훈 주교회의 의장주교님, 그리고 이병호 주교님, 김운회 주교님, 배기현 주교님, 손삼석 주교님, 조규만 주교님, 그리고 이 사업의 중요성을 절감하시고 난관에 봉착하여 쩔쩔매고 있는 저를 도와주시고 격려하기 위해 밀양에서부터 두 번씩이나 한걸음에 달려와주신 송기인 신부님과, 국고지원 신청의 필수조건인 자부담금 문제를 선뜻 해결해주시며 사업 전체의 물꼬를 터주시고 한결같은 지지를 보내주시는 학교법인 가톨릭학원의 김영국 신부님과 이경상 신부님을 비롯한 수많은 신부님과, 그 누구보다 열렬한 지지와 응원을 정기적으로 보내시며 사전 완성과 대역판 완간의 날을 손꼽아 기다리시다가 뜻밖의 병마로 일찍 하느님 품에 안기신 정영숙 율리아나 비아다빈치 회장님을 비롯해서 일일이 거명하지 못하는 수많은 은인들의 도우심에 이 자리를 빌려 깊은 감사의 마음을 전합니다.

또한 작업의 후반 3년간의 연구와 출판을 위해 국고지원을 해주신 문화체육관광부 장관님과 관계자 여러분들, 특히 실무적 지도와 도움을 아끼지 않으신 장우일 종무관님과 주무관님께 감사드립니다. 지난 3년간의 연구비와 출판제작비에 대한 국고지원이 없었더라면, 아마 도전할 엄두조차 낼 수 없었을 것이고, 이처럼 풍부한 라띤어 어휘들을 활용할 수 있는 날을 기약할 수도 없었을 것입니다.

그리고 이 프로젝트 기획자인 저의 어설픈 설계와 섣부른 판단 때문에 그 숱한 거친 파도와 모진 굽이들을 헤쳐나오며 6년이라는 결코 짧지 않은 참으로 힘겨운 기간을 함께 견뎌온 아홉 분의 공동편찬위원님들께 어떤 감사의 말씀을 드려야 할지 모르겠습니다. 참으로 본연의 엄중하고 바쁜 일과를 소화하면서도 엄청난 분량의 분담 과제들을 묵묵히 감당해주신 한 분 한 분의 열정과 헌신이 없었더라면 오늘의 이 결과는 없었을 것입니다. 특히 우리나라에서는 매우 드문 라띤문학 전공자인 안수배 신부님과 정환규 신부님의 역할이 컸고, 그중에서도 안수배 신부님은 교육, 연구, 보직이라는 삼중의 격무에 시달리면서도 마지막까지 라띤어 사전의 역사와 스콜라 라띤어 발음법의 원칙들을 정리하는 것은 물론, 사전 전체의 품사 변화들과 인용구 번역과 감수에 혼신의 힘을 다 쏟아주셨습니다. 두 분을 우리 사전 프로젝트에 참여할 수 있도록 허락하고 필요한 조치를 취해준 가톨릭대학교의 원종철 총장신부님과 전영준 신학부 총장신부님께 감사드립니다.

또한 광범위하게 수집되는 다양한 자료들을 종합하고 조정하며 독려하고 기초 편집작업까지 훌륭하게 감당한 세 분의 간사님과, 특히 A4용지 3300쪽을 훌쩍 넘는 엄청난 분량의 검토와 대조, 교정 작업에 1년 꼬박 숨돌릴 겨를도 없이 온 힘을 다 쏟아주신 다섯 분의 편수팀 선생님들께 죄송한 마음과 감사를 전합니다. 오죽하면 금년 8월 말에 비로소 처음으로 원고의 마지막 페이지에 도달하고 잠시 모였을 때, 한 위원이 '이건 사람이 감당할 수 있는 일이 아니다. 도저히 불가능한 일이야. 어떻게 이걸 가능하다고 보고 이렇게 시킬 수 있지?' 하며 열변을 멈추지 않았을까요!

그리고 바쁜 일정 가운데서도 기꺼이 전문 분야 어휘들에 대한 감수작업으로 상당히 많은 오류를 바로잡아주신 김정신 교수님(건축학), 이하규 교수님(동물학), 조도순 교수님(식물학), 신현수 변호사님(법학), 이경상 신부님(교회법), 장동진 교수님(의학·해부학), 신을숙 국장님(의학·간호학), 송병은 부장님(간호학), 김종수 신부님(전례학), 윤종식 신부님(전례학), 박원주 신부님(교회음악), 박승찬 교수님(철학·종교) 등 12분의 전문가 감수자 여러분에게도 감사드립니다.

또한 표제어 확장을 위한 광범위한 채집작업에서도 많은 분의 도움을 받았습니다. 조광 교수님(사전 편찬에 관한 전반적인 조언과 격려), 차용구 교수님(중세 역사 및 지도 관련 자문), 임경헌 박사님(토마스 명제 발췌 및 초벌 번역작업), 권영파 박사님(조직 운영상의 위기에 봉착했을 때 효과적인 조언과 조치들), 김미리 파비올라 자매님(최근의 교황문헌들과 수도회 명칭들), 이강록 세례요한 형제님(중세 관용어 채집), 손윤정 마리아 자매님(성경 구절 발췌 작업), 김정이 아녜스 자매님(전치사와 핵심 개념들의 관용어구 채집) 등 바쁜 오늘날의 치열한 일상 가운데서도 기꺼이 도움의 손길을 내주신 모든 분께 감사의 마음을 전합니다.

절실함은 자격이나 여건을 따지지 않고 도전을 낳습니다. 우리나라의 라띤어 사전 역사를 뒤돌아보니 목마름 때문에 우물 파기에 도전한 것은 비단 저의 경우만은 아니었습니다. 우리나라 최초의 서양언어 사전 탄생이 될 뻔했던 30대 젊은 쁘띠니꼴라 신부님의 1860년대 도전이 그러했고, 암울하던 일제 강점기에 역시 30대의 윤을수 신부님의 도전이 그러했으며, 다시 반세기가 지나 평생을 외곬으로 라띤어에 바치신 허창덕 신부님의 외로운 도전 역시 그러했습니다. 부족함 투성이인 줄 알면서도 부끄러움을 무릅쓰고 내놓는 '심마니길'과도 같은 이 사전이, 이끄시는 섭리의 손길에 힘입어, 차츰 뒷산 등산로가 되고 또 공원의 산책로처럼 많은 이들이 오가는 대로로 성장해 갈 날을 그려봅니다. (2022년 11월 15일 한국성토마스연구소 설립 6주년에, 책임편찬인 이재룡 신부)

# 14. 논평_대신학교에서의 사제양성의 쇄신
(박일 신부)

『사목연구』 10(2002/12), 가톨릭대학교사목연구소, 2002, 106-113쪽.

## 1. 박일 신부님의 발제문 요지

- **개괄**: 발제자는 서론에서 "성직자 쇄신의 가장 근본이 되는 일차적인 출발점이 '교회의 심장'인 신학교 교육의 쇄신"임을 강조하며(52쪽), 발제문을 통해서 사제 양성 과정의 쇄신을 도모할 것임을 밝히고 있다. 사제 양성도 다른 교육과 마찬가지로 1) 시설 2) 학생 3) 교육자 4) 교과 과정이라는 기본적인 네 가지 요소로 이루어져 있다. 이 요소들이 각기 요건을 충족시키고 또 상호 간에 훌륭하게 조화를 이룰 때 최선의 교육이 이루어질 수 있을 것이다(이 가운데 '시설' 부분은 아주 기본적인 부분이고, 또 현재 부족함이 없는 최상의 상태이기 때문에, 쇄신 방안을 모색하는 발제문에서는 논의에서 제외되었다).
- **논문 구성**: 박일 신부님의 논의에서는 시설을 제외한 세 가지 기본 요소를 다 포괄하고 있다. 학생 선발(1.1)과 양성 책임자들(1.3), 그리고 교육과정의 세부 영역들(2). 그런데 신학교의 독특한 특성과 그에 따른 어려움 때문에 대신학교의 정체성(1.2)이라는 항목을 따로 논의하는 것은 훌륭한 조치인 것 같다.
- **선발**: 교회 문헌에 의하면 지적·인간적·윤리적·영성적 자질

이 우수한 학생들을 엄선하도록 되어 있는데, 기성 성직자 대상 설문조사에 의하면 절반 정도의 응답자가 너무 낮다고 응답하고 있음을 지적하고, 구체적인 교육 목표로서의 사제상을 설정하고 그에 따른 사제 양성 계획이 수립되어야 한다고 강조하고 있다.

- **정체성**: 대신학교의 정체성이 교육과정(학사/대학원)에서는 물론 '영성의 해'와 '사목 실습의 해' 등에 대한 별도의 강조 등으로 인해 상당한 혼선을 빚고 있음을 지적하며, 적절한 조정 작업이 필요함을 지적한다.
- **양성 주체들**: 양성 주체들로 주교, 학장, 교수, 영성 지도자, 생활 지도자의 책무를 상론하고, 특히 양성 요원들의 수 부족, 자질 부족, 과중한 업무, 역할의 혼선 등으로 인해 교육 및 지도의 질이 저하되고 있음을 지적하면서, 양성자 양성 계획 및 직무 규정이 시급함을 제안하고 있다.
- **성소 심의**: 성소 심의를 위한 식별 기준이 마련되어야 한다고 지적하고 있다.
- **영성의 해**: '영성의 해'에 대해서는 상당한 분량에 걸쳐(73-82쪽) 논하면서, '영성의 해'(영적 수련기), '입문 과정', '예비의 해' 등 연관된 유사한 개념들의 혼선이 있음을 각종 전거(典據)에 입각하여 지적하고, 보다 체계적이고 우리 실정에 맞는 운영 방안을 제안하고 있다.
- **영적 양성**: 영적 양성 역시 상당한 분량에 걸쳐(82-88쪽) 논하면서 영성 지도자들 사이의 조화로운 협력을 통한 일관성 있는 영성 지도가 필요함을 역설하고 있다.
- **인간적 양성**: 설문조사를 통해 절실히 요청되는 것으로 강조되고 있는 신학생들의 인간적 양성이 신학교 공동체 생활을 통해 배양되어야 한다고 지적하며, 특히 '책임 있는 자율훈련'이 필요

하다고 강조하고 있다.
- **지적 양성**: 지적 양성 부분에서 철학 과목과 신학 과목 사이의 비율이 불균형을 이루고 있음을 지적하고, 대학원에서의 전공 심화 과정이 부실하며, 학점 관리도 엄정하지 못함을 지적하고 있다. 제언으로 교수들 사이의 유기적 조화와 일치, 7년 연한 과정의 엄수(현재 서울 대신학교는 다른 신학교들과 달리 6.5년 연한을 시행하고 있다), 철학과 신학 과목의 적정 비율 복원, 엄정한 학점 관리 등이 필요하다고 지적하고 있다.
- **사목적 양성**: 사목적 양성에서는 일선 현장에 나서기 전에 미리 충분한 준비를 갖추기 위해서 외출 문화, 방학 생활, 군복무 기간 및 모라토리움 기간, 새사제학교 등의 기간이나 제도를 잘 활용할 것을 제안하고 있다.

## 2. 발표문의 의의 및 중요성(종합)

첫째, 박일 신부님의 발제문은 사제 양성의 여러 측면을 모두 포괄하고 있는 매우 귀한 연구로서(사실 지금까지의 연구논문들은 사제 양성의 어느 한 분야만을 대상으로 삼고 있는 것이 대부분이었다), 앞으로 사제 양성 과정의 쇄신 작업을 위한 기본 출발점이 될 수 있을 것으로 사료되며, 충분하지 못한 연구 시간에도 불구하고 이토록 훌륭한 결과물을 발표해주신 신부님의 노고에 깊은 감사와 격려의 말씀을 드린다.

둘째, 발제문은 다양하고 방대한 교회 문헌들과 한국에서의 그간의 노력들, 그리고 사목 현장의 다양한 요구들(특히 시노드 설문조사 결과)을 고루 참조하고 있다.

셋째, 대신학교 양성 과정의 현실을 (비록 충분하지는 못하지만) 나름대로 최대한 반영하고, 또 나름대로 시급하다고 여겨지는 해결 방안들을 제시하고 있다. 특히 각주 13번(입학 성적), 각주 48번(교수

논문 발표 실적), 각주 49번(대신학교 교원 현황 및 박사 학위 소지율), 각주 116번(성적 평가) 등에서의 구체적인 통계들은 대단히 많은 의미를 함축하고 있는 귀한 자료들이다.

넷째, 특히 '영성의 해'에 대한 풍부한 전거에 입각한 설명과, 또 그와 관련된 유사한 개념들의 근본 취지에 대한 교통 정리는 오직 발제자에게서만 기대할 수 있는 귀중한 공헌임에 틀림없다. '영적 교육'의 현재 운영 실태에 대한 보고와 평가 역시 마찬가지다.

## 3. 전반적으로 지적하고 싶은 사항들

논평자는 발제자가 지적하고 있는 현실적인 문제점들과 그 대안으로 제시하고 있는 다양한 제언에 대체적으로 동의한다. 다만 이 자리에서는 귀한 연구를 보완하기 위한 논평자로서의 소임에 충실하고자 한다.

**1) 논술 구성:** '영성의 해'(1.5)를 기본 구성 요소에 포함시켜 다루는 것은 이해하기 어렵다. 이것은 새로 신학교에 들어온 1-2학년을 대상으로 한 영적 교육의 독특성을 감안한 강조이기 때문에, 전 학년의 영적 양성을 다루는 부분(2.1) 속에 그 일부로 포함시켜 취급해야 한다고 생각된다. 그리고 '성소 심의'(1.4.)에 관한 언급도 교육과정을 세부적으로 논의한(제2장 전체) '다음'에 취급하는 것이 자연스럽지 않을까 사료된다.

**2) 연구 방법론:** 문헌들과 설문들을 기초로 하고 또 몇몇 현실 지표들도 활용하고 있어 이전의 유사한 다른 연구들에 비해 상당히 구체적이기는 하지만, 현실에 대한 언급이 주로 졸업생들(즉 기성 신부들)을 대상으로 한 설문에 전적으로 기인한 것이기 때문에, 과거 자신들이 다니던 낡은 기억에 입각해서 응답한 내용들이라, 얼마나 교육의 실상에 근접하고 있는 것인지에 대한 신뢰도가 낮을 수밖에 없다. 오히려 설문 분야에서도 전·현직 양성 책임자와 현재 신학생을

대상으로 설문했더라면 훨씬 더 현실에 근접했을 것으로 보인다.

그리고 설문보다는 대신학교의 운영 실태를 드러내주는 문서와 기록들에 의존하여 더욱 직접적으로 접근하는 것이 훨씬 더 중요하다고 판단되는데, 몇몇 중요한 지표들을 제외하고는 그렇지 못한 것이 아쉬움으로 남는다. 아마도 접근이 썩 용이하지 않고 또 시간의 제약 때문이었던 것으로 보인다.

각주 3번에서 대신학교 쇄신의 이유로 「현대의 사제 양성」(1992) 61항에 의존해서 "사목 현장인 사회와 문화의 급속한 변화"를 들었는데, 교육 기관인 신학대학의 쇄신을 위해서는 "대학가의 변화 추세"도 참조했어야 할 것이다. 왜냐하면 사목 활동의 대상인 신자와 일반인들이 어떻게 양성되는지도 당연히 참조했어야 하기 때문이다.

**3) 비중과 균형:** 논술의 구성과도 직결되는 부분인데, 사제 양성의 다양한 측면들의 중요도에 따른 비율 문제가 있다고 보인다. 당연히 사제 양성의 중심이자 대부분을 차지하는 것은 이른바 지적 교육이다. 지적 교육을 중심으로 모든 일과와 학사 일정이 짜여져 있는 것이다. 그런데 총 55쪽 가운데 지적 교육 부분에 할애된 부분은 겨우 5쪽(94-98쪽)에도 미치지 못하고 있다. 이에 비해 '영성의 해'와 '영적 교육'을 위해서는 무려 16쪽(73-88쪽)이나 할애하고 있다. 이런 지면 배분은 총 220학점 이상으로 짜여 있는 지적 교육보다 영적 교육이 사제 양성에 3배 이상 더 중요하다는 인상을 심어줄 우려가 있다.

이에 대해서 논평자는 발제자도 간단히 언급하고 있는 '신학대학'과 '신학원'을 (설사 실제로는 여러 이유로 하나로 합쳐 운영하고 있다고 하더라도) 명백히 구별하여 논술할 필요가 있다는 점을 강조한다. 손쉽게 비유하면, 구조적으로 볼 때 교구 사제 양성 과정은 (자기 고유의 신학교를 가지고 있지 않는) 수도회에서 성직자를 양성하고자 할 때 취하는 과정과 크게 다르지 않다. 수도회에서는 학생 수사들을 위한 별도의 책임자를 임명하고 그들을 별도의 건물 또는 별도의 구역에 배정하여 생활지도를 하면서, 정작 중요한 목적인 신학교육은 (어느) 신학대학에 위임하는 것이다. 이 경우, 신학원의 모든 생활은 (수도원의 필요에 따라 양성하고자 하는) 그 수사가 신학 교육과정을 무리나 모자람 없이 잘 이수할 수 있도록 도와주는 방향으로 설정되어 있다.

그리고 이때 신학대학에서 교육과정은 '인격 교육', '영성 교육', '사목 교육' 등을 중심으로 짜여 있는 것이 아니라 당당한 학문으로서의 철학과 신학 과목들로 짜여 있다. 방금 언급한 인격, 영성, 사목 등의 내용은 신학원 내에서의 공동생활과 전례 등을 통해서 지속적으로 고취시켜야 할 덕목들이라고 생각된다.

이런 구조적인 애매함 때문에 이 논술이 담고 있는 많은 날카로운 지적들과 또 수많은 귀중한 제언의 가치 우선순위가 잘 드러나지 않는 것으로 보인다.

**4) 현실 진단 부실**: 마지막으로 '현실 진단' 부분이 양성 과정의 다양한 측면들의 실상을 충실하게 반영하지 못하고 있다는 점을 지적한다.

## 4. 세부적인 지적들

1) 대신학교 정체성을 올바로 확립하기 위한 '구체적 제언'이 아쉽다.
2) 양성의 중요 책임자로 '주교'와 '학장'의 역할을 강조한 것은 올바른 지적으로 환영하지만, 정작 현실이 어떠한가의 부분에 가서는 '주교'와 '학장'에 대한 언급이 전혀 없고, 대신학교 양성자들만 언급하고 있다.
3) 성소 심의가 현재 어떻게 이루어지고 있는지에 대한 언급이 없다.
4) '영성의 해'와 '영적 양성' 부분에 대해서는 지적할 만한 사항이 크게 없지만, 앞에서도 지적한 것처럼 다른 분야에 비해 지나치게 충실하게(이상 비대적으로) 취급되고 있다.

5) 인간적 양성의 현실이 어떠한지가 전혀 드러나지 않는다(그러나 제언은 충실하다). 여기서 논평자는 (잘은 모르지만) 사관학교의 '명예 제도' 같은 것을 신학원 생활에 도입하는 것은 어떨지, 발제자의 견해를 듣고 싶다.

6) 지적 양성: 균형 잡힌 지적들이 담겨 있기는 하지만, 그 중요도와 비중에 비해 상대적으로 지나치게 적은 지면만 할애되고 있는 점이 아쉽다.

7) 사목적 양성 부분은 매우 애매하다. 그리고 아주 지엽적인 사항이지만, '외출 문화' 부분은 '사목적 양성' 부분에 속한다기보다는 '인간 교육' 부분에서 언급되는 것이 더 나으리라고 사료된다. 또한 새 사제들에게 의과대학의 '인턴 · 레지던트 제도'와 유사한 제도를 도입하면 어떨지 싶다. 즉 첫 번째 소임지에서는 2년간의 '인턴', 두 번째 소임지에서는 '레지던트'로 아예 인사 명령에서부터 명시하고, 그들을 맞는 본당신부들에게 지도할 권한과 책임을 주며, 기간이 끝날 때 평가 보고서를 제출하도록 조치하는 방안이다.

## 5. 마무리

시노드 토론의 기회에, 그리고 박일 신부님의 노고 덕분에, 어렴풋이 드러나는 현행 대신학교 교육의 실상을 논평자의 좀 거친 표현으로 요약하자면 대체로 다음과 같다. 1) 대단히 훌륭한 시설을 갖추고(시설), 2) 썩 훌륭하지 못한 학생들을 받아(선발), 3) 썩 훌륭하지 못한 교육자들이(양성자), 4) 그나마 숫자가 부족하여 과중한 부담에 시달리는 가운데, 5) 썩 훌륭하지 못한 과정에 따라(교과 과정 및 신학원 양성 과정), 6) 엄격하지 못하게(학점 관리 및 성소 심의) 양성하고 있다. 사정이 이러하다면 교육 효과 또한 '대단히 우려할 만한 정도로' 부실하다는 것은 어쩌면 당연한 일이다. 이렇게 양성된 사제들이 일선 사목 현장 곳곳에 배치되어 사목 활동을 펼치고 있는 것이다.

사실 교회의 심장과도 같은 대신학교가 건강해지기 위해서는, 무엇보다 먼저 "교육의 견실도"가 어느 정도인지를 "정확히" 아는 것이 중요하다. 이를 손쉽게 "종합 검진"에 비유할 수 있을 것이다. 개개인들도 자신의 건강도를 정확히 알기 위해서 믿을 만한 의료기관에 상당한 돈을 투자하여 "종합 건강 검진"을 매년 받는다. 자신의 건강도를 정확히 알기 위해서는 매년 20-30만 원의 비용쯤은 아깝지 않다는 것이다. 신체의 어느 부분이 약한지, 그리고 얼마나 부실한지를 알아야 그다음의 치료 대책을 세우는 데 절대 필수적인 전제 조건이기 때문이다.

따라서 대신학교 교육과정이 쇄신되기 위해서는, 먼저 보다 정밀한 검진 계획이 수립되고, 그렇게 드러나게 된 실상을 기초로 교육의 수월성 제고를 위한 중기, 단기적인 구체적인 방안들이 제시될 수 있기를 기대한다. 이를 위해서는 우선 대신학교 양성자들로 구성된 자체 쇄신 위원회가 지속적인 연구 활동을 벌이는 것은 물론, 더 나아가 교구청의 관련자들과 대신학교의 양성자들, 그리고 일반 원로 교육자들로 이루어진 확대위원회가 가동되어, 먼저 시급한 현실 진단을, 그리고 이어서 중장기 개선안들을 모색하는 것이 좋을 것이다. 그리고 이렇게 드러난 진단과 처방에 대해서 일차적 책임자인 주교의 전폭적인 지지와 결단이 뒤따라야 할 것이다.

다시 한번 더, 사제 양성 과정을 종합적으로 진단한다는 대단히 어려운 과제를 짧은 시간에도 불구하고 훌륭하게 소화해내신 박일신 부님의 노고에 깊이 감사드리며, 논평자의 섣부른 지적들이 그 노고와 공로에 흠집을 내기보다는 보다 더 실상에 근접하고 또 제언들의 설득력을 높이는 데 조금이라도 도움이 되었으면 더 바랄 것이 없겠다.

# 15. 논평_사회정의와 공동선: 교회회칙
### (김어상 교수)

『가톨릭철학』 5(2003), 한국가톨릭철학회, 2003, 154-161쪽.

교회의 사회회칙 가르침에 관한 전문가이신 김어상 교수님의 발제문을 논평하게 된 것을 한편으로는 송구스럽게 생각하고 다른 한편으로는 영광스럽게 생각한다. 교수님의 주제는 교회의 '사회회칙에 나타나는 사회정의와 공동선에 관한 가르침'이다. 교수님께서는 발제문을 통해서 교회의 방대한 사회회칙들을 분석하여 사회정의와 공동선에 관한 핵심적 가르침을 대가답게 도출해내고 있다. 발제문의 취지에 전반적으로 동의하면서, 보완한다는 의미에서 부족하지만 몇 마디 사족을 덧붙일까 한다.

고전적 정의(定義)에 따르면, '정의'(正義, iustitia)란 '각자에게 각자의 몫을 돌려주는 것'(suum sibi cuiusque)이다. 이 명제는 이미 호메로스의 『오디세이아』(*Odysseia*)에 나타나고(14, 84), 플라톤, 아리스토텔레스, 키케로, 로마법전, 아우구스티누스, 토마스 아퀴나스 등 서구 사상 전통을 따라 오늘날까지 그대로 이어져 내려왔다. 그런데 각자에게 각자의 몫을 돌려주는 것이 정의라면, 그에 앞서 각자가 당당한 권리로 지니고 있는 몫이 있어야 한다. 그것은 무엇일까?

몫이란 한편으로는 협약이나 법적 규정 등을 바탕으로 주어질 수도 있고, 다른 한편으로는 사물의 본성에 근거해서(ex ipsa natura rei)

주어질 수도 있다. 후자의 경우가 더 근원적이다. 그래서 사물의 본성(natura)은 '자연적 권리'(ius naturale)라고 불린다(ST II-II, 57, 2). 따라서 인간의 협약이나 규정은 그 사물의 본성에 모순되지 않는다는 조건에서 몫이나 권리를 확정 지을 수 있는 것이다. 토마스 아퀴나스는 각 사물에게 각자의 몫이 권리로서 주어지는 것이 궁극적으로는 창조주의 창조에 근거하고 있다고 말하고 있다(ScG 2, 28).

그런데 비정신적인 사물들은 원래 자신에게 속하는 어떤 것을 가질 수 없고, 오직 자신의 활동과 자기 자신의 주인이 될 수 있는 정신적 존재, 즉 인격체만이 자기에게 속한 것을 소유할 수 있다(J. 피이퍼, 『정의에 관하여』, 강성위 옮김, 서광사, 1995, 24-30쪽).

정의는 다른 사람들과의 관계에서 성립된다(iustitia est ad alterum). 정의란 빚을 진 사람이 빚을 갚는 것과 같다. 토마스 아퀴나스에 따르면, 이 빚을 갚는 관계는 인간과 인간이 맺을 수 있는 세 가지 관계에 따라 세 가지로 정리될 수 있다. 즉 첫째, 개인과 개인 사이의 관계 또는 질서(ordo partium ad partes)에 따른 교환 정의(iustitia commutativa), 둘째 사회 전체가 개개인과 맺는 관계(ordo totius ad partes)에 따른 분배 정의(iustitia distributiva), 셋째 개개인이 사회 전체와 맺는 관계(ordo partium ad totum)에 따른 법적 정의 또는 보편적 정의(iustitia legalis vel generalis)이다(ST II-II, 61, 1).

사회정의는 이 가운데서 주로 두 번째 종류의 정의와 관련된다. 분배의 정의는 권력을 집행하는 데 있어서의 정의를 말하기 때문이다. 교환의 정의에서 정의로운 가격은 파는 사람이나 사는 사람의 인격을 고려해서 정해지는 것이 아니라 오직 매매되는 물건에 따라 정해진다. 이것은 사물들 사이의 양적 평등 관계(aequalitas quantitatis rei ad rem)이다. 그러나 분배의 정의에서는 '인격들에 대한 사물들의 비례 관계에 따라' 정의로운 조정(eaqualitas proportionis)이 이루어진다. 여기서는 전체에게 속하는 것이 부분에게도 속하는 한에서 공평하게 개개인에게 어떤 것이 주어진다(ST II-II, 61, 2).

제2차 바티칸 공의회의 『사목헌장』에서는 만인이 평등하다는 사실을 다음과 같이 표현하고 있다. "만인이 이성을 갖춘 영혼을 가지고 하느님의 모상을 따라 창조되어 같은 본성과 같은 원천을 가졌으며, 그리스도께 구원되고 같은 목적으로 불리었으므로 모든 사람의 기본적 평등은 더욱 명백히 긍정되어야 한다. 물론 육체적 능력이 다르고 지성적 윤리적 역량이 다르므로 모든 사람이 똑같다고는 할 수 없다. 그러나 인간의 기본권에 관한 모든 차별 대우는 …모두 다 하느님의 뜻에 어긋나는 것이므로 극복되고 제거되어야 한다. …인간들 사이에 차이가 있다는 것은 당연하지만 인간으로서의 평등한 존엄성은 보다 인간답고 공평한 생활 조건을 요구한다"(29항).

공동선(bunum commune)이란 일차적으로 사회 전체의 물질적 수익이다. 그래서 사회정의와 공동선을 실현할 과제를 짊어지고 있는 국가는 국민과 사회 전체에 먹을 것, 입을 것, 주택, 교통수단, 통교수단, 의료기관, 학교, 휴식공간 등을 제공해야 한다. 그러나 이런 물질적인 것만으로는 불완전하다. 공동선은 생산할 수 있는 물질적 이용가치의 영역을 훨씬 넘는 데까지 미치기 때문이다. 공동선은 "그것 때문에 공동체가 존재하고 공동의 것이 이루어지고 실현되는 그런 선"이다(피이퍼, 앞의 책, 119-120쪽). 인간 본성과 그에 어울리는 선이 무엇인지를 명확하게 규정하기가 어려운 것처럼, 이 공동체의 선익이 무엇인지도 명확하게 규정하기는 어렵다. 하지만 그것은 물질적 선익으로 한정되어서는 안 되고 영혼과 육신의 합성체인 인간 전체의 선익을 보장할 수 있어야 한다. 특히 분배의 정의에서는 사회나 국가의 지도자에게 창조 때에 부여받은 구성원 각자의 총체적인 선과 잠재력을 보호하고 촉진할 의무가 주어지는 것이다. 국가의 각종 직책과 보수 또는 이권 등은 오직 적성에 비례해서 주어져야 한다. 인간이 각각 서로 다른 적성과 품위를 가지고 있다는 시각과 모든 인간이 평등하다는 시각을 정의롭게 조화시키는 일은 일찍이 플라톤이 말년의 저작 『법률』(757)에서 내다본 통치자의 지혜다.

### 1. 발제문의 요지

김어상 교수는 발제문을 통해서 먼저 인간이 한데 모여 사는 데에는 다툼과 갈등이 따르기 마련인데, 그런 갈등을 조정하기 위한 수단으로서 일찍부터 정의의 문제가 제기되었음을 지적하고("서론"), 교환 정의, 분배 정의, 법적 정의라는 세 가지 전통적인 정의의 구분을 간결하게 정리하고 있다(제1절).

그리고 교회의 사회회칙에서의 사회정의와 공동선에 관한 가르침을 검토하기에 앞서서, 제2절에서 현대의 대표적인 세 가지 이론을 차례로 검토하며 공과를 가리고 있다. 먼저 '최대 다수의 최대 행복'을 추구하는 밀(J.S. Mill)의 공리주의는 행복 또는 선의 중요성을 인정하고 있다는 긍정적인 측면에도 불구하고, 행복을 고통의 부재 또는 쾌락과 동일시하는 협소한 행복관의 위험과 정의를 공리성의 일부로 환원시켜버리는 위험은 물론 다수의 행복(=쾌락)을 위해서 개개인을 희생할 수도 있다는 전체주의적 경향을 드러내고 있다고 날카롭게 지적하고 있다. 둘째로, 역시 공리주의자인 롤즈(J. Rawls)가 내세우는 '공정 절차' 이론은 갈등보다는 협력이 궁극적으로 모두에게 유익하다는 인식을 전제로 '가상적 사회 계약'이라는 장치를 통하여 도출한 자율적인 합의를 법제화하자는 제언이다. 이렇게 해서 다른 공리주의자들처럼 평균적 공리를 극대화하는 대신에 불평등한 분배를 수용할 가능성을 마련하는 데는 성공하였지만, 교회의 정의론과 견주어볼 때는 손해 감수에 대한 상반된 태도를 보이고 있다는 점을 발제자는 지적한다. 세 번째로, 개인은 수단이 아니라 목적임을 강조하면서도 무정부주의자들과는 달리 '보상의 원리'를 통해 최소 국가의 필요성과 타당성을 주장하는 노직(R. Nozick)

의 자유주의를 검토하면서, 발제자는 이 이론이 최소 국가의 필요성은 입증하고 있지만 오직 최소 국가만이 정당한지에 대해서는 입증하지 못하고 있다는 점을 지적하며, 특히 권리 침해나 자유의 제약 등 소극적인 측면에만 논의가 국한되고 있어서 적극적인 공동선이나 사회정의 개념을 원천적으로 부인하고 있다고 비판한다.

제3절에서는 본격적으로 교회의 사회회칙에 나타나는 사회정의와 공동선에 관한 가르침을 검토한다. 발제자는 사회정의가 인간의 인격성과 사회성에서 비롯되는 존재론적 질서와 상관되기 때문에, 인간의 존엄성과 삶의 조건들을 함부로 침해할 때 불의가 발생한다는 점을 지적하며, 가톨릭교회의 사회정의에 대한 지속적인 관심이 사회-경제적 불평등과 인권 침해를 경험하면서 약자를 보호하기 위한 동기에서 비롯된 것임을 분명하게 밝히고 있다. 그리고 주로 회칙『사십주년』에 의존해서 교회가 각 사람에게 그의 몫을 나누어주는 사회정의로 만족할 것이 아니라, 더 나아가 그들을 우리의 형제로 받아들이는 사랑을 통해서 완성시켜야 한다는 점을 강조한다.

발제자는 요한 23세의 『어머니요 스승』(1961) 이전까지는 교황회칙들이 주로 경제적 공동선에 치중하였지만, 1961년의 회칙 이후부터는 인간의 존엄성과 삶의 질, 그리고 세계적 공동선과 평화의 증진 등으로 발전 심화시키고 있다는 점을 지적하면서, 가톨릭교회의 사회정의는 사회를 인격 공동체로 보고, 인격의 협력을 통해 공동선을 증진시킴으로써 인간의 존엄성과 인격 완성에 이바지한다는 인격주의적 정의임을 강조하고 있다.

이어서 발제자는 가톨릭 사회교리의 핵심이 공동선이고, 국가의 존재 이유가 바로 공동선의 실현과 자유의 완전한 실현임을 강조한다. 공동선의 실현을 가로막는 주요 장애는 이기심과 죄의 구조이다. 공동선의 내용에는 인간이 자신의 완성을 더욱 충만하고 더 자유롭게 추구할 수 있는 사회생활의 모든 조건이 포함되어야 한다.

그러나 유한한 인간은 현세에서 그 존재의 요구를 다 채우지 못하고 완전한 행복에 이르지 못하기 때문에, 공동선의 추구 방법은 완전한 행복인 내세의 영원한 생명 획득이라는 목적과 조화를 이루는 것이어야 한다. 발제자는 교회가 인격성과 사회성을 지니는 인간 본성에 관한 통찰과 연대성 및 보조성의 원리에 입각해서 공동선이야말로 인간 사회의 온갖 갈등을 조정할 수 있는 최후의 보루이며 누구나 수용할 수 있는 기준으로 삼고 있다고 결론짓고 있다.

## 2. 몇몇 애매한 부분들

1) 발제자는 "서론"에서 정의에 관한 이론적 덕목적 차원과 실용적 경험적 차원 가운데서 실용적 차원에 비중을 두겠다고 했는데, 그 두 차원이 어떻게 다른지, 그리고 왜 실용적 차원을 택하는지에 대한 이유의 설명을 생략하고 있다.

2) 발제자는 제1절의 다섯째 단락에서 "사회정의는 회칙『사십주년』전체를 통해 비오 11세가 강조하고 있는 기본 줄거리로 가톨릭 사회교리와 사회회칙의 핵심은 바로 비오 11세가 제시하고 있는 사회정의"라고 주장하는데, 왜 그 이전이나 그 이후의 회칙은 아닌지가 설명되고 있지 않다. 특히 그 회칙의 제목이 시사하고 있는 것처럼 그 회칙이 근거하고 있는 것은 교황들이 "불후의 문헌"이라고 격찬하는(『사십주년』62항, 『백주년』1항) 레오 13세의 『새로운 사태』(1891)이기 때문에 더욱 그러하다. 그리고 발제자 자신도 나중에 제3절에 가서 지적하고 있는 것처럼, 요한 23세의 회칙『어머니요 스승』(1961) 이전까지는 교황의 회칙들이 주로 '경제적 공동선'에 초점을 맞추었지만, 1961년도 회칙부터는 인간의 존엄성과 삶의 질, 세계적 공동선, 평화 증진 등으로 시대와 생활 여건의 변화에 따라 교회의 사회회칙의 강조점이 변화 또는 심화되었다면, 현대 교회의 과제는 "아직도 '새로운 것들'과 새로운 도전"에 응답해야(『백주년』

[1991], 61항) 하는 것이 아닐까?

3) 제1절 후반부에 들어 있는 다음 구절은 매우 모호하므로 보다 분명한 해명이 필요하다: "즉 공동선은 외적 조건과 내적 인식이라는 요소로 성립된다. 이러한 측면들을 고려할 때 공동선은 수단적 가치이다. 즉 공동선은 그 자체 때문에 가치를 갖는 것이 아니라 봉사가 가져오는 결과 때문에 가치를 지닌다. 개인에게 봉사함으로써 전체의 상태를 개선하며 이러한 과정의 역할을 우리는 공동선이라고 부른다. 즉 전체와 부분이 상호간 봉사하여 서로를 이롭게 하는 주체가 공동선이다."

4) 발제문에서는 사회정의와 공동선의 관계가 명료하게 드러나지 않는다. "결론"에서 발제자는 비오 11세의 회칙『사십주년』에 근거해서 사회정의와 공동선이 동일하다고 주장하며, 사회정의는 최대공약수이고 공동선은 최소공배수라고 해석하고 있지만, 과연 그러한지는 보다 신중히 따져보아야 할 것이다. 전통철학에서 볼 때 선(bonum)은 진(verum) 및 미(pulchrum)와 더불어 존재자의 초월적 가치에 속하고, 정의(iustitia)는 그런 초월적 가치들을 증진시키거나 그런 가치들에 가까이 다가가기 위한 덕목(virtues)에 속한다. 따라서 공동선과 사회정의의 관계는 목적과 수단의 관계가 아닐까?

5) 발제문의 형식과 관련해서 한마디 하자면, 발제자는 우리 청중이나 미래 독자들의 수준을 너무 높게 보고 있는 것 같다. 발제문이 극도로 압축된 상태이기 때문에 좀 더 상세한 설명과 충분한 전거들이 제시될 수 있다면 후학들의 연구에 큰 도움이 될 것이다.

## 3. 마무리

이상적으로 말하자면, 사회 정의가 실현되어 다툼과 분쟁이 언제나 정의롭게 해결되고 사회나 국가의 모든 구성원들이 평화롭게 사랑을 실천하며 자신의 인격 완성을 도모할 수 있을 때, 공동선은 구현되게 될 것이다. 그러나 이것은 어느 권력자 한두 사람이나 사회 구성원 일부가 정의롭다고 이룩될 수 있는 일이 아니라, 모든, 또는 적어도 권력자를 비롯한 대부분의 사회 구성원이 정의로워질 때 가능한 일이다.

사실 우리나라는 '부패 공화국'이라고 불릴 만큼 정치인들의 불의(분배 정의의 침해)가 만연되어 있고, 또 윗물이 맑아야 아랫물이 맑다고 그에 못지않게 국민이 지켜야 하는 '법적 정의'에 대한 위반 사례도 사회 깊이 만연되어 사회 전체가 병들어 가고 있다. 그러나 정작 더 심각한 문제는 분배의 정의와 법적 정의보다 더 기본적인 각자의 내면에서 성립되는 내면적 정의라는 덕의 상실일지 모른다. 각자가 감각과 이성, 본능과 의지, 영혼과 육신 사이의 균형인 내면적이고 본래적인 덕으로서의 정의를 습득하는 것을 그리스인들은 '파이데이아'(paideia)라고 불렀고, 그리스도교에서는 결정적으로 하느님과 이웃 사랑을 실천해야 한다는 계명으로 요약하였다. 오늘날 우리는 모든 시민, 특히 젊은이에게 '소유'와 쾌락이라는 외적 차원에만 몰두할 것이 아니라, 자신의 '존재'라는 내면적이고 영적인 차원을 갈고 닦아야 할 과제를 안고 있다는 사실을 일깨워주어야 한다.

정의 또는 사회정의 문제는 그 대당 개념인 불의가 만연된 사회일수록 더욱 절실한 문제가 아닐 수 없다. 그런 점에서 오늘 우리가 검토하고 있는 '사회정의와 공동선'이라는 주제는 온갖 불의와 차별 그리고 폭력이 난무하는 오늘날의 우리 사회에 그 무엇보다 절박한 주제이고, 특히 이 주제에 관한 교회의 한결같은 가르침은 이 시대와 더불어 고민하며 작업하는 우리 가톨릭 철학자들에게 나침반과 같은 역할을 해줄 것이다. 귀중한 연구 결실을 우리에게 나눠주신 김어상 교수님께 깊이 감사드리며, 부족한 논평을 줄인다.

# 16. 논평_철학적 신 인식 가능성과 한계
(권기철 신부)

『신앙과 이성』 25(2003/04), 수원가톨릭대학교출판부, 49-55쪽.

## 1. 권기철 신부님의 발제문 요지

17세기에 갈릴레이는 측량될 수 없는 질적인 요소들(qualitates)을 제거하고 오직 양(quantitas)만을 과학의 대상으로 삼아야 한다고 역설하였다.[1] 이렇게 해서 자연과학은 발전의 실마리를 얻었을지 몰라도, 보편적 진리와 지혜를 탐구하는 고상한 역할을 담당하던 철학적 이성은 이제 인간 이성의 여러 영역 가운데 지엽적인 영역만을 담당하며 향락과 권력 등 실용적 목적에 봉사하는 '도구적 이성'(ratio instrumentalis)으로 전락하고 말았다. 칸트는 인간 이성의 영역을 현상계로 한정하고 형이상학과 신앙의 세계를 이성의 권역 바깥으로 추방시켜버렸다. 이렇게 해서 니체의 "신의 죽음" 선언을 마치 검증된 사실처럼 받아들이는 현대의 세속화된 세계는 과학을 마치 종교처럼 숭상하지만, 오히려 진리의 객관적 기준을 부정하고 신비에 대한 감각을 상실한 허무주의의 시대다.

"신 인식 가능성 문제"는 철학적 신론과 기초신학의 접경에 자리잡은 중요 주제다. 즉 이 주제에 대해서는 신학적 접근도 가능하고 철학적 접근도 가능하지만, 발제자는 철학적 접근법을 택할 것임을

---

1. Cf. S. Rovighi, *Gnoseologia*, Brescia, Morcelliana, 1979, pp.100-108.

명시하고 있다.[2]

발제자는 "머리말"에서 "신의 본질과 속성"을 탐구하기보다는 "신의 존재를 철학적으로 인식할 수 있는가"라는 문제를 집중적으로 추적할 것임을 밝히고 있다("본고는 형이상학적인 관점에서 현대인들이 수긍할 만한 신 경험의 바탕과 계기를 마련"하고자 한다). 그리고 이를 위해서 '이성과 신앙의 관계', '자연적 신 인식 가능성과 인간 인식 능력의 한계', 신 인식이 가능한 자리(세계 경험과 인격적 경험)를 구체적으로 추적하며 그 상징 또는 유비의 구조를 밝히겠다고 말한다.

또한 "철학적 신 인식, 즉 자연적 신 인식"(4절 마지막 문장)에 관해 탐구하고자 할 때 "우리의 첫 번째 대상은 신 자신이 아니라, 신의 현현으로서의 혹은 신에게로 나아가는 도정으로서의 인간과 세계"라고 말한다(3절 마지막 단락). 여기서 취급되는 문제는 이미 오래전부터 다루어진 것이나 늘 새로이 제기되는 것으로서, "인간은 자신의 자연적인 인식능력으로써 신을 파악할 수 있는가의 물음이다." 이 문제를 해명하려면 우선 1) "자연적 인식이란 무엇을 의미하는가"와 2) "인간이 그러한 능력을 가지고 있는가"가 해명되어야 한다고 지적한다(5절 첫 단락). 5절의 마지막 문장에서는 "신에 대한 자연적 인식은 신의 자연적 계시에 힘입어 우선적으로 가능하지만, 동시에 인간의 자연적인 이성의 빛에 의거하여서도 인간에게 가능한 것으로 밝혀진다"면서 제1차 바티칸 공의회의 신앙헌장 「하느님의 아드님」(*Dei Filius*)을 인용하고 있다(DS 3026).

본격적으로 신 인식 가능성을 탐구하는 6절의 제목은 "신 인식의 바탕으로서의 인간의 경험"이다. "인간적 경험의 근본 구조"가 어떠

---

[2] "철학적 사고는 우리의 신앙을 공유하고 있지 않은 사람들을 이해하고 그들과 대화를 나누는 데 유일한 토대가 된다"(요한 바오로 2세, 『신앙과 이성』, 이재룡 옮김, 한국천주교중앙협의회, 1999, 104항).

한지(6.1), "경험과 반성의 관계"는 무엇인지(6.2), "신에 대한 선험적 경험"(6.3) 등을 통해서 경험에 관해 검토한 다음에, 6.4에 이르러 발제문의 핵심인 "신에 이르는 두 도정", 즉 세계 경험(6.4.1)과 인격적 경험(6.4.2)을 통한 신에 이르는 두 갈래 접근법을 전개하고 있다.

그리고 이어지는 7절에서는 참여(participatio), 유비(analogia), 상징(symbolum) 개념을 통해서 신에 접근할 수 있음을 보여주고자 한다. 무한자와 유한자, 신과 인간(피조물) 사이에는 완전히 동일한 일의적(univocum) 관계나 완전히 이질적인 다의적(aequivocum)인 관계가 아니라 오직 유비적 관계(analogia)가 있음을 대화적 차원에서의 "상응성"을 매개로 삼아 설명하고자 하고 있다.

## 2. 논술의 중요성

신 인식 가능성 문제는 종교의 존립 근거와 직결되어 있는 대단히 중요한 주제일 뿐만 아니라, 눈에 보이는 것들만을 전부로 알고 있는 현세주의적이고 실용주의적인 가치관이 지배하고 있는 우리 시대에는 특히 절박한 주제다. 이런 절박함 때문에 최근 교황 요한 바오로 2세도 이 주제에 관한 기본 지침을 마련하기 위해 (앞의 각주에서 인용한)『신앙과 이성』(1998)이라는 회칙을 반포하였다.

회칙에서 교황은 신앙의 진리와 이성의 진리는 둘 다 진리 자체이신 하느님으로부터 나왔기 때문에 서로 모순될 수 없지만, 그 방법과 대상이 상이하다는 제1차 바티칸 공의회 신앙헌장의 선언을 재확인하고 있다(9항). "그 원칙에 있어서뿐만 아니라 그 대상에 있어서도 구별되는 두 가지 질서의 인식이 있습니다. 그 원천에서는, 자연적 이성을 통해서 아는 것과, 초자연적 이성[신앙]을 통해서 아는 것이 서로 다릅니다. 그리고 그 대상에서는, 자연적 이성이 취할 수 있는 것들 외에도, 하느님 안에 감추어져 있어서 만일 하느님께서 우리에게 계시해주시지 않는다면 결코 알려질 수 없는 신비들이 있습니다."³ 인간은 하느님께서 창조를 통해서 인간에게 부여해주신 놀라운 특전인 이성의 능력 덕분에 피조물에 대한 명상을 통해서 또는 '자연이라는 책'을 읽음으로써(19항) 그것들을 지어내신 분을 알아볼 수 있다(지혜 13,5). 그러나 하느님의 신비는 인간의 정신만으로는 다 깨칠 수 없기 때문에 하느님께서는 인간의 구원과 행복에 필요한 초자연적 신비들을 계시를 통해서 알려주셨고, 그것을 받아들이는 것은 초자연적 이성인 신앙이다. 그래서 신앙은 자연적 이성에게 동의와 이해를 구하고(fides quaerens intellectum), 자연적 이성은 그 궁극적 목표를 위해서 신앙의 비추임을 필요로 한다(intellectus quaerens fidem). "신앙은 그 대상이 이성의 도움을 받아 이해될 것을 요구하고, 이성은 그 탐구의 정점에서 신앙이 제시하는 내용이 없이는 자신의 목적을 채울 수 없다는 것을 인정하게 되는 것입니다"(42항).

그런데 인간이 자신을 창조한 분과의 관계에서 감히 "충만하고 절대적인 자율을 누리겠다고 나서는 불순종" 때문에 하느님께 이르는 통로가 위축되었고, 이 순간부터 인간의 인식 능력은 원천이며 기원이신 분으로부터 등을 돌림으로써 약화되었으며, 점점 더 자기 자신의 포로가 되었다(22항). 특히 근대철학 이래로 그리스도교의 계시로부터 등을 돌리고 오직 이성만의 힘으로 모든 진리를 확정지으려는 세속화의 발걸음을 가속화시켰다. 그렇게 해서 오늘날 우리 시대 속에 만연된 절충주의, 역사주의, 과학주의, 실용주의, 상대주의, 다원주의, 회의주의, 허무주의 등 위험한 사조들을 낳게 되었다

---

3. "Hoc quoque perpetuus Ecclesiae catholicae consensus tenuit et tenet, duplicem esse ordinem cognitionis non solum principio, sed obiecto etiam distinctum: principio quidem, quia in altero naturali ratione, in altero fide divina cognoscimus; obiecto autem, quia praeter ea, ad quae naturalis ratio pertingere potest, credenda nobis proponuntur mysteria in Deo abscondita, quae nisi revelata divinitus, innotescere non possunt"(Concilium Vaticanum I, *Constitutio dogmatica "Dei Filius" de fide catholica*, c.4: DS 3015).

(86-90항). 이런 세속화 행보의 기초에는 이성의 절대적 진리 인식 능력에 대한 신뢰의 상실(2, 5, 29, 55-56, 82-85, 102항)과 일체의 초월을 부정하려는 내재주의적 세계관(81, 91항)이 자리 잡고 있다. 따라서 교황은 '도구주의적 이성'(47항)으로 전락한 이성의 진리 인식 능력에 대한 신뢰를 회복하고(82항), 존재 형이상학의 복원을 통하여(83항) 현대의 사상적 위기를 극복하는 일이 그 무엇보다 절실하다고 강조하고 있다.

이제 이토록 중요하고 또 그만큼 어려운 주제를 연구·발표해주신 권기철 신부님의 노고에 감사드리며, 부족하나마 논평자로서 의무를 다하고자 한다.

## 3. 몇 가지 눈에 띄는 지적

1) 무엇보다 먼저 논문의 "형식"을 재구성하는 것이 어떨까 제안하고 싶다. 1절에서 4절까지는 방법론 및 주제 명료화 또는 주제 정당화 부분으로서 하나로 묶어 제1절로 정리하는 것이 더 좋을 것 같고, 5절과 6절의 전반부(6.1, 6.2, 6.3)까지는 자연적 신 인식 가능성을 모색하는 부분이므로 역시 제2절로 묶는 것이 더 좋을 것 같다. 그리고 발제자의 핵심적인 논의인 신에 이르는 두 도정이 각각 4-5쪽의 분량으로 전개되는데, 이것을 각각 한 절씩으로 삼아 제3절 세계 경험, 제4절 인격적 경험으로 분리하는 것이 더 좋을 것이다. 7절은 두 도정을 통해서 전개한 신에 이르는 여정을 참여와 유비라는 전통적 개념으로 종합하는 부분으로서, 그대로 한 독립적 절(제5절)로 두어도 무방할 것 같다.

2) 다음으로 지적하고 싶은 것은 "경험" 개념의 애매함이다. 먼저 6절의 제목 "신 인식의 바탕으로서의 인간의 경험"으로 미루어 보더라도, 인간의 자연적 경험의 근본 구조를 살펴보는 것이 논술의 핵심을 이룰 것으로 기대되는데("일상의 삶 가운데 체험할 수 있는 신

경험이 우리의 주요 관심사이기에, 경험의 의미를 있는 그대로 해명함은 무엇보다 시급히 요청되는 사항이다": 6.1.의 6째 줄), 논평자가 너무 아둔한 탓인지 "자연적 경험"이 과연 무엇인지 발제문을 여러 차례 읽고 나서도 잘 모르겠다. 그리고 "근원적 경험"이라는 것이 있는 모양인데, 그것은 과연 무엇인가? 그것과 자연적 경험 사이의 관계는 무엇인가? 또한 "경험"과 "반성"의 관계가 무엇인지 잘 모르겠다. 반성은 경험에 속하는 것이 아닌지 묻고 싶다. 그리고 마지막으로 신에 대한 "선험적 경험"이라는 것이 있는 모양인데, 그 의미가 무엇이며, 또 자연적 경험과 선험적 경험의 관계는 무엇인지 분명히 드러나지 않는다.

3) 신에 관해서 논할 때, 존재론적 논증(안셀무스)과 우주론적 논증(토마스 아퀴나스)이라는 전통적인 논증을 검토하며 그 공과를 가리는 것이 일반적이다. 이것은 발제자가 깊이 의존하고 있는 벨라 바이스마르(Bela Weissmahr)와 베른하르트 벨테(Bernhard Welte)의 경우에도 마찬가지다.[4] 그런데 발제자는 5절 끝부분에서(7쪽 중간) "우리는 여기서 자연적 신 인식과 합리적인 신 존재 증명이 일치하지 않는다는 입장을 따르고자 한다"고 천명하고 있다. 여기서 "자연적 신 인식"과 "합리적 신 존재 증명"이 어떤 차이가 있는지 잘 드러나지 않는다. 더더욱 첫 번째 도정(6.4.1)에 가서는 전통적인 우주론적 신 존재 증명(토마스 아퀴나스)을 길게 취급하고 있다. 그리고 자신의 핵심적 논의인 "두 도정"을 "선험적 경험에 속한다"(14쪽: 6.4의 첫 문장)고 말하고 있는데, 과연 그러한지, 또 어떤 근거에서 그러한지가 제대로 밝혀지지 않고 있다.

---

4. 바이스마르의 『철학적 신론』, 제2부 제3장과 제4장(87-128쪽)은 우주론적 논증을 검토하는 부분이고, 제5장(128-137쪽)은 존재론적 증명을 검토하는 부분이다. 그리고 벨테는 『종교철학』(오창선 옮김, 분도출판사, 1998) 제2장 7절에서 두 논증을 검토하고 있다(115-136쪽).

4) "신앙"과 "이성" 사이의 관계가 해명되었어야 하는데, 4절에서 루돌프 불트만(Rudolf Bultmann)의 말을 인용한 간략한 언급으로 그치고 있어서 아쉽다. 왜냐하면 자연적 이성을 통해서 접근 가능한 신 인식이 신앙을 통한 신 인식과 동일한 것이 아니라면, 그 두 가지 인식 방법 사이에 어떤 관계가 있는지 그 관계를 정립하는 것이 주제의 본질적 일부를 이루기 때문이다.

5) 보기에 따라서는 사소한 것일지도 모르지만 참고문헌, 각주, 각주 인용문 등에 대해서 몇 마디 지적한다. 첫째, 바이스마르와 벨테에 주로 의존하여 기술하면서도, 최근에 국내에서 번역되어 나온 (동일한 주제를 다루고 있는) 벨테의 『종교철학』(Religionsphilosophie, 1978)을 전혀 언급하지 않고 있는데, 그 이유가 무엇인지 궁금하다. 이 작품에서도 벨테는 "첫 번째 노정"('무의 본질': 57-89쪽)과 "두 번째 노정"('실존의 근거': 91-113쪽)을 길게 논의하고 있고, 또 발제자가 두 번째 도정(6.4.2)에서 다루고 있는 '인격적 관계'에 관한 논의도 길게 전개하고 있기(137-167쪽) 때문이다.

둘째, 그리고 앞에서 우리가 간략히 살펴본 교황 요한 바오로 2세의 최근 회칙 『신앙과 이성』을 전혀 참조하지 않은 이유도 궁금하다.

셋째, 또한 마지막 7절에서는 상징과 유비에 대해 길게 논의하면서 독일어로 되어 있는 여러 전거들을 제시하고 있는데, 국내에서 수년 전부터 유비 문제를 집중적으로 추적하며 많은 글을 발표한 가톨릭대학 박승찬 교수의 글들을 전혀 참조하지 않는 무슨 이유라도 있는 것인지 궁금하다.[5]

넷째, 논문에 인용되어 있는 다음과 같은 작품들, 즉 플라톤의

---

5. 박승찬, "유비 개념의 발전에 관한 역사적 고찰: 토마스 아퀴나스의 유비 이론 입문", 『신학과 사상』 26(1998/겨울), 139-165쪽; "토마스 아퀴나스의 유비 개념에 대한 재조명", 『신학과 철학』(서강대학교비교연구원) 창간호(1999), 177-219쪽; "유비 개념의 신학적 적용", 『신학과 사상』 28(1999/여름), 181-218쪽; "유비", 『한국가톨릭대사전』 IX(한국교회사연구소, 2001), 6789-6790쪽.

『향연』, 아우구스티누스의 『고백록』과 『자유의지론』, 안셀무스의 『프로슬로기온』, 토마스 아퀴나스의 다섯 가지 논증을 다루는 『신학대전』(제1부, 2문), 데카르트의 『성찰』, 스피노자의 『윤리학』, 비트겐슈타인의 『논리-철학 논고』, 니체의 작품 전집, 하이데거의 대부분의 작품들, 카시러의 『인간이란 무엇인가?』, 가다머의 『진리와 방법』, 프랭클의 『무의식의 신』, 셸러의 『윤리학에 있어서의 형식주의와 실질적 가치윤리학』 등은 분명히 국내 번역본들이 있는데도 불구하고, 독일어판을 추천하고 있는 이유는 무엇인가?

다섯째, 방금 전의 지적과도 연결되는 지적이지만 발제문은 어떤 독자를 염두에 두고 글을 쓰고 있는지 묻고 싶다. 혹시 독일어를 구사할 줄 아는 독자만을 겨냥하고 있는가? 아니면 관심있는 한국의 독자를 겨냥하고 있는가? 각주의 인용문을 굳이 독일어 원문으로 제시한 까닭을 이해하기 어렵다.

## 17. 논평_존재의 순수성과 가치의 문제: 토미즘 도덕철학의 형이상학적 정초(이명곤 박사)

한국중세철학회 제1회 학술대회, 2003.05.17.

먼저 선행 연구가 그리 많지 않은 주제에 도전하여 귀중한 연구 결실을 발표해주신 이명곤 박사님께 감사드린다. 더욱이 성 토마스 자신이 직접적으로 논하지 아니하고 오직 간접적인 암시들만 남겨놓은 주제이기 때문에 노고가 더욱 크셨으리라고 짐작된다.

아래에 제시하는 지적들은 주제에 그리 밝지 않은 논평자가 발제문의 가르침을 읽고 배우는 가운데, 잘 납득되지 않는 부분을 분명하게 해명해 달라는 뜻으로 메모한 것들이다. 오히려 정리되지 않은 질문으로 더 복잡하게 만드는 것이나 아닌지 그저 송구스러울 뿐이다.

### 1. 발제문의 형식적 구조 분석

"제목"에 비추어볼 때, 발제문의 논의 목표는 '존재의 순수성'과 '가치' 문제를 논함으로써 '토마스의 도덕철학'을 '형이상학적으로 정초'하겠다는 것이고, 그것을 특히 현대적으로 조명하겠다는 뜻으로 이해할 수 있을 것이다.

"서론"에서 발제자는 "아퀴나스의 도덕철학이 존재론에 뿌리를 두고 있다"고 단언하면서, 아퀴나스의 존재론과 도덕철학의 연관관계를 고찰하되, 특히 "존재로부터 선의 발생"과 "덕과 자유의지" 사이의 관계 문제를 축으로 삼아 풀어나가겠다고 밝히고 있다. 이것을 다시 표현해서 "아퀴나스의 도덕철학의 형이상학적 근거를 이루는 존재와 선(가치)과 덕의 개념들을 하나의 체계 안에서 통일성을 이루어보자는 '도덕철학의 종합적인 정초'를 시도"하겠다고 말하고 있다.

그러므로 발제문의 핵심 주제어는 존재, 순수성, 선, 가치, 덕, 자유의지이고, 이 여섯 가지 핵심 개념들과 그 상호 관계를 논함으로써 토마스 도덕철학을 정초하겠다는 뜻으로 이해할 수 있겠다.

그런데 발제문은 2개 장으로 구성되어 있고, 또 각 장은 두 개씩의 절로 이루어져 있어서 연구 내용은 총 4개 절로 이루어진 셈이다. 4개의 소주제를 통해서 제목이나 서론에서 밝힌 주제를 해결하겠다는 것이다.

먼저 제1장의 제목과 각 절의 제목에 드러나는 핵심 개념들을 살펴보면, "존재의 법칙과 인식의 법칙"(제1절) 및 "존재의 순수성과 형이상학적 실재"(제2절)를 논함으로써 "존재의 법칙과 선"(제1장의 주제)을 논하겠다는 의도를 읽어볼 수 있다.

의문 1. 여기서 제1장의 두 주제인 '존재'(또는 존재의 법칙)와 '선' 가운데, 제1절이나 제2절의 제목 어디에서도 (적어도 명시적으로는) '선'을 취급하고 있지 않고, 오히려 제1장의 제목을 이루는 두 개념('존재'와 '선')과는 상관이 없는 '인식의 법칙'(제1절)이 끼어들어 있다는 사실을 확인할 수 있다.

제2장에서는 "존재론적 선과 도덕적 선"(제1절)을 구분하여 논하고, "도덕적 가치와 영성적 가치"(제2절)를 논함으로써 "덕과 선 그리고 악의 문제"(제2장의 주제)를 해결하겠다는 의도를 읽을 수 있다.

의문 2. 여기서도 제2장의 세 가지 주제인 '덕', '선', 그리고 '악' 가운데, '선'만이 제1절에서 주제로 다뤄지고, '덕'과 '악'은 제1절이나 제2절 어디에서도 (적어도 명시적으로) 취급되지 않고 있다. 그 대신에, 제2장의 주제에는 들어 있지 않은 '가치'라는 주제가 제2절의 주제로 등장하고 있다.

본론에 해당하는 제1장과 제2장에서 명시적으로든 함축적으로든 논의되고 있는 주제들을 종합하면, 제1장에서는 존재 법칙, 인식 법칙, 존재의 순수성, 형이상학적 실재, 그리고 [선]을 다루고 있고, 제2장에서는 존재론적 선, 도덕적 선, 도덕적 가치, 영성적 가치, [덕], 선, [악]을 다루고 있다(대괄호 속의 주제는 본격적인 논의가 전개되는 각 절의 제목 속에 들어 있지 않고 다만 장의 제목에만 나타나는 주제들이다).

이런 형식적 분석을 통해서 평자가 지적하려는 것은 주제들의 배열을 통한 발제문의 체계성 구성이 의구심을 자아내고 논리적 설득력을 떨어뜨린다는 점이다.

## 2. 몇 가지 풀리지 않는 의문점

2.1. ('존재의 순수성' 개념) 발제문의 제목에 들어 있는 두 가지 대 주제는 '존재의 순수성'과 '가치'인데, 그 가운데 특히 '존재의 순수성' 개념이 정확히 무엇인지 이해하기 어렵다.

- 그것은 토마스 아퀴나스가 사용한 개념인가? 베르고모(Petri De Bergomo) 신부가 편집하여 널리 활용되고 있는 *Tabula Aurea seu In Opera Sancti Thomae Aquinatis Index*(Editiones Paulinae, 1960)의 "puritas" 항목에는 처녀의 "순결성"에 관한 몇몇 인용구만 제시되어 있을 뿐이다.
- 발제자는 제1장 제2절에서 존재의 순수성에 대해서 여러 가지 표현을 사용하고 있다: 1) 어떤 것에 그 본성이 지니고 있는 것 외에 다른 어떤 것도 섞여 있지 않을 때 '순수하다'고 말한다고 지적하면서, 다른 한편으로는 2) 인간의 지성이 작용하기 이전

의 존재에 대해서 참이나 거짓을 말할 수 없고 다만 '순수하다'고 말해야 한다고 하고, 또 다른 한편으로는 3) '만일 성 토마스가 모든 존재는 존재하는 만큼 선하다고 말한 이유가 있다면, 이는 그의 본성에 대한 동일성을 의미하는 이 존재의 순수성을 전제하고 있기 때문이다. 이는 소극적인 의미에 있어서 존재의 완성을 의미한다'라고 말하고 있으며(곧이어, 소극적 의미의 완전함 또는 완성이란 '한 존재가 충만한 행위 또는 현실성 중에 있다'는 의미로서의 완전함, 즉 하나의 개별적 실체로서 존재한다는 의미라고 설명한다), 또 다른 한편으로는 4) "모든 존재들 안에는 참과 선의 놀라운 동시성 또는 일치가 있다. 이것이 바로 '존재의 순수함'이다"라고 말하고 있다.

- 발제자가 제목에서 의도하고 있는 '존재의 순수함'의 정확한 의미는 무엇인가? 그리고 그것은 토마스가 말하는 '완전성'(perfectio)과 같은 것인가?
- 발제문 7쪽에서 길게 인용하고 있는 루이 라벨(Louis Lavelle)의 '자연의 순수함'은 발제문의 주제 가운데 하나인 '존재의 순수함'과 같은 것인가?
- 논문에서 주로 의존하고 있는 루이 라벨, 시몬 베유(Simone Weil) 등의 이론과 성 토마스 사상 사이의 연결에 대한 정당화 작업이 없다.

2.2. ('존재의 법칙' 개념) 이 주제를 제목으로 달고 있는 제1장 제1절에서는 존재의 법칙에 대한 설명이 없고, 오히려 다른 제목을 달고 있는 제1장 제2절에서 몇 마디 설명을 제시하고 있다.
- "모든 존재의 근원적인 법칙은, 하나의 완벽한 통일성 안에서, '그의 본성에 적합하게 (혹은 그의 본성에 따라) 존재한다'는 것"이다.

- 그리고 이어서 "제 존재들의 이 완전함(소극적 의미)을 유발하는 이 존재의 법칙이라는 것의 실체는 무엇인가?"라고 묻고, 그 답이 쉽지 않다는 점을 지적하면서, 올바로 대답하기 위해서는 "형이상학적 지평"으로 옮아가는 것이 필요한데, 토마스는 그 형이상학적 지평을 '보편존재'(esse universale)와 '영원법'(lex aeterna)의 두 가지로 답하고 있다고 지적한다.
- 발제자는, 보편존재나 영원법은 과학적으로 입증할 수 있거나, 또는 이성의 경험적 추론으로 증명 가능한 존재가 아니라, 다만 하나의 형이상학적 지평에서 결과에 대한 원인의 필연성으로 추정 가능한 형이상학적 실재라고 주장한다. 그것은 사실인가? 그 근거는 무엇인가?

2.3. ('가치' 개념의 의미, 그리고 가치와 존재 사이의 관계) 가치는 선과는 달리 주체를 상정하여야 하는가?(각주 3)
- '가치'는 발제문의 제목에 나와 있는 대주제인데, 일체 설명이 없이 간헐적으로 '선 혹은 가치'라는 표현을 통해서 선과 가치를 동일시하다가, 제2장 제2절에 가서야 선과 가치가 동일하기는 하지만 그 구별을 시도하겠다고 하면서 난데없이 시몬 베유의 한 글에 의지해서 얼마간의 설명을 제시하고 있다.
- 우선 토마스 아퀴나스와 시몬 베유의 관계는 무엇인가? 그녀는 토미스트인가?(각주 38의 설명만으로는 충분하지 못하다).
- 그리고 가치는 선과 동일한가, 아니면 상이한가? 가치와 존재의 관계는 무엇인가? 또는 발제자가 제목에 따라 표현하자면, 존재의 순수성과 가치의 관계는 무엇인가?
- 발제자는 존재가 지성 앞에 선 또는 가치로 나타나기 위해서는 일련의 과정을 거쳐야 한다고 주장하면서, 하나의 복잡한 도식[존재(ens)→사물(res)→하나(unum)→다양성(multitudo)→동일성

(verum)]을 제시하고, 결론적으로 '지성은 존재(일차적)로부터 인식(이차적)을 산출한다. 선 또는 가치는 이 참(이차적)으로부터 발생한다'고 주장하고 있다. 그렇다면 가치는 '존재'(일차적)에 의존하기보다는 '참'(이차적)에 의존한다는 것인데, 그 근거 또는 전거가 무엇인지를 제시하지 않고 있다.

2.4. (핵심 개념들 사이의 관계 모호) 핵심 개념들(존재, 실존, 신, 존재순수성, 선, 덕, 가치, 지복) 사이의 관계가 너무도 모호하다. 최소한 '존재'와 '가치' 또는 '존재'와 '선', 그리고 '선'과 '가치' 사이의 개념 규정 작업이 필수적으로 요청된다고 사료되는데, 상당히 부실한 것으로 생각된다.

2.5. (발제문은 목적을 달성하였는가?) 상당히 복잡하고 난해한 발제문을 통해서 과연 토마스의 존재론과 도덕철학 또는 가치론까지의 연결 구조가 해명되었는가? 좀 더 근본적으로 말해, 발제문의 본래의 목적, 즉 토마스 아퀴나스의 도덕철학은 형이상학적으로 정초되었는가?

### 3. 몇 가지 세부적인 지적들
- 각주 1(믿음과 지성적 앎의 역할): 과연 아퀴나스에게 있어서 지성적 앎이란 논증하는 것이 아니라 해명하는 것인가?
- 신학의 방법과 형이상학의 방법은 동일한가?(각주 18)
- 토마스 형이상학의 기본 개념들에 대한 우리말 번역이 유동적이다: ens(존재, 존재자), esse(존재, 실존). 그리고 actus essendi를 존재 행동이라고 옮기고 있는데, 과연 '존재가 행동한다'는 의미로 사용하고 있는 것인가?
- 각주 44에 제시되어 있는 키에르케고르의 인용구는 '참'에 관한

것인데, 해당 본문은 '가치' 또는 '선'에 관해 논하고 있다. 어떤 연관이 있는가?
- 각주 50의 해당 본문에서는 '구원' 문제를 언급하다 말고 갑자기 각주에서 성염 교수가 사용한 '세계시민사상'을 언급하고 있는데, '구원'과 '세계시민사상'은 서로 어떤 관계가 있는 것인가?
- 라틴어 표기의 잘못된 부분들: 예컨대, libri arbitri(?), vertus(?) 등; '철학대전'(?)
- 토마스의 원전 인용문의 주요 개념들을 라틴어가 아닌 불어로 표기하는 이유는 무엇인가?

## 4. 몇 마디 보충

우리가 일상적으로 말하는 가치의 종류에는 크게 1) 경제 가치(화폐), 2) 도덕적 가치(선), 3) 존재론적 가치(존재)의 세 가지가 있다. 토마스의 경우 존재론적 가치 문제가 중심 주제이고, 도덕적 가치 개념은 존재론적 가치 개념의 실천적 귀결이다.

발제자가 서론에서 지적하고 있듯이, 가치에 관한 문제는 스콜라 학자들이 간접적으로라면 모를까 직접적으로는 거의 언급하지 않은 개념이고, 이는 토마스 아퀴나스의 경우에도 마찬가지다. 가치에 관한 개념이 철학자들의 주목을 끌게 된 것은 19세기, 특히 니체가 전통적인 기본 가치들의 전복을 선언하고 나선 이후의 일이다.

아래에 적는 내용은 주로 몬딘 신부의 연구를 압축해본 것이다.[1]

플라톤은 이데아를 말하는 가운데 간접적으로 가치에 관한 관심을 비추고 있고, 아리스토텔레스는 분리된 실체들을, 아우구스티누

---

1. Cf. B. Mondin, "Valore/Valori", in ID., *Dizionario enciclopedico del pensiero di san Tommaso d'Aquino*, Bologna, Edizioni Studio Domenicano, 1991, pp.638-643; ID., *I valori fondamentali*, Roma, Dino, 1985, esp. pp.17-46, 199-207.

스는 영원한 진리를, 그리고 토마스 아퀴나스는 완전성과 초월적 속성들을 논하는 가운데 가치에 관한 관심을 간접적으로 시사하고 있다.

니체 이후 가치에 관한 현대의 논의는 크게 세 갈래 노선으로 갈라진다: 1) 가치의 객관적 특성을 주장할 뿐만 아니라 가치를 그 자체 존재를 지닌 것으로 보는 초현실주의자들(하르트만, 로체, 셸러), 2) 가치를 온통 각 사람에 따라 달라지는 단순한 주체의 감정으로 간주하는 주관주의자들(폰 에렌펠스, 마이농, 프로이트, 카르납, 에이어, 사르트르), 3) 가치들이 객관적 실재이기는 하지만 자립적 실재들은 아니며, 주체 측으로부터의 인정과 평가도 주요 요인으로 고려하는 온건 실재주의자들(라벨, 데리시, 마리탱, 드 피낭스 등 대다수의 신토미스트들).[2]

마리탱, 데리시, 그리고 드 피낭스 등은 현대철학자들이 '가치'라는 용어로 논하고 있는 것을 성 토마스는 '선'이라는 용어로 논하고 있다고 보고 있다. 그러나 바티스타 몬딘은 가치론(axiologia)의 대상인 가치(valor)는 선론(agatologia)의 대상인 선(bonum)과 일치되지 않는다는 점을 강조한다. "가치론은 존재자를 선론이 하듯이 욕구할 만하거나 바람직하기 때문에 그 대상으로 삼는 것이 아니라, 높이 평가할 만하고 고상하기 때문에 그 대상으로 삼는다. 하지만 초월적 속성들(transcendentales)에 관한 토마스의 가르침은 그 든든한 형이상학적 착수 덕분에 초현실주의자나 주관주의자들의 위험을 잘 헤쳐나가고 있는 당당한 가치론적 요점들을 가려낼 수 있는 훌륭한 도식을 제공해주고 있다."

---

2. 가치에 관련된 연구로는 국내에서도 하르트만의 『윤리학』(전원배 옮김, 원광대학교 출판부, 1979, 제5장 "윤리적 가치의 본질"), 헤쎈의 『가치론』(진교훈 옮김, 서광사, 1992), 셸러의 『윤리학에 있어서의 형식주의와 실질적 가치 윤리학』(이을상·금교영 옮김, 서광사, 1998), 이을상, 『가치와 인격: 막스 셸러의 실질적 가치 윤리학』(서광사, 1996) 등의 단행본이 이미 출판되어 있다.

토마스가 고상함(nobilitas), 품위(dignitas), 크기(magnitudo)라는 용어를 통해서 표현하고 있는 가치란 존재의 품위나 성취할 만한 행위를 가리킨다. 즉 모든 존재자나 모든 행위는 그것들이 유발할 수 있는 흥미, 기쁨, 선(선익), 쾌락 때문만이 아니라 바로 그 존재 때문에도 높이 평가할 만한 내밀한 고상함과 크기를 지니는 것이다. 가치는 인간이 어떤 사물이나 인격체나 행위에 대해서 드러내는 흥미나 평가가 아니라 그 사물, 그 인격체, 그 행위에 속하는 크기, 고상함, 품위이다. 다시 말해, 그 사물이나 인격체나 행위의 본질을 잘 설명해주는 그 무엇이다. 따라서 몬딘은 가치의 네 가지 기본 속성을 지적하고 있다: 대상으로부터 오는 속성인 1) 품위(고상함)와 2) 중요성(크기), 그리고 주체로부터 오는 3) 바람(필요, 흥미)과 4) 평가.

여기에 루이 라벨 같은 학자들은 주체 측으로부터의 소유 결핍(privatio)과 주체가 그 가치에 결코 완전히 도달할 수 없다는 데에서 확인되는 대상 측으로부터의 초월성(transcendentia)을 덧붙이기도 한다. 하지만 이런 태도에 대해서 몬딘은 그 두 가지가 도덕적이고 영적인 가치들의 경우에는 매우 중요하기는 하지만, 절대적인 의미에서 가치의 형상적 의미에 들어가지 않기 때문에 본질적 속성으로 볼 수 없다고 잘라 말한다(상동).

가치는 초월적 속성, 즉 존재인 한에 있어서의 존재에 보편적으로 속하는 속성이다. 따라서 가치는 다른 초월적 속성들과 마찬가지로 1) 존재와의 공동외연성, 2) 다른 초월적 속성들과의 호환성, 3) 양극성(객관성과 주관성)을 소유하고 있다.

그러나 진(verum), 선(bonum), 미(pulchrum)라는 다른 초월적 속성들과는 구별되는 가치의 한 가지 속성을 발견하게 된다. 그것은 진리나 선이나 미가 아니라 바로 어떤 사물의 품위(값, 고상함, 중요도)이다. 가치는 진이나 선이나 미에 대해서 말해질 수 없지만, 그 어느 것과도 동일시되지는 않는다. 진리는 인식을 가동시키고, 선은 욕구를 자극하며, 미는 경탄을 자아내지만, 가치(품위, 크기)는 평가로 인도한다.

많은 철학자들(로체, 폰 에렌펠스, 셸러 등)은 가치를 포착하는 기관이 '감정'이라고 보고, 다른 철학자들(어반, 무어)은 '직관'이라고 보고 있지만, 몬던은 정신적인 '평가기관'(aestimativa)이라고 보고 있다.

# 18. 논평_한국 가톨릭대학교 신학교육의 반성과 전망(심상태 몬시뇰)

『이성과 신앙』 40(2009/가을), 수원가톨릭대학교출판부, 195-201쪽.

세계적으로 인정받는 저명한 신학자로서 사제 양성에 평생을 헌정하신 은사(恩師) 심상태 몬시뇰의 날카로운 통찰과 경륜이 종합적으로 배어 있는 발제문에 대해 감히 천학비재(淺學非才)한 후학이 왈가왈부 토를 단다는 것이 도무지 천부당만부당하기에 극구 사양하며 손사래를 쳤지만, 결국은 피하지 못하고 무거운 짐을 받아들일 수밖에 없었다. 평자가 섣부르게 덧붙이는 몇 가지 사족이 몬시뇰의 뚜렷한 논지를 흐리지 않기를 바랄 뿐이다.

## I. 발제문의 요지

1. 몬시뇰께서는, 대외적으로는 대학이면서 대내적으로는 사제 양성 기관이라는 이중구조를 지니고 있는 한국 가톨릭 신학대학의 실상을 반성하고 바람직한 미래 전망을 모색하기 위한 이번 발제문을 통해, 먼저 신학교육에 봉직하신 33년간을 회고하면서 그간 현장에서 깊이 절감하고 또 기회 있는 대로 발표하기도 한 주제 관련 통찰들을 종합적으로 개진하겠다는 뜻을 밝히고 있다.

2. 그리고 주제를 크게 세 분야로 나누어 개진하고 있다. 먼저 (II.1) 〈한국 가톨릭대학교 신학교육의 형식원리 현실〉을 검토하며

한국교회가 보편교회의 기본지침을 충실히 따르려는 노력을 하고 있다고 평가하면서, 가톨릭 신학교육의 기본원리가 ① 사제직 준비, ② 고등학문 강좌담당, ③ 스스로(propria ope) 학문 연구에 매진할 수 있는 역량 증진, ④ 매우 힘든 학문적 사도직 담당(magis ardua apostolatus inrellectualis munera), ⑤ 계시에 대한 이해 심화, ⑥ 찬란한 지혜의 유산 습득, ⑦ 그리스도교 일치 담화 촉진, ⑧ 현대의 과학발전에 대한 적절한 이해 등에 있음을 밝히고 있는 제2차 바티칸 공의회의 「그리스도교적 교육에 관한 선언」 제11항에 압축되어 있음을 날카롭게 지적하고 있다.

이어서 한국 가톨릭 신학교육의 고유한 특성이 내적으로는 사제양성을 위해서 보편교회가 요구하는 철학교육 2년과 신학교육 4년의 학사과정을 따르고 있으면서도, 외적 형식에 있어서는 우리나라 교육 당국에서 요구하는 학부 4년과 대학원 2년으로 구성되어 있어서 대학원의 심화과정을 채우는 듯이 보이지만, 실제 내적 교육은 학부 수준을 넘지 못한다는 점에서 구조적인 문제점을 안고 있음을 지적하고 있다. 또한 교도권에서 일관되게 강조해온 철학과 신학의 학문 분야별 적정 비율인 '1대2'의 균형이 신학 분야 학과목의 과다 설치로 인해 심한 불균형이 초래되었음도 지적하고 있다. 뿐만 아니라 교도권에서 강조하고 있는 인성, 지성, 영성 및 사목적 소양 교육의 중요성에도 불구하고 우리나라 사제들의 인성 결함 문제가 지속적으로 쟁점화되고 있음도 지적되고 있다.

3. 둘째 분야(Ⅱ.2) 〈한국 가톨릭대학교 신학교육의 실상 반성〉에서는 먼저 "신학교육의 질적 수준과 폭"에 대한 반성으로, '광주가톨릭대학교' 학생들이 1991년 5월에 "현대상황 안에서의 사제교육"을 주제로 실시하였던 '모의공의회'에서 지적된 주요 문제점들 가운데서 특히 교수진 부족의 주요 원인이 교수 인력의 각 신학교별 분산에 있다는 지적에 전적으로 동의한다는 점을 밝히면서, 그에

덧붙여 교수요원들을 임용하고 해임하는 교도권의 적절치 못한 인사정책에도 일부 원인이 있다는 점을 부각시키고 있다.

그리고 교육의 폭과 관련해서는 인문학과 현대 실증 과학에 대한 올바른 이해가 현대 사목자의 임무 수행에 크게 도움이 된다는 「현대의 사제 양성」 제52항에 근거해서 종합대학 내에서 신학교육이 이루어지는 것이 바람직하다는 견해를 밝히면서, 그렇게 할 때 오래된, 사제들의 기본소양 부족에 대한 지적을 극복할 수 있을 것이라고 제언하고 있다. 또한 지난 30년 이래로 한국 사회 전반의 지적 수준이 눈부시게 성장한 데 반해, 신학교육은 성장은커녕 오히려 퇴보하였다고 개탄하고 있다.

이어서 "신학교육의 학문적 성격"과 관련해서는 1991-92년도의 신학과 철학 관련 학문 실태 조사를 기초로 서구 신학계의 연구 성과들을 번역 전달하는 수준을 크게 넘지 못하고 있다고 지적하며,[1] 지나친 서구 의존성을 넘어 신학 토착화가 절실함을 역설하고. 이는 이미 60년 전에 선구적 학자 주재용 신부님이 강조했던 사실임을 확인하고 있다.

4. 셋째 분야(Ⅲ)인 〈한국 가톨릭대학교 신학교육의 미래 진로〉에서는 한국교회에 부과되는 시대적 사명으로 네 가지를 제시하고 있다. 무엇보다 먼저, 교육 담당자들의 신분이 안정적으로 보장되어야 함을 다시 한번 더 강조하며, 교도권과 신학이 상호 보완적으로 교회 공동체에 봉사해야 함을 밝히고 있는 「현대의 사제 양성」 제55항을 인용하고 있다. 둘째로, 자격 있는 전문가들은 교구나 관구, 또는 나라를 초월해서 등용하는 전향적 조치를 취할 것을 제언하고

---

1. 2006년 8월 28일 가톨릭출판사에서 '한국천주교회사'(장동하), '교리교육'(정신철), '성서신학'(백운철), '영성신학'(박일), '현대신학'(박준양), '가톨릭철학'(박승찬) 등 6개 분야로 나누어 조명한『가톨릭 출판문화의 어제와 오늘』(가톨릭출판사 창사 120주년 기념 학술 심포지엄)에서도 비슷한 결론에 도달하고 있음을 확인할 수 있다.

있다. 셋째로, 교도권이 강조하고 있는 폭넓은 교육을 실현하기 위해서 종합대학 내에서의 교육이나 교육과정 가운데 일부 기간(특히 대학원 또는 연구과 과정)을 신학교 간 공동 교육으로 운영할 것을 제언하고 있다. 넷째로, 시대적으로 절실히 요청되는 서구 교회와 동반자적 역할을 수행하기 위해서라도 실질적인 토착화 교육이 절실하다는 점을 역설하고 있다. 특히 논리-분석적 사고에 의지해서 이분법적 시각으로 실재를 대하는 서구 신학이 쇠퇴 일로를 걷고 있는 현 상황에 대한 한 실질적 대안으로 통합적 시각에서 직관-종합적 접근법을 택하는 동양적 사고방식을 잘 활용할 때 머리와 마음, 이론과 실천의 통합을 이루는 새로운 신학의 패러다임을 구축하며 세계 신학계에 신선한 활력을 제공할 수 있다고 제언하고 있다.

## II. 몇 가지 추가적인 제언

평자는 몬시뇰의 한국 가톨릭 신학교육의 현실에 대한 날카로운 진단과 미래의 쇄신 방안으로 제시하고 있는 빛나는 통찰들에 전적으로 동의하며, 비록 발제문에 함축되어 있고 전제되고 있는 것을 명시하는 사족(蛇足)에 지나지 않겠지만, 그러한 귀중한 제언들을 구체적으로 교육 현장에서 실현하기 위하여 학교 당국에서 취해야 하고 또 (구성원들이 합의할 수만 있다면, 교구장 탓을 하지 않고도) 얼마든지 자율적으로 취할 수 있는 것으로 보이는 선결 조치 몇 가지를 제언한다.

1. 무엇보다 교과과정 개편작업이 절실하고 시급하다는 점을 강조하고 싶다. 개편의 핵심으로 철학과 신학의 적정 비율(1:2)이 회복되는 (이를 위해서는 신학 학과목들의 대폭[!] 감량이 이루어져야 한다) 동시에, 현대과학의 발달과 현대사회의 문화적 요청을 수용하기 위한 여백이 마련되어야 하며(그러기 위해서도 철학과 신학 학과목들의

또 한 번의 감량이 요구된다), 그리고 학생들이 평생토록 스스로 학습할 수 있는 역량을 키워주기 위해 반드시 심화교육 과정이 도입되어야 한다.

2. 다음으로는 신학교 설립의 최고 목적이자 절대 기준인 '질 높은 교육'을 제공하기 위해 교수들 개개인의 부단한 연구 노력이 절실하다는 점을 강조하고 싶다. 이를 위해서는 몬시뇰께서 강조하고 있는 것처럼 교수요원의 안정적 신분 보장과 충분한 수효의 교원 확보를 통해 과중한 업무를 덜어주고 제반 연구 여건을 개선하는 교도권과 학교 당국의 조치가 시급한 것이 사실이다. 뿐만 아니라 교도권에서 강하게 강조하는 것처럼[2] (이미 서구에서는 오랜 전통이 되어 있고, 우리나라의 일반 대학가에서도 10여 년 전부터 보편화되어 있는) "학회 활동"의 중요성을 깨닫고 학회 활성화를 위해 노력하며 교수들 개개인의 적극적인 학회 활동 참여가 절실히 요구된다. 몬시뇰께서도 지적하고 있는 것처럼, 교회의 품에서 태어난 대학(大學)이라는 제도가 학문 발전의 원동력이 될 수 있었던 것은 강독(lectio)과 토론(disputatio)이라는 교수의 두 가지 임무 가운데, 교수가 학생들을 가르치는 '강독'보다는 교수들과 학생들 앞에서 공개적으로 엄격한 규칙에 따라 전개된 '토론' 덕분이었고 이를 통해 학문의 객관성에 이르게 되었다는 점은 잘 알려진 사실이다.[3]

3. 또한 너무도 당연한 말이지만, 수준 높은 교육이 이루어지기 위해서는 우수한 교원만으로는 부족하다. 우리나라 일반대학들이 우수 학생을 유치하기 위해 벌이는 거의 전쟁과도 같은 경쟁적 노력에 비추어볼 때, 이 측면에 대한 우리 가톨릭 대학들의 태도는 너

---

2. 「사제 양성 기본지침」(1985) 제36항: "교수들은 자기 준비를 날로 더욱 새롭게 하며 완성해 나가야 한다. 특히 잡지나 새로운 서적을 읽고 박학한 사람들과 자주 접촉하며 학회의 모임에 참여함으로써 준비를 새롭게 할 것이다."
3. 요셉 피퍼, 『토마스 아퀴나스: 그는 누구인가』, 신창석 옮김, 분도출판사, 1995, 113-129쪽.

무도 안일하다는 점을 꼬집고 싶다. 신입생들의 수학능력 하한선은 이미 오래전부터 해마다 저하되고 있다. 교구마다 나름대로 성소계발을 위해 예비신학생 제도를 운영하고 있지만 큰 효과를 거두지 못하고 있고, 신입생들과의 상담을 통해 확인한 바로는, 지역마다 편차가 있겠지만 예비신학생이 된 순간부터 학업에는 크게 신경 쓰지 않는(그렇다면 도대체 어디에 관심을 쏟는단 말인가?) 분위기가 널리 퍼져 있는 것으로 보인다. 신학교육과 교회 자체의 미래가 바로 여기에 걸려 있다고 해도 지나치지 않는다는 심각성을 자각하고, 다각적인 원인 분석과 진지한 대안 마련이 절실하다.

4. 마지막으로, 면학 분위기 저해 요인들을 최대한 줄임으로써, 신학교와 신학원 생활 전반에 걸쳐서, 상아탑(象牙塔), 즉 진지한 진리탐구의 분위기가 지배할 수 있도록 획기적으로 개선되어야 한다는 점을 강조하고 싶다. 학교마다 사정은 조금씩 다르겠지만, 학생들은 지나치게 많은 동아리 활동으로 시달리고 있는 것 같고, 외출문화의 주종을 이루는 것이 과도한 음주문화인 것 같다. 그리고 문헌에서 강조되고 있는 여러 요구 사항들(영성·지성·인성·사목적 소양) 사이의 가치 충돌을 조화롭게 해소할 필요가 있다. 또한 우리의 사제 양성 과정에는 말하자면 '샴페인을 일찍 터뜨릴' 위험이 강하게 도사리고 있다는 점을 양성자와 학생들이 공히 자각하여 그 위험을 최소화할 필요가 있음을 지적하고 싶다. 이는 신학교육 과정에 스스로 진리탐구 역량을 체득할 수 있도록 도와주는 심화과정이 없다는 몬시뇰의 지적과도 일맥상통하는 것이지만, 허리띠를 졸라매는 심화과정은커녕 오히려 해마다 허리띠를 풀고 수직-수품의 샴페인을 터뜨리도록 짜여 있는 사제 양성의 중간 과정들이 학술적 긴장을 유지하는 데는 해가 될 수 있음을 잊지 말아야 할 것이다.

5. 몬시뇰께서 제언하고 있는 깊은 통찰과 평자가 덧붙인 구체적인 몇몇 제언은 모두, 몬시뇰께서 신학교육의 기본 원칙을 제시하고

있다고 지적한 제2차 바티칸 공의회의 「그리스도교 교육에 관한 선언」의 "결론" 부에서 지적하고 있는 것처럼, 교회의 내부 개혁(interna Ecclesiae renovatio)과 현대의 지성 세계 속에 교회가 현존하기(eius beneficam praesentiam in mundo hodierno praesertim intellectuali servent et augeant) 위해[4] 무엇보다 절실히 요구되는 시급한 조치들이다.

---

4. 『제2차 바티칸 공의회 문헌』(라틴어 대역), 한국천주교중앙협의회, 2002, 1098-1099쪽.

한국성토마스연구소 도서목록

## 토마스 아퀴나스의 신학대전

- 제22권(I-II, qq.49-54), 『습성』, 이재룡 옮김, 2020, lviii-234쪽, 15,000원.
- 제23권(I-II, qq.55-67), 『덕』, 이재룡 옮김, 2020, lxxvi-558쪽, 40,000원.
- 제24권(I-II, qq.68-70), 『성령의 선물』, 채이병 옮김, 2020, liv-152쪽, 15,000원.
- 제25권(I-II, qq.71-80), 『죄』, 안소근 옮김, 2020, I-452쪽, 35,000원.
- 제26권(I-II, qq.81-85), 『원죄』, 정현석 옮김, 2021, lii-191쪽, 20,000원.
- 제27권(I-II, qq.86-89), 『죄의 결과』, 윤주현 옮김, 2021, xlviii-164쪽, 15,000원.
- 제29권(I-II, qq.98-105) 『옛 법』, 이경상 옮김, 2021, 40,000원, lxiv-608쪽, 40,000원.
- 제30권(I-II, qq.106-114), 『새 법과 은총』, 이재룡 옮김, 2021, lxxviii-570쪽, 40,000원.
- 제31권(II-II, qq.1-7), 『신앙』, 박승찬 옮김, 2022, cxiv-412쪽, 40,000원.
- 제32권(II-II, qq.8-16), 『신앙(II)』, 박승찬 옮김, 2022, xlix-366쪽, 32,000원.
- 제33권(II-II, qq.17-22), 『희망』, 이재룡 옮김, 2022, lviii-266쪽, 20,000원.
- 제34권(II-II, qq.23-33), 『참사랑』, 안소근 옮김, 2022, lvi-604쪽, 40,000원.
- 제35권(II-II, qq.34-44), 『참사랑(II)』, 안소근 옮김, 2022, lii-322쪽, 20,000원.
- 제36권(II-II, qq.45-56), 『지혜와 현명』, 이상섭 옮김, 2023, lxxiv-410쪽, 35,000원.
- 제37권(II-II, qq.57-62), 『정의』, 이재룡 옮김, 2023, lxiv-307쪽, 18,000원.
- 제38권(II-II, qq.63-79), 『불의』, 박동호 옮김, 2023, lix-544쪽, 40,000원.
- 제39권(II-II, qq.80-91), 『종교와 경신』, 윤주현 옮김, 2023, lxxxvii-548쪽, 40,000원.
- 제40권(II-II, qq.92-100), 『종교와 경신(II)』, 윤주현 옮김, 2024, lxxxvii-332쪽, 30,000원.
- 제41권(II-II, qq.101-122), 『사회적 덕』, 김성수 옮김, 2024, lxv-620쪽, 40,000원.
- 제42권(II-II, qq.123-140), 『용기』, 임경헌 옮김, 2024, lxii-466쪽, 37,000원.
- 제43권(II-II, qq.141-154), 『절제』, 이재룡 옮김, 2024, lxxv-548쪽, 40,000원.
- 제44권(II-II, qq.155-170), 『절제(II)』, 이재룡 옮김, 근간.
- 제45권(II-II, qq.171-178), 『예언과 은사』, 안소근 옮김, 2025, I-302쪽, 25,000원.

※ 제1권(하느님의 존재: I, 1-12, 1985)부터 제21권(두려움과 분노: I-II, 40-48, 2020)까지, 그리고 제28권(법: I-II, 90-97)은 바오로딸에서 출간.

## 사전류

- **성 토마스 개념사전**
  바티스타 몬딘, 이재룡 · 안소근 · 윤주현 옮김, 2020, 2단 882쪽, 75,000원.

- **아퀴나스의 윤리학**
  스테픈 포프(편), 이재룡 · 김도형 · 안소근 · 윤주현 옮김, 2021, 2단 668쪽, 70,000원.

- **교부학 사전**
  지그마르 되프 · 빌헬름 게어링스(편), 하성수 · 노성기 · 최원오 옮김, 2022, 2단 1283쪽, 110,000원.

- **라-한사전**
  이재룡 책임편찬, 2022, 2단 2102쪽, 200,000원.

## 토미즘소책

01. **안락의자용 토마스 아퀴나스**
    티모시 레닉 지음, 이재룡 옮김, 2019, 191쪽, 15,000원.

02. **성 토마스의 지혜와 사랑**
    에티엔 질송 지음, 이재룡 엮음, 2022, 206쪽, 17,000원.

03. **정념과 덕**
    세르베 핑케어스 지음, 이재룡 옮김, 2023, 240쪽, 17,000원.

04. **성 토마스의 침묵**
    요셉 피퍼 지음, 이재룡 옮김, 2023, 176쪽, 15,000원.

05. **성 토마스의 윤리철학**
    랄프 매키너니 지음, 이재룡 · 김성수 옮김, 2023, 239쪽, 18,000원.

06. **아퀴나스의 신학대전**
    장 피에르 토렐 지음, 이재룡 옮김, 2024, 218쪽, 16,000원.

07. **성 토마스와 신학**
    마리 도미니크 슈뉘 지음, 이재룡 · 권영파 옮김, 2024, 284쪽, 18,000원.

08. **20세기 성 토마스 연구자들**
    이재룡 엮음, 2025, 604쪽, 32,000원.

09. **토미즘의 이모저모 엿보기**
    이재룡 지음, 2025, 434쪽, 24,000원.

## 성 토마스 탄생 800주년 기념총서

### 801. 성 토마스 소사전
박승찬 · 이재룡 · 임경헌(편), 2025, 640쪽, 40,000원.

### 800. 토미즘: 성 토마스 철학 입문
É. Gilson, *Le Thomisme*, Paris, Vrin, [6a 1965/Dixieme tirage 2020] pp.454.

### 800. 한국의 성 토마스 연구 어제와 오늘
이재룡 · 임경헌

### 800. 아퀴나스의 철학 사상
한국중세철학회 논총

### 800. 성 토마스의 신학
R. van Nieuwenhove et al.(eds.) *The Theology of Thomas Aquinas*, Notre Dame, 2005, pp.472.

### 800. 그리스도교 윤리학의 원천
S. Pinckaers, OP, *Le sources de la morale chretienne*, Paris, Cerf, [1985/5a 2012] pp.489.

### 800. 성 토마스 연구 입문
M.-D. Chenu, OP, *Introduction a l'etude de saint Thomas d'Aquin*, Paris, Vrin,, 1950, pp.386.

### 800. 성 토마스 법철학
R. Pizzorni, OP, *La filosofia del diritto secondo S. Tommaso d'Aquino*, Bologna, ESD, 2003, 4a ed., pp.839.

### 800. 삼위일체론 주해[대역]
St. Thomas, *Super Boetium De Trinitate*, Torino, Marietti, 1954, in *Opusc. Theol.* II, pp.313-389.

### 800. 요한복음서 주해[대역]
St. Thomas, *Lectura super Ioannem*, Bologna, ESD, 2019, pp.1431+1663.